中关村发展
ZGC GROUP

中关村发展集团年鉴

YEARBOOK OF ZHONGGUANCUN DEVELOPMENT GROUP

2022

（总第2卷）

中关村发展集团 ◎编

知识产权出版社
全国百佳图书出版单位
—北京—

图书在版编目（CIP）数据

中关村发展集团年鉴. 2022 ：总第2卷/中关村发展集团编. —北京：知识产权出版社，2022.11
ISBN 978-7-5130-8432-1

Ⅰ.①中… Ⅱ. ①中… Ⅲ.①高技术企业—企业集团—北京—2022—年鉴 Ⅳ.①F279.244.4-54

中国版本图书馆CIP数据核字（2022）第201002号

责任编辑：吴亚平　　**责任校对**：王　岩
封面设计：京志文化　　**责任印制**：刘译文

中关村发展集团年鉴 2022（总第2卷）
中关村发展集团　编

出版发行：知识产权出版社有限责任公司　　**网　　址**：http://www.ipph.cn
社　　址：北京市海淀区气象路50号院　　**邮　　编**：100081
责编电话：010-82000860转8672　　**责编邮箱**：yp.wu@foxmail.com
发行电话：010-82000860转8101/8102　　**发行传真**：010-82000893/82005070/82000270
印　　刷：三河市国英印务有限公司　　**经　　销**：新华书店、各大网上书店及相关专业书店
开　　本：850mm×1168mm 1/16　　**印　　张**：23
版　　次：2022年11月第1版　　**印　　次**：2022年11月第1次印刷
字　　数：630千字　　**定　　价**：280.00元
ISBN 978-7-5130-8432-1

《中关村发展集团年鉴》编纂委员会

《中关村发展集团年鉴》编辑部

《中关村发展集团年鉴》通讯员

（按姓氏笔画排序）

于　雪	马利霞	王亦彤	王鸣曦	王　博	邓文茵
曲显亮	刘　伟	汤　滢	孙　兴	芦　婧	李芝芝
李军伟	李玺靓	杨　奕	杨振海	吴亚楠	何玉斌
宋爱建	宋紫阳	张　芸	张环宇	张皓楠	张　静
陈　严	陈燕安	范芮芮	周婷婷	郑　琨	赵　睿
姚沛沛	桂　楠	夏　芳	唐旭磊	崔　浩	韩　娜
韩晓雪	韩　璐	程麒宇	谢泊晚	谢晓天	滕琦诺
薛　威					

编纂说明

一、《中关村发展集团年鉴》是一部记述中关村发展集团股份有限公司年度情况的资料文献，由中关村发展集团股份有限公司主持编纂。2021 年创刊，本卷为总第 2 卷。

二、本年鉴以马克思列宁主义、毛泽东思想、邓小平理论、“三个代表”重要思想、科学发展观、习近平新时代中国特色社会主义思想为指导，坚持辩证唯物主义和历史唯物主义的立场、观点和方法，科学、客观地反映实际情况。

三、本年鉴采用文章和条目两种体裁，以条目体为主，用规范的语体文、记述体，直陈其事，文字力求言简意赅。

四、本卷年鉴记述 2021 年 1 月 1 日至 12 月 31 日期间情况。部分内容根据实际情况时限略有前后延伸。文内日期无具体年份的，均指 2021 年，涉及其他年份的用具体年份标明。

五、本卷年鉴采取分类编纂法，设类目、分目、条目，为三级框架结构。根据需要，部分分目下设子目，为四级框架结构。全书设概览、特载、专文、大事记、科技股权投资、科技金融服务、科技专业服务、科技园区发展、区域协同创新、国际创新网络、企业管理、企业党建、统计资料、附录 14 个类目。为便于读者查阅，卷首设有目录，卷末设有索引。

六、本卷年鉴各项数据采用集团总部和各子公司统计数据。

七、本卷年鉴为记述方便，各类党政机关、园区子公司名称直接用规范简称，必要时使用全称。中关村发展集团股份有限公司简称中关村发展集团或集团，其他相关企业在每个条目第一次出现时用全称，之后用简称。

八、本卷年鉴与条目标题内容完全相符的插图不另加图片说明；在上年度已作过介绍的服务企业，不再重复介绍。

1 月 26 日，中关村“金种子”管家服务中心揭牌暨系列企业服务启动仪式举办

3 月 18 日，中关村发展集团党委召开党史学习教育动员部署会

5 月 28 日，房山区人民政府与中关村发展集团签署“构建新型政企关系”全面合作协议

6 月 18 日，中关村发展集团组织党员到北京大学校史馆参观学习

7 月 31 日，丰台区人民政府与中关村发展集团签署打造“南中轴国际文化科技园”合作协议

7 月，《中关村发展集团“十四五”发展规划和二〇三五年远景目标纲要》印发

8 月 11 日，怀柔实验室入驻怀柔科学城纳米能源所园区中试孵化楼

9 月 3 日，中关村发展集团组织党员到中国共产党历史展览馆参观学习

9 月 17 日，中关村工业互联网产业园奠基暨创新生态联盟签约仪式举行

9 月 24—28 日，以“智慧·健康·碳中和”为主题的 2021 中关村论坛举办

11 月 11 日，天津中关村高端医疗产业园一期项目封顶

12 月 11 日，南中轴国际文化科技园揭牌。图为南中轴国际文化科技园效果图

12 月 17 日，建信中关村产业园封闭式基础设施证券投资基金上市

12 月 30 日，由工业院代建的北海幼儿园雄安园区项目竣工

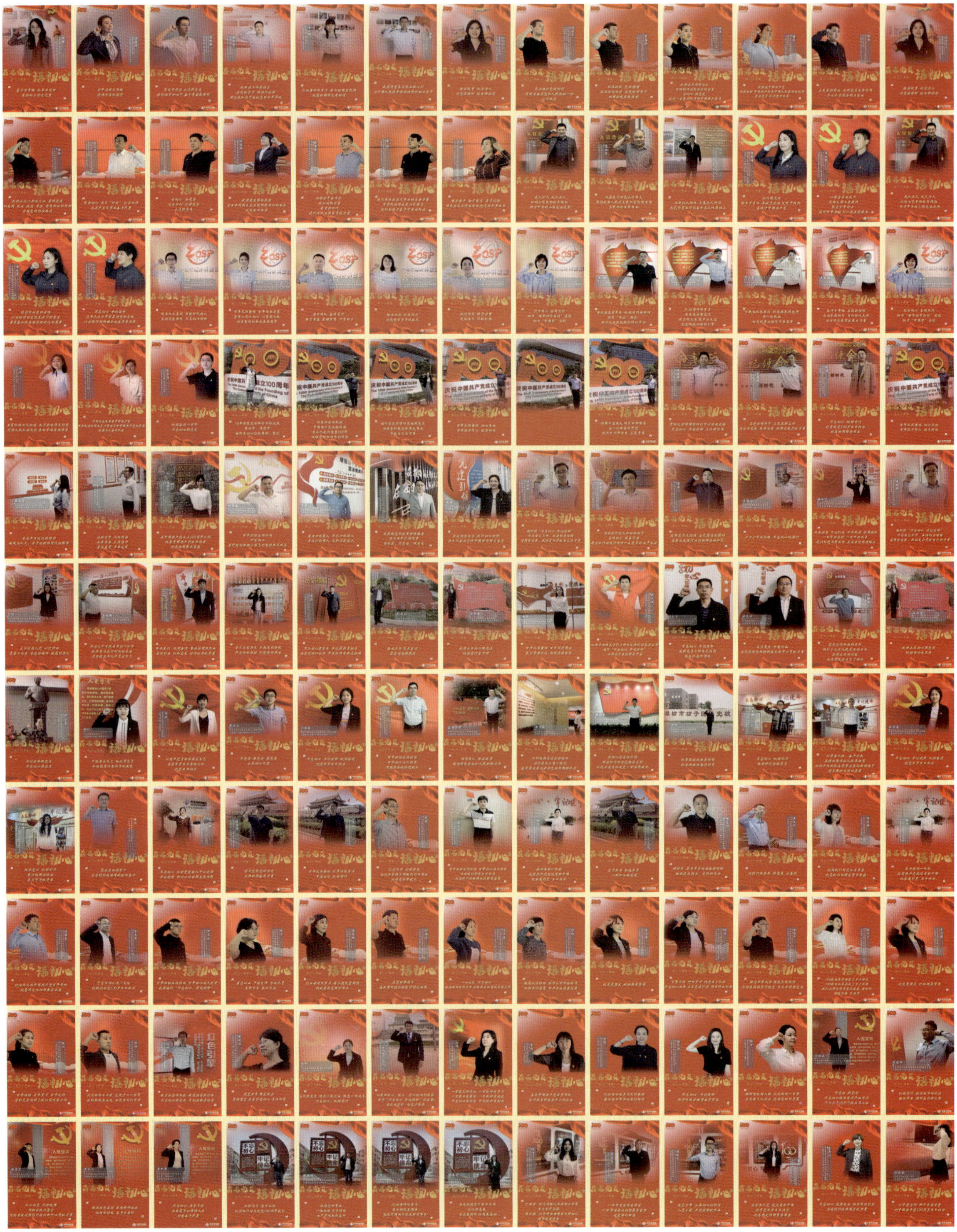

2021 年，中关村发展集团组织开展“永远跟党走”群众性主题宣传教育活动。图为“百名党员话初心”活动海报墙

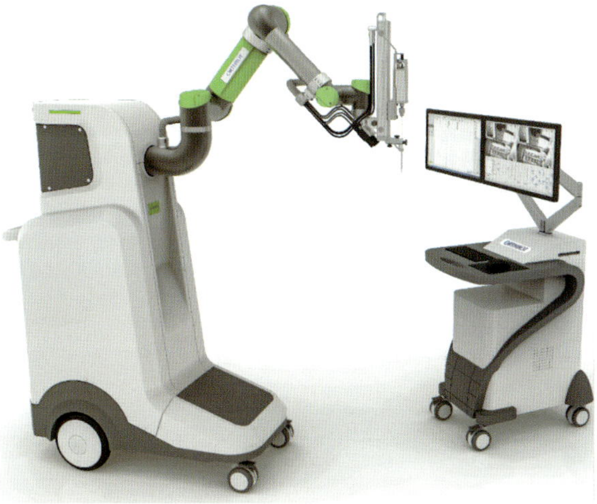

2 月 24 日，协同科创基金投资企业深圳市鑫君特智能医疗器械有限公司的“脊柱外科手术导航定位系统”获国家药监局（NMPA）注册证

3 月 9 日，中关村集成电路设计园入驻企业豪威科技（北京）股份有限公司推出新型医用晶圆级相机模组 OVMed® OCHTA

5 月 9 日，中关村集成电路设计园入驻企业北京地平线信息技术有限公司研发的征程 5 系列芯片一次性流片成功

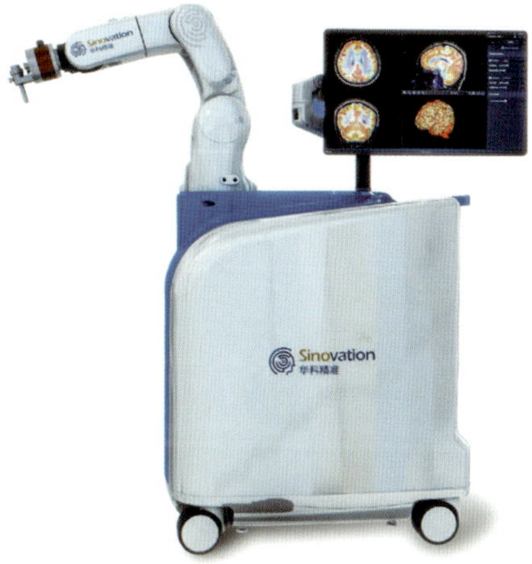

5 月 13 日，中关村医疗器械园入驻企业华科精准（北京）医疗科技有限公司自主研发的华科精准手术机器人完成激光消融术

5 月 22—28 日，中关村前沿技术研究院入驻企业北京航景创新科技有限公司无人机森林灭火系统参展 2021 北京科技周

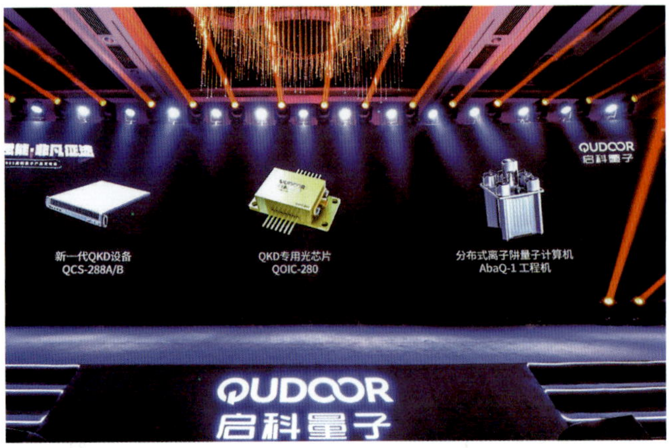

7月6日，中关村软件园入驻企业国开启科量子技术（北京）有限公司发布在量子通信和量子计算领域的科技成果和阶段性研发产品

7月21日，协同科创基金投资企业极芯通讯技术（南京）有限公司推出全球第一颗支持O-RAN标准的5G基站数字前端芯片——梅里UC 1040

7月22日，中关村前沿技术研究院入驻企业北京航景创新科技有限公司无人直升机系统应用于房山区民兵森林灭火应急排

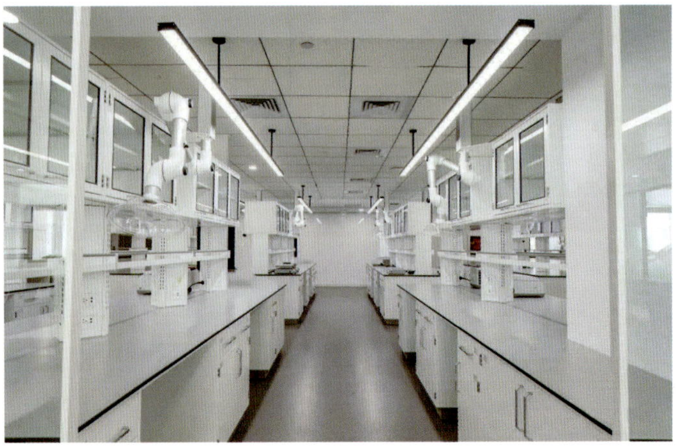

7月24日，生命科学园创投基金投资企业北京炎明生物科技有限公司的研发中心投入使用

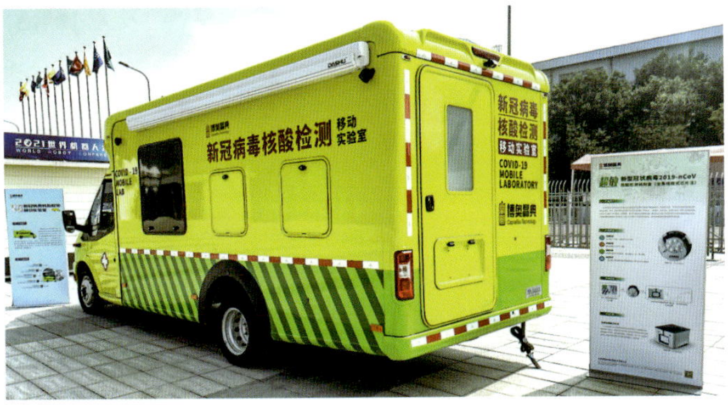

9 月 10—13 日，中关村生命科学园入驻企业北京博奥生物有限公司等研发的博奥抗疫“轻骑兵”——新冠病毒核酸检测移动实验室为 2021 世界机器人大会提供全程应急核酸检测服务

12 月 10 日，协同科创基金投资企业成都齐碳科技有限公司发布国内首台纳米孔基因测序仪 QNome-3841

12 月 19 日，由中关村生命科学园与角井（北京）生物技术有限公司共建的中关村 AI 新药研发平台投入使用

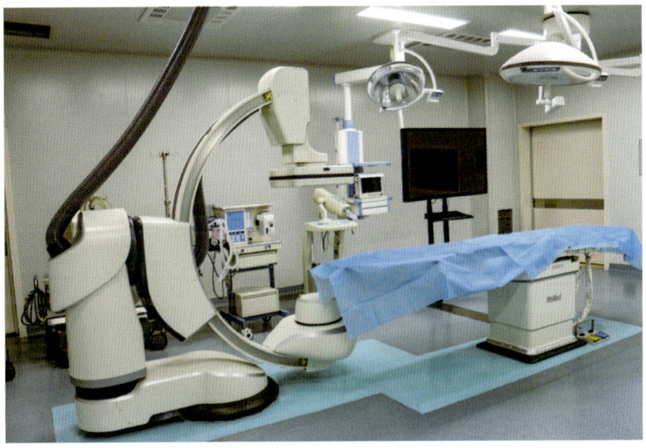

2021 年，中关村医疗器械园生物相容性评价平台完成 50 余项科研服务

总　目

目　录

概　览

特　载

专　文

大事记

科技股权投资

科技金融服务

科技专业服务

科技园区发展

区域协同创新

国际创新网络

企业管理

企业党建

CONTENTS

Overview

Special Issues

Special Articles

Chronicle

Sci-tech Equity Investment

Sci-tech Financing

Sci-tech Servies

Sci-tech Park Operation

Regional Cooperation

International Cooperation

Corporate Management

Party Building

Statistical Data

Appendix

Index

概 览

中关村发展集团年鉴

YEARBOOK OF ZHONGGUANCUN DEVELOPMENT GROUP

2022

2021 年中关村发展集团概览

中关村发展集团成立于 2010 年 4 月 1 日，是北京市建设中关村国家自主创新示范区的重要举措之一。

2009 年 3 月，国务院批复中关村建设国家自主创新示范区，提出将中关村建设成为具有全球影响力的科技创新中心。4 月，北京市发布《关于建设中关村国家自主创新示范区的若干意见》，要求举全市之力建设中关村国家自主创新示范区。为了加快推进中关村国家自主创新示范区建设，运用市场化手段配置创新资源，中关村发展集团应运而生。随着北京国际科技创新中心建设的推进，中关村发展集团创新发展面临新任务、新要求。2017 年 8 月，北京市委书记蔡奇调研中关村时指出，中关村发展集团要发挥好平台作用，并适时纳入国有资本改革试点。2018 年初，北京市政府工作报告提出，要发挥中关村发展集团整合创新资源的市场化平台作用。2018 年 5 月以来，北京市市长陈吉宁多次主持市政府专题会，研究中关村发展集团改革转型工作。2019 年 9 月，北京市委全面深化改革委员会第七次会议审议通过《关于推进中关村发展集团综合改革的方案》。同年 11 月，北京市政府批复原则同意《关于推进中关村发展集团综合改革的方案》。该方案的获批，标志着集团开启了服务北京创新生态的新征程。

集团自成立以来，始终秉持“以创新创业主体为中心、与创新创业主体共成长”的企业宗旨，以“北京市整合创新资源的市场化平台”为企业定位，积极承担“助推北京建设国际科技创新中心、助力国家建设科技强国”的战略使命，致力于打造国际一流的创新生态集成服务商，逐步形成了集科技股权投资、科技金融服务、科技专业服务、科技园区发展、区域协同创新、国际创新网络于一体的业务体系。截至 2021 年底，集团股东 17 家，二级子公司 32 家，注册资本 187.99 亿元，总资产 1302.81 亿元，净资产 422.04 亿元，提供投融资总额超过 6000 亿元，累计服务科技企业超过 10 万家次。

2021 年集团紧扣北京国际科技创新中心建设重点任务和首都高质量发展新要求，以“转型突破年”“管理提升年”为主题明确工作目标和重点任务，团结带领广大干部职工深化改革、开拓进取、真抓实干，推动全面从严治党向纵深发展，实现了“十四五”良好开局。全年服务创新创业企业超过 1.2 万家，落地北京高精尖产业和创新孵化项目 550 个，为双创主体提供投融资服务总额 683 亿元。

*支撑国际科技创新中心建设取得新进展。*中关村资本、中关村科服联合北京智源人工智能研究院打造首个新型研发机构“0–1”原创科技成果转化轻孵平台；中关村科服对接 2021 中关村论坛，搭建中关村科技成果转化与技术交易综合服务平台；中关村软件园承接“数字贸易港”“开源平台”等全国示范项目，服务全球数字经济标杆城市建设；中关村软件园、中关村集成电路设计园、中关村前沿技术研究院等积极建设基于 5G 的应用新场景，促进新技术、新成果、新产品的推广应用。在丰台建设南中轴国际文化科技园；全力支持“生命谷”规划建设；加快建设中关村医疗器械园二期项目，打造医疗器械产业服务新生态；启动中关村工业互联网产业园，打造工业互联网产业新高地；打造政企合作新机制的“房山样板”。

*创新生态集成服务能力得到新提升。*高标准完成 2021 中关村论坛运营保障任务，为中关村论坛成为面向全球科技创新交流合作的国家级平台作出了重要贡献；落实京津冀协同发展战略任务，配合市科委、中关村管委会推进雄安新区中关村科技园规划建设，有序推进滨海、宝坻、保定等重点项目建设，区域创新链、产业链、供应链“三链联动”

效应有新的提升。积极建立多层次资本市场服务机制，拓宽“高精尖”母基金募资渠道，设立S基金拓宽基金退出渠道，加强认股权分类指导管理，加快“科技投行”数字大脑建设。深化债权融资服务机制，做大中关村科技金融服务平台，着力解决创新型中小企业债权融资难、融资贵问题，中关村金服获得AA+主体评级并成功发行4亿元公募公司债；首次开展定向融资业务，为23家企业提供超10亿元融资支持；设立信用交易子公司，打造“中关村信用交易金融服务平台”；打造“中关村供应链金融服务平台”，实现首单业务落地；推出北京首支知识产权资产证券化产品，培育科技保理业务。推动建立共性技术和精准服务机制，全力打造中关村科服平台，链接100余家外部优质服务资源；围绕关键领域“卡脖子”环节，搭建一站式医药CRO服务、科学仪器检验检测等一批共性技术平台，联合中科院计算所等单位发起设立北京开源芯片研究院，投资设立北京飞镖国际创新平台助力生物医药企业研发创新；强化产业研究院咨询服务作用，“金种子”管家服务体系建设取得实质进展。

*改革转型取得一批突破性、标志性成果。*制定印发《集团落实北京市国企改革三年行动实施方案（2020—2022年）任务清单》，编制《中关村发展集团“十四五”发展规划和二〇三五年远景目标纲要》。有序推进区企共管公司改革落地。抢抓机遇参与国家基础设施公募REITs试点，软件园首批公募REITs项目成功上市。一区一企一策，完成海开地产、中关村电子城公司改革任务，推动光谷科技园、兴昌高科改革取得突破性进展。持续优化现代企业治理，发挥战略发展、风险管理与审计专门委员会作用，推动设立薪酬与考核委员会。加强“三会”规范化建设。完成集团总部组织架构调整，推动符合条件的事业部门全部下沉。强化风险管理与内控体系建设，拓展融资渠道保障资金需求。围绕落实集团综合改革方案和建设高素质专业化干部队伍需要，有序推进职业经理人、合伙人机制试点，稳步推进任期制和契约化管理。

*全面从严治党不断深化。*2021年，集团党委坚持以党的政治建设为统领，着眼打造服务创新发展红色引擎，统筹推进党的各项建设。坚持把党的政治建设摆在首位，坚持以党的政治建设为统领，统筹推进党的各项建设；组织庆祝建党100周年系列活动，扎实推动党史学习教育走深走实；树立重实干重实绩的用人导向，建设忠诚干净担当的干部人才队伍；持续推进标准化规范化建设，提升基层党建工作质量；持之以恒正风肃纪，坚定不移推进反腐败斗争，不断增强各级党组织创造力、凝聚力、战斗力，为集团服务创新事业发展提供坚强保障。

（项鹏）

表 1　2021 年中关村发展集团股东单位一览表

序号	股东名称	简称	认缴情况		
			认购的股份数（股）	出资方式	持股比例（%）
1	北京中关村发展投资中心	投资中心	8531092247	货币 / 股权	45.3794
2	北京市海淀区国有资本运营有限公司	海淀国资	2600000000	货币 / 股权	13.8302
3	北京丰科创园国际企业孵化器有限公司	丰科创园	1793877317	股权	9.5422
4	北京亦庄投资控股有限公司	亦庄控股	1500000000	货币	7.9790
5	北京科技园建设（集团）股份有限公司	北科建集团	892536306	货币 / 股权	4.7477
6	北京昌平科技园发展有限公司	昌发展公司	688299689	股权	3.6613
7	北京首钢股权投资管理有限公司	首钢股权公司	500000000	货币 / 股权	2.6597
8	北京北控置业集团有限公司	北控置业	500000000	货币	2.6597
9	北京望京新兴产业区综合开发有限公司	望京综开公司	427065397	货币 / 股权	2.2717
10	北京工业发展投资管理有限公司	北工投资	385693293	货币 / 股权	2.0516
11	中国建筑股份有限公司	中国建筑	275229358	货币	1.4640
12	北京京东开光机电一体化产业基地开发有限公司	京东开公司	205088155	股权	1.0909
13	北京大兴发展国有资本投资运营有限公司	大兴发展	200000000	货币	1.0639
14	北京市石景山区国有资本投资有限公司	石景山国投	135026148	股权	0.7182
15	北京东方文化资产经营有限公司	东方文化	82000000	股权	0.4362
16	北京金桥伟业投资发展公司	金桥伟业	55666365	股权	0.2961
17	北京通政国有资产经营有限公司	通政国资	27866596	股权	0.1482
	合计		18799440871		100

表 2 2021 年中关村发展集团子公司一览表

序号	子公司名称	简称	加入集团时间	成立时间
1	北京中关村软件园发展有限责任公司	中关村软件园	2010	2000.08
2	北京中关村生命科学园发展有限责任公司	中关村生命科学园	2010	2000.08
3	北京光谷科技园开发建设有限公司	光谷科技园	2010	2001.10
4	北京金桥科技产业基地开发有限公司	金桥科技	2010	2002.11
5	北京中关村科技园区建设投资有限公司	中关村建投	2010	1981.07
6	北京实创高科技发展有限责任公司	实创高科	2011	1992.03
7	北京兴昌高科技发展有限公司	兴昌高科	2011	1992.06
8	北京丰台科技园建设发展有限公司	丰科建	2011	2000.11
9	北京中关村科技创业金融服务集团有限公司	中关村金服	2012	2009.02
10	中关村医疗器械园有限公司	中关村医疗器械园	2012	2012.10
11	中关村科技租赁股份有限公司	中关村科技租赁	2012	2012.11
12	北京知识产权运营管理有限公司	北京 IP	2014	2014.07
13	北京集成电路产业发展股权投资基金有限公司	北京集成电路基金	2014	2014.07
14	北京中关村延庆园建设发展有限公司	中关村延庆园公司	2014	2014.08
15	北京中关村微纳能源投资有限公司	中关村微纳能源	2014	2014.11
16	北京中关村信息谷资产管理有限责任公司	中关村信息谷	2014	2014.11
17	北京中关村集成电路设计园发展有限责任公司	中关村集成电路设计园	2015	2015.02
18	中关村协同发展投资有限公司	中关村协同发展	2015	2015.09
19	北京中关村协同创新投资基金管理有限公司	中关村协同基金	2015	2015.12
20	北京中关村前沿技术产业发展有限公司	中关村前沿技术	2015	2015.12
21	北京中关村资本基金管理有限公司	中关村资本	2016	2016.10
22	石家庄中关村协同发展有限公司	石家庄公司	2016	2016.11

（续表）

序号	子公司名称	简称	加入集团时间	成立时间
23	北京中关村京西建设发展有限公司	中关村京西发展	2016	2016.12
24	中关村国际控股有限公司	中关村国际	2018	2018.03
25	北京中关村海外科技园有限责任公司	中关村海外科技园	2018	2003.01
26	北京市工业设计研究院有限公司	工业院	2019	1961.11
27	中关村至臻环保股份有限公司	中关村至臻环保	2019	2007.01
28	北京中发助力壹号投资基金（有限合伙）	中发助力基金	2020	2020.02
29	北京中发展金种子创业投资中心（有限合伙）	金种子基金	2020	2020.08
30	北京中关村科技服务有限公司	中关村科服	2020	2020.09
31	北京中关村中发投资建设基金（有限合伙）	建设基金	2020	2020.12
32	北京中关村工业互联网产业发展有限公司	中关村工业互联网公司	2021	2021.01

（罗桂林）

特载

中关村发展集团年鉴

YEARBOOK OF ZHONGGUANCUN DEVELOPMENT GROUP

2022

习近平向 2021 中关村论坛视频致贺

9 月 24 日，国家主席习近平向 2021 中关村论坛视频致贺。

习近平指出，当前，世界百年未有之大变局加速演进，新冠肺炎疫情影响广泛深远，世界经济复苏面临严峻挑战，世界各国更加需要加强科技开放合作，通过科技创新共同探索解决重要全球性问题的途径和方法，共同应对时代挑战，共同促进人类和平与发展的崇高事业。

习近平强调，当今世界，发展科学技术必须具有全球视野，把握时代脉搏，紧扣人类生产生活提出的新要求。中国高度重视科技创新，致力于推动全球科技创新协作，将以更加开放的态度加强国际科技交流，积极参与全球创新网络，共同推进基础研究，推动科技成果转化，培育经济发展新动能，加强知识产权保护，营造一流创新生态，塑造科技向善理念，完善全球科技治理，更好增进人类福祉。

习近平强调，中关村是中国第一个国家自主创新示范区，中关村论坛是面向全球科技创新交流合作的国家级平台。中国支持中关村开展新一轮先行先试改革，加快建设世界领先的科技园区，为促进全球科技创新交流合作作出新的贡献。

2021 中关村论坛当日在北京开幕，主题为“智慧 · 健康 · 碳中和”，由科学技术部、中国科学院、中国科学技术协会、北京市政府共同主办。

（来源：新华社 2021—09—24）

殷勇在第五届“芯动北京”中关村 IC 产业论坛上的讲话（节选）

第五届“芯动北京”中关村 IC 产业论坛、“华为杯”第四届中国研究生创“芯”大赛决赛于 12 月 10 日以线上云会议的方式召开。开幕式上，北京市委常委、副市长殷勇发表致辞。

殷勇表示，北京市高度重视集成电路产业发展，充分发挥中关村改革试验田的作用，紧抓赶超窗口期和发展机遇期，打造集设计、制造、装备、材料和应用于一体的集成电路产业创新高地，形成具有国际竞争力的综合性集成电路产业集群。

殷勇对中关村集成电路设计园的建设和发展表示高度肯定，并指出：“园区在推动原创技术研发、提升科技成果转化和产业化效率等方面，发挥了重要作用，并涌现出一批优质企业。根据北京市‘十四五’规划部署，将推动建设中关村集成电路设计园二期，对标国际领先水平，进一步提升园区的专业化服务能力，不断吸引更多的国内外优秀企业和创业团队入驻发展。”

他还针对北京市集成电路产业发展提出了四点要求：

一是强化战略布局，完善产业政策。加快落实《新时期促进集成电路产业和软件产业高质量发展的若干政策》，进一步健全支持集成电路产业发展的政策体系。

二是加强前沿关键技术攻关，加快支持自主创新平台建设。围绕逻辑、存储、第三代半导体、光电子等重点方向，新材料、新原理、新架构等后摩尔时代的关键技术，装备、零部件、原材料等基础保障，搭建创新平台集聚产业要素，促进产学研用有效串联。

三是发挥企业主体作用，持续推动重大产业化项目落地。产业发展需要龙头企业的带动，近年来，北京市围绕集成电路设计、制造、装备三大领域，重点支持一批具有先进工艺与制造能力的骨干企业和重大项目。

四是强化产业生态，精准服务企业需求。北京集成电路产业以设计为龙头，以装备为依托，以通用芯片、特色芯片制造为基础，产业链生态逐步建立。结合“新基建”发展机遇，积极推动重点领域、重点区域应用场景对接，支持各类创新型芯片的应用示范项目。通过“服务包”和“服务管家”机制，为企业提供“一对一”管家式精准服务。

（来源：环球网 2021—12—11）

先行先试、自立自强，努力建设世界领先的科技园区

——在2021中关村论坛“中关村国际技术交易大会”开幕式上的主旨报告

北京市科委、中关村管委会党组书记、主任 许 强

自20世纪80年代以来，中关村不断改革探索，走过了不平凡的历程，发展成效显著。

如今，中关村已是我国重要的科技创新出发地、原始创新策源地、自主创新主阵地。中关村国家自主创新示范区面积达488平方公里，拥有16个分园。中关村示范区辐射全国、放眼世界，在京外地区26个省市建设了27个合作园区，在“一带一路”沿线及其他地区设立了19个海外联络处。

中关村示范区在发展历程中，形成了四个重要的特点：一是创新资源高度密集，二是企业创新活力强劲，三是先行先试持续引领，四是国际交流合作密切。

总书记在2021中关村论坛开幕式上的致辞，赋予了中关村国家级的平台，释放出新的先行先试政策信号，对中关村科技园区提出了更高的要求。

中关村要当好先行先试的排头兵，加快建设世界领先的科技园区。为建成世界领先科技园区，北京将主要从五个方面开展相关工作：

1. 瞄准世界科技前沿，构筑国家战略科技力量。

北京将进一步发挥中关村科教资源的优势，不断提升科技创新出发地、原始创新策源地、自主创新主阵地的作用。目前，北京市已连续四年位居“自然指数—科研城市”第一名；清华大学、北京大学首次进入世界大学排名前20名；中国科学院论文发表居全球第一、“高被引科学家”入选人数全球第二；北京“高被引科学家”数量位居全球第一。

北京将着力培育国家战略科技力量。包括积极推动国家实验室和国家重点实验室体系重组，加快建设

综合性国家科学中心、新型研发机构等，努力发挥企业创新主体作用。

北京也将加强原创性引领性科技攻关，努力实现在人工智能、量子计算、区块链、生物技术等领域“四个占先”，实现集成电路产研一体化、关键新材料、关键零部件、高端仪器设备等方面的“四个突破”。

2. 适应创新范式新变化，推动科技创新面向生产生活新需求。

新冠肺炎疫情没有阻断数字经济的蓬勃发展。疫情推动了医药化工行业、互联网医疗行业以及远程办公行业井喷式增长，数据服务、软件与服务等数字相关行业营业收入保持较高增长速度。

大数据、人工智能、平台驱动，成为继实验科学、理论分析和计算机模拟之后新的科研范式。以数据、算力、算法为代表的人工智能新技术极大地加快了创新速度。

北京将以平台驱动，实现创新加速。目前，北京正在建设集成电路试验线平台、未来智能系统平台、基于区块链的可信数字基础设施平台、分级架构底层数据打通的车联网平台、“中国百万慢病人群队列”大数据平台、公共技术平台等。

适应科研组织方式新变化，北京积极推动新型研发机构建设，在运行机制、财政资金支持与使用、绩效评价、知识产权成果转化激励、固定资产管理方式等方面实现了“五个新”。

北京还面向高校推动新型研发中心建设。以北京理工大学为主体建设了北京市工程医学与创新应用研发中心，面向需求和应用，和产业紧密融合，研究人员和工程技术人员有机合作，赋予人、财、物、知识产权处置充分自主权，以及区别于传统 PI 模式的大任务科研模式。

3. 激发企业创新活力，支撑首都高质量发展。

北京将加强对企业的政策支持，包括高精尖产业“10+3”政策、促进高新企业高质量发展措施、高新企业认定“报备即批准”、人才支撑行动计划、医药健康和集成电路急需紧缺人才若干措施等。北京将强化对企业的服务机制，包括场景驱动、独角兽企业服务包、300 亿元规模的科创基金、北京证券交易所等。北京将支持领军企业、独角兽、隐形冠军、创新型中小企业竞相发展，产学研深度融合，加快做强做大做优。

北京将着力打造新一代信息技术产业和医药健康产业“双发动机”；努力培育未来产业，构建智能制造、大健康和绿色智慧能源等新的万亿级产业集群，布局类脑智能、量子计算、6G、未来网络、无人技术、超材料和二维材料、基因与干细胞、“双碳”等未来产业。

4. 塑造科技向善理念，做先行先试排头兵。

科技向善首要的是诚信。北京将加强科研诚信建设，增强科学家家国情怀，推动科技为生产生活服务。

北京将做好“有效市场”和“有为政府”各司其职，围绕做强创新主体、集聚创新要素、优化创新机制，推出新一轮先行先试改革措施。

北京将优化“一个布局、两个机制”，即优化科技园区空间布局，优化中关村管委会一区十六园管理机制，支持各区建立专业化的园区运营管理公司。

5. 积极参与全球创新网络，促进科技创新交流合作。

北京将着力办好中关村论坛，出台关于支持外资研发中心设立和发展的若干措施，支持国际创投机构在京发展。

北京将开放科学实践，实施国际联合研究项目，积极参加国际科技规则制定，开展生命健康、气候变化国际大科学计划。中关村正进入新发展阶段，北京将认真贯彻落实习近平总书记重要讲话精神，聚焦“三城一区”主平台和中关村国家自主创新示范区主阵地，加快北京国际科技创新中心建设，为实现高水平科技自立自强，支撑科技强国建设贡献“北京力量”！

心系“国之大者” 融入首都发展
在服务创新驱动发展中当旗手作标杆（节选）

——在集团2022年工作会上的报告

（2022年1月28日）

中关村发展集团党委书记、董事长 赵长山

2021年是建党100周年，是“十四五”开局、全面建设社会主义现代化国家新征程开启之年，也是集团创新发展历程中的关键节点。一年来，在市委市政府的坚强领导下，在市直机关工委、市国资委党委直接领导和市科委、中关村管委会党组指导下，集团党委高度重视自身建设，坚持以习近平新时代中国特色社会主义思想为指导，全面贯彻党的十九大和十九届历次全会精神，深入贯彻习近平总书记系列重要讲话精神，认真落实市委市政府重大决策部署，紧扣北京国际科技创新中心建设重点任务和首都高质量发展新要求，以“转型突破年”“管理提升年”为主题明确工作目标和重点任务，团结带领广大干部职工深化改革、开拓进取、真抓实干，推动全面从严治党向纵深发展，实现了“十四五”良好开局。在这一年中，集团党委突出抓了以下几件重点任务。

一是深入学习贯彻习近平新时代中国特色社会主义思想。坚持把学习贯彻习近平新时代中国特色社会主义思想作为重中之重，建立学习贯彻习近平总书记重要指示批示精神“第一议题”制度，充分发挥党委理论学习中心组示范带动作用。迅速组织学习习近平总书记9月24日在中关村论坛开幕式上视频重要致辞精神，重温总书记对中关村的巨大关怀和殷切期望，进一步明确服务创新发展方向，研讨发挥新型举国体制优势、在服务首都发展中担当作为的思路举措。全年开展党委理论学习中心组学习33次，集中研讨6次。通过集中学习、个人自学、交流研讨、专题辅导、专题党课、参观展览等多种方式，持续推动学习贯彻往深里走、往实里走、往心里走。

二是精心组织庆祝建党100周年系列活动，扎实推动党史学习教育走深走实。认真履行好党史学习教育主体责任、履行好第一责任人职责，制定工作方案，及时动员部署，加强督促检查，确保学习教育工作完成到位。坚持以上率下，第一时间安排专题读书班，以“七一”为节点，制定集团领导“周学习”和带头讲党课的工作计划，围绕重点学习内容深入研讨、交流体会、撰写心得。把党史学习纳入干部年度培训计划，将学习教育融入日常、抓在经常，开展不同层次、不同类型活动，邀请专家学者开展党史专题宣讲11场，组织赴红色遗址、遗迹参观100余次。开展“百名党员话初心”“我给先烈写封信”等群众性主题教育活动，提升广大职工特别是青年职工的参与度。将“我为群众办实事”作为党史学习教育的根本落脚点，深入对接双创主体、职工群众所需所想，聚焦“五个围绕”研究制定集团实施方案及编制《实事项目清单》17项、措施26条，尽心尽力办实事、解难题，努力提高双创主体和职工群众的获得感。

三是认真学习宣传贯彻党的十九届六中全会精神。把学习宣传贯彻党的十九届六中全会精神作为当前和今后一个时期的重大政治任务来抓，在集团全系统迅速掀起学习贯彻热潮。第一时间召开党委理论学习中心组学习，深入开展集中学习、交流研讨。研究制定学习宣传贯彻工作方案，组织参加专题宣讲培训，认真抓好基层党组织学习宣传贯彻工作。及时宣传报道学习贯彻全会精神情况和广大党员群众的热烈反响，营造学习宣传贯彻全会精神的浓厚氛围。充分发挥“头雁效应”，领导干部带头开展六中全会精神宣讲，引导集团广大党员干部群众切实把思想和行动统一到六中全会精神上来，坚定地捍卫“两个确立”，坚决做到“两个维护”。

四是持之以恒抓好巡视整改，不断巩固深化整改成果。坚决扛起政治责任，持续抓好巡视整改和“回头看”工作，层层压实责任，确保整改到位、不留死角。市委巡视反馈问题 3 个类别 9 个方面 25 项问题按计划完成整改 24 项，占比 96%，需长期整改 1 项，巡视移交的 11 条问题线索已全部按期办结。及时将整改情况在党内通报，做好巡视进展情况测评，接受广大党员和群众监督。强化巡视整改成果运用，设立集团党委巡察办，健全巡察工作机制，持续用力推进全面从严治党向基层延伸，把巡视成果转化为推动集团深化改革发展的强大动力。

五是一体推进国企改革三年行动方案和集团综合改革落地。坚持把党的领导贯穿于全面深化改革全过程，着力破解改革中的难点、痛点问题，在重要领域和关键环节取得一批突破性、标志性成果，为“十四五”期间集团改革转型实现跨越式发展开好局。对标对表国企改革新要求，制定印发《集团落实北京市国企改革三年行动实施方案（2020—2022 年）任务清单》，有序推进改革目标任务落地。广泛征求意见，精心编制《中关村发展集团“十四五”发展规划和二〇三五年远景目标纲要》，得到市领导的高度重视。通过线上线下多种方式组织开展“十四五”规划宣贯，有序推进 6 个业务板块、3 个重点功能及 7 个重点细分产业的子规划研究，建立健全“一张蓝图绘到底”的长效工作机制，有力地支撑和保障集团五年规划的贯彻实施。

在抓好上述重点任务的同时，集团党委加大全面从严治党与改革发展的统筹力度。2021 年集团经营指标创历史最好水平，“轻资产、强服务、活机制”取得明显成效，高质量发展态势向好；全年服务创新创业企业数量超过 1.2 万家次，落地北京高精尖产业和创新孵化项目 550 个，为双创主体提供投融资服务总额 683 亿元；主导运营园区地均收入、每万人专利授权量分别是中关村示范区平均水平的 3.87 倍和 1.55 倍。主要体现在以下几个方面。

第一，着眼“五子联动”融入新发展格局，支撑国际科技创新中心建设取得新进展。

一年以来，我们在北京国际科技创新中心建设中谋篇布局。一是中关村资本、中关村科服联合北京智源人工智能研究院打造首个新型研发机构“0−1”原创科技成果转化轻孵平台。中关村科服积极对接 2021 中关村论坛，搭建中关村科技成果转化与技术交易综合服务平台，建立面向科技部、中科院、国内外高校、新型研发机构的项目资源导入渠道。二是服务全球数字经济标杆城市建设，积极打造数智科技园区标杆，软件园公司承接“数字贸易港”“开源平台”等全国示范项目。软件园、集成电路设计园、前沿技术研究院等公司积极建设基于 5G 的应用新场景，促进新技术、新成果、新产品的推广应用。三是大力推动集成服务全覆盖三年行动计划。打造政企合作新机制的房山样板，新增落地高精尖项目 38 个，前沿技术公司实现扭亏为盈；深化京西公司改造老旧厂房导入创新资源的成功做法，在丰台建设“南中轴国际文化科技园”，打造城市更新样板，释放首都功能疏解蕴含的能量；认真落实市政府关于生命园公司运营托管的要求，全力支持“生命谷”规划建设；加快建设医疗器械园二期项目，打造医疗器械产业服务新生态；启动中关村工业互联网产业园，打造工业互联网产业新高地。

第二，着眼科技成果转化全过程，创新生态集成服务能力得到新提升。

一年以来，我们秉持“以双创主体为中心、与双创主体共成长”发展理念，持续提升创新生态集成服务能力。一是国际国内协同创新网络进一步优化。举全集团之力，圆满完成 2021 中关村论坛运营保障任务，推动“月月有活动、季季有亮点”的市场化、专业化服务机制建设，为中关村论坛成为面向全球科技创新交流合作的国家级平台作出了重要贡献。落实京津冀协同发展战略任务，配合市科委、中关村管委会推进雄安新区中关村科技园规划建设，有序推进滨海、宝坻、保定等重点项目建设，区域创新链、产业链、供应链“三链联动”效应有新的提升。二是积极建立多层次资本市场服务机制。拓宽“高精尖”母基金募资渠道，认缴52亿元、实缴14.8亿元；初步构建市场化、专业化基金系，完成首期配资10亿元，引导专项基金对独角兽、隐形冠军、“专精特新”等企业的投资布局；设立S基金拓宽基金退出渠道，成为国家服务业扩大开放综合示范区首批十大最佳实践案例；牵住认股权“牛鼻子”推动科技财富管理建设，加强认股权分类指导管理，加快“科技投行”数字大脑建设。三是深化债权融资服务机制。做大中关村科技金融服务平台，着力解决创新型中小企业债权融资难、融资贵问题，中关村金服获得AA+主体评级并成功发行4亿元公募公司债；首次开展定向融资业务，为23家企业提供超10亿元融资支持；设立信用交易子公司，打造“中关村信用交易金融服务平台”；打造“中关村供应链金融服务平台”，实现首单业务落地；推出北京首支知识产权资产证券化产品，培育科技保理业务。四是推动建立共性技术和精准服务机制。针对科技成果转化中的堵点、断点、卡点，全力打造中关村科服平台，深入实施科技服务战略合作伙伴计划，链接100余家外部优质服务资源；围绕关键领域“卡脖子”环节，搭建一站式医药CRO服务、科学仪器检验检测等一批共性技术平台，联合中科院计算所等单位发起设立北京开源芯片研究院，投资设立北京飞镖国际创新平台助力生物医药企业研发创新；强化产业研究院咨询服务作用，“金种子”管家服务体系建设取得实质进展。

第三，着眼中关村先行先试改革，不断夯实集团高质量发展基础。

一年以来，我们立足于构筑高水平科技创新生态创造更多新的经验，加大改革工作统筹力度，取得一批突破性、标志性改革成果。一是抢抓机遇参与国家基础设施公募REITs试点。软件园首批公募REITs项目成功上市，领跑国家公募REITs试点元年上市项目，为集团转型发展注入新的动力。通过该项目盘活软件园11.67亿元存量资产，增加近20亿元现金资产；实现资产持有人和运营管理人分离，倒逼园区管理体制改革；引领中关村示范区试点改革，成为集团新的增长极，进而为盘活示范区存量资产形成创新产业集群叠加效应打下实践基础。二是推进区企共管公司改革取得新进展。积极对接相关区政府，研究制定“一区一企一策”多个路径的商业方案，电子城公司、光谷公司、兴昌公司重组工作取得实质性进展。完成海开集团重组，设立中关村建设投资公司，推动园区建设集约化管理，园区建设基金认缴53.5亿元，园区轻重资产分离迈出重要步伐。三是持续优化现代企业治理。充分发挥战略发展、风险管理与审计专门委员会作用，推动设立薪酬与考核委员会，切实提升董事会科学决策能力水平。修订信息披露事务管理制度，规范披露内容和程序，维护投资者权益。加强“三会”规范化建设，制定集团“三会一层”权责利清单，规范决策标准、程序，推动子公司董事会应建尽建工作。完成集团总部组织架构调整，推动符合条件的事业部门全部下沉。强化风险管理与内控体系建设，拓展融资渠道保障资金需求。启动集团服务质量管理和标准化建设工作，优化集团高质量评价指标体系，持续开展创新能力建设。四是不断提升集团信息化应用水平。调整设立集团信息化领导小组，研究制定集团数字化转型五大重点工程实施方案，统筹推动数字化引领高质量发展。五是加强国际化、市场化、专业化人才团队建设。围绕落实集团综合改革方案和建设高素质专业化干部队伍需要，有序推进职业经理人、合伙人机制试点，稳步推进任期制和契约化管理。六是有序推进集团品牌运营。制定集团“十四五”品牌运营战略，启动核心品牌注册保护工作，中关村社区品牌运营探索取得新进展，首个科技服务驿站落地房山。

第四，着眼打造服务创新发展红色引擎，不断深化全面从严治党。

一年以来，我们坚持以党的政治建设为统领，统筹推进党的各项建设。

一是坚持把党的政治建设摆在首位。牢记“看北京首先要从政治上看”要求，严格执行新形势下党内政治生活若干准则，教育引导广大党员干部增强“四个意识”、坚定“四个自信”、做到“两个维护”，始终在思想上政治上行动上同以习近平同志为核心的党中央保持高度一致。严明政治纪律和政治规矩，坚决做到“三个一”“四个决不允许”，做政治上的“明白人”。认真做好政治生态分析研判工作，推动分析成果有效转化运用。认真贯彻落实重大事项请示报告制度。强化政治监督，主动对标市委市政府决策部署，及时研究工作切入点，督办落实领导批示指示精神。扎实做好保密工作，确保国家秘密和工作秘密安全。

二是突出思想建设基础性地位，不断深化党的创新理论武装。分级分类组织学习贯彻党的十九届五中全会精神培训，采取集中培训、专题研讨、辅导讲座等形式，引导广大党员干部读原著、学原文、悟原理，做到常学常新、融会贯通、学以致用。抓实市委巡视意识形态专项检查整改，修订意识形态工作责任制实施细则，建立意识形态工作责任清单，切实压紧压实意识形态工作责任。加强意识形态阵地管理，开展意识形态工作专项督查，定期分析研判意识形态领域情况，及时发现和处置苗头性、倾向性问题，牢牢掌握意识形态工作领导权。

三是树立重实干重实绩的用人导向，建设忠诚干净担当的干部人才队伍。深入落实加强市管企业领导班子和领导人员队伍建设三年行动计划，统筹做好干部选拔培养和人才队伍建设工作。选优配强各级领导班子。持续抓好“青苗计划”，加强年轻干部队伍建设。深入实施集团干部人才教育培训三年规划，持续加强干部人才“四位一体”教育培训体系建设。严格干部管理监督，从严从实做好领导干部个人有关事项报告工作，规范做好领导干部兼职审批工作，严格执行干部任职谈话制度，严格落实市管干部离京报备管理。在严管的同时体现关爱，不断健全干部担当作为的激励和保护机制，树立干事创业鲜明导向。

四是持续推进标准化规范化建设，提升基层党建工作质量。深入贯彻落实国有企业基层组织工作条例，加强对集团所属国有控股、参股、混合所有制企业党建工作的分类指导，增强基层党组织政治功能和组织力。坚持将抓好巡视整改与持续推进基层党组织建设标准化规范化建设有机结合、一体推进，规范开展组织换届、“三会一课”、教育管理、党员发展等方面工作。组织全市“三优一先”及集团“两优一先”评选表彰工作，培育选树一批在集团改革转型过程中勇挑重担、攻坚克难的先进集体和优秀个人。加强对统战工作、群团工作的领导，在企业治理中注重发挥工会组织桥梁纽带作用，一批优秀基层骨干成为新一届区级政协委员。

五是持之以恒正风肃纪，坚定不移推进反腐败斗争。锲而不舍落实中央八项规定精神，不断巩固拓展作风建设成效。坚持“严”的主基调，坚持一体推进不敢腐、不能腐、不想腐。深化拓展集团监察机构改革成果，构建“六位一体”监督协同机制，推动各类监督有机贯通、相互协调。建立集团预防治理境外腐败工作协调机制。聚焦突出问题表现，严肃查处靠企吃企、设租寻租、违规兼职等问题，开展“党建外包”问题专项治理。精准有效运用监督执纪“四种形态”，坚持标本兼治强化警示教育，坚持“三不”一体推进的坚定决心。

这些成绩的取得，是市委市政府坚强领导的结果，是各委办局、各区及社会各界大力支持的结果，是集团各级党组织和全体党员干部职工勇于担当、奋力拼搏的结果。在这里，我代表集团党委、董事会，向支持集团发展的各级领导、各股东单位、各个方面表示衷心的感谢，向各级管理团队和辛勤努力的员工们表示崇高的敬意！

与此同时，我们必须清醒认识到，工作中还存在一些挑战和不足。主要是，面对中关村新一轮先行先试改革和重大决策部署，把握发展机遇担当作为的本领还有待提升，新型举国体制优势发挥得还不够充分。创新生态集成服务的精准性不足，满足双创主体全周期需求的服务水平有待进一步提升。体制机制改革落地时效性不强，改革内在动力有待进一步激发。与市属先进企业相比，全面从严治党引领保障作用还需要持续加强。

不负使命　担当作为
为新时代首都发展增动力添活力（节选）

——在集团 2022 年工作会上的报告

（2022 年 1 月 28 日）

中关村发展集团党委副书记、总经理　宣　鸿

2021 年是意义非凡的一年，在市委市政府的坚强领导和市科委、中关村管委会，市国资委的强有力指导下，按照集团党委、董事会的决议要求，集团上下坚持以习近平新时代中国特色社会主义思想为指导，深入贯彻党的十九大和十九届历次全会精神，深入落实市委市政府决策部署，紧扣北京国际科技创新中心建设重点任务和首都高质量发展新要求，统筹推进疫情防控和经营发展工作，一体推进市国企改革三年行动和集团综合改革落地，集团年度经营目标圆满完成，综合改革取得阶段性明显成效，为党的百年华诞交上了一份“有含金量”的亮丽答卷。经营业绩再创新高，初步核算，集团 2021 年营业总收入 144.3 亿元、利润总额 39.9 亿元，同比分别增长 19% 和 132%，净资产收益率 6.21%，同比提高 3.78 个百分点；结构进一步优化，服务收入（含投资收益）占比提升至 39.5%，资产负债率 65.38%，同比下降 3.62 个百分点；集成服务能力持续增强，服务产品达到 20 大类 188 项，全年服务企业 1.2 万余家，落地北京高精尖产业和创新孵化项目 550 个，提供投融资总额 683 亿元。

总的来看，2021 年集团大事多、喜事多，亮点纷呈。一是高标准承办 2021 中关村论坛，国家主席习近平视频致贺，论坛升级成为面向全球科技创新交流合作的“国家级平台”，“金字招牌”被进一步擦亮。二是紧抓政策机遇，成功发行北京市首单产业园区基础设施公募 REITs，受到社会各界广泛关注和资本市场高度认可，园区自持物业可持续商业模式迈出“关键一步”。三是高质量编制发布《中关村发展集团“十四五”发展规划和二〇三五年远景目标纲要》，得到市领导高度重视，陈吉宁市长亲自审阅、殷勇副市长作了重要批示，绘就集团高质量发展“新蓝图”。四是打造新型政企合作机制“房山样板”，以前沿技术公司为服务总管家，全面导入集团集成服务包，落地首个中关村社区科技服务驿站，政企合作“新范式”加速落地。五是中关村资本创新破解募资难题，高精尖母基金首期实缴 14.8 亿元，园区建设基金首期认缴 53.5 亿元，与智源研究院共设科学家孵化基金服务国家战略科技力量，全周期“耐心资本”加快形成。六是中关村金服本部首次开展经营性业务、实现经营性盈利，首发 4 亿元公募公司债，信用交易、商业保理等新业务取得新突破，科技金融综合服务能力进一步增强。七是中关村科服牵头组建跨板块、近百人“金种子”服务管家团队，在业内率先发布管家式科技服务和中小企业数字化转型指南等服务标准，开启赋能双创主体“新范式”。八是在多部门通力配合下，妥善处理人员转接和历史遗留问题，顺利实现对海开集团实质性接管，中关村建投组建运营首年即实现新园区落地，园区重资产投资平台建设迈出关键步伐。九是“活机制”改革助力经营效益提升，中关村产业研究院设立首年即实现盈利，中关村芯园利润同比增长 130%，协同发展公司通过 OKR 绩效管理考核、“揭榜挂帅”等创新机制实现扭亏为盈，企业内生动力被进一步激活。十是以庆祝建党 100

周年为契机，扎实开展党史学习教育、“我为群众办实事”、学习贯彻十九届六中全会精神等活动，推动巡视整改落地，以有效监督营造风清气正的干事创业环境，涌现出工业院“RONG 文化”等一批特色党建品牌，集团党建与业务进一步深度融合发展。

一年来，集团深入推进以下八方面工作。

（一）深入推进“十四五”开局起步，改革任务攻坚落地进一步突破

对标对表市国企改革三年行动和集团综合改革方案，大力推进年度任务实施落地。一是研究形成“十四五”规划体系。在高质量编制集团总体规划纲要基础上，配套编制相关子规划，开展全方位宣贯，强化重点任务分工，凝聚规划实施的最大合力。二是有序推进区企共管公司改革落地。一区一企一策，完成海开集团、电子城改革任务，推动光谷、兴昌公司改革取得突破性进展。三是加快政企合作新机制落地。在房山形成量化任务清单，建立落地工作机制，年内新引入 38 个高精尖项目，前沿技术研究院入驻企业税收同比增长 136%。四是推动集团总部改革落地。加强“三会一层”建设，推动总部组织架构优化调整，实现符合条件的业务部门全部下沉。五是持续加强创新能力建设。研究推进新业务新产品研发工作机制，在考核中将研发投入视同利润，集团全年在新产品研发、数字化转型等方面投入将近 1 亿元。

（二）深入推进“科技投行”建设，助力高精尖产业发展进一步提速

围绕北京高精尖产业体系，加快构建全周期“耐心资本”，支持新业态新模式和数字经济发展。一是成功打造首个公募 REITs 标杆项目。成为“中国基础设施公募 REITs 元年”11 个试点项目中流通份额认购规模最大、认购倍数最高、募集溢价率最高的产品。二是推动认股权业务试点落地。组建认股权经理人团队，股权和认股权池项目达到 1650 个，发挥认股权基金作用，实现田园奥瑞、同源微项目成功行权。三是加快专业基金系落地。S 基金入选国家服务业扩大开放综合示范区首批十大最佳实践案例，集团管理母子基金达到 29 支，基金总规模 276 亿元。四是加大对头部企业和中小微科技企业支持力度。精准投资智能装备领域拟上市隐形冠军企业，全年新增投资项目 60 个，投资额 11.85 亿元。五是提升多层次资本市场服务能力。推出“深证直通车”“上证直通车”上市智能检测工具，建立重大项目三层发现机制，11 家集团服务企业在北交所首批上市。六是持续提升投资管理能力。积极妥善处置华臣医药自有资金投资项目和“城市一百”代持政府项目历史遗留问题，全年实现投资退出本金及收益 2.15 亿元。

（三）深入推进科技金融综合服务平台建设，助力中小微企业融资难题进一步缓解

围绕中小微企业融资难、融资贵、融资慢问题，持续拓展业务条线、创新服务产品，提升一站式科技金融服务能力。一是做实中关村金服。首次开展定向融资业务，成功设立信用交易子公司，搭建“中关村供应链金融服务平台”，推进商业保理公司收购，进一步拓宽服务链条。二是不断提升服务效能。担保公司成为市属首家 AAA 级主体信用评级的融担机构，知识产权资产证券化产品在北京实现零的突破，全年新增担保项目 1.2 万个、金额 446 亿元；租赁公司首创知识产权融资租赁业务，租投联动基金首个退出项目获 3.6 倍收益，全年新增租赁项目 416 个、金额 61.7 亿元；小贷业务全年新增项目 112 个、金额 15 亿元；瞪羚基金成功引入战略投资。三是提升数字化运营能力。推进金融数据服务平台建设，担保公司开发小微标准化业务系统，租赁公司率先实现全业务流程数字化。四是持续加强风险管控。稳妥处置中金小贷经营风险，全年实现担保代偿率 0.58%，租赁资产不良率 1.6%，中关村小贷不良率 1.3%，均低于年度控制标准。

（四）深入推进专业科技服务平台建设，创新生态服务短板进一步补齐

围绕双创主体需求和科技成果转化的堵点，加快构建全周期、一站式、管家式集成服务体系。一是全力打造中关村科服。推动内部服务资源整合，与中信数字创新等100余家优质服务机构签署合作协议，举办20余场有影响力的产业活动。二是创新建立管家式服务机制。启动运营“金种子”管家服务中心，举办管家实训营，精准服务启科量子等企业千余家次。三是深化大数据服务平台建设。建设运营中关村科技成果转化与技术交易综合服务平台，易创平台注册用户超1.1万家，上架集团内外服务产品286项。四是加强共性技术服务平台建设。聚焦生物医药、集成电路等关键领域和“卡脖子”环节，合作搭建北京飞镖国际创新平台、开源芯片研究院等10个专业化服务平台。五是加快打造全链条知识产权服务体系。获批成为世界知识产权组织技术与创新支持中心，怀柔科学城知识产权服务管家模式获得高度认可，智融宝2.0新增盘活企业核心专利50余项。六是不断提升产业咨询、规划设计、专业孵化等服务能力。中关村产业研究院围绕细分领域形成70余篇专业研究报告，创办“新产业50人论坛”品牌活动；工业院全力服务亦庄燃料电池等重大项目，多个项目荣获行业大奖；持续实施孵化器专项提升方案，集团运营孵化器达到35家，京内在孵企业792家，新增毕业企业180家。

（五）深入推进园区业务转型发展，服务“三城一区”和“一区多园”效能进一步提升

围绕主平台、主阵地，持续导入集团集成服务包，加快提升园区创新孵化和产业发展水平。一是打造园区重资产统筹平台。中关村建投正式组建运营，强化“大平台小项目”资源集约理念，储备一批重大园区项目，统筹推动工业互联网产业园、南中轴国际文化科技园、志新东路5号等项目取得积极进展。二是推动园区轻重资产分离。软件园以发行公募REITs为契机，加快打造大信息产业组织服务平台，在亦庄等重点区域加速拓展运营空间；京西公司率先形成轻重资产改革方案。三是推动数智园区建设。完善园区“七位一体”规划体系，制定数智园区建设规划和新基建配置标准；软件园立足国家数字服务出口基地，积极承担数字贸易港等“两区”建设任务。四是加快创新社区建设。深化“空间＋投资＋服务”模式，完善园区服务生态，提升园区创新活力。软件园设立高成长基金，持续开展科技向北、创新之源大赛等品牌活动，打造“科创中国”开源生态“样板间”；集成电路设计园升级“三中心、一基地”服务平台，成功举办第五届“芯动北京”产业论坛暨第四届全国研究生创芯大赛，基金投资项目年估值增长超一倍；前沿技术研究院建设5G自动驾驶平台二期，成功举办首届全球智能应急装备大赛；医疗器械园新导入10余家优质服务机构，建设一站式服务中心；延庆园推动重大产业项目落地取得新进展，实创高科助力中关村科学城北区“前沿科技＋新兴产业”融合创新。集团在京运营的创新社区面积达223万平方米，入驻企业2183家，有力支撑了各分园高端产业聚集和特色化发展。

（六）深入推进京津冀协同发展重点项目，反哺国际科创中心建设能力进一步增强

围绕拓展中关村新技术新产品应用场景，加强“三链”对接协作，助力国际科创中心建设和合作区域创新发展。一是持续提升创新资源汇聚北京能力。引入35个创新项目落地北京，协同创新母基金投资额的40%投向北京，子基金投资北京企业占比超40%。二是全力做好京津冀重点项目。推进张家湾设计小镇创新中心、硬科技产业示范基地等城市副中心重点项目，积极对接雄安中关村科技园筹建，工业院代建的北海幼儿园雄安园区正式交付，京津中关村科技城统筹开发运营模式进一步“破题”。三是提升协同资本服务效能。创造性地通过自筹资金解决协同母基金优先级历史遗留问题，形成区域合作“产业组织基金”新模式，新增募资超20亿元，管理基金规模增至60亿元。四是持续完善轻资产运营模式。信息谷完成股东定向减资，优化股权结构，轻资产运营服务覆盖全国33个城市，托管面积超200万平方米，服务企业超1.4万家。

（七）深入推进海外创新孵化网络优化提升，中关村论坛“金字招牌”进一步擦亮

面对纷繁复杂的国际形势叠加海外疫情的冲击，集团高度重视，积极稳妥应对，及时调整经营对策，顺利实现海外业务整体盈利。一是高质量承办 2021 中关村论坛。按照论坛规格提升后的更高要求，积极参与总体方案策划，丰富科技办会应用场景，通过全媒体传播提升论坛品牌影响力，举办常态化论坛活动 20 余场，全面保障国事活动成功举办。二是推进海外创新中心转型优化。硅谷创新中心成立北美医疗大健康加速器，以色列创新中心获评“中关村海外孵化器”。三是持续完善海外基金系。完成美元母基金注册设立，启动首期基金募资，盛景母基金、丹华 II 期、FV 基金等已投基金表现优异。

（八）深入推进落实党建工作“一岗双责”，高水平经营管理基础进一步夯实

认真落实全面从严治党责任清单，充分发挥基层党组织战斗堡垒和党员先锋模范作用，助力解决重点难点经营问题，推动党建与业务融合发展。一是强化绩效导向。加强全员劳动生产率等指标考核，发挥总经理特别奖和综合改革贡献奖的激励引导作用，助力改革任务攻坚。二是强化融投资管理。加强重大投资项目储备，投资计划完成率显著提升；拓宽融资渠道，成功发行科创债等融资产品 120 亿元，融资成本创历史新低。三是推动子公司提质增效。京西公司创新路径提前收回石龙五期前期投入 7.74 亿元，集成电路设计园实现单次回款超 5.6 亿元并扭亏为盈，医疗器械园获得政府专项补贴 1 亿元。四是加强子公司利润分配管理。向集团分配利润的子公司达到 12 家，向集团分配利润 14 亿元。五是加强新设公司管控。制定印发《关于加强新设公司管控工作的通知》，加强对新设公司的管理和成本控制。六是不断强化合规管理。设立集团总法律顾问，组织开展集团年度重大风险排查，制订针对性的管控方案，持续推进风险管理与内控体系建设。

以上成绩的取得，离不开市委市政府的高度重视和坚强领导，离不开市科委、中关村管委会，市国资委的精心指导，离不开集团党委和全体经营班子的勠力同心、真抓实干，更离不开全体员工的攻坚克难、共同奋斗。在这里，我代表集团经营班子，向支持集团工作的各级领导、各个单位表达最诚挚的谢意，尤其要向奋战在一线的广大员工表达最衷心的感谢！

在取得成绩的同时，我们也要清醒地认识到，集团高质量发展还存在诸多挑战和不足。一是外部环境更趋复杂严峻和不确定，大国科技创新的博弈日益加剧，海外疫情持续蔓延，增加了企业稳健经营的难度。二是随着退出土地一级开发，集团经常性收入减少，投资收益对利润影响大幅提高，对集团拓展经营性现金流、提升投资收益持续性稳定性提出迫切要求。三是集团产业投资、园区投资属于长周期业务，而低成本、长周期的融资渠道较为缺乏，容易造成短债长投的资金错配问题。四是在推进落实改革任务中，还存在着理解不一致，落地突破实招不多、想干但不会干，部分改革“一刀切”，亏损子公司减亏扭亏进度慢等问题。对于这些问题，我们一定要高度重视，采取有效措施加快解决。

专 文

中关村发展集团年鉴

YEARBOOK OF ZHONGGUANCUN DEVELOPMENT GROUP

2022

中关村发展集团“十四五”发展规划和二〇三五年远景目标纲要

（二〇二一年七月）

第一章　迈向高质量发展新阶段

“十三五”时期是集团发展历程中具有重要历史意义的五年，是锐意改革的五年，是创新发展的五年，是砥砺奋进的五年。在市委市政府的坚强领导和中关村管委会的指导支持下，集团积极推动改革转型、创新发展，各项事业发展取得重大成就，综合实力和发展水平迈上新台阶，实现了“五个翻番”“六大提升”，在创新生态中发挥了“连接器、转化器、放大器”作用，走出了一条国有资本驱动科技创新的“中关村之路”，正加快迈向高质量发展的崭新阶段。

专栏　五个翻番

服务收入占比：由 2015 年的不足 15%，提高到 2020 年的 39%，增长了 1 倍。

落地北京高精尖产业项目和创新孵化项目：由 2015 年的 178 个，提高到 2020 年的 576 个，增长超过 2 倍。

运营创新空间面积：全国范围内累计自持和托管空间面积由 2015 年的 130 万平方米，提高到 2020 年的近 427 万平方米，增长超过 2 倍。

服务双创主体数量：累计服务双创主体数量由“十二五”期间的 2.7 万家次，提高到“十三五”期间的 5.4 万家次，增长了 1 倍。

投融资服务能力：由 2015 年的 1052 亿元，提高到 2020 年的 2102 亿元，增长了 1 倍。

一是科技创新服务平台地位显著提升。“十三五”期间，集团的发展得到了各级领导的高度重视和关心指导。习近平总书记分别于 2017 年、2019 年先后两次视察集团运营的中关村创新示范基地，向 2019 中关村论坛致贺信，充分体现对集团作为科技创新服务平台所发挥作用的认可。蔡奇书记在 2017 年调研中关村科学城时指出，中关村发展集团要发挥好平台作用，并适时纳入国有资本改革试点；在 2020 年调研集团总部时，充分肯定了集团成立十年业绩，希望瞄准未来十五年再上大台阶。集团是 2018 年北京市政府工作报告中唯一被提及的企业，提出“发挥中关村发展集团在整合创新资源方面的市场化平台作用”。2018 年以来，陈吉宁市长亲自主导研究集团综合改革方案，集团科技创新服务平台地位明显提升。

二是科创中心建设支撑作用显著提升。“十三五”期间，集团承办的中关村论坛逐步成为具有世界影响力的创新合作论坛，成为北京市“两区”“三平台”的重要平台之一；集团围绕重大科技成果来源，深耕“三城一区”，释放创新原动力，服务北京脑科学与类脑研究中心、北京量子信息科学研究院、中科院北京纳米能源与系统研究所、北京市工业芯片创新中心等重大科研机构在园区落地；围绕中关村各分园细分产业定位，积极打造特色园区，助力“一区多园”建设，促进“三城一区”创新成果在各分园转化落地。

集团在中关村一区多园特色园区及产业服务平台建设情况

分园	特色园区及产业服务平台	特色产业
海淀园	中关村软件园 中关村集成电路设计园	新一代信息技术、集成电路、科技服务业
昌平园	中关村生命科学园	生物与健康
大兴－亦庄园	中关村高端医疗器械产业园	医疗器械、健康服务
房山园	中关村新兴产业前沿技术研究院	新能源智能汽车、智能装备制造
门头沟园	中关村（京西）人工智能产业园	智能机器人、智能装备制造
延庆园	长城脚下的创新家园	能源互联网、新能源与节能环保
怀柔园 密云园	微纳能源科技园 中关村怀柔创新中心	前沿新材料（高性能纳米材料）、研发服务
东城园	东方雍和	文化科技
西城园	启元资本	金融科技
顺义园	中关村顺义创新中心	先进制造、智慧物流
朝阳园	中关村电子城	现代通信网络、生物与健康
通州园	张家湾设计小镇创新中心	新一代信息技术、文化科技、城市科技
石景山园	中关村工业互联网产业园	工业互联网
丰台园	中关村轨道交通产业发展公司	轨道交通、智能装备制造

三是“四位一体”价值显著提升。“十三五”期间，集团坚持社会价值、企业价值、股东价值和员工价值有机统一，实现共同提升。社会价值方面，突出服务创新创业主体的社会责任担当，发布集团首份社会责任报告，五年累计服务企业 5.4 万家次，提供投融资总额 3145 亿元，落地北京高精尖产业和创新孵化项目 2043 个，运营的成熟园区地均企业收入、每万人专利授权数、人均研发经费投入强度分别是示范区平均水平的 3.3 倍、1.7 倍和 2 倍。企业价值方面，集团总资产从 2015 年的 951 亿元增至 2020 年的 1380 亿元，获得 AAA 主体长期信用评级和国际信用评级类主权 A 级，企业影响力和竞争力不断增强。股东价值方面，集团所有者权益年均增速 15.3%，持续向股东分红。员工价值方面，集团人才培养不断加强，薪酬福利不断完善，员工更有获得感，实现与企业共成长、同发展。

四是“4+2”服务效能显著提升。“十三五”期间，集团围绕打造一流创新生态，构建了空间运营服务、产业投资服务、科技金融服务、科技专业服务 + 区域协同、国际化布局的“4+2”业务体系。强化空间运营服务，聚焦“三城一区”、覆盖“一区多园”，为高精尖项目落地提供优质空间服务。集团运营特色园区数量达 15 个，在京内自持和托管物业面积超过 220 万平方米。优化产业投资服务，紧盯高精尖产业方向，通过股权投资引导科技成果和高精尖产业项目落地北京。累计参与设立基金 152 支，总规模 1556 亿元。截至 2020 年，基金系在京投资企业 957 家，已实现对十大高精尖产业领域的全覆盖，支持形成独角兽企业 15 家、上市企业 91 家。创新科技金融服务，围绕创新创业主体融资难、融资贵问题，积极构筑多元化科技金融服务体系。中关村租赁在香港主板成功上市。累计为 4 万家次科创企业提供债权融资 2195 亿元，金融超市金融服务范围扩大至集团运营的所有园区。完善科技专业服务，聚焦科技成果转化和产业化，提高专业科技服务能力，成立中关村科服、中关村产业研究院、易创新科等服务平台，累计设立和引入专业服务机构超过 50 家。深化知识产权运营“中关村模式”，盘活企业核心知识产权 1225 项，推出可供交易专利 3.2 万件，集团体系孵化器累计孵化毕业企业 2311 家。推动区域协同发展，以京津冀协同发展战略为重点，搭建区域协同创新网络。轻资产合作项目 32 个，托管运营载体面积达到 200 万平方米，区域协同创新落地项目 2206 个，引入落地北京项目 324 个。加快国际化布局，围绕汇聚全球创新资源，完善跨境创新孵化网络布局。截至 2020 年，设立 5 个中关村海外创新中心，参设海外基金 6 支，海外孵化和投资项目超过 400 个。

五是深化改革成效显著提升。“十三五”期间，集团深入落实市委市政府改革要求，多措并举推进集团改革创新工作。综合改革方案获批并建立实施落地工作机制。集团综合改革方案获得市政府批复，集团制定改革落地实施方案（2020—2022 年），细化分解改革任务清单，构建高质量发展指标体系，定期监测评估改革转型成效。完善现代公司治理结构，全面修订《公司章程》，引入国际知名专业人士担任独立董事，组建战略发展委员会、风险管理与审计委员会等相关专门委员会，切实发挥股东会、董事会的决策作用和监事会的监督作用，建立规范的财务、风控等内部控制体系。推动区企共管公司分类改革，完成东方雍和、京石发展、海开集团三家区企共管公司改革重组，完成怀柔科学城建设公司和生命科学园三期建设公司划转工作，有序退出土地一级开发。深化国有资本经营授权改革，配合中关村管委会完成《国有资产监督管理暂行办法》等修订，下放国有资产评估备案、投资管理等领域审批权。开展资本运作组合拳，成功重组信息谷和领创空间，战略投资北京市工业设计研究院、瑞霖环保、硬创空间等。探索市场化用人体制和激励约束机制，制定实施职业经理人、合伙人等用人体制和激励机制改革试点三年行动计划。在信息谷、中关村芯园实施混合所有制、职业经理人、员工持股等体制机制改革。

六是党的建设工作显著提升。“十三五”期间，集团胜利召开第二次党员大会，党建工作与集团创新发展同步推进。旗帜鲜明加强政治建设。坚持党对国有企业的领导，充分发挥党委领导作用，依照规定讨论和决定企业重大事项。把党建工作要求纳入公司章程，落实党组织在公司治理结构中的法定地位，深入推进国企基层党组织标准化规范化建设。加强思想建设。以深入学习贯彻习近平新时代中国特色社会主义思想和党的十九大精神为重点，扎实开展“两学一做”学习教育、“不忘初心、牢记使命”主题教育等。加强组织与党员干部队伍建设。坚持企业发展与党组织建设同部署、同落实、同检查，确保党的组织和党的工作实现全覆盖。着力建设高素质干部队伍，做好干部人才支撑，激励干部担当作为，服务创新发展需求。加强党风廉政建设。建立健全党风廉政建设责任制，严格监督执纪问责，加大对严重违纪、涉嫌违法案件的查处力度。加强制度建设。建立了“大党建”主干制度，成立了集团党建工作领导小组和党风廉政建设工作领导小组，按照党委部署做好党建工作顶层设计、统筹谋划和协调落实。

“十四五”时期是我国全面建成小康社会、实现第一个百年奋斗目标之后，乘势而上，开启全面建设社会主义现代化国家新征程、向第二个百年奋斗目标进军的第一个五年，也是北京落实首都城市战略定位、建设国际一流的和谐宜居之都的关键时期。中关村正努力打造世界领先科技园区和创新高地，集团改革转型、创新发展的事业正迈上新台阶，迎来前所未有的历史性机遇。集团发展将全面进入新阶段，全面贯彻新发展理念，全面构建新发展格局，加快成为国际一流的创新生态集成服务商，谱写新时代改革转型、创新发展新篇章。

第二章　打造国际一流的创新生态集成服务商

一、指导思想

以习近平新时代中国特色社会主义思想为指导，围绕首都城市战略定位和国际科技创新中心、“两区”、“三平台”建设要求，高举中关村创新改革旗帜，坚持新发展理念，坚持稳中求进工作总基调，坚持国际化、市场化、专业化发展方向，坚持以创新创业主体为中心，与中关村示范区共发展，与创新创业主体共成长，以推动高质量发展为主题，以资本驱动、服务驱动、数智驱动为主线，以改革创新为根本动力，以企业治理体系和治理能力建设为支撑，轻资产、强服务、活机制，打造国际一流的创新生态集成服务商，助推北京建设国际科技创新中心。

二、战略定位

（一）定位

北京市整合创新资源的市场化平台。

（二）使命

助推北京建设国际科技创新中心，助力国家建设科技强国。

（三）愿景

打造国际一流的创新生态集成服务商。

（四）企业宗旨

以创新创业主体为中心、与创新创业主体共成长。

三、基本要求

——突出以创新创业主体为中心。面向国际一流的科学家、企业家、创业者、风险资本、科研院所、高校等创新创业主体，加快构建全周期、普惠性集成服务体系，做长做深创新服务链，为创新创业主体赋能。

——围绕“两个转变”构建新发展格局。建立认股权内生动力机制，做专注科技创新领域的“科技投行”，加快向与创新创业主体共成长的商业模式转变，加快向以科技股权投资增值、轻资产服务增值为主的“科技投行”模式转变。

——聚焦“轻资产、强服务、活机制”改革方向。以强服务为目标，以轻资产作为切入点，以活机制作为支撑，全面推进集团综合改革。

——实现“四位一体”价值有机统一和共同提升。强化企业社会价值，注重股东价值回报，重视员工成长和获得感提升，不断增强风险防控能力。

——对标一流打造企业核心竞争力。对标世界一流企业，建立和完善质量管理标准体系，以企业社会责任竞争力为引领，夯实成果转化、创新孵化、空间服务、产业投资、金融服务、资本服务等管理基础，增强服务科技创新的核心竞争力。

四、二〇三五年远景目标

展望二〇三五年，集团发展再上大台阶，实现“四个率先”“六个引领”，全面构建数字化贯通、精准化服务、平台化组织、国际化发展的格局，助推北京率先形成创新力、竞争力、辐射力全球领先的国际科技创新中心，为我国建设科技强国、实现科技自立自强提供有力支撑，推动科技创新更好地造福社会。

——实现“四个率先”。率先成为国际一流的数字智能企业，率先成为国际一流的“科技投行”，率先成为国际一流的创新生态集成服务商，率先建设“零碳”企业。

——做到“六个引领”。引领创新生态升级，引领数智园区建设，引领创新范式突破，引领新场景应用，引领未来产业发展，引领京津冀产业协同。

——迈上发展“新台阶”。企业治理现代化水平迈上新台阶，创新生态集成服务的广度和深度迈上新台阶，企业发展质量效益迈上新台阶，企业核心竞争力迈上新台阶，企业品牌影响力迈上新台阶。

五、“十四五”发展目标

到 2025 年，助推北京基本形成国际科技创新中心，服务中关村示范区初步建成世界领先科技园区和创新高地，支持中关村培育一批在全球范围具有技术主导权的世界级领军企业，形成 1—2 个万亿规模产业集群，构建 241X 重点产业体系，有力支撑“两区”“三平台”建设。集团综合改革阶段性目标任务圆满完成，服务能力显著增强，高质量发展水平明显提升，实现管理资产规模和盈利能力“两个翻番”、北京各区和高精尖产业集成服务“两个全覆盖”的平台化、跨越式发展。

——创新生态服务能力明显提升。提升集成服务水平，丰富和发展中关村论坛机制化内容，服务双创主体数量不断提升，培育服务一批创新型领军企业、独角兽、隐形冠军和瞪羚企业，加快吸引、设立专业服务机构，加快落地北京高精尖产业项目和创新孵化项目，进一步提升投融资规模，双创主体满意度不断提升。

——企业转型发展取得明显成效。建成具有影响力的服务科技创新国有资本投资平台，数字化转型取得明显成效，“科技投行”商业模式基本建立。

——体制机制改革取得明显突破。党的领导作用充分发挥，公司治理结构进一步优化，与改革转型相适应的管控体系进一步完善，“强服务”的企业文化全面构建，集团二级及以下公司经营班子职业经理人占比、专业科技服务和基金管理类企业中实施合伙人制的占比、集团专业化服务人才占比大幅提升。

——“四位一体”价值充分体现。“十四五”期间，集团有效保持国有资产保值增值，股东投资价值持续提升，企业社会责任竞争力不断增强，员工薪酬更具竞争力，员工获得感不断提高，干事创业氛围更加浓厚，企业凝聚力更加彰显。

第三章　聚焦高精尖产业垂直细分领域

瞄准北京市高精尖产业方向，围绕中关村示范区 241X 产业布局，积极对接新型研发机构、高校院所等创新源头，以大信息、大健康、大环保、大智造产业为重点，积极发展以数字经济为主要特征的新产业新业态新模式，构建垂直细分领域的良好创新生态，推动科技成果 0—1 转化、1—10 孵化和 10—N 产业化，促进创新链、产业链、供应链“三链联动”，引导高精尖产业集群发展。

一、大信息产业

重点发展集成电路、下一代通信和网络（5G）、大数据、云计算、人工智能、工业互联网等细分产业，聚焦核心芯片、先进装备、重点设备、自主可控软件等关键环节，积极关注前沿创新技术应用，加快核心关键技术突破和服务模式创新升级，在产业链转移背景下抢抓国际化机遇。

二、大健康产业

重点围绕肿瘤、神经、心脑血管、免疫系统疾病、罕见病等专业领域，开展抗体药、细胞治疗、基因治疗等尖端领域创新药物研发。加速实现医疗器械国产化替代和提高医药生产智能化水平，重点发展高端医疗器械和制药装备。支持重大疫情检测试剂、疫苗、抗体、药物等集中攻关，推动前沿生物技术产业领域取得突破性发展。

三、大环保产业

紧抓“碳达峰”“碳中和”战略机遇，以市场需求为导向，聚焦流域治理、大气污染防治、固废处置等领域，加快与信息化技术融合，突破关键材料和装备、核心技术和服务模式创新升级。积极推动高效节能与物联网、大数据、人工智能等深度融合，带动智慧能源管理等新产品和服务应用。以推动能源关键技术自主可控为核心，重点支持新能源等关键核心技术突破。

四、大智造产业

以智能装备为龙头，大力发展智能机器人、半导体生产和封测等智能制造成套设备和系统集成。重点围绕前沿新材料、关键战略材料、先进基础材料，提升新材料自主创新能力和核心竞争力。突破重大科学仪器关键短板，加快科学仪器集成创新。创新发展智能网联汽车，抢占创新发展前沿高地。关注核心工业软件、工业网安等两化融合领域。

五、数字经济新产业新业态新模式

大力支持发展数字经济。准确把握数字产业化、产业数字化发展趋势，发挥中关村软件园国家数字服务出口基地作用，打造数字贸易发展引领区，建设国际信息产业和数字贸易港，促进数字产业集群式发展。启动实施“科创领域新基建”引领工程，以数智园区建设为示范载体，加强与行业头部企业及相关应用场景基地的合作，积极推动5G、大数据平台、车联网等新型基础设施在园区进行场景应用，促进传统基础设施数字化赋能改造。

积极培育量子科技等未来产业。积极支持量子、脑科学、人工智能、区块链、纳米能源、应用数学、干细胞与再生医学等领域新型研发机构发展，培育量子信息、人工智能、工业互联网、卫星互联网、机器人等未来产业。着力推动新一代信息技术、生物健康、新材料、新能源和先进制造技术的深度融合创新，支持前沿信息技术、生命科学、新材料、清洁能源等领域颠覆性技术赋能传统行业，拓展前沿科技应用场景。

第四章　做强“4+2”业务体系

聚焦重点布局的高精尖产业垂直细分领域，以科技园区为产业基础设施、股权投资为资本纽带、科技金融为增信放大、科技专业服务为链接枢纽，构建国际国内协同创新网络，面向创新创业主体市场需求，提高核心竞争力，提供从原始创新、产业孵化、规模化发展再到资本市场放大的全周期、一站式、管家式服务，业务全面覆盖“三城一区”和中关村国家自主创新示范区，大力支撑北京国家服务业扩大开放综合示范区、中国（北京）自由贸易试验区建设。

一、科技股权投资

（一）发展目标

塑造中关村资本品牌，加速成为国内一流股权投资机构。

（二）商业模式

业务类型：母基金管理、直投基金管理、公募REITs基金管理、认股权投资管理、科技股权投资、代持政府股权投资、科技价值培育和科技财富管理等。

业务模式：形成以“耐心资本”为特征、基金系联合投资为核心、股权投资与集成服务联动的产业投资模式。

（三）重点任务

一是做大做实科技认股权池，二是做大中关村创新母基金，三是做强中关村股权基金系，四是做好“硬科技”战略投资，五是培育“金种子”企业，六是以数字化提升基金管理水平，七是完善投资退出机制。

二、科技金融服务

（一）发展目标

塑造中关村金服品牌，成为国内一流的科技生态综合金融服务商，助力解决创新创业主体融资难融资贵问题。

（二）商业模式

业务类型：担保、租赁、小贷、商业保理、信用交易、供应链金融、资本市场服务、投贷联动、知识产权质押融资、财务公司及其他科技金融服务。

业务模式：突出科技金融优势，形成以债权融资为核心、债股联动为特色、金融科技为支撑的一体化服务模式。

（三）重点任务

一是推动中科金改革，二是打造有影响力的中关村科技担保公司，三是做大科技租赁业务，四是整合优化科技信贷业务，五是拓展科技金融特色产品和服务，六是提升数字金融支撑能力，七是提升风险管控能力。

三、科技专业服务

（一）发展目标

塑造中关村科服品牌，补齐北京创新生态服务短板，助力服务对象实现创新、创业、创富，成为国际领先、国内一流的科技服务生态运营商。

（二）商业模式

业务类型：产业组织与项目落地服务、大数据服务、产业研究与咨询、科技咨询、创新孵化、知识产权、人才服务、共性技术服务（含研发服务、技术转移、检验检测等）、工程设计全过程服务、双创生产生活“软服务”等配套服务。

业务模式：形成平台化、共享型、生态型、全周期、一站式、管家式的科技服务新模式，以“服务＋投资”方式挖掘科技服务领域深层价值。

（三）重点任务

一是打造中关村科服集团，二是做强专业科技服务，三是实施科技服务战略合作伙伴计划，四是建立企业服务管家机制，五是培育科技大数据服务。

四、科技园区发展

（一）发展目标

塑造中关村社区品牌，打造国际一流的创新社区运营服务商，通过为企业提供优质优价空间和专业的产业组织与服务，加速北京高精尖产业的集聚和发展，助力“一区多园”统筹协同发展。

（二）商业模式

业务类型：园区规划建设、园区融投资、园区资产管理、轻资产运营、人才公寓等配套服务。

业务模式：探索轻重资产适度分离，建立与资本市场对接的新型融投资模式，形成“空间＋投资＋服务”的运营服务模式。

（三）重点任务

一是优化园区融投资模式，二是有序退出土地一级开发，三是推动科技园区向创新社区转变，四是实现“两区”、“三城一区”和一区十六园服务全覆盖，五是加强数智园区建设与运营。

五、区域协同创新

（一）发展目标

打造中关村区域协同创新共同体建设的市场化主体平台，通过链接全国空间、技术、资本、政策、人才，助力北京国际科技创新中心建设，服务合作城市高质量发展。

（二）商业模式

业务类型：产业飞地、协同资本、智慧运营等。

业务模式：以创新创业主体为中心，精选合作城市，整合创新资源，搭建合作平台，构建“差异化布局、专业化推进、体系化发展”的区域合作业务体系，形成“空间＋投资＋服务”的区域业务商业模式。

（三）重点任务

一是打造区域协同平台，二是推动区域业务转型，三是做好京津冀协同发展重点项目，四是完善区域合作模式。

六、国际创新网络

（一）发展目标

打造以北京为中心的国际化协同创新网络，利用好两个市场、两种资源向北京汇聚更多创新要素，助力建设“世界的中关村”。

（二）商业模式

主要业务：境外创新中心运营、境外项目孵化、境外项目投资、境外基金投资、论坛会展服务、跨境科技服务。

业务模式：依托“创新中心 + 创新基金”，形成境外离岸孵化、中关村加速的跨境服务模式。

（三）重点任务

一是打造永不落幕的中关村论坛，二是强化境外发展平台，三是升级境外创新中心，四是打造境外基金系，五是构筑境外人才网络，六是积极推动境外创新资源落地北京。

第五章　实施五大战略

深刻认识集团改革转型的必要性和紧迫性，深入实施商业模式转型、数智驱动、融投资模式转型、品牌运营、协同创新五大战略，全面提升集团可持续发展能力和高质量发展水平。

一、商业模式转型战略

打造专注科技创新领域的科技投行，开展科技价值培育和科技财富管理，为创新创业主体提供全周期的集成服务，构建以科技股权投资增值、轻资产服务增值为主的新型商业模式，形成稳定、可持续的整体盈利模式。重点包括：打造科技投行商业模式，建立圈层服务体系，构建新型政企合作关系。

二、数智驱动战略

充分认识数智驱动在集团转型发展中的战略引领地位，牢牢抓住数字经济时代特征，加快实施大数据建设工程，通过“资本 + 算力算法 + 平台”，引导资源更多向数字化、智能化转型集中，推动集团重塑竞争新优势。重点包括：占领参与培育数据要素市场的战略制高点，加快构建线上创新生态集成服务体系，数智化提升创新生态服务效率，数智化助力企业转型升级。

三、融投资转型战略

建立适应改革转型方向的融投资体系，围绕科技价值财富管理，强化投融联动、投贷联动，通过商业模式转型提升市场化融资能力，丰富融资渠道，扩大以股权基金等资本市场工具为主的直接融资规模，实现融投资模式与商业模式同步转型。重点包括：积极推动资产证券化，建立“耐心资本”供给新机制，优化投资结构，强化资本运作。

四、品牌运营战略

进一步整合集团品牌资源，打造面向改革转型需要的品牌架构体系，加强核心品牌资产的运营和保护，不断提升集团品牌价值和国际影响力。重点包括：打造中关村资本、中关村社区、中关村科服、中关村金服、中关村论坛等系列服务品牌，打造中关村社区品牌运营模式，积极稳妥探索品牌分级运营体系，推进品牌运营试点示范和维权保护。

五、协同创新战略

以提升集成服务能力为核心，以平台搭建和体制机制完善为抓手，推动集团“4+2”业务板块协同发展。重点包括：打造集成服务平台，强化产业组织协同，建设协同业务平台，建立协同利益共享和考核激励机制，打造开放协同的创新与产业“路由器”。

第六章　夯实保障措施

本规划是指导集团“十四五”发展的纲领性文件。在规划实施过程中，要切实加强统筹，进一步完善和创新规划实施机制，保障规划如期实现和各项任务圆满完成。

一、突出党建引领

坚持党对国有企业的领导不动摇，健全党委发挥领导作用制度机制。把党的领导贯穿到规划制定和实施落地的全过程，切实加强政治思想建设、干部队伍建设、基层组织建设、党风廉政建设，发挥党组织把方向、管大局、保落实的作用。

二、加强改革突破

坚定不移深化国企改革创新，完善现代企业治理，优化集团分类管控，优化组织架构，向改革要动力要活力。持续深化国有资本改革，用足用好国企改革“1+N”政策，主动配合国资监管机构，推动国有资本授权经营体制改革，同步优化内部授权体系和管理流程。

不断深化人才体制机制改革，建立与多种人才结构相适应的用人体制，推动人才队伍的国际化、市场化、专业化、年轻化，加快优化人才结构，加大对转型发展所需要的关键人才培养力度，完善人才培养体系。推进职业经理人和合伙人改革，对标同行业通行的薪酬与激励制度，完善薪酬与考核机制，建立与改革相适应的激励约束机制。

三、强化管理提升

对标国内外一流企业，树立标杆、建立标准，全面提升基础管理能力，增强全球竞争力。强化经营管理，完善财务管理，优化风险管理，在集团进一步厚植中关村创新创业文化基因和土壤，在实践中完善新时代集团企业文化体系，推动企业文化落地生根。

四、深化战略落地

建立“一张蓝图绘到底”的规划落地机制，形成全集团“一盘棋”的规划实施合力，确保规划目标和任务有效落实。

突出规划引领作用，确保各业务板块发展不偏离集团综合改革方向；强化战略执行，做好规划主要目标的年度分解；开展规划评估，做好规划实施情况和重大环境变化的跟踪监测分析；广泛开展“十四五”规划宣贯，发挥群团自组织作用，引导员工广泛参与。

（对外交流版）

中关村发展集团的“智慧、健康、碳中和”版图

2021 中关村论坛，5 天会期，全球 40 余个国家及地区科技界、产业界人士围绕“智慧、健康、碳中和”7 字主题，探讨趋势，碰撞思维。

但对于深耕中关村、建设中关村、服务中关村的中关村发展集团来说，这 7 字主题一点也不陌生。

多年来，中关村发展集团充分发挥北京市整合创新资源的市场化平台独特优势，运用投资、金融、园区、专业服务等集成服务手段，积极布局智慧、健康、碳中和产业生态。

“智慧”无处不在

无人清扫车、无人售卖车已经早早上岗；从电子站台出发，进入中关村软件园，自动驾驶接驳车虚左以待；如果你是个爱早起的打工人，还能在智慧跑道做一次体能打卡。中关村软件园“智慧”的一天就是这样开启的。

中关村软件园聚集了国内外 IT 企业 700 余家，其中上市公司近 70 家，收入过亿元企业 80 家，已经成为国际知名、国内一流的大信息产业高地。

“智慧”产业扎堆，“智慧”服务也不甘落后。

园区的大数据平台集实时感知、辅助决策、提升服务、优化治理等功能于一身，全息数据库可从15个维度，15000余个信息字段角度洞察园区变化情况。它能明晰企业动态、感知企业需求，在风险防范、投资辅助、政策匹配等方面做更多的业务支撑，从而为企业提供人才、科技金融、科技成果转化、政策匹配等精准服务，成了名副其实的园区智慧中枢。

在大数据、人工智能技术的赋能之下，智慧停车、4D+VR模拟驾驶、无人售卖、智慧导览、智能清洁、智慧线上服务等更多和员工工作、生活息息相关的应用场景在园区不断涌现。

中关村软件园只是中关村发展集团“智慧”布局的一个缩影。如今，中关村发展集团正着手推进“数智园区”建设，建立大数据服务平台，构筑“无边界”的“智慧”服务体系。

中关村发展集团相关负责人表示，“智慧”服务只是手段，更重要的是要通过服务来汇聚“智慧”产业资源，打造“智慧”产业生态。

在“智慧”产业领域，中关村发展集团重点布局了集成电路、云计算、大数据、工业互联网、5G与人工智能等垂直细分领域，依托中关村软件园、集成电路设计园等特色园区，汇聚了薛其坤等一批领军人才团队、量子信息研究院等一批新型研发机构。

集团通过搭建科技服务平台，提供股权投资和创新金融服务，帮助创新成果转化，引导产业聚集发展，入园企业年收入达到3100多亿元，占北京市信息产业总收入的1/4。此外，中关村工业互联网产业园已经启用，成熟后园区年产值有望达到500亿元，将成为北京规模最大、产业链最为齐全、产业集聚度最高的工业互联网产业园之一。

“十四五”期间，中关村发展集团将聚焦核心芯片、先进装备、重点设备、自主可控软件等关键环节，积极关注前沿创新技术应用，加快核心关键技术突破和服务模式创新升级。

同时，深化产业组织服务，组建大信息产业服务平台和集成电路产业服务平台，构建垂直细分领域的创新生态。在集成电路、人工智能等领域设立专项基金，从国内外发现、遴选、引导优质创新企业；发挥中关村芯园、北京工业芯片创新中心等已有平台作用，在5G、高端芯片、人工智能、大数据、云计算、区块链等领域引入和搭建一批共性技术服务平台；推进工业互联网产业园、人工智能产业园等新园区建设；加快推进人工智能、大数据平台、区块链等新型基础设施和5G、工业互联网、自动驾驶等应用新场景建设，扩大中关村社区运营服务范围。

“健康”前瞻布局

论坛期间，“2020年度北京市科学技术奖励决定”公布。北京生命科学研究所副所长、中国科学院院士邵峰获得该年度唯一的北京市突出贡献中关村奖，引人注目。

“成绩的取得离不开方方面面的助力。”邵峰坦言，扎根中关村生命科学园10多年，北京宽容失败的学术和创新氛围，“耐心资本”给予创新创业者更多的“耐心”，支持建设世界一流新型研发机构的自由探索与目标导向相结合的科研管理机制等，都起到了很大的助推作用。

为什么选择中关村？在中关村为什么会成功？领健医疗创始人周晓军有话说。

自入驻中关村医疗器械园，周晓军就把园区当成“自家人”，遇到困难找园区。从装修、环评到寻找专家、动物实验、厂房扩租、融资，园区都积极帮助对接资源，不但“扶上马”，还会“送一程”。

尤其是近阶段获得的融资对领健医疗可持续发展起到了关键的助推作用。“园区真是把我们当朋友，不仅仅是租给我们场地，每当我们需要帮助的时候，园区能和我们一起解决问题，我们获得的帮助特别大。”周晓军希望，企业做大后能在中关村医疗器械园的二期继续扩大生产，扎根园区。

中关村生命科学园、中关村医疗器械园是中关村发展集团布局健康产业的专业园区。集团通过服务链接的健康产业资源覆盖了早期研究、临床研究、审批生产上市全链条。围绕创新链、产业链关键环节，近两年搭建了生物中试平台（华辉安健）、细胞与基因治疗平台（荷塘生华）、重组蛋白药物中试生产平台（质肽公司）等一系列共性技术平台，引入了 CRO（赛赋医药、保诺科技）、CMO（康龙化成）、CSO（瑞康医药）等一批专业化的服务企业，还制定了关键前沿技术服务平台三年行动计划，未来还将继续规划建设 AI 新药研发平台、代谢组学平台等 10 个共性技术服务平台，为引爆健康产业“核爆点”提供服务支持和孵化加速。

“十四五”期间，集团将重点围绕肿瘤、神经、心脑血管、免疫系统疾病、罕见病等专业领域，支持企业开展抗体药、细胞治疗、基因治疗等尖端领域创新药物研发；加速实现医疗器械国产化替代和提高医药生产智能化水平，重点发展高端医疗器械和制药装备；支持重大疫情检测试剂、疫苗、抗体、药物等集中攻关，推动前沿生物技术产业领域取得突破性发展。

“碳中和”一直在路上

随着工业 4.0 的推进，企业的数字化、智能化转型也在加速。科技赋能，除了结构调整“碳减排”，也需要技术基因来支撑。

中关村发展集团作为一家服务科技创新的企业，如何助力“3060”双碳目标实现呢？

中关村至臻环保是中关村发展集团旗下“大环保”产业综合服务平台。目前，该服务平台的多个 EOD（环境导向的开发）项目前期工作取得积极成效，在当地生态环境治理、生态景观打造、水务系统建设、创新战略平台建设、产业基地及未来产业园区建设与运营、项目整体商业模式等方面开展广泛交流合作。

EOD 模式是在高质量背景下产生的一种新型开发模式，EOD 项目围绕产业发展合作示范区，打造“一基地、一园区、一生态健康带”的创新发展布局，聚焦当地生态环境质量与景观提升，打造优美良好的生态环境建设示范区，形成区域生态与周边产业相互协调发展的新局面。

中关村发展集团旗下各专业园区长期以来也坚持生态优先的发展理念。中关村软件园、中关村医疗器械园先后获得“北京市绿色生态示范区”称号。中关村集成电路设计园荣获中国绿色建筑最高级别认证——“三星级绿色建筑设计标识”证书，及美国 LEED 绿建金级认证。中关村发展集团还通过投资、服务、金融、园区等手段汇聚了大量的高科技绿色环保项目。

实现“双碳”目标，能源领域是很重要的环节。中科院北京纳米能源与系统研究所（以下简称“纳米能源所”）是国际纳米能源研究领域的创立者和领先机构，围绕纳米能源与自驱动系统领域的研发与应用，拥有摩擦纳米发电机、自驱动传感系统、海洋蓝色能源、新型高压电源等 4 项核心技术，获得 200 余项发明专利。为更好地助力纳米能源所科研成果转化落地，中关村发展集团专门成立中关村微纳能源公司，为纳米能源所打造适合其科研使用、具有国际化视野的创新功能园区，同时依托中关村发展集团创新生态集成服务的优势，搭建平台，助力纳米能源成果的转化。

亿华通是一家专注于氢燃料电池发动机系统研发及产业化的高新技术企业，具备自主核心知识产权，并实现了氢燃料电池发动机系统的批量生产。在中关村发展集团旗下中关村科技租赁的帮助下，亿华通建成了国内首条年产 2000 台氢燃料电池生产线，关联企业建成了电解水制氢厂，实现了打通产业链上下游的重要布局。

据介绍，集团服务的大环保科技企业已经达到 70 余家，覆盖双碳领域技术研发、装备生产、服务平台等。未来，中关村发展集团将紧抓碳达峰、碳中和战略机遇，以市场需求为导向，聚焦流域治理、大气污染防治、固废处置等领域，加快与信息化技术融合，突破关键材料和装备、核心技术和服务模式创新升级；积极推动高效节能与物联网、大数据、人工智能等深度融合，带动智慧能源管理等新产品和服务应用；以推动能源关键技术自主可控为核心，重点支持新能源等关键核心技术的突破。

（来源：《北京日报》2021—09—28）

中关村发展集团：以“智慧”服务链接“智慧”产业

国内外大咖齐聚，全球智慧碰撞，最前沿科技成果发布！9月24日，2021中关村论坛隆重开幕。论坛围绕“智慧·健康·碳中和”三大主题，分享科技创新与发展，关注先进技术融合交流趋势。

“智慧”作为今年论坛的三大主题之一自带热度。当前，人工智能加速发展，对经济社会发展产生重大而深远的影响，数字经济正从信息化、数字化向智能化演变。作为北京市整合创新资源的市场化平台，中关村发展集团以智慧与服务互驱，打破创新空间壁垒，打造智慧产业集群。

智慧服务打破创新空间壁垒

“聪明的大脑、智慧的跑道、无人车清扫、智慧公交站台、智慧导览、智慧灯杆……”中关村软件园正成为园区创新企业新技术、新产品开放实验的第一站。通过构建以大数据平台为智慧中枢的园区大脑，中关村软件园实现实时链接空间、企业、人员等园区要素，深度获取企业需求，持续提升园区运营管理水平和产业服务能力，为企业提供精准服务。

中关村软件园是中关村发展集团“智慧”服务的典型代表。如今，中关村发展集团正在着手“数智园区”建设，推动各类创新空间智慧化升级。中关村工业互联网产业园、中关村集成电路设计园、中关村生命科学园……不断用智慧赋能、以智慧服务，让园区企业共创共享共建。

不仅如此，集团还以智慧转型为契机，利用自身资源优势，将创新空间从“线下”转移至“线上”。2020年3月推出大数据服务平台——中关村易（e）创服务平台，集成创新服务资源。据了解，平台将集团162项服务和上百项易创合作伙伴服务形成标准化产品，打破“一对多”的传统服务模式，实现“多对多”的相互赋能与交易创新模式。上线至今，平台服务产品已累计辐射25类创新产业，累计服务企业2万家次，覆盖5000家科创企业，成功构建起突破空间限制的全周期、一站式、管家式的专业服务体系。通过“线下+线上”融合发展打造起“智慧”服务“无边界”的创新空间。

服务智慧构建垂直产业集群

智慧服务是服务创新发展的手段，构建智慧产业生态、推动智慧产业发展才是目的。一直以来，中关村发展集团围绕大信息、大智造等产业，打造高端人才、研发机构、创新型企业、投资机构、专业服务平台汇聚的创新生态，让智慧产业向中关村汇集。

近期在创业板IPO成功过会的软通动力就起步于中关村软件园孵化器，在高端人才政策、产学研转化、技术产品展示应用、政企对接等方面获得了集团全面的服务。目前，软通动力已转型为数字技术与数字内容服务企业，正在与华为等行业龙头企业共同构建产业生态。

北京史河科技创始人许华旸对集团的服务称赞不已。这源于创业初期，史河科技因缺少生产资质和物理空间而一筹莫展。寻遍全国后，许华旸在中关村新兴产业前沿技术研究院找到了亟须的资源。不仅如此，研究院后续还为企业提供了研发生产空间、厂房环评、融资路演、场地装修、政策申报、人才招聘等一对一服务，让企业感动不已。2021 中关村论坛期间，史河科技将作为首届全球智能应急装备大赛应急救援机器人赛道的十强企业角逐决赛。

聚焦细分产业方向，以智慧为核心，以大信息、大智造为重点，关注重点技术创新，深化产业组织服务，加大投资资金支持，中关村发展集团不断为智慧领域企业提供支撑和服务，构建垂直细分领域的良好创新生态，引导智慧产业在中关村集群式发展。经过多年的积淀，中关村发展集团在“智慧”产业，重点布局了集成电路、云计算、大数据、工业互联网、5G 与人工智能等垂直细分领域，依托中关村软件园、集成电路设计园等特色园区，服务汇聚了薛其坤等一批领军人才团队、量子信息研究院等一批新型研发机构。

智慧与服务互驱。“十四五”期间，中关村发展集团将继续围绕大信息、大智造等“智慧”产业的垂直细分领域，积极发展以数字经济为主要特征的新产业新业态新模式，构建“智慧”产业新生态，助力北京打造全球数字经济标杆城市。

（来源：《人民日报》客户端北京频道 2021—09—24）

中关村发展集团全方位赋能大健康产业助力科技企业跑出“加速度”

设置 6 大板块，开展活动 60 场，聚焦医药健康等 12 个硬科技领域，500 余家中外企业展示最新科技成果…… 9 月 24 日至 28 日，2021 中关村论坛在北京举行，来自全球的顶尖科学家、企业家、国际机构负责人再次汇聚一堂，聚焦“智慧 · 健康 · 碳中和”主题，围绕智慧医疗创新发展、传染病防控合作、新冠疫苗研发创新等热点话题展开交流对话，共同探讨国际医疗健康领域发展趋势和合作机遇，干货满满！

新冠肺炎疫情以超出所有人想象的速度席卷全球，很多国家都受到了严重影响。一时间，新冠肺炎成为大家的“重点关注对象”。而此次论坛三大主题之一便是“健康”，更涉及诸多关于新冠肺炎的热点问题。“病毒变异对新冠疫苗有效性的影响及应对策略”“新冠疫苗不良反应监测及应对”“新冠疫苗研发关键共性技术”……这些备受关注的热点议题，在第二届全球科学与生命健康论坛、传染病防治生物医药国际科技合作论坛、智慧医疗创新论坛等健康主题论坛上一一展开，呈现一场场思想碰撞、智慧交融的思想盛宴。当然，此次疫情，除了让人们收获了数不清的担忧和烦恼，也让一批在健康医疗领域蓬勃发展的企业开始从“幕后”走到“台前”，被公众认识，甚至熟知。

不断深耕分子诊断技术在感染领域应用的北京金匙基因科技有限公司是其中一家。金匙基因是中关村生命科学园的园区企业，主要致力于提供病原微生物宏基因组诊断产品及检测服务的整体解决方案。2020 年，新冠肺炎疫情暴发，金匙基因的研发人员主动放弃与家人团聚的机会，忙碌在医学研发、生产一线，投入病毒检测研发、试剂盒研发生产等工作中。一时间，金匙基因面临很大的新冠检测压力，中关村生命科学园孵化器公司考虑到此，为其提供了 Nextseq 500 高通量测序仪、ABI 荧光定量 PCR 仪，缓解核酸检测的通量负担，加快人群筛查，迅速诊断阳性患者数量。

“非常感谢中关村生命科学园孵化器及时提供了高通量测序仪和荧光定量 PCR 仪，帮助我们抢在病毒的前面，及早确诊阳性患者，隔断传染源，稳定疫情影响。同时，还为我们减免了很大一部分的房租，缓解了公司运营的成本压力，提供了非常大的帮助。”金匙基因董事长蒋智在采访时说。

有着同样经历的百世诺（北京）医疗科技有限公司，在疫情期间，凭借 15 年体外诊断试剂研发经验，主导首批 H1N1、MERS 等病毒检测试剂盒的研发、申报，圆满完成北京市多次大规模筛查任务，主力承担多场首都重大活动的核酸检测保障任务，建设数十台方舱实验室驰援各省抗疫。其生产的新冠病毒核酸、抗体、抗原等检测试剂及相关设备、耗材，出口海外十余国家。早在 2017 年，中关村发展集团就对其进行了投资支持，在其运转最困难的时候，提供全方位的帮助。当时领投的中关村领创医疗就是中关村发展集团布局大健康领域投资和服务的创新型企业，公司集医疗健康服务、智慧养老服务、医学成果转化于一体，整合先进的医疗健康技术和服务应用于临床实践，为客户提供全生命周期的健康管理和智慧康养解决方案，以“资源整合 + 基金投资”双轮驱动助力企业成长。

除了疫情相关的领域，中关村发展集团在大健康产业的生物医药、医疗器械、精准医疗 3 个垂直细分领域均有布局，特别是在生命科学前沿领域。建立了从研发、中试、生产到临床应用的生物医药体系完整的产业链、创新链、服务链及良好的创新生态，服务北京脑科学与类脑研究中心、北京生命科学研究所转化基地等一批重大项目，服务王晓东、施一公、邵峰等众多团队的科研转化项目。近两年，还搭建了生物中试平台（华辉安健）、细胞与基因治疗平台（荷塘生华）、重组蛋白药物中试生产平台（质肽公司）等一系列共性技术平台，引入了 CRO（赛赋医药、保诺科技）、CMO（康龙化成）、CSO（瑞康医药）等一批专业化的服务企业。制定了关键前沿技术服务平台三年行动计划，将继续规划建设 AI 新药研发平台、代谢组学平台等 10 个共性技术服务平台，为引爆健康产业“核爆点”提供服务支持和孵化加速。

疫情的出现让人们对健康有了更多的重视，也让健康领域发展越来越受人瞩目，医疗器械产业作为“新星”产业冉冉升起，并显露出了越来越迅猛的势头。

成立于 2010 年的北京天智航医疗科技股份有限公司，致力于精准智能骨科医学，是中国医疗机器人开拓者，获得 100 余项专利、20 余项国家级和省部级科研重点项目。其自主研发的骨科手术机器人“天玑”，至今已辅助医生完成手术超过万例。但成立初期，天智航也曾有过一段“苦日子”，在不到 100 平方米的办公空间仅有 20 名员工，并且亟须资金开发市场升级产品。2011 年，在中关村发展集团的帮助下，天智航以知识产权质押的方式，获得了委托贷款 500 万元，解决了创业初期因缺乏重资产难以融资的燃眉之急。

在发展过程中面临同样困境的科技创新企业中，天智航不是个例，甚至可以说天智航是众多科技创新类企业的一个缩影。而以多元化方式支持、服务创新创业企业的中关村发展集团，已经在这条路上走了 11 年，服务了近 10 万家中小微科技企业，为许许多多的“天智航”保驾护航，让科技企业发展有了更多可能。

北京领健医疗科技有限公司，是中关村医疗器械园内一家国内先进的心脏瓣膜医疗器械开发企业，其产品技术先进，但厂房建设和临床试验却需要大量的资金支持。中关村医疗器械园依托中关村发展集团健全的金融资源，引进了启航基金和中关村科技租赁，促成他们投资并对厂房建设开展了租赁业务；北京恒福思特科技发展有限公司的微波手术刀在产品注册中需要验证电磁兼容性，为提高检验机构的通过率，中关村发展集团与中关村医疗器械园共同投资的中关村水木医疗科技有限公司，帮助其进行产品的预检测和产品优化，最终恒福思特顺利取得了产品注册证；还有人工骨修复材料的领军企业奥精医疗，中关村发展集团从股权投资到对接担保、租赁、银行等金融机构，再到落地园区、挂牌上市，解决企业发展中所遇到的难题，为企业发展提供了“一站式”服务。

经历了新冠肺炎疫情的洗礼之后，大健康产业迎来前所未有的发展窗口期。中关村论坛作为面向全球科技创新交流合作的国家级平台，今年也以“健康”为主题，由此可见一斑。目前，中关村发展集团在生物医药、医疗器械、精准医疗等垂直细分领域持续发力，集中优势资源为大健康领域“注能”。面向“十四五”，中关村发展集团还将持续坚守服务创新发展的使命，重点围绕肿瘤、神经、心脑血管、免疫系统疾病、罕见病等专业领域，支持开展抗体药、细胞治疗、基因治疗等尖端领域创新药物研发；加速实现医疗器械国产化替代和提高医药生产智能化水平，重点发展高端医疗器械和制药装备；支持重大疫情检测试剂、疫苗、抗体、药物等集中攻关，推动前沿生物技术产业领域取得突破性发展。

（来源：《中国高新技术产业导报》2021—09—26）

中关村发展集团锚定“双碳”向“绿”笃行

自中国明确提出“3060”双碳目标以来，一直备受国内外关注。实现双碳目标既需要巨大的勇气和决心，更需要全球各方的通力合作、务实推进。正因为如此，2021 中关村论坛将“碳中和”列为主题之一。在论坛期间，与会嘉宾围绕碳中和实施路径、绿色低碳技术创新、国际绿色低碳技术转移合作等展开交流探讨，共同探路实现碳中和的有效路径。

实现碳达峰、碳中和将是一场广泛而深刻的系统性变革，涉及全社会各行各业。科技创新提供强有力的技术支撑，企业则是至关重要的参与者。推动产业结构调整与优化升级、提高产业绿色低碳发展水平……许多企业已开始积极布局。但仅靠单个企业的努力是远远不够的，需要生态系统中各方的共同参与。作为创新生态集成服务商的中关村发展集团，依托自身优势，正在用实实在在的行动，努力推动这场绿色变革。

赋能绿色科技

实现“碳中和”或者近零排放，离不开大量绿色低碳新技术、新装备、新工艺的开发和应用。多年来，中关村发展集团依托自身集成服务优势支持绿色低碳科技成果转化和产业化。

中科院北京纳米能源与系统研究所主要从事纳米能源和纳米自驱动系统研究，拥有摩擦纳米发电机、海洋蓝色能源、新型高压电源等核心技术，产生和转化了摩擦电空气净化器、摩擦电防尘口罩、摩擦电汽车尾气净化系统等一批科研成果。为更好地助力纳米能源所科研成果转化落地，中关村发展集团专门成立中关村微纳能源公司，为纳米能源所打造适合其科研使用、具有国际化视野的创新功能园区，同时依托中关村发展集团创新生态集成服务的优势，搭建平台，助力纳米能源成果的转化。

氢能属于可再生能源，是“全程无碳”的绿色能源，在汽车领域的应用主要是氢燃料电池，是双碳目标和能源转型的大环境下毋庸置疑的发展方向。北京亿华通科技股份有限公司即是一家以自主氢燃料电池发动机为核心业务的公司，其技术成熟初期建设燃料电池发动机生产线进行产业化时严重缺乏资金。2017 年，中关村发展集团通过旗下中关村科技租赁，先后为其提供了超过 6000 万元的融资支持，解决了企业的燃眉之急。在集团的帮助下，亿华通建成了国内首条年产 2000 台氢燃料电池生产线，关联企业建成了电解水制氢厂，实现了打通产业链上下游的重要布局。如今的亿华通已成长为氢能领域的龙头企业。

这样的例子不胜枚举。据介绍，集团目前服务的大环保科技企业 70 余家，覆盖双碳领域技术研发、装备生产、服务平台等。未来，中关村发展集团还将聚焦流域治理、大气污染防治、固废处置等领域，加快与信息化技术融合，突破关键材料和装备、核心技术和服务模式创新升级；积极推动高效节能与物联网、大数据、人工智能等深度融合，带动智慧能源管理等新产品和服务应用；以推动能源关键技术自主可控为核心，重点支持新能源等关键核心技术突破。

服务绿色转型

“双碳”目标的提出，意味着绿色发展不再是企业加分项，而是生存和发展的“及格线”。对环保服务需求也越来越成为许多企业的刚需。

EOD（环境导向的开发）模式是一种新型开发模式。中关村至臻环保是中关村发展集团旗下“大环保”产业综合服务平台。目前，该服务平台的多个 EOD 项目前期工作取得积极成效，在当地生态环境治理、生态景观打造、水务系统建设、创新战略平台建设、产业基地及未来产业园区建设与运营、项目整体商业模式等方面开展广泛交流合作。这些 EOD 项目将围绕产业发展合作示范区，打造“一基地、一园区、一生态健康带”的创新发展布局，聚焦当地生态环境质量与景观提升，打造优美良好的生态环境建设示范区，形成区域生态与周边产业相互协调发展的新局面。

同时，中关村发展集团还依托该平台，推出环保管家服务，从产业定位、区域产业布局、构建循环产业链、污染治理、环境风险隐患排查等多维度，帮助政府、企业实现环保管理体系建设完善、环保规划合理、污染物排放合规、环保程序合法、污染物治理有效等目标，促推全面绿色转型。

建设绿色园区

生态优先，一直以来都是中关村发展集团建设运营科技园区所坚持的理念。集团旗下的很多园区都是绿色发展的典范。中关村医疗器械园是中关村发展集团旗下的专业园区。“当初项目刚进场的时候周边非常荒凉，我们给自己定了一个小目标：绿色建筑全覆盖，其中二星及二星以上建筑达到总建筑面积的 50%。这个目标现在看来并不突出，但在当年工业项目绿建还处于刚刚起步阶段，这一决定是非常超前的。我们希望把中关村医疗器械园建设成为大兴区生态示范项目，引领周边生态、经济发展，起到地区标杆作用，为后续的园区及企业进入打个样儿。”园区相关负责人表示。

正是秉持这样的理念，园区重点打造了能源综合利用、水资源综合利用、废弃物管理、智能化管理等生态技术系统，逐渐建设成“土地集约利用”的立体园区、“网络系统覆盖”的健康园区、“遵循优势资源”的低碳园区、“高效实施运维”的智慧园区。2017 年，园区也因此被授予“北京市绿色生态示范区”称号。

同样也是“北京市绿色生态示范区”的中关村软件园，生态、节能、环保已成为园区“绿色新常态”。建设“海绵园区”、湖区中水补水应用、透水铺装、雨水花园、智能微喷灌溉等生态提升项目……园区已经形成了一条可视化、信息化、科普化的园区生态景观的参观流线，广受社会各界的关注与好评，在生态建设方面起到很好的示范引领作用。

打造绿色环境，采用多项节能环保技术构建绿色楼宇，园区产业具有高科技含量、高附加值、微能耗、无排放、零污染等绿色低碳特征……如今的科技园区，不再仅仅是产业集聚发展、贡献经济增长的空间，同时也是践行节能减排、优化生态环境的示范。“十四五”期间，集团还将研究布局“双碳”产业园，拓展中关村社区品牌在大环保领域的运营空间。

实现碳达峰、碳中和，是全社会的责任。面向未来，中关村发展集团将以绿色发展为引领，勇担社会责任，在服务“双碳”中争当引领者、推动者和先行者，汇聚各方资源，共同为促进经济社会发展全面绿色转型贡献力量。

（来源：《中国高新技术产业导报》2021—09—26）

大事记

中关村发展集团年鉴

YEARBOOK OF ZHONGGUANCUN DEVELOPMENT GROUP

2022

2021 年中关村发展集团大事记

1 月

15 日，中关村发展集团发行 2021 年度首期超短期融资券 10 亿元，票面利率 2.99%，期限 270 天，主体信用评级为 AAA。

18 日，中关村软件园入选中国科协 2020 年“科创中国”榜单产学研融通组织榜单。

25 日，保定·中关村创新中心、南宁·中关村创新示范基地科技企业孵化器上榜科技部 2020 年度国家级科技企业孵化器名单。

26 日，中关村“金种子”管家服务中心揭牌暨系列企业服务启动仪式举行。

2 月

26 日，北京市委副书记、市长陈吉宁到中关村软件园调研海淀区科技园区建设发展工作。

3 月

18 日，天津中关村高端医疗产业园奠基暨企业和服务平台签约仪式在天津宝坻京津中关村科技城举行。

31 日，全国人大常委会副委员长、农工党中央主席陈竺一行到中关村生命科学园调研。

是月，中关村发展集团发行 2021 年科技创新公司债券(第一期)(面向专业投资者)10 亿元，期限 3 年，票面利率 3.76%，主体信用评级为 AAA。

是月，由北京知识产权运营管理有限公司主导的中关村知识产权质押融资创新产品——“智融宝 2.0”落地。

4 月

8 日，由北京中关村资本基金管理有限公司管理的北京中发创信投资中心（有限合伙）设立，基金规模 1.41 亿元。

15 日，中关村发展集团发行 2021 年可续期公司债券（第一期）(面向专业投资者）20 亿元，期限 2+N，票面利率 3.74%。

20 日，南宁·中关村信息谷科技园项目开工。

28 日，京津中关村科技城首批入驻企业联合竣工投产仪式举行。

同日，北京中关村生命科学园发展有限责任公司重大项目工作小组获“北京市工人先锋号”称号。

是月，顺义区政府与北京知识产权运营管理有限公司合作共建知识产权质押贷款风险处置资金池，资金池规模 2000 万元。

是月，由中关领科（义乌）科技服务有限公司运营的义乌·中关村协同发展中心成立。

5 月

10 日，内蒙古自治区党委书记、人大常委会主任石泰峰调研赤峰·中关村信息谷科技创新基地。

18 日，北京中关村信息谷资产管理有限责任公司与江苏沛县经济开发区管委会签约，运营沛县·中关村信息谷创新示范基地。

21 日，中关村发展集团投资企业奥精医疗科技股份有限公司在上海证券交易所科创板挂牌上市。

28日，房山区人民政府与中关村发展集团“构建新型政企关系”全面合作协议签约暨首届全球智能应急装备大赛启动仪式在中关村新兴产业前沿技术研究院举行。

是月，北京中关村科技融资担保有限公司连续推出“创业保”升级版、“知融保”升级版、“税融保”、“科融保”等产品。

是月，由赤峰中关村信息谷科技服务有限公司运营的赤峰·中关村信息谷科技创新基地成立。

是月，由徐州中关村信息谷科技服务有限责任公司运营的沛县·中关村信息谷创新示范基地成立。

是月，由温州中关村信息谷科技服务有限责任公司运营的中关村信息谷·温州创新中心成立。

6月

2日，北京知识产权运营管理有限公司、北京中关村科技融资担保有限公司联合推出“智融宝”线上快贷通道。

8日，由北京中关村协同创新投资基金管理有限公司管理的常熟中关村协同汉天下投资基金合伙企业（有限合伙）设立，基金规模3.085亿元。

8日，由北京中关村创业投资发展有限公司管理的北京中关村远见接力创业投资中心（有限合伙）设立，基金规模5亿元。

22日，北京知识产权运营管理有限公司获“中关村国家知识产权制度示范园区（怀柔科学城）知识产权服务管家项目”指定服务机构，并与中关村知识产权促进局、北京怀柔科学城管理委员会签署服务管家项目三方合作协议。

25日，天津中关村高端医疗产业园一期工程6号楼封顶。

28日，由北京中关村协同创新投资基金管理有限公司管理的常州中关村协同创业投资中心（有限合伙）设立，基金规模8450千万元。

是月，由重庆中关村信息谷科技服务有限责任公司运营的重庆·中关村信息谷协同创新中心成立。

7月

31日，中关村发展集团与丰台区政府签署打造“南中轴国际文化科技园”合作协议。

8月

12日，由北京中关村科技融资担保有限公司担任融资及财务顾问的“北京易点淘网络技术有限公司2021年度第一期债权融资计划（高成长债）”发行，金额3000万元，期限2年，发行利率5.5%。

24日，辽宁省委副书记、省长刘宁调研沈阳·中关村智能制造创新中心。

同日，中关村科技租赁股份有限公司“中信建投－中关村科技租赁2021年第1期资产支持专项计划”设立，发行规模5.16亿元。

是月，中关村发展集团 “e创”“领创”品牌注册完成。

9月

7日，北京市委副书记、市长陈吉宁在中关村生命科学园的北京脑科学与类脑研究中心察看相关科研成果展示，并主持召开座谈会，听取中心科研进展等情况。

17日，由石景山区政府与中关村发展集团战略合作开发的中关村工业互联网产业园奠基。

24日，中关村发展集团与北京银行签署战略合作协议。

24—28日，以“智慧·健康·碳中和”为主题的2021中关村论坛在北京举办。在论坛开幕式上，国家主席习近平向2021中关村论坛视频致贺。

25日，中关村发展集团与华夏银行签署战略合作协议。

10 月

18 日，北京中关村科技融资担保有限公司推出“专精特新绿通”专项产品。

18 日，苏州·中关村信息谷创新中心启动。

中旬，北京知识产权运营管理有限公司作为唯一知识产权运营机构入选“北京市科技成果转化首批典型案例”。

21 日，北京知识产权运营管理有限公司被国家知识产权局、世界知识产权组织（WIPO）认定为技术与创新支持中心（TISC）。

26 日，“中关村科技租赁股份有限公司 2021 年度第一期资产支持票据”设立，发行规模 9.90 亿元，综合票面利率 3.9%。

29 日，中关村发展集团“十四五”规划宣传贯彻会召开，宣传贯彻《中关村发展集团“十四五”发展规划和二〇三五年远景目标纲要》。

是月，由广州中关村领科服务有限公司运营的广州大学城·中关村青创汇成立。

是月，由大连中关村信息谷科技服务有限责任公司运营的大连·中关村信息谷创新中心成立。

11 月

3 日，北京中关村科技融资担保有限公司获东方金诚国际信用评估有限公司 AAA 主体信用评级。

12 日，北京中关村科技创业金融服务集团有限公司发行 2021 年公募公司债券 4 亿元，期限 3 年，票面利率 4.4%。

15 日，北京中关村科技融资担保有限公司 11 家服务企业在北京证券交易所挂牌上市。

26 日，中关村科技租赁股份有限公司“中信建投－中关村科技租赁 2021 年第 2 期资产支持专项计划”设立，发行规模 4.84 亿元。

同日，由中关村房山园管委会和北京中关村科技服务有限公司、北京中关村前沿技术产业发展有限公司共同主办的“中关村社区”首个科技服务驿站揭牌仪式在中关村新兴产业前沿技术研究院举办。

12 月

10 日，第五届“芯动北京”中关村 IC 产业论坛在北京举办。

11 日，南中轴国际文化科技园揭牌仪式在丰台区大红门国际会展中心举行。

17 日，建信中关村产业园 REIT 在上海证券交易所上市交易。

19 日，由中关村生命科学园与角井（北京）生物技术有限公司共同发起建设的中关村 AI 新药研发平台在北京中关村生命科学园举办落成典礼。

23 日，惠誉评级确认集团的长期外币和本币发行人违约评级为 A，展望稳定。同时，惠誉评级还确认集团 3 亿美元高级无抵押债券的评级为 A。

28 日，2021 信用北京暨（第七届）信用中关村高峰论坛在北京召开。

同日，北京中关村科技融资担保有限公司发布“中技所－中关村担保－长江－1 期知识产权资产支持专项计划”发行，项目评级 AAAsf，发行规模 3.37 亿元。

29 日，中关村国际孵化器上榜中国留学人员创业园区孵化基地 2020 年度综合评价排名 TOP 5。

是月，中关村科技租赁股份有限公司入选国家中小企业公共服务示范平台。

是月，由安溪中关村领创空间科技服务有限责任公司运营的安溪·中关村领创中心成立。

科技股权投资

综 述

2021年，集团深入推进“科技投行”建设，助力高精尖产业发展进一步提速，围绕北京高精尖产业体系，加快构建全周期“耐心资本”，支持新业态新模式和数字经济发展。截至2021年底，科技股权投资总额636.51亿元，累计投资项目2000余个，累计参与设立基金202支，基金总规模2000亿元。

*构建市场化专业化基金系。*新增深赛基金1支母基金，中关村高精尖母基金首期实缴资金到位；新设立、备案私募股权二手份额交易基金（中关村S基金）、认股权投资基金等直投基金，中关村S基金入选国家服务业扩大开放综合示范区首批十大最佳实践案例。截至2021年底，集团管理母子基金达到29支，基金总规模276亿元。

*打造首个基础设施公募REITs标杆项目。*建信中关村产业园REIT完成首次公开发行，结构化募资总额33.41亿元，资产增值额22.19亿元，成为北京市首个获批的产业园基础设施公募REITs项目，成为在“中国基础设施公募REITs元年”发行的11个项目中流通份额认购规模最大、认购倍数最高、募集溢价率最高的产品。

*提升认股权池规模和质量。*组建认股权经理人团队，股权和认股权池项目达到1650个，发挥认股权投资基金作用，开展认股权项目“获权—服务增值—基金行权”示范，实现田园奥瑞、同源微项目成功行权。

*加大对头部企业和中小微科技企业支持力度。*精准投资智能装备领域拟上市隐形冠军企业，完成对全市389家上市公司的筛选工作，储备上市公司标的14个。全年新增投资项目60个，投资规模50亿元，其中主导基金新增投资11.85亿元。

*提升投后管理和退出增值能力。*妥善处置华臣医药自有资金投资项目和“城市一百”代持政府项目历史遗留问题，全年实现投资退出本金及收益2.15亿元。

（聂汝嫣）

母基金

【概况】 2021 年，集团新设立、备案深赛基金 1 支母基金。截至 2021 年底，集团直接管理母基金 7 支，认缴总规模 128.98 亿元，实缴总规模 105.68 亿元，集团体系认缴总额 74.07 亿元，实缴总额 62.17 亿元，投资子基金 100 支；集团体系共配资（非管理）母基金 3 支，总认缴规模 324.9 亿元，集团体系认缴总额 22.69 亿元，实缴总额 7.42 亿元，投资子基金 62 支。

（聂汝嫣）

表 3　2021 年中关村发展集团直接管理母基金一览表

序号	基金名称	管理机构名称
1	北京中关村高精尖创业投资基金（有限合伙）	北京中关村资本基金管理有限公司
2	北京中关村协同创新投资基金（有限合伙）	北京中关村协同创新投资基金管理有限公司
3	廊坊市蓝天事业发展股权投资基金合伙企业	
4	北京深赛知识产权投资资金（有限合伙）	
5	中关村创业投资引导基金	北京中关村创业投资发展有限公司
6	中关村天使投资引导基金	北京中关村科技创业金融服务集团有限公司
7	北京集成电路产业发展股权投资基金有限公司	北京集成电路产业发展股权投资基金有限公司

注：北京集成电路产业发展股权投资基金有限公司的基金管理人是北京盛世宏明投资基金管理有限公司。

表 4　2021 年中关村发展集团配资母基金一览表

序号	子基金名称	管理机构名称
1	北京市科技创新基金（有限合伙）	北京科技创新投资管理有限公司
2	北京中关村并购母基金投资中心（有限合伙）	北京中关村并购母基金投资中心（有限合伙）
3	ZGC Peakview US Fund I，LP	ZP Management Company

北京中关村高精尖创业投资基金（有限合伙）

【概况】 北京中关村高精尖创业投资基金（有限合伙）（简称中关村高精尖母基金）设立于 2020 年 7 月，由中关村资本管理，专注于高精尖产业生态培育，聚焦新一代信息技术、生命健康两个重点产业，覆盖人工智能、节能环保、智能制造等十大高精尖产业领域。基金首期认缴规模 50 亿元，实缴规模 22.08 亿元。2021 年，基金投资于优质子基金，同时遴选北京市高精尖产业链薄弱环节的重点项目或潜在回报较高的优质项目进行加磅跟投。

（齐众）

【中关村高精尖母基金完成 4 个项目投资决策】 2021 年，中关村高精尖母基金完成北京三六零鸿心创业投资合伙企业、北京明智倡新信息技术产业投资基金、北京国科瑞祺二期创业投资基金、北京智源发展创业投资基金（简称 AI 科学家孵化基金）4 个项目的投资决策，在新一代信息技术、生物医药等高精尖产业领域储备优质子基金 30 余支。

（齐众）

北京中关村协同创新投资基金（有限合伙）

【概况】北京中关村协同创新投资基金（有限合伙）（简称中关村协同创新基金）设立于 2016 年 3 月，由北京中关村协同创新投资基金管理有限公司管理。基金规模 20.01 亿元。2021 年，新设 1 支溧阳子基金，累计设立子基金 14 支。截至 2021 年底，参设基金总规模 36.25 亿元，母基金认缴 7.65 亿元，实缴 7.23 亿元，实现 3.74 倍放大，累计投资项目 166 个，投资金额 27.54 亿元。

（叶梅、韩娜）

【多家被投企业上榜清科 Venture 50 榜单】12 月 15 日，由清科创业、投资界发起的 2021 Venture 50 终评榜单发布，由协同科创基金投资的成都齐碳科技有限公司，由中关村协同创新基金泰安茂榕子基金投资的广东欧谱曼迪科技有限公司，由德州幂方子基金投资的苏州心擎医疗技术有限公司、上海诚益生物科技有限公司、瑞诺生物医药科技（杭州）有限公司、烨辉医药科技（上海）有限公司和上海赞荣医药科技有限公司，由天津磐谷子基金投资的合肥本源量子计算科技有限责任公司，以及由保定基石子基金投资的长扬科技（北京）有限公司等企业上榜。

（叶梅、韩娜）

【中关村协同创新基金合伙人大会举办】12 月 23 日，中关村协同创新基金合伙人大会暨理事会第四次会议通过线上会议形式举行。来自全国 9 个省市 15 家地方政府、金融机构和中关村协同创新母基金合伙人代表、理事等 50 余人参加大会。中关村协同创新基金向合伙人大会汇报基金运营管理情况，总结 2021 年基金取得的成绩，规划协同创新基金未来的发展。

（叶梅、韩娜）

【中关村协同创新基金上榜多个榜单】2021 年，中关村协同创新基金上榜多个榜单。3 月 19—20 日，在“潮起”——2021 中国母基金开年大会上，《母基金周刊》发布 2021 跃云奖“中国投资机构 LP 活跃排行榜”榜单，中关村协同创新基金入选中国投资机构 LP 活跃排行榜产业型 TOP 10。9 月 6 日，投资家网发布 2021 中国基金合伙人年度系列榜单，中关村协同创新基金入选 2020—2021 年度最具竞争力市场化母基金 TOP 20。9 月 26 日，在 2021 中国母基金峰会上，母基金研究中心 2021 年中榜单揭晓，中关村协同创新基金入选 2021 国资市场化母基金最佳回报 TOP 20 和 2021 国资直投机构最佳回报 TOP 20。12 月 8 日，在 2021 年度猎云网创投奖项评选结果中，中关村协同创新基金入选 2021 年度最受 GP 欢迎母基金 TOP 20。12 月 15 日，在 2021 中国股权投资年度峰会暨中国风险投资年会上，投资家网发布 2021 中国股权投资年度系列榜单，中关村协同创新基金入选最佳市场化母基金 TOP 15。

（叶梅、韩娜）

廊坊市蓝天事业发展股权投资基金合伙企业（有限合伙）

【概况】廊坊市蓝天事业发展股权投资基金合伙企业（有限合伙）（简称廊坊蓝天基金）设立于 2020 年，由北京中关村协同创新投资基金管理有限公司管理。旨在通过资本纽带作用，促进京津冀大气环境改善和节能环保产业升级，打造京津冀协同发展的新模式。基金规模6.91亿元。2021年，基金完成子基金和项目立项1个，投资决策1个。

（叶梅、韩娜）

【廊坊安鹏基金投资蓝谷智慧】 1月18日，蓝谷智慧（北京）能源科技有限公司宣布完成A+轮融资，本轮融资由北京新能源汽车股份有限公司、廊坊安鹏基金、SK新能源（江苏）有限公司（SKFS）和宁德时代新能源科技股份有限公司4家企业联合领投，融资金额超3亿元。融金主要用于新一代产品的市场拓展、研发创新以及构建开放共赢的能源服务生态圈。（廊坊安鹏基金是由廊坊蓝天基金和北京汽车集团产业投资有限公司共同出资发起的专项私募基金。蓝谷智慧成立于2016年6月，业务覆盖智能换电站的研发制造与建设运营和动力蓄电池梯次利用的溯源重生与租售运营。）

（叶梅、韩娜）

【蓝谷智慧与北京奔驰达成战略合作】 2月9日，廊坊蓝天基金投资企业蓝谷智慧（北京）能源科技有限公司与北京奔驰有限公司就动力电池梯次利用方面达成战略合作，并在北京奔驰工厂举办北京奔驰动力电池工厂梯次利用项目发运启动仪式。在启动仪式中，双方完成第一批3.7MW·h动力电池交接工作，并针对后期动力电池交接完成了业务模式的探讨。

（叶梅、韩娜）

【蓝谷智慧参与起草首个换电国家标准】 5月12日，廊坊蓝天基金投资企业蓝谷智慧（北京）能源科技有限公司参与起草的GB/T 40032—2021《电动汽车换电安全要求》推荐性国家标准由国家市场监督管理总局、国家标准化管理委员会批准发布，于2021年11月1日起开始实施。

（叶梅、韩娜）

（蓝谷智慧极狐专属超充站）

【蓝谷智慧获"优秀梯次利用企业"奖】 5月17—18日，在由中国动力电池回收与梯次利用联盟、中国电子节能技术协会主办的第六届动力电池回收利用高峰论坛上，廊坊蓝天基金投资企业蓝谷智慧（北京）能源科技有限公司获"优秀梯次利用企业"奖。

（叶梅、韩娜）

北京集成电路产业发展股权投资基金有限公司

【概况】 北京集成电路产业发展股权投资基金有限公司（简称北京集成电路基金）设立于2014年，致力培育集成电路产业全产业链条。基金规模60.06亿元，共设立4支子基金。2021年，4支子基金投资北京通嘉宏瑞科技有限公司、北京联盛德微电子有限公司等6个项目，新增全部退出2个项目、部分退出6个项目。

（宋紫阳）

表5　北京集成电路基金子基金投资情况一览表

子基金名称	累计投资项目数量（个）	累计投资额（亿元）	累计退出项目（个）
北京集成电路尖端芯片股权投资中心（有限合伙）（尖端芯片子基金）	13	8.67	2（部分退出）
北京集成电路设计与封测股权投资中心（有限合伙）（设计子基金）	16	9.29	13（完全退出7个，部分退出6个）
北京集成电路制造和装备股权投资中心（有限合伙）（制造一期子基金）	5	34.82	1（部分退出）
北京集成电路先进制造和高端装备股权投资基金中心（有限合伙）（制造二期子基金）	8	9.10	—

【鲁汶仪器完成2.85亿元C轮融资】 3月24日，尖端芯片子基金投资企业江苏鲁汶仪器有限公司宣布完成2.85亿元C轮融资。本轮融资由中科创星、亦庄国投、浑璞投资等共同投资。融资用于扩大生产、研发投入、采购原材料和设备。（鲁汶仪器成立于

2015 年 9 月，是一家高科技半导体装备企业。2020 年 5 月，尖端芯片子基金决策投资鲁汶仪器。）

（鲁汶仪器外景）

（宋紫阳）

【赛思电子完成数亿元 B3 轮融资】 5 月，尖端芯片子基金投资企业浙江赛思电子科技有限公司宣布完成数亿元 B3 轮融资。本轮融资由博将资本、联通创新、清控华义创投、科源产业基金共同投资。融资用于芯片研发及市场开拓。（赛思电子成立于 2013 年 2 月，是一家研发、设计、制造和销售各种时钟系统的科技企业。2020 年 4 月，尖端芯片子基金决策投资赛思电子。）

（赛思电子外景）

（宋紫阳）

【卫达信息完成数千万元 A+ 轮融资】 6 月 17 日，尖端芯片子基金投资企业北京卫达信息技术有限公司宣布完成数千万元 A+ 轮融资。投资机构包括国电投、北变资本等。融资用于加大在颠覆性技术创新、产品升级上的投入，加速引进优质人才，优化公司治理结构，提升企业品牌影响力。（卫达信息成立于 2014 年 11 月，主营业务为基于动态防御技术的面向内网安全全套软硬件解决方案。2019 年 4 月，尖端芯片子基金决策投资卫达信息。）

（卫达信息的幻影 —WEB 动态防御系统）

（宋紫阳）

【北京集成电路基金上榜中国最佳政府产业引导基金 TOP 30】 7 月 29 日，融资中国 2020—2021 年度中国产业投资榜发布，北京集成电路基金上榜 2020—2021 年度中国最佳政府产业引导基金 TOP 30。

（宋紫阳）

【北京集成电路基金获年度最佳出资人称号】 8 月 13 日，由《证券时报》主办的 2021 中国创投金鹰奖暨中国创业企业新苗榜评选揭晓，北京集成电路基金获“2021 中国创投金鹰奖”之年度最佳出资人称号。

（宋紫阳）

【唯捷创芯科创板 IPO 过会】10 月 28 日，上海证券交易所科创板上市委员会 2021 年第 78 次审议会议通过设计子基金投资企业唯捷创芯（天津）电子技术股份有限公司科创板 IPO，获小米基金、元禾璞华等股东加持。（唯捷创芯成立于 2010 年 6 月，专注于射频前端及高端模拟芯片的研发与销售。2016 年 9 月，设计子基金决策投资唯捷创芯。）

（宋紫阳）

【集创北方完成 65 亿元 E 轮融资】11 月 29 日，制造一期子基金、设计子基金投资企业北京集创北方科技股份有限公司完成 65 亿元 E 轮融资。本轮融资由海松资本领投，vivo、中青芯鑫等产业投资机构以及建信股权、国开装备基金、元禾厚望、瑞芯投资、纪源资本等跟投。融资用于增强公司在研发支出、团队拓展、新技术布局方面的持续投入，助力公司与核心供应商建立长期持续的产能合作关系。（集创北方成立于 2008 年 9 月，是目前业内首家可提供集显示驱动、触控、电源管理和指纹识别在内的完整芯片级解决方案的企业。设计子基金于 2016 年 11 月决策投资集创北方，制造子基金分别于 2017 年 10 月、2019 年 10 月决策投资集创北方。）

（宋紫阳）

【珠海一微完成 5 亿元 D 轮融资】11 月 30 日，制造二期子基金投资企业珠海市一微半导体有限公司完成 5 亿元 D 轮融资。本轮融资由武岳峰资本领投，奇点资本参与投资。融资用于新产品的研发、流片

（珠海一微芯片 AM780）

及方案材料备货。（珠海一微成立于 2014 年 3 月，是一家机器人运动平台核心技术供应商，主要从事集成运动控制和 SLAM 算法的专用 SoC 芯片的设计和销售。2020 年 3 月，制造二期子基金决策投资珠海一微。）

（宋紫阳）

【忆芯科技完成 3 亿元 B2 轮融资】12 月 28 日，制造一期子基金、设计子基金投资企业北京忆芯科技有限公司完成 3 亿元 B2 轮融资。本轮融资由上国投、东方嘉富、北京丝路科创等机构及产业资本共同参与完成。融资主要用于高端企业级 SSD 主控芯片研发及方案开发。

（宋紫阳）

【11 个项目完成新一轮融资】2021 年，北京集成电路基金子基金投资企业北京普能微电子科技有限公司、北京卫达信息技术有限公司、江苏鲁汶仪器有限公司、浙江赛思电子科技有限公司、极芯通讯技术（南京）有限公司、南京镭芯光电有限公司、北京忆芯科技有限公司、北京集创北方科技股份有限公司、北京昂瑞微电子技术股份有限公司、上海酷芯微电子有限公司、珠海市一微半导体有限公司等 11 个项目完成新一轮融资。

（宋紫阳）

【北京集成电路母基金推进子基金募资】2021 年，北京集成电路母基金配合制造二期子基金推进光大“一带一路”绿色母基金尽调工作，合伙人会议同意制造二期子基金延长一年募集期；母基金管理公司向尖端芯片子基金发函提示其后续募集期到期，并明确母基金后续不再实缴出资。截至 2021 年底，尖端芯片子基金与制造二期子基金完成新增实缴出资 20 亿元，实现集团投入实缴金额 13.2 亿元放大 1.52 倍。

（宋紫阳）

【尖端芯片子基金完成 3 个项目出资】2021 年，尖端芯片子基金通过 7 个项目的投资决策，并对 3 个项目完成出资（其中 1 个项目为 2020 年投资决策）。决策投资讯创（天津）电子有限公司 5000 万元，股权占比 7.94%；决策投资北京联盛德微电子有限公司 2000 万元并完成出资，股权占比 2%；决策投

资北京智联安科技有限公司5000万元并完成出资，股权占比9.4%；决策投资北京芯能电子科技有限公司11700万元，股权占比30%；决策投资江苏华存电子科技有限公司5000万元，股权占比5.9%；决策投资北京中科银河芯科技有限公司2000万元，股权占比3.64%；决策投资北京清微智能科技有限公司5000万元，股权占比2.4%。完成对2020年已决策追加投资项目北京普能微电子科技有限公司的出资，出资金额1500万元。

（宋紫阳）

【制造二期子基金完成4个项目出资】2021年，制造二期子基金通过5个项目的投资决策，并对4个项目完成出资。决策投资北京屹唐胜腾科技有限公司(最终投资标的为SilTerra Malaysia Sdn Bhd公司)不超过5亿元并完成首期出资1.73亿元，股权占比40%；决策投资北京通嘉宏瑞科技有限公司1亿元并完成出资，股权占比15.36%；决策投资北方华创科技集团股份有限公司2.5亿元并完成出资，股权占比0.16%；决策投资北京京仪自动化装备技术股份有限公司1亿元，股权占比4.35%；决策投资上海芯圣电子股份有限公司5000万元并完成出资，股权占比5%。

（宋紫阳）

【制造一期子基金继续减持赛微电子股份】2021年，制造一期子基金继续减持持有的北京赛微电子股份有限公司股份，截至年底已累计出售4861万股，累计退出99%，所获现金12.86亿元。

（宋紫阳）

【设计子基金新增全部或部分退出6个项目】2021年，设计子基金通过股权转让方式全部退出北京忆芯科技有限公司（投资回报1.76倍）、北京麦哲科技有限公司（投资回报1.73倍），通过股权转让方式部分退出上海簦箕技术有限公司（已退出50%），通过二级市场减持方式部分退出北京君正集成电路股份有限公司（原北京矽成半导体有限公司，已退出31%）、无锡帝科电子材料股份有限公司（已退出82%）、恒玄科技（上海）股份有限公司（已退出3%）。

（宋紫阳）

【尖端芯片子基金部分退出2个项目】2021年，尖端芯片子基金通过股权转让方式部分退出北京通域高精尖股权投资中心（有限合伙）（已退出60%），通过股权转让方式部分退出南京镭芯光电有限公司（已退出37%）。

（宋紫阳）

【北京集成电路母基金收到子基金分配款约8.56亿元】2021年，北京集成电路母基金收到子基金分配款约8.56亿元。其中，获得来自制造子基金分配的北京赛微电子股份有限公司部分退出款约4.14亿元；获得来自设计子基金分配的北京忆芯科技有限公司、北京麦哲科技有限公司全部退出款和北京君正集成电路股份有限公司（原北京矽成半导体有限公司）、上海韦尔半导体股份有限公司（原北京豪威科技有限公司）、无锡帝科电子材料股份有限公司部分退出款以及博通集成电路（上海）股份有限公司税费返还款约3.24亿元；获得来自尖端芯片子基金分配的北京通域高精尖股权投资中心（有限合伙）部分退出款约1.18亿元；获得来自制造二期子基金分配的上海至纯洁净系统科技股份有限公司分红款约23万元。

（宋紫阳）

基础设施公募 REITs

【概况】2021 年，中关村发展集团试点申报的建信中关村产业园封闭式基础设施证券投资基金（简称建信中关村产业园 REIT）在上海证券交易所受理。建信中关村产业园 REIT 由中关村发展集团作为发起人，北京中关村软件园发展有限责任公司作为原始权益人，以中关村软件园持有的 3 栋科技园区物业资产作为底层资产上市发行，物业总建筑面积 16.67 万平方米。中关村产业园 REIT 是北京市首个获批的产业园基础设施公募 REITs 项目，成为在“中国基础设施公募 REITs 元年”发行的 11 个试点项目之一。

（江帆）

【建信中关村产业园 REIT 在上海证券交易所上市】10 月 15 日，由中关村发展集团试点申报的建信中关村产业园 REIT 在上海证券交易所受理。12 月 17 日，建信中关村产业园 REIT 在上海证券交易所挂牌上市，市场表现平稳，开盘价 4.160 元，涨幅 30%，盘中价格均在发行价之上，全天一字涨停，总成交金额突破 3360 万元。

（江帆）

【建信中关村产业园 REIT 完成首次公开发行】11 月 29 日，在国家发展改革委、中国证监会和上海证券交易所指导下，建信中关村产业园 REIT（基金代码：508099）完成首次公开发行，发行份额 9 亿份，发行单位面值 3.2 元 / 份，首年分派率 4.19%，产品期限为永续，资产账面价值 11.22 亿元，结构化募资总额 33.41 亿元，资产增值额 22.19 亿元。建信中关村产业园 REIT 是在已发行的 11 单基础设施公募 REITs 中流通份额认购规模最大、认购倍数最高、募集溢价率最高的产品。流通份额认购金额共计 461.26 亿元，认购倍数达 53 倍，募集溢价率达 10.26%，获得资本市场和社会投资人的认可。

（江帆）

直投基金

【概况】2021 年，集团新设立、备案建设基金、中发创信基金、认股权投资基金、中关村 S 基金等 8 支直接管理直投基金。截至 2021 年底，集团直接管理直投基金 23 支，认缴总规模 143.46 亿元，实缴总规模 55.96 亿元，集团体系认缴总额 80.39 亿元，实缴总额 28.95 亿元。23 支直投基金共投资项目 186 个，总投资额 43.28 亿元；共配资（非管理）直投基金 39 支，认缴总规模 263.21 亿元，集团体系认缴总额为 14.07 亿元，实缴总额 13.21 亿元。

（聂汝嫣）

表 6　2021 年中关村发展集团直接管理直投基金一览表

管理机构名称	序号	基金名称	设立时间
北京中关村资本基金管理有限公司	1	北京中关村发展前沿企业投资基金（有限合伙）	2019.04.26
	2	北京生命科学园创新投资基金（有限合伙）	2019.09.26
	3	北京中发助力壹号投资基金（有限合伙）	2020.02.26
	4	北京中发展金种子创业投资中心（有限合伙）	2020.08.19
	5	北京中关村中发投资建设基金（有限合伙）	2020.12.07
	6	北京中发创信投资中心（有限合伙）	2021.04.08
北京中关村协同创新投资基金管理有限公司	7	北京协同科创创业投资管理中心（有限合伙）	2018.02.24
	8	南阳中关村协同创新创业资产管理中心（有限合伙）	2018.05.03
	9	北京中关村生命科学园产业发展基金（有限合伙）	2018.05.23
	10	江苏中关村中诺协同投资基金合伙企业（有限合伙）	2019.04.23
	11	泰兴中关村协同创新投资基金（有限合伙）	2020.11.18
	12	廊坊市中宏蓝图股权投资基金合伙企业（有限合伙）	2020.12.28
	13	常熟中关村协同汉天下投资基金合伙企业（有限合伙）	2021.06.08
	14	常州中关村协同创业投资中心（有限合伙）	2021.06.28
北京中关村创业投资发展有限公司	15	北京中关村远见认股权创业投资中心（有限合伙）	2020.10.16
	16	北京远见接力创业投资基金（有限合伙）	2021.06.08
北京开元正道创业投资中心（有限合伙）	17	北京开元弘道创业投资中心（有限合伙）	2018.06.05
北京启航创业投资管理有限公司	18	北京中关村发展启航产业投资基金（有限合伙）（启航一期）	2016.12.30
	19	北京中关村发展启航创新投资基金（有限合伙）（启航二期）	2019.01.25
	20	北京中发启航东土华盛专项投资基金（有限合伙）	2019.02.27
	21	北京中关村芯创集成电路设计产业投资基金（有限合伙）	2019.12.18
北京中关村瞪羚投资基金管理有限公司	22	北京中关村瞪羚创业投资中心（有限合伙）（瞪羚一期）	2011.12.29
	23	北京瞪羚金石股权投资中心（有限合伙）（瞪羚二期）	2014.09.24

北京中关村发展前沿企业投资基金（有限合伙）

【概况】北京中关村发展前沿企业投资基金（有限合伙）（简称前沿基金）设立于 2019 年 4 月，由中关村资本管理，重点投资新一代信息技术、新能源智能网联汽车及医疗器械领域。基金规模 10 亿元。2021 年，前沿基金共投资项目 13 个，实际出资金额 1.51 亿元。其中，新增投资项目 8 个，出资金额 1.02 亿元；追加投资项目 5 个，投资金额 4890.5 万元。截至 2021 年底，累计投资的 23 个项目中，有 2 个项目成功退出、15 个项目实现增值。

（陈杨）

【前沿基金投资衡川新能源 3000 万元】2 月 8 日，前沿基金通过泰州前沿盈谷新能源股权投资基金（有限合伙）对泰州衡川新能源科技有限公司 A 轮融资投资 3000 万元。本轮融资金额总计 1.62 亿元。融资用于扩建新生产线。（衡川新能源成立于 2018 年 4 月，致力于通过自主设计的业内先进的生产线生产高性能锂离子电池湿法隔膜。）

（陈杨）

【九章云极完成超亿元 C 轮融资】2 月，前沿基金投资企业北京九章云极科技有限公司完成 1.93 亿元 C 轮融资。本轮融资由尚珹资本和赛富资本领投。融资用于进一步完善 AI 基础架构软件的版图。（九章云极成立于 2013 年 2 月，专注于自动化数据科学平台的持续开发与建设，通过自研软件平台实现自动化模型创建、管理和应用支持。）

（陈杨）

【博睿康完成 1 亿元 B 轮融资】3 月，前沿基金投资企业博睿康科技（常州）股份有限公司宣布完成 1 亿元 B 轮融资。本轮融资由红杉资本领投。融资用于产品开发、产线投资以及销售网络建设等方面。（博睿康成立于 2011 年 11 月，是一家以自主创新的“脑－机接口”技术为核心，专业从事“脑－机接口”系统相关设备的研发、生产、销售以及技术服务的高新技术企业。）

（陈杨）

【前沿基金投资华玉通软】4 月 22 日，前沿基金参与北京华玉通软科技有限公司天使轮融资，投资 750 万元。本轮融资投资方包括和米资本和个人投资者，融资金额总计 1994.5 万元。11 月 5 日，华玉通软完成 A 轮融资，融资金额 2570 万元，由英恒科技领投，前沿基金追加投资 560 万元。融资用于持续加速智能驾驶领域技术和人才的投入。（华玉通软成立于 2020 年 11 月，专注异构软件平台的集成，打造功能最大最全的全国产自主通信中间件。）

（陈杨）

【前沿基金投资英创汇智 1940 万元】6 月 29 日，北京英创汇智科技有限公司完成 1.81 亿元 B 轮融资。本轮融资由国新基金领投，前沿基金投资 1940 万元。9 月，英创汇智完成 5000 万元 B+ 轮融资。本轮融资由上汽产投投资。融资用于扩大公司 ESC 产能，建立 eBooster 产线，推进 ADAS、L3-EPS、IBC 等新产品量产。

（陈杨）

【前沿基金追加投资国汽智控 2100 万元】6 月，国汽智控（北京）科技有限公司完成 7500 万元天使轮融资。本轮融资由共青城汽控投资合伙企业（有限合伙）领投，前沿基金追加投资 2100 万元。融资用于研发投入以及与整车厂的合作量产开发。（国汽智控成立于 2020 年 7 月，专注于智能汽车车控操作系统及重要生态应用的产品研发和市场落地，重点研究复杂软硬件的系统集成。）

（陈杨）

【前沿基金退出蓝晶微生物】8 月 25 日，前沿基金分别于 2019 年 10 月和 2021 年 1 月投资北京蓝晶微生物科技有限公司的 900 万元资金全部退出，增值比率 355.86%。

（陈杨）

【前沿基金投资微焓科技 1490 万元】8 月 27 日，前沿基金参与北京微焓科技有限公司 A 轮融资，投资 1490 万元。本轮融资投资方包括山东鲁信新旧动能转换创投母基金、前沿基金等机构，融资金额 5500 万元。融资用于产品研发。（微焓科技成立于 2017

年7月，专注于航空航天、汽车、消费电子等行业，致力于热管理技术和相关领域产品创新。）

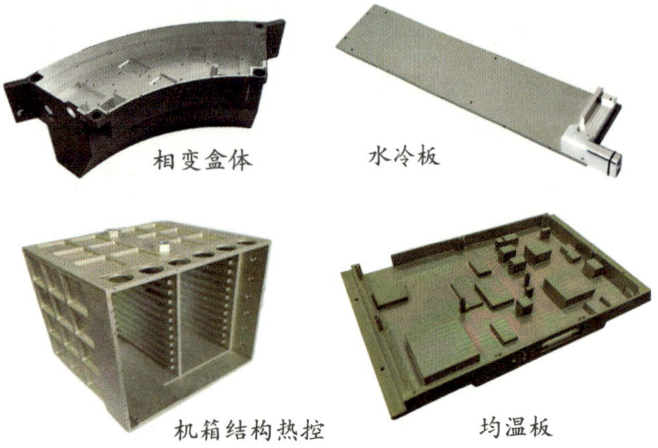

（微焓科技产品）

（陈杨）

【前沿基金投资水木羽林200万元】9月10日，前沿基金参与北京水木羽林科技有限公司天使轮融资，投资200万元。本轮融资由前沿基金领投，银杏谷投资、斗象科技、海南层林等机构跟投，融资金额总计1000万元。融资用于人才引进，持续投入技术研发，完善产品线，加速市场扩展。（水木羽林成立于2021年3月，主要产品为XFUZZ智能模糊测试系统、支持大规模基础软件的自动化安全测评。）

（陈杨）

【前沿基金投资云智信安300万元】9月28日，前沿基金参与郑州云智信安安全技术有限公司A轮融资，投资300万元。本轮融资金额1000万元。融资用于产品研发及市场扩展。（云智信安成立于2019年11月，是一家拥有自研网络安全产品，并为终端用户提供安全管理平台、安全服务与解决方案的综合提供商。）

（陈杨）

【源堡科技完成1.1亿元B轮融资】9月，前沿基金投资企业北京源堡科技有限公司完成1.1亿元B轮融资。本轮融资由中信创投领投，中交鼎信、复奇资本、图灵创投跟投，老股东启迪之星、陆石投资持续跟投。融资用于产品研发及市场开拓。

（陈杨）

【依科赛完成1.1亿元B轮融资】9月，前沿基金投资企业依科赛生物科技（太仓）有限公司完成1.1亿元B轮融资。本轮融资由经纬中国领投。融资用于产能和研发中心建设，加速细胞培养关键原料技术国产化进程。（依科赛成立于2013年8月，专注于为生物制药、精准医疗等领域的客户提供世界级原材料和技术服务。）

（陈杨）

【前沿基金追加投资路凯智行500万元】11月15日，前沿基金参与北京路凯智行科技有限公司Pre-A1轮融资，投资500万元。本轮融资投资方包括顺为资本、珠海达泰基金、前沿基金等投资机构，融资金额4500万元。融资用于产品场景化开发、标准化交付、人才团队扩充等方面。

（陈杨）

【清云智通完成8800万元C轮融资】11月，前沿基金投资企业清云智通（北京）科技有限公司完成8800万元C轮融资。本轮融资由高瓴资本领投。融资用于扩大市场。（清云智通成立于2019年3月，是一家研发工业智能技术，聚焦能源化工、新能源新材料等流程型工业企业智能化场景和应用的公司。）

（陈杨）

【衡川新能源完成5000万元B轮融资】11月，前沿基金投资企业泰州衡川新能源材料科技有限公司完成5000万元B轮融资。本轮融资由红杉资本投资。融资用于扩充新生产线建设。

（陈杨）

【前沿基金退出邦利德】12月14日，前沿基金于2019年8月投资北京邦利德网络科技有限公司的3000万元全部退出，增值比率39.53%。

（陈杨）

【前沿基金投资北京云驰未来985万元】12月22日，前沿基金参与北京云驰未来科技有限公司Pre-A轮融资，投资985万元。本轮融资由金沙江创投领投，绿盟科技、宁波前沿精英、前沿基金等机构跟投，融资金额3000万元。融资用于产品研发。（云驰未来成立于2020年11月，为智能汽车行业提供车联网安全产品、技术服务和解决方案。）

（陈杨）

【前沿基金追加投资图湃医疗 490 万元】12 月 22 日，图湃（北京）医疗科技有限公司完成 1.75 亿元 B 轮融资。本轮融资由复星医药和爱博诺德联合领投，前沿基金追加投资 490 万元。融资用于加大产品线研发及团队扩充。

（陈杨）

北京生命科学园创新投资基金（有限合伙）

【概况】北京生命科学园创新投资基金（有限合伙）（简称生命科学园创投基金）设立于 2019 年 9 月，由中关村资本管理，专注于生命科技产业，尤其关注肿瘤免疫领域、退行性神经疾病领域创新药的孵化以及高端医疗设备领域的开发。基金规模 5 亿元。2021 年，生命科学园创投基金新增投资项目 4 个，投资金额 3466.67 万元。截至 2021 年底，累计投资的 5 个项目中，已有 1 个实现增值。

（叶志远）

【生命科学园创投基金投资拓领博泰】3 月，北京拓领博泰生物科技有限公司完成数千万元天使轮融资。该轮融资由北京荷塘生命科学原始创新基金领投，生命科学园创投基金共同投资。融资用于研发自身免疫疾病的一类新药，公司已完成相关在研项目的候选药物筛选工作和成药性研究。（拓领博泰成立于 2020 年 4 月，是一家自身免疫疾病新药研发商，专注于自身免疫疾病新药研发。）

（叶志远）

【炎明生物在京研发中心投入使用】7 月 24 日，生命科学园创投基金投资企业北京炎明生物科技有限公司宣布其位于中关村生命科学园的研发中心投入使用。炎明生物研发中心占地面积 3400 平方米，配备国际一流的研发设备，具备开展药物化学、发现生物学、结构生物学、药效学和药代动力学等新药开发实验能力，已有 40 多名科研人员在此开展多个全新靶点的新药研发项目。（炎明生物成立于 2020 年 10 月，基于邵峰实验室在天然免疫和细胞焦亡领域的领先发现，致力于开发炎症和肿瘤领域的全新机制小分子药物。）

（叶志远、谢泊晚）

【生命科学园创投基金投资唯公科技】7 月，深圳唯公科技有限公司宣布完成上亿元 B 轮融资。本轮融资由中国创新基金领投，生命科学园创投基金、同创伟业、元生创投以及老股东合创资本跟投。融资主要用于流式细胞仪、流式荧光技术及其试剂和试剂盒的研发。（唯公科技成立于 2016 年 8 月，是依托国家海外高层次人才计划创立的创新型高科技技术企业，专业从事体外诊断医疗设备和试剂的研发及产业化。）

（叶志远）

【生命科学园创投基金投资因诺惟康】7 月，北京因诺惟康医药科技有限公司完成数千万元天使轮融资。本轮融资由凯风创投与华创资本领投，生命科学园创投基金、无锡道康致和等跟投。（因诺惟康成立于 2020 年 8 月，是一家从事基因治疗技术和药物研发的创新型公司。）

（叶志远）

【角井生物完成数千万元 Pre-A 轮融资】10 月，角井（北京）生物技术有限公司宣布完成数千万元 Pre-A 轮融资，由生命科学园创投基金领投，惟一资本共同投资。融资用于进一步优化公司基于 AI 的大分子药物发现平台，组建具有丰富行业经验的管理团队，以及加速与国内外大型制药公司的合作开发项目。（角井生物成立于 2017 年 11 月，是一家专注于应用人工智能技术进行大分子药物开发的创新技术公司。）

（角井生物内景）

（叶志远）

【3个已投项目获奖】12月，在首届全国颠覆性技术创新大赛上，生命科学园创投基金投资的3个项目全部获得优胜项目奖。其中，北京拓领博泰生物科技有限公司的“调控人体过度免疫反应的小分子新药”、深圳唯公科技有限公司的“高通量液相悬浮芯片联检系统”在生物技术领域赛（苏州赛区）中获优胜奖，角井（北京）生物技术有限公司的“基于人工智能和组学大数据的抗体药物设计平台NEObody”在人工智能组领域赛（成都赛区）中获优胜奖。

（叶志远）

北京中发助力壹号投资基金（有限合伙）

【概况】北京中发助力壹号投资基金（有限合伙）（简称中发助力基金）设立于2020年2月，由中关村资本管理，主要以定增形式投资北京十大高精尖产业上市公司。基金规模20亿元，实缴12亿元。2021年，中发助力基金完成10余家上市公司投资储备。

（郝思伊）

【中发助力基金参与晶品科技Pre-IPO轮融资】6月30日，中发助力基金参与北京晶品特装科技股份有限公司Pre-IPO轮融资，投资金额4800万元。晶品特装于年底完成科创板申报。（晶品科技成立于2009年7月，是国家级高新技术企业，生产的单兵作战装备、AI机器人等具有潜在的行业前景。）

（郝思伊）

北京中发展金种子创业投资中心（有限合伙）

【概况】北京中发展金种子创业投资中心（有限合伙）（简称金种子基金）设立于2020年8月，由中关村资本管理，重点帮助科技型中小微企业在北京发展壮大。基金规模4.01亿元，实缴1.11亿元。截至2021年底，金种子基金投资项目9个，投资金额8000万元。

（万野）

【金种子基金投资启科量子】2月8日，金种子基金参与国开启科量子技术（北京）有限公司天使轮融资。本轮融资投资方包括金种子基金、前沿基金及个人投资者，融资金额总计5000万元。融资用于启科量子新一代小型化的量子通信设备研发与量产，以及百比特离子阱量子计算机的研发。

（陈杨、李军伟）

【金种子基金投资吉因加】7月22日，北京吉因加科技有限公司完成总规模7.5亿元C轮融资。本轮融资由金种子基金、江苏中诺子基金与其他市场化机构建银国际、达晨财智、GGV纪源资本、阿里健康、BV百度风投等多家机构一同参与。融资用于吉因加进一步推动肿瘤大Panel基因检测、肿瘤早筛等产品的创新研发、注册申报和临床服务，以及与肿瘤领域创新药企在新药协同开发上的深度合作。（吉因加成立于2015年4月，是一家深耕肿瘤精准医疗领域的高科技企业。）

（万野）

【金种子基金投资英创汇智】10月25日，北京英创汇智科技有限公司完成2亿元B轮融资。本轮融资由中关村前沿基金携手金种子基金与其他市场化机构国新央企运营基金、德联资本、龙鼎投资、上汽恒旭资本一同参与。融资用于扩大公司ESC产能，建立eBooster产线，推进ADAS、L3-EPS、IBC等新产品量产。（英创汇智成立于2013年12月，专注于汽车电子稳定控制系统及高级汽车智能安全系统的生产、配套及技术服务。)

(英创汇智线控底盘产品透视图)

(万野)

北京中发创信投资中心(有限合伙)

【概况】2021 年，北京中发创信投资中心（有限合伙）(简称中发创信基金）设立,由中关村资本管理，重点投资于以产业互联网、企业服务为主的新一代信息技术领域创业企业。基金目标规模 5 亿元，实现资金募集规模 1.41 亿元,首期实缴规模 5700 万元。年内，中发创信基金储备 10 余个投资项目。

(王茜)

【中发创信基金设立】4 月 8 日，中发创信基金注册成立；12 月 16 日，在中国证券投资基金业协会完成备案。中发创信基金由北京中发创信投资管理有限公司担任普通合伙人，中关村软件园、中关村软件园孵化器、中关村国际孵化器担任有限合伙人，中关村资本担任基金管理人。

(王茜)

北京协同科创创业投资管理中心(有限合伙)

【概况】北京协同科创创业投资管理中心（有限合伙）(简称协同科创基金）设立于 2018 年 2 月，由北京中关村协同创新投资基金管理有限公司管理。基金规模 1.01 亿元。2021 年，协同科创基金新增投资杭州越光智能科技有限公司、北京旌准医疗科技有限公司 2 个项目，决策出资 1423 万元。

(叶梅、韩娜)

【微芯感知获超亿元融资】1 月 9 日，协同科创基金投资企业北京微芯感知科技有限公司完成超亿元新一轮融资。本轮融资由广西腾讯创业投资有限公司投资。融资用于区块链系统的研发。

(叶梅、韩娜)

【纽迪瑞完成近 1.5 亿元融资】2 月 19 日，协同科创基金投资企业深圳纽迪瑞科技开发有限公司完成新一轮近 1.5 亿元融资。本轮融资由中银投与越秀产业基金联合领投，深圳前海基础设施基金和广州谢诺辰途跟投。融资用于 Mobile 智能手机、Wearable 可穿戴、Measurable 力测量等三大核心产品线建设。

(叶梅、韩娜)

【鑫君特脊柱外科手术导航定位系统获批】2 月 24 日，协同科创基金投资企业深圳市鑫君特智能医疗器械有限公司的“脊柱外科手术导航定位系统”获国家药监局（NMPA）注册证。该产品是国产首家“导航 + 手术操作”的全智能骨科手术机器人。该系统包含自主研发的术前规划、手术导航和主动置钉等模块，其中手术导航打破了国外长期的技术壁垒，结束了中国采用进口设备作为导航基础系统的历史。

(叶梅、韩娜)

【齐碳科技与 2 家国家级科研中心达成合作伙伴关系】2 月 26 日，协同科创基金投资企业成都齐碳科技有限公司与四川大学国家生物医学材料工程技术研究中心及四川大学华西医院疾病分子网络前沿科学中心两大国家级科研中心达成合作伙伴关系。齐碳科技与四川大学国家生物医学材料工程技术研究中心建立深度合作关系，共同研发新型生物材料，有效提升纳米孔基因测序技术的应用表现；与四川大学华西医院疾病分子网络前沿科学中心合作，依托齐碳科技自主研发的第四代基因测序仪，开发与优化可用于病原微生物快速检测的方法，助力纳米孔测序技术的临床应用。

（叶梅、韩娜）

【齐碳科技首个 GMP 生产基地开工】 4 月 15 日，协同科创基金投资企业成都齐碳科技有限公司首个 GMP 生产基地项目开工仪式举行。该生产基地位于成都市天府国际生物城，总面积 4000 余平方米，计划总投资 2 亿余元。生产基地规划有蛋白、试剂、生物芯片、仪器四大生产车间，可实现纳米孔基因测序仪、配套试剂及芯片的全线生产。

（叶梅、韩娜）

【协同科创基金投资旌准医疗】 4 月 19 日，北京旌准医疗科技有限公司宣布完成约 2 亿元 C 轮融资。本轮融资由山蓝资本和协同科创基金联合领投，银河源汇、贵阳创投跟投，老股东东方富海、九仁资本持续加注。融资主要用于进一步推进公司分子诊断试剂产品的大规模临床试验及注册申报，继续加强市场推广力度，推进整体解决方案在核心三级医院的快速复制。

（叶梅、韩娜）

【极芯通讯推出梅里 UC 1040 芯片】 7 月 21 日，协同科创基金投资企业极芯通讯技术（南京）有限公司宣布推出全球第一颗支持 O-RAN 标准的 5G 基站数字前端芯片——梅里 UC 1040。该芯片采用 ASIP（专用指令集处理器）技术构建，支持 5G 物理层（Low-PHY）功能，能够适应 5G 多应用场景下的定制化需求。UC 1040 可满足运营商对 NR 和 LTE 的所有需求，设备商可构建灵活、低成本的云化 5G 基础设施。

（叶梅、韩娜）

【鑫君特完成数亿元 B 轮融资】 10 月 25 日，协同科创基金投资企业深圳市鑫君特智能医疗器械有限公司完成数亿元 B 轮融资。本轮融资由软银愿景 2 期、华泰紫金和创新工场共同领投，农银国际与老股东晨兴创投跟投。

（叶梅、韩娜）

【齐碳科技纳米孔基因测序仪发布】 12 月 10 日，在 2021 启・齐碳科技新品发布会上，协同科创基金投资企业成都齐碳科技有限公司发布国内首台纳米孔基因测序仪 QNome-3841，以及配套芯片和试剂，并宣布其生产基地竣工。齐碳科技成为国内第一家将纳米孔基因测序技术推向市场的高科技企业。QNome-3841 定位为一款小通量测序仪，8 小时可产出 1Gb—1.5Gb 数据，单次准确率达 90%，一致性准确率（50x）达 99.9%，读长大于 300Kb。首款量产产品具有直接测序、实时、小巧、便携等特点。

（叶梅、韩娜）

南阳中关村协同创新创业资产管理中心（有限合伙）

【概况】 南阳中关村协同创新创业资产管理中心（有限合伙）（简称南阳中关村子基金）设立于 2018 年 5 月，由北京中关村协同创新投资基金管理有限公司管理，聚焦电子信息、节能环保、医疗健康等新兴产业投资。基金规模 6700 万元。2021 年，南阳中关村子基金新增投资 5 个项目，决策出资总额 3611 万元。

（叶梅、韩娜）

【中科同帜首台半导体真空封装高端装备下线】 10 月 24 日，由南阳中关村子基金投资的中科同帜半导体（江苏）有限公司制造的第一台半导体真空封装高端装备 V8H 下线。V8H 在线式真空回流炉属于板式加热、带甲酸功能 / 氮氢混合功能的有自主核心知识产权的真空回流炉。

（叶梅、韩娜）

【南阳中关村子基金新增投资 5 个项目】 2021 年，南阳中关村子基金新增投资中科同帜半导体（江苏）

有限公司、浙江材华科技有限公司、北京清辉联诺生物科技有限责任公司、江阴贝瑞森生化技术有限公司、中精普康（北京）医药科技有限公司 5 个项目，决策出资总额 3611 万元。

（叶梅、韩娜）

北京中关村生命科学园产业发展基金

【概况】北京中关村生命科学园产业发展基金（有限合伙）（简称生命科学园产业基金）设立于 2020 年 12 月，由中关村协同创新基金联合中关村生命科学园、中关村医疗器械园和金汇通企业集团共同发起设立，由北京中关村协同创新投资基金管理有限公司管理，专注于医药产业生态链的早期投资，致力于寻找最具成长性细分领域的龙头企业，重点关注医药产业，其中又以早中期阶段的创新药、具有特色的首仿药为主，兼顾高端医疗器械领域，把握国产替代机会。基金规模 5 亿元。2021 年 2 月，生命科学园产业基金签署 LPA 协议，3 月在中国证券投资基金业协会备案，年内召开投决会，审议通过齐碳科技等投资项目。

（叶梅、韩娜）

【生命科学园产业基金第一届合伙人大会举行】3 月 3 日，生命科学园产业基金举行第一届合伙人大会，同期举行基金 GP 嘉兴中关村协同股权投资有限公司第一次股东会。中关村发展集团及中关村生命科学园、中关村医疗器械园、中关村协同创新基金、金汇通投资控股有限公司相关人员参加大会。会议审议业务支出管理办法、投资管理办法等制度，基金合伙人共同探讨基金未来发展规划，进行重点储备项目路演。

（叶梅、韩娜）

江苏中关村中诺协同投资基金合伙企业（有限合伙）

【概况】江苏中关村中诺协同投资基金合伙企业（有限合伙）（简称江苏中诺子基金）设立于 2019 年 4 月，由北京中关村协同创新投资基金管理有限公司管理，专注于大健康、大智造、大数据兼顾其他战略新兴行业成长期、成熟期项目的投资。基金规模 2.4 亿元。2021 年，江苏中诺子基金新增投资 7 个项目，决策出资总额 8100 万元。

（叶梅、韩娜）

【易点租完成超 5 亿元 E 轮融资】3 月 16 日，由江苏中诺子基金投资的北京易点淘网络技术有限公司品牌“易点租”宣布完成超 5 亿元 E 轮融资。本轮融资由源码资本领投，经纬中国、云时资本和某主权基金跟投。资金主要用于核心技术研发与创新，提升数字化服务能力，扩大城市与区域深度覆盖，完善产品和生态建设。同时，易点租正式宣布品牌升级为“易点云”，持续深耕“办公云”行业，成为企业信赖的办公 IT 基础设施，推动中国办公室 IaaS（基础设施即服务）发展。

（叶梅、韩娜）

【易点云入选最有潜力成为独角兽公司榜单】6 月 2 日，新经济创投数据服务商 IT 桔子发布 2021 年最有潜力成为独角兽公司榜单，由江苏中诺子基金投资的北京易点淘网络技术有限公司入选。（IT 桔子数据库创立于 2013 年 5 月，并于 2014 年设立在线独角兽俱乐部。从 2019 年起，IT 桔子独角兽俱乐部扩充监测范围，将全球各国独角兽公司数据纳入体系，致力于展现全球新经济行业最具成长性和最具价值的未上市创新创业公司。IT 桔子独角兽俱乐部要求企业最新估值在 10 亿美元及以上，或其新一轮融资额在 2 亿美元或 10 亿元人民币以上。）

（叶梅、韩娜）

【天勤生物合作运营项目落户宁波生物产业园】8 月

12 日，由江苏中诺子基金投资的湖北天勤生物科技有限公司与宁波宁海县生物产业园管理中心就以大动物实验为特色的临床前研究中心合作运营项目举行视频签约仪式，该临床前研究中心合作运营项目落户宁波生物产业园。

（叶梅、韩娜）

【白山云 Function@Edge 发布】 12 月 16 日，由江苏中诺子基金投资的贵州白山云科技股份有限公司发布 Serverless 产品——Function@Edge，并启动公开邀测。Serverless computing（无服务器计算）是云计算发展到成熟阶段产生的新模式。用户把主机管理、操作系统管理、资源分配、扩容，甚至应用逻辑的组件全部外包出去，把它们看作标准的商品使用。白山云 Function@Edge 是未来白山边缘云全托管 Serverless 服务的重要基石，针对边缘计算的场景，用户无须搭建和维护 IT 基础设施，即可在白山云边缘节点运行函数代码，实现应用程序的开发、部署和管理。

（叶梅、韩娜）

【江苏中诺子基金新增投资 7 个项目】 2021 年，江苏中诺子基金新增投资北京睿泽恒镒科技股份公司、贵州白山云科技股份有限公司、北京吉因加科技有限公司、成立航空股份有限公司、北京史河科技有限公司、北京十二栋文化传播有限公司等 7 个项目，决策出资总额 8100 万元。

泰兴中关村协同创新投资基金（有限合伙）

【概况】 泰兴中关村协同创新投资基金（有限合伙）（简称泰兴中关村协同创新基金）设立于 2020 年 11 月，2021 年 1 月 6 日在中国证券投资基金业协会完成备案，由北京中关村协同创新投资基金管理有限公司管理。基金旨在引导资本流向创新前沿，助力高端硬科技成果落地转化，帮助泰兴高新区培育硬科技、高精尖产业集群，主要投向与高端制造、新能源、新材料等符合泰兴高新区产业规划的相关领域。基金规模 5.02 亿元。2021 年，泰兴中关村协同创新基金投资中科同帜、宝兴威，投资金额 1.02 亿元。

（叶梅、韩娜）

【泰兴中关村协同创新基金投资宝兴威】 6 月 29 日，天津宝兴威科技股份有限公司宣布完成 B 轮融资。本轮融资由泰兴中关村协同创新基金独家投资数千万元。融资一方面用于建设自主知识产权的纳米银导电薄膜涂布线，进一步降低生产成本，从源头上扩大触控屏的出货规模；另一方面将触控模组和终端触控产品的生产规模扩大一倍，进一步满足下游客户的需求。（宝兴威成立于 2013 年 12 月，致力于纳米透明导电膜的技术开发。）

（叶梅、韩娜）

【泰兴中关村协同创新基金投资中科同帜】 7 月 4 日，中科同帜半导体（江苏）有限公司宣布完成 Pre-A 轮融资。本轮融资由泰兴中关村协同创新基金独家投资数千万元。融资主要用于半导体用真空炉和高精密贴片机系列产品的产能和性能提升。本轮融资后，将进一步加大真空炉在非制冷红外芯片封装环节的批量销售、真空炉在 IC 芯片封装环节的推广销售、高精密贴片机在 IC 芯片封装环节的推广销售以及在 IGBT 封装市场输出整套全国产解决方案。（中科同帜成立于 2016 年 9 月，主要从事倒装芯片共晶贴片机、锡膏喷印机、真空回流焊、全自动贴片机、共晶贴片机等高端高精密装备销售业务。）

（中科同帜 V4 真空焊接炉）

（叶梅、韩娜）

北京中关村远见认股权创业投资中心（有限合伙）

【概况】北京中关村远见认股权创业投资中心（有限合伙）（简称认股权投资基金）设立于2020年10月，由中关村创投管理，专注于为双创企业进行“服务+投资”的联合培育。基金规模1亿元。2021年，认股权投资基金投资项目3个，投资金额4000万元。

（张晓青）

【认股权投资基金增资至1亿元】1月18日，认股权投资基金在中国证券投资基金业协会备案，由中关村创投负责管理。年内，中关村创投对认股权投资基金进行增资5000万元，基金总规模增至1亿元。

（张晓青）

【认股权投资基金投资田园奥瑞500万元】7月1日，认股权投资基金完成对北京田园奥瑞生物科技有限公司的投资500万元，与中关村前沿技术实现认股权项目行权落地，建立可复制的“空间+服务+投资”合作模式。（田园奥瑞成立于2007年1月，专注动物遗传资源保存与利用技术，致力于保存动物基因资源，开发动物优秀基因物质的价值并提高其利用效率，是目前国内唯一一家专注研发冻精集成技术的企业。）

（张晓青）

【认股权投资基金投资瑞盖科技1500万元】7月5日，认股权投资基金完成对北京瑞盖科技股份有限公司的投资1500万元。（瑞盖科技成立于2011年6月，其研发的“中国鹰眼”是目前国内唯一大规模商用的体育鹰眼系统，获中国网球协会的授权称谓。）

（张晓青）

【认股权投资基金投资电链科技2000万元】11月11日，认股权投资基金完成对北京电链科技有限公司的投资2000万元。（电链科技成立于2019年11月，是能源科技及新兴科技应用研发的数字科技综合解决方案提供商。）

（张晓青）

北京远见接力创业投资基金（有限合伙）

【概况】2021年，北京远见接力创业投资基金（有限合伙）（简称中关村S基金）设立，参与高精尖产业领域的私募股权基金二手份额交易试点。中关村S基金首期规模5亿元。中国国际服务贸易交易会期间，中关村S基金助力市金融监管局报送的“股权投资和创业投资份额转让模式创新”入选国家服务业扩大开放综合示范区首批十大最佳实践案例。

（张晓青）

【中关村S基金设立】6月8日，中关村S基金注册设立；7月30日，基金在中国证券投资基金业协会完成备案。该基金由中关村创投使用自有资金发起设立，并同时担任管理人。

（张晓青）

【中关村S基金投资国科汇金接续基金二手份额】9月1日，中关村S基金认缴23500万元认购北京国科汇金股权投资基金合伙企业（有限合伙）（SPV）接续基金份额，实缴金额20727万元。SPV主体分别参与受让国科投资管理的北京国科瑞华战略性新兴产业投资基金（有限合伙）及深圳市国科瑞华三期股权投资基金合伙企业（有限合伙）的基金份额。

（张晓青）

【中关村S基金投资启迪汇德接续基金二手份额】12月1日，中关村S基金认缴304万元认购海南华创时代企业管理咨询合伙企业（有限合伙）（SPV）接续基金份额，全部实缴完毕。SPV主要参与北京启迪汇德创业投资有限公司原投资项目份额。

（张晓青）

北京开元弘道创业投资中心（有限合伙）

【概况】北京开元弘道创业投资中心（有限合伙）（简称开元弘道基金）设立于2018年6月，专注于生物医药、信息技术等新经济领域投资。基金规模3.5亿元。2021年，开元弘道基金新增投资项目4个，投资金额9500万元。截至2021年底，开元弘道基金已投12个项目中，8个项目获得后续融资，累计实现后续融资额超过80亿元，项目估值都实现较好提升。基金投资企业三叶草生物于11月5日在香港联合交易所有限公司IPO发行。

（张晓青）

【开元弘道基金新增募资8200万元】3月，开元弘道基金新增募资8200万元，新增有限合伙人为北京万象鸿佳企业管理中心（有限合伙）（增资4000万元）、北京均丰智航科技发展中心（有限合伙）（增资3000万元）、北京瑞智联丰科技发展中心（有限合伙）（增资1000万元），基金管理人北京开元正道创业投资中心追加出资200万元。募资后，基金总规模增至3.5亿元。

（张晓青）

【开元弘道基金投资康朴生物1500万元】4月14日，开元弘道基金完成对康朴生物医药技术（上海）有限公司的投资1500万元。（康朴生物成立于2011年1月，创始人长期从事蛋白质泛素化及其降解技术平台的研发。）

（张晓青）

【开元弘道基金投资普祺医药4500万元】5月20日，开元弘道基金完成对北京普祺医药科技有限公司的投资4500万元。（普祺医药成立于2016年9月，专注于未满足临床需求的自身免疫性疾病的小分子药物的开发。）

（张晓青）

【开元弘道基金投资琲诺生物1500万元】7月15日，开元弘道基金完成对琲诺生物医药科技（杭州）有限公司的投资1500万元。[琲诺生物成立于2018年5月，聚焦小分子创新疗法的开发及产业化，具有全球领先的分子伴侣介导的蛋白质降解（CHAMPTM）技术平台。]

（张晓青）

【三叶草生物在香港联合交易所IPO发行】11月5日，开元弘道基金投资企业四川三叶草生物制药有限公司在香港联合交易所有限公司IPO发行，股票代码02197.HK。（三叶草生物是一家全球化的生物创新药公司，凭借其独有Trimer—Tag平台，致力于开发新型疫苗和生物疗法，是国内唯一获得CEPI资助的新冠病毒疫苗研发企业。开元弘道基金于2019年12月增资三叶草生物。）

（张晓青）

【开元弘道基金投资英百瑞生物1000万元】11月15日，开元弘道基金完成对英百瑞（杭州）生物医药有限公司的投资1000万元（决策投资金额2000万元，首期出资1000万元）。（英百瑞成立于2014年3月，主要从事NK+、CAR—NK及双特异抗体新药研发等免疫疗法的研发。）

（张晓青）

北京中关村发展启航产业投资基金（有限合伙）

【概况】北京中关村发展启航产业投资基金（有限合伙）（简称启航一期）设立于2016年12月，由启航投资管理，专注于TMT、智能互联网、医药健康产业、新能源与环保技术等领域投资。基金规模5亿元。2020年5月17日，基金进入退出期。2021年，基金退出项目2个。

（赵丽）

【灵动科技完成4.5亿元C轮融资】1月，启航一期投资企业灵动科技（北京）有限公司宣布完成Pre—C轮融资，融资金额超过2.5亿元，由鼎晖VGC、钟鼎投资、德厚资本领投，AA投资和启航投资跟投。9月，灵动科技宣布完成C轮融资，融资金额近2亿元，由泰康人寿领投，高通创投和昊辰资本跟投。融资主要用于新产品研发、供应链部署、商业化交付及海外市场规模扩张。（灵动科技成立于2016年4月，将计算机视觉与机器人技术结合，开发了视觉自主移动机器人V-AMR和多智能体集群调度系统。启航一期基金于2020年12月投资灵动科技。）

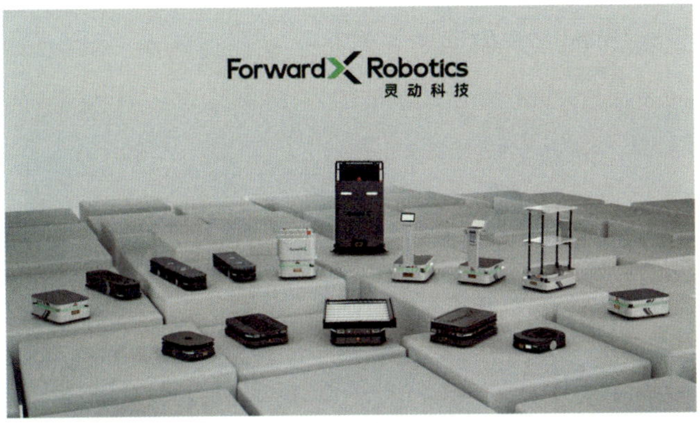

（灵动科技 AMR 产品）

（赵丽）

【思纳福完成1.4亿元融资】2月，启航一期投资企业思纳福（北京）医疗科技有限公司宣布完成A+轮融资。本轮融资由荷塘创投、雅惠基金合计投资2500万元。8月，思纳福宣布完成B轮融资。本轮融资由杏泽资本、力鼎资本、凯风创投、荷塘创投、雅惠基金等合计投资1.15亿元。融资用于思纳福临床场景开发和市场开拓，加快数字PCR产品的临床落地进程。（思纳福成立于2018年3月，主营业务基于微滴阵列技术的第二代数G字PCR和液滴工作站平台。启航一期于2019年1月投资思纳福。）

（赵丽）

【九章云极完成3亿元Pre-C轮融资】3月，启航一期投资企业北京九章云极科技有限公司宣布完成3亿元Pre-C轮融资。本轮融资由尚珹资本、赛富投资基金领投，君紫投资、领沨资本等跟投，致远资本担任独家财务顾问。融资用于进一步完善AI基础架构软件的版图，致力于成为AI数据库的定义者和领导者。

（赵丽）

【海杰亚完成近4亿元融资】3月，启航一期投资企业海杰亚（北京）医疗器械有限公司宣布完成C2轮融资。本轮融资由上海国药二期、上海圣祁投资、宁波市商壹软件等多家机构投资，融资金额1.6亿元。3月，海杰亚宣布完成C3轮融资。本轮融资由中国国新央企运营投资基金、嘉兴博睿嘉昱二期、江苏盛宇黑科医疗健康投资基金等联合投资，融资金额1.82亿元。6月，海杰亚宣布完成C+轮融资。本轮融资由高榕资本投资5000万元。融资重点用于市场和渠道布局，全力推动系列产品管线的研发与产业化进程。

（赵丽）

【忆芯科技完成B轮融资】4月，启航一期投资企业北京忆芯科技有限公司宣布完成5000万元Pre-B4轮融资。本轮融资为深圳市富士企业管理合伙企业（有限合伙）向公司增资。8月，忆芯科技宣布完成1.58亿元B1轮融资。本轮融资由启迪新基建、天津善阵投资、陕西芯光投资基金、民航（深圳）股权投资基金、北京中海益盛共同参与完成。10月，忆芯科技宣布完成2.05亿元B2轮融资。本轮融资由上国投、北京丝路科创等机构及产业资本共同参与完成。融资主要用于高端企业级SSD主控芯片研发及方案开发。

（赵丽）

【启航一期退出羽医甘蓝】6月18日，启航一期退出北京羽医甘蓝信息技术有限公司。该项目投资本金700万元，收回本金及收益1308万元，内部收益率18.20%。启航一期于2017年9月投资羽医甘蓝。

（赵丽）

【启航一期部分退出九章云极】6月30日，启航一期部分退出北京九章云极科技有限公司。该项目投资本金1000万元，此次退出本金500万元，收回本金及收益1192.53万元，内部收益率25.02%。

（赵丽）

【汉天下完成超2亿元融资】6月，启航一期投资企业苏州汉天下电子有限公司宣布完成B+轮融资。本轮融资由华山基金投资1.04亿元。8月，汉天下宣布完成C2轮融资。本轮融资由常熟中关村协同汉天下增资1亿元。融资进一步加深汉天下在射频相关领域的创新优势，助力其成为射频前端整体解决方案的龙头企业。启航一期于2019年5月投资汉天下。[汉天下成立于2015年7月，主营业务是以体声波（BAW）滤波器为主的高端MEMS芯片的设计、生产和销售。]

（赵丽）

北京中关村发展启航创新投资基金（有限合伙）

【概况】北京中关村发展启航创新投资基金（有限合伙）（简称启航二期）设立于2019年1月，由启航投资管理，专注于新一代信息技术、医药健康、智能制造领域投资。2020年11月基金规模变更为6.35亿元。2021年，启航二期新增投资项目24个，投资金额2.99亿元。项目集中在人工智能、智能机器人、空天科技、医疗器械、细胞和基因治疗等细分领域。

（赵丽）

【启航二期新增投资盟博科技】1月，启航二期完成对芜湖盟博科技有限公司的投资2100万元。（盟博科技成立于2016年12月，专注于汽车智能网联、数字座舱、高精定位以及新出行大数据运营服务，为车厂和互联网公司提供全方位的车载软硬件一体化产品解决方案。）

（赵丽）

【蓝晶微生物完成4.92亿元B轮融资】1月，启航二期投资企业北京蓝晶微生物科技有限公司宣布完成1.55亿元B轮融资。本轮融资由高瓴资本、光速中国、启航二期、前沿基金、峰瑞资本、前海母基金、七匹狼创投等投资。7月，蓝晶微生物宣布完成3.37亿元B+轮融资。本轮融资由碧桂园创投、腾讯创投、华兴医疗产业基金、松禾资本投资，高瓴资本、光速中国、峰瑞资本、启航二期、前海母基金、七匹狼创投持续追加投资。融资用于加速蓝晶微生物首个产品管线——全生物可降解材料PHA的规模化生产线建设、PHA在多种场景的应用开发和数字原生研发平台CloudLab1的扩张升级。

（赵丽）

【迅策科技完成4.24亿元融资】1月，启航二期投资企业深圳迅策科技有限公司宣布完成3.6亿元C轮融资。本轮融资由腾讯创投、丝路金桥、通瑞长盈、泰康人寿、羽信国元增资，大湾区基金跟投。8月，迅策科技宣布完成0.64亿元C+轮融资。本轮融资由上海域恺信息科技投资。融资用于深耕资管数字化转型，在技术、市场与生态合作方面加大投入。（迅策科技成立于2016年4月，专注于用可解耦的创新架构，做新一代资产管理与数据服务PaaS+SaaS全系统，系统包含数据中台、交易管理、风控管理、估值、运营和债券系统等。）

（赵丽）

【启航二期基金新增投资艾利特机器人】2月，启航二期完成对苏州艾利特机器人有限公司的投资1500万元。（艾利特成立于2018年2月，主营协作机器人的研发、生产和销售。）

（艾利特机器人生产线）

（赵丽）

【启航二期投资迅策科技1000万元】3月，启航二期完成对深圳迅策科技有限公司的投资1000万元。

（赵丽）

【智慧互通完成1.79亿元E轮融资】7月，启航二期投资企业智慧互通科技股份有限公司宣布完成1.79亿元E轮融资。本轮融资由瀚星创业投资有限公司投资。爱泊车已为近30个城市的路侧公共泊位和商业化社会停车场提供了多样化的产品解决方案。（智慧互通成立于2015年6月，致力于为全球城市静态交通治理及大众出行提供智慧解决方案，是全球首家实现高位图像识别技术商用化，并落地城市级智慧泊车管理场景，工业和信息化部唯一认可的静态交通人工智能企业。启航二期于 2019 年 12 月投资智慧互通。）

（赵丽）

【宜明细胞完成 1.2 亿元 B 轮融资】 8 月，启航二期投资企业宜明（北京）细胞生物科技有限公司宣布完成 1.2 亿元 B 轮融资。本轮融资由江苏毅达资本领投，IDG 及老股东同创伟业、聚明创投、启航创新基金、方富资本、华盖资本跟投。融资用于加速推进宜明细胞在国内外商业化生产基地建设和市场推广，持续推进载体技术和工艺的开发与创新，在已经完成的 200L 无血清悬浮制备基础上，加速 500L、2000L 产能的落地，全方位提高 GMP 级质粒、慢病毒、AAV、腺病毒等产品的产能，加速国内外 CGT 新药的开发、上市进程。

（赵丽）

【长木谷完成 5.4 亿元 B 轮融资】 9 月，启航二期投资企业北京长木谷医疗科技有限公司宣布完成 5.4 亿元 B 轮融资。本轮融资由中金启德基金、IDG 资本、鼎晖 VGC 联合领投，元生创投、启航二期持续追加。融资主要用于加速骨科人工智能与手术机器人的新产品研发、临床注册、生产扩张与全球化市场推广。启航二期分别于 2020 年 3 月、2021 年 11 月投资长木谷。

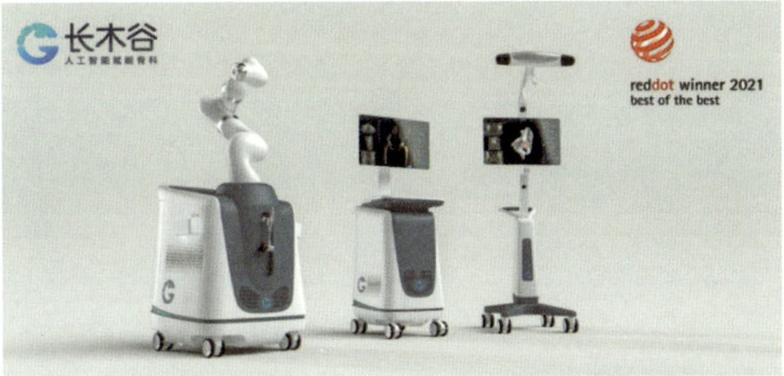

（长木谷 ROPA 人工智能关节置换手术机器人）

（赵丽）

【川土微完成 1.7 亿元 C 轮融资】 11 月，启航二期投资企业上海川土微电子有限公司宣布完成 1.7 亿元 C 轮融资。本轮融资由朗玛峰创投、磐霖乐达、磐霖祥旭投资。融资主要用于新品研发及晶圆备货。启航二期于 2021 年 6 月投资川土微。（川土微成立于 2016 年 5 月，瞄准导航专用射频收发芯片和数字式隔离器芯片。）

（赵丽）

【江行智能完成 1.28 亿元 A3 轮融资】 11 月，启航二期投资企业南京江行联加智能科技有限公司完成 1.28 亿元 A3 轮融资。本轮融资投资方为朗玛峰创投、厚丰行愿、联想、复奇资本、卓源资本。融资主要用于新产品研发及打磨、边云协同和算法能力提升，以及完善市场销售体系的建设。（江行智能成立于 2018 年 2 月，是边缘计算技术与服务的提供商。启航二期于 2021 年 2 月投资江行智能。）

（赵丽）

【启航二期基金投资企业获社会肯定】 2021 年，启航二期基金投资企业北京长木谷医疗科技有限公司入选投中 2021 年度中国医疗及健康服务产业最佳医疗器械领域投资案例 TOP 10，灵动科技（北京）有限公司入选投中 2021 年度中国先进制造与高科技产业最佳先进制造领域投资案例 TOP 10。

（赵丽）

北京中发启航东土华盛专项投资基金（有限合伙）

【概况】 北京中发启航东土华盛专项投资基金（有限合伙）（简称东土基金）设立于 2019 年 2 月，由启航投资管理，基金规模 1.52 亿元，为投资于单一标的东土华盛科技有限公司的专项基金。2019 年 5 月完成 1.52 亿元专项投资，持股比例 13.60%。2021 年，退出 1 个项目。

（赵丽）

【东土基金退出东土华盛】 12 月，东土基金与东土华盛科技有限公司控股股东东土科技签订股权转让协议，向其转让基金所持有的东土华盛股权，款项分两笔支付。12 月 31 日，东土基金收到约定首笔股权转让款共计 9686.78 万元。（东土华盛成立于 2018 年 11 月，主营业务为指挥一体化平台、战术云、通信网络和动态勤务系统的研发与销售。）

（赵丽）

北京中关村芯创集成电路设计产业投资基金（有限合伙）

【概况】 北京中关村芯创集成电路设计产业投资基金（有限合伙）（简称芯创集成电路基金）设立于2019年12月，由启航投资管理，专注于集成电路设计产业及泛集成电路上下游企业投资。基金规模1.53亿元。2021年，芯创集成电路基金投资项目3个，出资金额2831.64万元。

（赵丽）

【芯创集成电路基金投资芯来科技1300万元】 2月、7月，芯创集成电路基金完成对芯来智融半导体科技（上海）有限公司的投资1300万元。（芯来科技成立于2018年9月，主营业务为RISC-V处理器及其相关综合解决方案。）

（赵丽）

【芯创集成电路基金追加投资基石酷联】 7月，芯创集成电路基金完成对基石酷联微电子技术（北京）有限公司的追加投资1032万元。（基石酷联成立于2014年5月，主营业务为高清传输芯片、模组及相关测试设备的开发，是国内唯一量产HDMI 2.0的企业。）

（赵丽）

直接投资

【概况】 2021 年，集团直接投资业务包括自有资金投资业务和代持政府资金投资业务。代持政府资金主要来源于两部分：科技成果转化和产业化项目统筹资金（简称统筹资金）、中关村现代服务业试点扶持资金（简称现代服务业资金）。截至 2021 年底，集团自有资金累计投资项目 58 个，出资金额 18.28 亿元，完全退出项目 42 个，退出投资额及收益合计 17.14 亿元；经批准的代持统筹资金投资项目 148 个，实际完成出资项目 118 个，出资金额 22.35 亿元，完全退出项目 71 个，项目退出率 60%；经批准的代持现代服务业资金投资项目 23 个，实际完成出资项目 12 个，出资金额 1.77 亿元，实现完全退出项目 9 个，项目退出率 75%。

（邱林彤）

【紫光展锐完成新一轮融资】 4 月 6 日，紫光展锐（上海）科技有限公司完成新一轮融资。本轮融资由上海国盛资本、碧桂园创投、海尔金控和赛睿资本 4 家原股东参投，融资金额 53.5 亿元，注册资本增至 50.6 亿元。

（邱林彤）

【集团收到 3 家企业分红收益分配额】 5 月 24 日，集团收到深圳市建筑科学研究院股份有限公司分红收益分配额。6 月 18 日，收到钢研纳克检测技术股份有限公司分红收益分配额。6 月 23 日，收到芯海择优分红收益分配额。

【韦尔股份入选“中国公司市值增长 50 强”榜单】 7 月 14 日，《巴伦周刊》中文版发布“中国公司市值增长 50 强”年中观察榜单，遴选 2021 年上半年全球股市中市值表现最为出色的 50 家中国公司。豪威集团－上海韦尔半导体股份有限公司（韦尔股份 SH：603501）位列榜单第 16 位。

（邱林彤）

【深圳建科院咨询项目获 WELL 认证】 7 月，深圳市建筑科学研究院股份有限公司 WELL 咨询项目无锡愉樾雅居获得 WELL 健康社区中期认证。该项目是全球第 12 例通过 WELL 社区中期认证的项目，也是国内首例通过 WELL 社区中期认证的 TOD 项目。

（邱林彤）

【钢研纳克项目获冶金科学技术奖】 9 月 27—29 日，在第十九届北京分析测试学术报告会暨展览会上，钢研纳克检测技术股份有限公司参展的“全谱火花直读光谱仪 SparkCCD 7000”获中国分析测试协会冶金科学技术奖 BCEIA 金奖。

（邱林彤）

【华臣医药委贷逾期处置】 2021 年，集团推动北京华臣联合医药科技有限公司抵押土地拍卖程序，抵押物为大兴生物医药产业基地 0503–004 地块，面积为 2.4 万平方米，8 月 11 日竞买成交价 6830.53 万元。12 月 18 日，大兴区人民法院确定涉案案款分配方案，其中集团涉及分配金额 3602.07 万元。

（邱林彤）

【集团服务 3 家企业上市】 2021 年，集团服务企业北京华昊中天生物医药股份有限公司、北京康蒂尼药业股份有限公司、北斗天汇（北京）科技有限公司 3 家企业获拟上市筹备材料，与市科委、中关村管委会沟通，获得国资投资程序确认文件。

（邱林彤）

【集团代持政府资金投资项目新出资 6 个、退出 9 个】 2021 年，集团完成代持统筹资金 02 专项地方配套资金出资项目 6 个，均为延续性项目，出资金额 0.83 亿元；完成代持政府资金投资项目退出 9 个，退出金额 0.94 亿元。其中，收回风险项目北京城市一百物流有限公司全部统筹资金。

（邱林彤）

表 7 集团代持政府资金 2021 年度投资项目统计表

单位：万元

序号	项目建设单位	项目内容	委托机构	出资时间	出资金额
1	北京科益虹源光电技术有限公司	深紫外准连续激光光源研发	市经济和信息化局	2021.09.28	178
2	中芯国际集成电路制造（北京）有限公司	12 英寸国产装备新工艺开发与应用	市经济和信息化局	2021.03.17	1616
3	中芯国际集成电路制造（北京）有限公司	12 英寸集成电路工艺用国产材料和零部件开发及品质优化	市经济和信息化局	2021.09.28	2380
4	中芯国际集成电路制造（北京）有限公司	28nm 嵌入式闪存存储器工艺开发和产业化	市经济和信息化局	2021.03.17	353
5	北京华卓精科科技股份有限公司	浸没式光刻机双工件台产品研制与能力建设	市经济和信息化局	2021.09.28	959
6	北京华卓精科科技股份有限公司	浸没双工件台平面光栅位置测量系统研发	市经济和信息化局	2021.09.28	2782
	合计				8268

表 8 集团代持政府资金 2021 年度退出项目统计表

单位：万元

序号	项目建设单位	项目内容	委托机构	退出时间	退出金额
1	北京协和建昊医药技术开发有限责任公司	创新药物临床前安全性评价基地建设	中关村管委会	2021.02.07	2055.69
2	北京中科虹霸科技有限公司	基于虹膜识别的新一代身份识别系统研发及产业化	中关村管委会	2021.10.29	1028.60
3	北京正旦国际科技有限责任公司	蛋白质药物研发及产业化	中关村管委会	2021.11.24	1028.09
4	北京索英电气技术有限公司	应用于大规模储能双向变流器产业化项目	市科委	2021.06.16	822.67
5	海杰亚（北京）医疗科技有限公司	高低温复式消融肿瘤微创治疗系统研发	市科委	2021.06.29	1029.30
6	灿芯创智微电子技术（北京）有限公司	14nm 产学研通用共享 IP 平台建设	市经济和信息化局	2021.09.03	566.04
7	北京城市一百物流有限公司	城市物流末端共同配送示范项目	现代服务业－市商委	2021.01.27 2021.03.31	351.10
8	北京云道智造科技有限公司	大型国产数值计算云平台业务	现代服务业－市经济和信息化局	2021.02.22	1125.28
9	北京金鸿泰科技有限公司	新能源电站群集中监控智能运维服务一体化平台研究与产业化项目	现代服务业－中关村管委会	2021.12.08	1426.59
	合计				9433.36

表9　2010—2021年集团代持科技成果转化和产业化项目统筹资金投资总体情况统计表

委托单位	联席会批准项目		完成出资项目		退出项目（含部分退出）		在投项目	
	个数	金额（万元）	个数	金额（万元）	个数	本金（万元）	个数	金额（万元）
中关村管委会	80	134926	64	74589	51	56697	15	17892
市科委	55	93700	41	39600	29	29200	13	10400
市经济和信息化局	19	99323	19	99323	1	566	19	98757
经济技术开发区管委会	1	10000	1	10000	—	—	1	10000
合计（去重）	148	337949	118	223512	75	86463	47	137049

注：1. 市联席会、市经济和信息化局批准集团出资有7个项目由市科委、中关村管委会共同委托，分别为国智恒、国能风电、强新生物、恒原百炼、沙东生物、中交兴路和中科讯飞，已从合计中剔除重复数据。

2. 市科委、中关村管委会重复退出项目为中交兴路、中科讯飞、国智恒、沙东生物、恒原百炼及国能风电，剔除该6个重复数据后，退出项目合计75个。

3. 部分退出项目4个，分别为中关村管委会中搜网络及信威通信（2个）、市科委中科九章（1个）、市经济和信息化局灿芯创智1个。

4. 在投项目中有1个项目由市科委、中关村管委会共同委托，即强新生物，已从合计中剔除重复数据。

5. 市科委出资和在投项目不含航天科工基金。

表10　截至2021年底集团代持科技成果转化和产业化项目统筹资金在投项目投资方式统计表

委托单位	政府股权		共享知识产权		合计	
	个数	金额（万元）	个数	金额（万元）	个数	金额（万元）
中关村管委会	11	13542	4	4350	15	17892
市科委	13	10400	—	—	13	10400
市经济和信息化局	—	—	19	98757	19	98757
经济技术开发区管委会	1	10000	—	—	1	10000
合计（去重）	24	33942	23	103107	47	137049

注：在投政府股权项目中，有1个项目由市科委、中关村管委会共同委托，即强新生物，已从合计中剔除重复数据。

表 11　截至 2021 年底集团代持科技成果转化和产业化项目统筹资金在投项目行业分布统计表

单位：个

委托单位	大信息	大健康	大环保	合计（去重）
中关村管委会	8	4	3	15
市科委	2	6	5	13
市经济和信息化局	19	—	—	19
经济技术开发区管委会	1	—	—	1
合计（去重）	30	10	8	47

注：在投政府股权项目中，有 1 个项目由市科委、中关村管委会共同委托，即强新生物，已从合计中剔除重复数据。

表 12　截至 2021 年底集团代持中关村现代服务业试点扶持资金投资项目统计表

委托单位	上级拨款		集团出资		在投项目	
	个数	金额（万元）	个数	金额（万元）	个数	金额（万元）
中关村管委会	6	10540	5	8590	1	1200
市商委	4	7360	4	4960	—	—
市经济和信息化局	3	4190	3	4190	2	3190
合计	13	22090	12	17740	3	4390

（邱林彤）

科技金融服务

中关村发展集团年鉴

YEARBOOK OF ZHONGGUANCUN DEVELOPMENT GROUP

2022

综 述

2021 年，集团加快构建以债权融资为核心、债股联动为特色、金融科技为支撑的一体化服务模式，加强服务产品和业务创新，推动企业信用交易、商业保理、供应链金融等新业务取得突破、形成闭环，缓解创新型中小企业融资难、融资贵问题。截至 2021 年底，科技金融服务累计提供融资规模 4000 余亿元，服务科技企业 1.26 万家次。

*做优做强中关村金服。*中关村金服做实，本部首次开展经营性业务，实现经营性自负盈亏；成为集团体系内首家发行公募公司债的子公司，亮相资本市场；设立首个信用交易直接融资平台；改革后首个金融牌照获突破；中关村科技担保成为首家获得资本市场主体 AAA 级评级的市属融资担保机构。2021 年，中关村金服通过自主经营实现 3413 万元的收入，经营性结余 136 万元。全年新增服务企业 3362 家，提供债权融资规模 523 亿元。其中，担保额 446.28 亿元、租赁投放额 61.70 亿元、科技信贷额 15 亿元。业务风险防控有力，担保代偿率 1%，租赁不良率 1.5%。

*多角度拓展金融服务链条。*收购深圳德远商业保理有限公司事项经集团审议通过，进一步激活金融板块业务协同活力，为中小型企业提供更加丰富的综合金融服务；成立北京中关村融信数字科技有限公司，开展信用交易业务。通过梳理中关村园区科创企业基本信用信息及积累的金融信用交易信息，形成“中关村企业信用链”，实现资产与资金的高效对接。

*持续提升金融服务能力。*加大担保业务产品创新，推出北京首支知识产权资产证券化产品，推出“专精特新绿通”专项产品，发行全国首单“高成长”绿色债权融资计划；加大租赁业务模式创新，形成知识产权售后回租、知识产权二次许可两项新产品；启元资本搭建企业上市服务体系，开展“钻石之星”上市后备企业评选及企业上市辅导培育工作；推动中关村领创金融搭建供应链金融业务系统，创新开发五类供应链金融产品。

*数字化转型成效显著。*推动建设金融数据服务平台，帮助子公司更好地获客引流；搭建自动化办公系统，提高整体工作效率；中关村科技租赁完成风险评级系统二期，并推进评级模型、智能评审中心建设；中关村科技担保开发小微标准化业务系统，实现线上申请、评价、审批。

（韩晓雪）

中关村金服

【概况】2021年，中关村金服针对面临的“小少散弱”问题，持续深化改革转型，在拓宽融资渠道、做强投资能力、拓展服务链条、增强协同效应、布局股债联动等方面取得显著的改革成效。先后认购中关村创新成长定向融资计划，为科技型中小微企业中长期融资开拓了高效通道；成立北京中关村融信数字科技有限公司，搭建“中关村企业信用交易平台”；发行2021年公募公司债券4亿元，成为集团首家发行公募公司债券的子公司，获得AA+的主体评级。

（韩晓雪）

【中关村供应链金融服务平台系统上线】2月，基于区块链、智能合约、身份验证、大数据等技术的中关村供应链金融服务平台系统上线。平台由中关村金服指导支持，中关村领创金融运营管理，聚焦北京市“十大高精尖”产业、“专精特新”企业、“小巨人”企业、“隐形冠军”企业供应链金融需求，运用金融科技手段引导资金、信用从大中企业向中小微企业流动。6月，平台首笔业务落地，标志着中关村领创金融供应链金融服务模式得到银行、企业等外部机构的认可。年内，中关村领创金融通过降低费率等方式加大对北京市科创企业的支持力度，减轻企业负担，支持科创企业发展，为中小企业纾困解难。

（李圆）

【中关村金服参加第二届世界数贸大会】4月2日，第二届世界数贸大会启动仪式在京举行，第二届世界直播电商大会、首届中国—阿拉伯国家数贸大会暨首届中阿数字友好投资峰会同步启动。土耳其、印度尼西亚、阿富汗、泰国、白俄罗斯等50多个国家驻华大使或参赞，以及国内外商协会组织、媒体代表、学研机构的专家学者和企业家共500余人参加。大会以“聚焦全球数贸发展，共绘丝路合作蓝图”为主题，旨在进一步加强中国与“一带一路”国家在数字经济和数字贸易领域的发展、交流与合作，为共建数字友好人类命运共同体探索新路径，发现新方法。中关村上市公司协会对中关村金服、中关村科技租赁等中关村优秀企业进行了整体推介。

（韩晓雪）

【中关村金服认购中关村创新成长定向融资计划】4月30日，中关村金服认购深圳联合产权交易所推出的中关村创新成长定向融资计划，为中恒兴业、博威能源、华拓金服等10家企业提供金融资金支持4亿元。本次定向融资计划是面向中小微企业经营推出的创新金融产品，具有用款灵活、付息方式灵活等特点，能较好地满足企业融资需求，是支持企业实现直接融资、支撑其经营发展的有力措施，为科技型中小微企业中长期融资开拓了高效通道。

（郑宇曈）

【中关村金服提升服务水平座谈会召开】6月2日，中关村金服组织召开集团金融板块提升服务水平座谈会，中关村科技担保、中关村科技租赁、北京市中关村小额贷款股份有限公司、中关村领创金融等子公司参加会议。会议通过面对面沟通，优化服务流程、推进金融板块业务协同。参会子公司针对事项审批流程、进一步厘清管理边界、板块内沟通机制等方面提出意见与建议。会议要求，中关村金服要针对子公司提出的问题逐一制订解决方案，解决子公司面临的痛点、难点问题；要通过进一步优化服务流程，提升服务效率，将自身打造为服务型总部。

（韩晓雪）

【北京中关村融信数字科技有限公司成立】 11 月 3 日，中关村金服推动北京中关村融信数字科技有限公司完成工商注册。公司注册资本 1000 万元，中关村金服占股 45%，金电联行（北京）信息技术有限公司与北京中科金财科技股份有限公司各占股 20%，15% 为员工持股平台。中关村融信将通过使用区块链、大数据等金融科技手段，以企业信用为切入点，以解决科技型企业融资难题为使命，建设中关村企业信用交易平台。该平台通过企业金融信用交易的积累并梳理中关村园区科创企业信用基本信息，形成中关村企业信用链，降低企业融资成本，建设中关村信用生态，实现资产与资金的高效对接。

（杨明）

【中关村金服发行 2021 年公募公司债券 4 亿元】 11 月 12 日，中关村金服发行 2021 年公募公司债券 4 亿元（债券代码：21 中科 01），期限 3 年，票面利率 4.40%，低于 2021 年下半年以来同行业 AA+ 地方国有企业平均票面利率近 50 个基点。中关村金服成为集团旗下首家发行公募公司债券的子公司，获得 AA+ 的主体评级。

（虎晓菲）

【中关村金服金融数据服务平台 V1.0 开发完成】 2021 年，中关村金服为落实集团改革工作方案，支撑发展集团数字化转型战略，持续推进数字化建设，建设金融数据服务平台，做好信息共享和信息挖掘、数据的积累和分析，帮助子公司更好地获客引流。开发完成的金融数据服务平台 V1.0 具备数据获取、分析能力，并能个性化提供数据浏览、信用评估等服务。

（曾欣）

科技担保服务

【概况】 集团科技担保业务主要依托旗下子公司北京中关村科技融资担保有限公司开展，以贷款担保、债券担保、信托计划担保、保函担保、票证担保等多种形式为科技及现代服务业中小微企业提供担保服务。2021 年，集团科技担保业务新增业务规模超过 440 亿元，同比增长 6%。其中，政策性担保规模 253 亿元，同比增长 3%；签约新客户 1111 家，同比增长 2%；实现营业收入 7.34 亿元，利润总额 4.17 亿元，基本完成预算。新增商业性担保业务规模 157 亿元，收入 1.3 亿元，连续多年实现稳步增长。新设办事处 2 家、联络处 1 家；新增授信银行 5 家，新增保函授信额度 90.5 亿元。新增小微担保规模 156 亿元，服务客户 2239 家，其中普惠小微规模 64 亿元，服务客户 1933 家，客户占比 77%。普惠业务费率由 1.54% 降至 1.28%。截至 2021 年底，集团科技担保业务累计为 7 万多个项目提供近 3500 亿元的担保服务。其中，95% 以上为中小微企业，80% 以上为科技及现代服务业企业，服务的客户中有 1100 余家在国内外资本市场（含新三板和北京证券交易所）挂牌上市。累计设立办事处 15 家、联络处 7 家。

（薛威）

【启用新民法典合同模板专题培训举办】 2 月，中关村科技担保针对启用新民法典合同模板组织专题培训。培训主要内容为民法典担保制度修订中的主要变化、新旧合同模板主要区别和新合同模板的重要变化、需重点提示的注意事项，以及民法典下通过现有合同约定无法解决的问题和需在具体业务流程中注意的事项等。培训讲师结合工作经历，对相关案例进行剖析，从不同项目参与的视角，多层次、多角度地总结风险控制管理实践经验，并对与会人员提出的问题进行解答。

（薛威）

【普惠产品培训交流会举办】 3 月 10 日，中关村科技担保与北京银行北京分行联合举办“银担协同发展，科技引领未来”普惠产品培训交流会。北京银行北京分行辖域内 28 家管辖行小微业务主管行长、中关村科技担保相关负责人参加会议。中关村科技担保介绍公司发展历程、服务团队、2020 年经营亮点，并重点讲解公司创新优质普惠产品。双方围绕产品与业务开展中的实际问题进行交流，研讨在疫情影响下各行业小微业务推动要点和主要风险防控手段，并就普惠小微企业支持政策与下一步合作方向交换了意见。

（张岩）

【中关村科技担保推动第二批“抗疫发展贷”受到表扬】 3 月 11 日，中关村管委会对中关村科技担保全力推动第二批“抗疫发展贷”工作，在做好新冠肺炎疫情防控的基础上，减费让利，减轻新冠肺炎疫情对中关村企业生产经营影响，保障中关村企业的资金需求，支持企业复工复产和平稳健康发展，体现金融服务科创企业的社会责任等举措表示感谢，发来感谢信。

（薛威）

【中关村科技担保与知果科技达成战略合作】 3 月 15 日，中关村科技担保与北京知果科技有限公司签订战略合作协议。双方将在知识产权质押融资领域达成战略合作，实现资源共享、优势互补，合力为科技型中小微企业提供专业、优质、高效的知识产权质押融资专项服务。

（张漪南）

【银担合作助力企业金融服务交流会举办】 4月9日，由中关村科技担保与北京市贷款服务中心、北京农商银行联合主办的银担合作助力企业金融服务交流会在北京市贷款服务中心举行，中关村科技担保相关工作人员参会。本次交流会为到场企业提供政策产品套餐，以北京市贷款服务中心政策宣讲、北京农商银行介绍小微专属产品及中关村科技担保提供特色增信服务为基础，通过“政策＋产品＋服务”的系统讲解，实现惠企政策内容宣讲、银行和担保公司业务答疑“一站式”服务，为小微企业提供“银担企”合作交流渠道。会上，10余家小微企业代表与主办方进行交流。中关村科技担保与北京农商银行专属客户经理为企业提供一对一服务，量身打造

特色服务方案，灵活应用多种增信方式，发挥北京市贷款服务中心确权窗口、知识产权质押窗口的便利渠道，助力小微企业搭上融资“直通车”。

（崔晓）

【《2020年中关村科技担保社会责任报告》发布】 5月，《2020年中关村科技担保社会责任报告》发布。报告从公司介绍、经营业绩、“十三五”回顾、社会责任管理、责任实践等方面披露公司2020年企业社会责任履行情况。

（薛威）

【“科融保”专项产品推出】 5月，中关村科技担保专项产品“科融保”推出。“科融保”立足于服务成长期科技型企业，根据原标准化普标业务创设，补足了“创业保”“知融保”和“税融保”3个产品的覆盖面，实现小微普惠金融全覆盖。该产品进一步明确了应用场景，通过全品种普惠担保服务（包含贷款、保函、信用证和银行承兑汇票等），在遵循业务总额管理（10亿元）、风控上限控制等基本原则的基础上，为客户提供单笔总金额不超过200万元的融资担保业务。

（张晴）

【“税融保”专项产品推出】 5月，中关村科技担保联手众银行，量身定制推出“税融保”，将纳税信用转化为融资信用，为诚信纳税的小微企业提供最高金额300万元（非科技企业单笔不超过200万元）的全品种普惠担保服务。该产品借助大数据技术，以用款企业纳税数据作为重要评价依据；补银行“银税贷”之不能，解银税互动之所需，形成“银税贷”信用产品的有效补充；线上申请、线上审批，确保高效快速放款；担保机构执行优惠费率，银行执行最低利率，确保企业融资成本最低。

（张晴）

【“创业保”产品迭代升级完成】 5月，中关村科技担保产品“创业保”迭代升级完成。“创业保”于2019年8月推出，以“快速审批、降低成本、创新孵化、简便续做”的特点，帮助创业人员自主创新创业，以创业带动就业、以创业促进创新，为科技成果转化和创新企业成长提供支撑服务。“创业保”作为一款政策性普惠担保产品，自创设之时就预设

产品快速迭代机制，根据市场需求、风险控制、操作效率等要素的适应性，在试行一年之内即迭代至3.0版。“创业保”以零收入或收入较少的初创期科技型企业为服务对象，对服务对象做了严格要求，增加禁入行业，严防金融活水流入房地产、百货零售、餐饮娱乐、产能过剩的制造业以及其他不符合北京市产业政策和首都城市功能定位要求的其他行业。

（张晴）

【“知融保”产品迭代升级完成】5月，中关村科技担保产品“知融保”迭代升级完成。“知融保”于2020年4月推出，通过对知识产权的大数据分析，引入企业技术创新能力评级，采用标准化作业模式1—2个工作日内快速完成审批，让众多轻资产高成长的小微企业无须提供实物资产抵质押，仅凭企业或实控人名下的专利质押，即可获得最高200万元的融资额。结合前期“智融保2.0”和知识产权ABS推广经验，中关村科技担保探索升级“知融保”产品，服务对象在原有基础上增加科技创新能力指标评价，通过设置与科技创新能力等级相关联的调整系数进行加成，最高额度提高至300万元，同时控制总负债不超过贷款收入比40%；同步新增提供全品种综合授信服务，并设立禁入行业门槛和提高征信要求，聚焦服务科技型小微企业。同时，取消对企业实控人的学历限制（不限于大学本科及以上学历），在保证风险可控的前提下，扩大普惠金融服务范围。

（提爱莲）

【北京首支专利许可知识产权证券化产品设立】6月1日，“中技所－中关村担保－长江－1—10期知识产权资产支持专项计划”启动会在中国技术交易所举办。市政府、北京证监局、市知识产权局等单位相关负责人及相关机构的代表参加。中国技术交易所和中关村科技担保共同发布系列专项计划。专项计划是北京首支专利许可知识产权证券化产品，储架规模10亿元，通过知识产权二次许可、中关村科技担保提供担保和差额补足增信的方式，在基础资产、交易模式、担保方式、增信方式等方面进行创新，进一步挖掘企业知识产权价值，有效激发企业无形资产的融资功能，拓宽科创企业融资渠道。12月28日，“中技所－中关村担保－长江－1期知识产权资产支持专项计划”设立，发行规模3.37亿元，为中关村科学城15家高新技术企业知识产权融资提供解决方案，其中专精特新客户4家。

（崔晓）

【园区优质企业知识产权资产支持专项计划推介会举办】7月8日，中关村科技担保举办园区优质企业知识产权资产支持专项计划推介会，旨在进一步引导和支持科创企业盘活知识产权无形资产，用足用好惠企政策，满足自身个性化融资需求。北京利亚德电子科技股份有限公司、北京海兰信数据科技股份有限公司、北京优炫软件股份有限公司、北京九恒星科技股份有限公司、北京忆恒创源科技有限公司、江南信安（北京）科技有限公司和安方高科电磁安全技术（北京）有限公司等多家园区优质企业应邀参加。中关村科技担保和中国技术交易所知识产权相关业务负责人分别就知识产权ABS相关政策、实务进行讲解，并解答参会企业提出的各方面问题，为客户融资和申请贴息补助提供帮助。

（薛威）

【银担合作对接会举办】7月14日，中关村科技担保与华夏银行北京分行联合举办第一批银担合作对接会，旨在进一步支持首都小微企业尤其是文创类小微企业的发展。中关村科技担保负责人介绍公司2020年度取得的成绩、“十四五”工作思路以及上半年业务发展情况，从重点企业培育计划和创新型普惠担保特色产品两个方面推介公司的产品体系。华夏银行北京分行负责人就小微业务整体发展情况、特色产品、机构设置等情况做了介绍，对服务质效、审批流程等进行说明，对文创管理部运行情况、重点领域及项目进行阐释。与会双方业务负责人和客户经理开展点对点精准对接，还就具体项目、业务模式等进行交流探讨。

（崔晓）

【中关村科技担保服务易点淘发行债券】 8月12日，由中关村科技担保公司担保并担任融资及财务顾问的“北京易点淘网络技术有限公司2021年度第一期债权融资计划（高成长债）”在北京金融资产交易所发行，发行规模3000万元，期限2年，发行利率5.5%。中关村科技担保结合易点淘的经营特点，为其量身定制了个性化的担保方案和发行方案，在产品期限、发行利率、还本付息方式以及产品贴标等方面匹配企业需求，协调银行投资人和律所等多方资源，克服发行过程中出现的各种问题，最终引入外部资金，促成项目落地。

（陆晓宁）

【天津中关村科技担保为中昇创举提供200万元融资担保】 8月23日，天津中关村科技担保服务企业中昇创举（天津）科技有限公司中标中国海洋石油集团有限公司3000万元订单。天津中关村科技担保通过知识产权质押为中昇创举提供200万元融资担保，解决了企业的资金需求，保障永磁节能电泵项目顺利运行，有效助力降碳减排。

（中昇创举永磁节能电泵项目）

（惠潇雨）

【创新产品及新业务流程培训举办】 9月3日，中关村科技担保组织开展创新产品及新业务流程培训，介绍小微小额标准化业务、知识产权ABS等现有产品以及公司管理优化后项目审批机制和相关流程设置。培训从产品历史沿革、服务对象、企业信用评价办法、提交资料清单、业务流程等方面对公司“创业保”“科融保”“知融保”“税融保”4项标准化产品进行讲解，并为学员介绍各类信息查询工具；集中讲解了公司知识产权ABS、经营快贷和供应链业务等创新型产品；阐释了新机制下保前、保中、保后等业务流程各步骤。

（陈柏同）

【投融资专题培训会举办】 9月12日，中关村科技担保携手国金证券股份有限公司资产管理分公司、北京财能科技有限公司共同举办主题为“盘活‘应付’，以债融资——基于供应链金融服务模式的创新”的投融资专题培训。北京铁建集团、北京北大方正电子有限公司、泰康拜博医疗集团有限公司和天壕新能源股份有限公司等各行业领域企业应邀参会。中关村科技担保、中铁资本有限公司及国金证券资产管理分公司的3位讲师分别回顾了中关村支持中小企业相关政策、发展历程以及成就贡献，并通过案例分享了中关村科技担保为科技型中小企业提供的全周期融资服务与产品。参会人员就供应链反向保理产品的发行利率、中关村科技担保对客户评审标准等方面，结合各自企业经营现状提出问题，3 位讲师进行了答疑。

（陈柏同）

【中关村科技担保获评海淀区诚信单位称号】10 月 14 日，北京市海淀区诚信创建活动领导小组发布 2021 年海淀区诚信创建活动公告名单，中关村科技担保获海淀区诚信单位称号。

（陈柏同）

【中关村科技担保获“创客北京 2021”大赛贡献奖】10 月 19 日，在第六届“创客中国”北京市中小企业创新创业大赛暨“创客北京 2021”创新创业大赛总结会上，中关村科技担保作为协办机构发布了本次大赛定制服务产品——“税融保”和“科融保”，并获“创客北京 2021”大赛贡献奖。

（方方）

【融资担保绿色通道服务推出】10 月，中关村科技担保针对注册地在北京的“专精特新”名单企业（包括北京专精特新中小企业、北京专精特新小巨人、国家专精特新小巨人），为符合条件的客户提供一般不超过 1000 万元的融资担保绿色通道服务（有实际需求的优质企业可突破 1000 万元），包括流动资金贷款、银行承兑汇票及贴现、信用证、保理、直接融资等融资类担保业务，保函（仅限于投标、履约和预付款保函）以及包括上述业务品种的综合授信，期限不超过 2 年，具有成本低、审批快、额度高等特点。

（崔晓）

【中关村科技担保为华科五洲定制国际保函担保支持】11 月 2 日，中关村科技担保天津子公司与华科五洲（天津）海洋工程有限公司达成合作意向。中关村科技担保天津子公司根据国际订单及大型设备生产制造的实际情况，为客户量身定制 5000 万元国际保函担保方案，释放原计划用于订单保证的自有资金，助力企业将更多资金投入生产，扩大生产规模，助力科技企业拓展“一带一路”沿线国家市场。

（华科五洲自升自航式海上移动平台项目）

（惠潇雨）

【中关村科技担保成为市属首家获 AAA 级主体信用评级的融担机构】11 月 3 日，中关村科技担保获东方金诚国际信用评估有限公司 AAA 主体信用评级，评级展望为稳定，成为市属首家获 AAA 级主体信用评级的融担机构。

（张岩）

【天津中关村科技担保首笔分离式保函项目落地】11 月 15 日，天津中关村科技担保与北京银行天津分行首笔分离式保函项目——华翼蓝天供货类分离

（华翼蓝天自主研发的国产首台 A320 飞机飞行模拟机）

式履约保函落地。天津华翼蓝天科技股份有限公司主营业务为航空飞行模拟机开发研究、生产和技术服务。天津中关村科技担保为客户定向设计流动资金贷款+分离式保函的综合授信担保。其中，无保证金天津中关村科技担保的分离式履约保函帮助企业释放原保函保证金，及时补充流动资金，满足企业项目履约旺季的资金需求。

（惠潇雨）

【11 家服务企业在北京证券交易所挂牌上市】11 月 15 日，北京证券交易所揭牌暨开市仪式举行。首日在北京证券交易所挂牌的企业共 81 家，其中 11 家为北京企业。中关村科技担保为此次挂牌的北京中航泰达环保科技股份有限公司、同辉佳视（北京）信息技术股份有限公司、北京恒合信业技术股份有限公司、北京颖泰嘉和生物科技股份有限公司、恒拓开源信息科技有限公司等 11 家企业（其中北京 9 家、天津和河北各 1 家）累计提供近 20 亿元的融资担保服务，助力企业实现稳健发展并成长为行业细分领域的排头兵。

表 13　首日在北京证券交易所挂牌的服务企业一览表

证券代码	企业名称	证券名称	注册地
430047	北京诺思兰德生物技术股份有限公司	诺思兰德	北京市
832145	北京恒合信业技术股份有限公司	N 恒合	北京市
832317	观典防务技术股份有限公司	观典防务	北京市
833819	北京颖泰嘉和生物科技股份有限公司	颖泰生物	北京市
835184	北京世纪国源科技股份有限公司	国源科技	北京市
835508	北京殷图网联科技股份有限公司	殷图网联	北京市
836263	北京中航泰达环保科技股份有限公司	中航泰达	北京市
837344	北京三元基因药业股份有限公司	三元基因	北京市
430090	同辉佳视（北京）信息技术股份有限公司	同辉信息	北京市
830964	河北润农节水科技股份有限公司	润农节水	河北省
834415	恒拓开源信息科技股份有限公司	恒拓开源	天津市

（薛威）

【中关村科技担保通过市级中小企业公共服务示范平台复评】12 月 3 日，市经济和信息化局对外公布北京市中小企业公共服务示范平台和小型微型企业创业创新示范基地的复评结果，中关村科技担保通过复评。

（方方）

【中关村科技担保获评年度最具竞争力担保公司】12 月 15 日，由金融时报社主办的 2021 中国金融机构金牌榜·金龙奖评选结果揭晓。中关村科技担保凭借其“聚焦小微、践行普惠”取得的成绩获评年度最具竞争力担保公司。这是公司第 6 年获评年度最具竞争力担保公司。

（薛威）

【2021 信用北京暨（第七届）信用中关村高峰论坛举办】12 月 28 日，由中关村发展集团、中关村企业信用促进会、北京市中小企业公共服务平台联合主办，中关村金服、中关村科技担保等联合承办的 2021 信用北京暨（第七届）信用中关村高峰论坛在北京举办。国家公共信用信息中心、北京市经济和信息化局、中关村发展集团、石景山区经济和信息化局等负责人以及信用、金融、知识产权领域专家，信用领跑企业和园区代表参加论坛。论坛以“信用经济创新环境”为主题，推进信用经济高质量发展，营造适合国际创新中心建设的信用环境。论坛展示了北京社会信用体系建设、中关村科技金融创新与信用应用成果，发布 2021 年度北京市企业创新信用领跑企业及信用领跑园区名单并颁发证书。

（薛威）

【青训营系列活动举办 3 期】 2021 年，中关村科技担保组织 3 期青训营活动，时间分别为 4 月 2 日、6 月 11 日、9 月 3 日。风险管理部讲授“复杂财务报表核实及分析”专题课程，创新融资事业部讲授“中小企业尽职调查技巧与风险识别”，节能环保事业二部讲授“风险项目处置案例分析”，40 余名青年员工参加学习。风险管理部从具体案例分析切入，组织学员分组扮演客户方和担保方，由双方结合不同资料对问题进行提问和讨论。中关村科技担保始终坚持“以人为本、人才强企”的理念，打造了“未来之星”和“两营一班”特色品牌。其中，未来之星面向应届毕业生，旨在切实搭建多层次、高素质人才队伍，做大做实“职业、专业、务实、担当”的基层人才储备；新兵营面向新员工，以日常导师辅导和集中培训相结合；青训营针对公司青年员工，重点提升财务基础、风险识别、市场开拓、保后管理、项目处置等能力；青干班针对公司新任中层管理者及后备人才的管理实际，重点提升政治素质、管理能力和业务视野。

（王天歌）

【中关村科技担保获评“优秀推荐机构会员”】 2021 年，中关村科技担保推出的中关村创新成长直接融资系列产品，为企业提供“担保＋发行”一揽子服务，有针对性地支持符合首都功能定位的科技型中小微企业，获得发行交易所的认可。北京股权交易中心将中关村科技担保评为“优秀推荐机构会员”，对中关村科技担保“积极开展私募可转债业务、为优质企业提供担保以及创新金融产品等方式，帮助一批企业获得资金支持”等举措表示感谢。

（陆晓宁）

科技租赁服务

【概况】集团科技租赁业务主要依托旗下子公司中关村科技租赁股份有限公司开展。2020年1月，中关村科技租赁在香港联合交易所有限公司上市。2021年，中关村科技租赁主营业务收入6.57亿元，同比增长约11.8%；利润总额2.62亿元，同比增长约21.4%；租赁投放金额61.7亿元，同比增长约17.1%；新增客户147家，85%以上为科创中小企业；净资产收益率为9.9%。“租投联动”持续深化。2021年江苏中诺子基金投放项目7个，交割金额0.95亿元，同比增长约50.79%，所投项目均为租赁客户；完成首个项目退出，实现3.6倍收益，为中关村科技租赁贡献利润近2000万元。二期基金设立方案获集团党委会审议通过。积极构建公司认股权池，年内完成12笔认股权签约。融资能力显著提升，全年实现融资57亿元。获得集团12亿元委贷支持，同时完成大规模新发债和低成本资金置换。探索融资工具创新，2021年发行公司成立以来首期ABN，发行金额9.9亿元；发行两期ABS，金额分别为5.16亿元、4.84亿元。截至2021年底，中关村科技租赁已为1300余家科创企业提供融资服务，融资总额近300亿元。其中，有150余家估值超过10亿元，有40余家实现上市。这些企业分布在人工智能、云计算、智能仓储、新能源汽车、新材料、基因检测、体外诊断、卫生医疗服务、数字文娱等领域。

（王鸣曦）

【参加中国融资租赁（西湖）论坛2021年第一次理事长会议】1月29日，中关村科技租赁参加中国融资租赁（西湖）论坛2021年第一次理事长会议，作为西湖论坛联合发起人和常务理事单位代表，听取了西湖论坛2020年工作总结及2021年工作计划报告，参与讨论并提出建议。本次会议采用视频方式召开，召集17位理事长单位、副理事长单位、秘书处代表参加，由西湖论坛执行理事长主持。会议还审议通过了关于新入常务理事、理事单位的议案，以及关于增补副理事长单位的议案。

（王鸣曦）

【青云科技在上海证券交易所科创板挂牌上市】3月16日，中关村科技租赁服务企业北京青云科技股份有限公司在上海证券交易所科创板挂牌上市，成为“中国混合云第一股”。青云科技是具有广义云计算服务能力的平台级混合云ICT厂商和服务商，致力于为企业用户提供自主可控、中立可靠、性能卓越、灵活开放的云计算产品与服务。中关村科技租赁自2019年7月与青云科技合作以来，通过售后回租方式，累计为其提供700万元资金支持。

（王鸣曦）

【8家服务企业入围“小巨人”企业名单】3月24日，市经济和信息化局发布《北京市第一批重点支持国家级专精特新“小巨人”企业和中小企业公共服务示范平台拟推荐名单》，经企业自主申报、委托第三方机构组织评审，市经济和信息化局推荐第一批入围企业61家。其中，中关村科技租赁服务企业北京佰才邦技术有限公司、北京吉因加医学检验实验室有限公司、北京力达康科技有限公司、北京新光凯乐汽车冷成型件股份有限公司、北京优迅医学检验实验室有限公司、富思特新材料科技发展股份有限公司、中晶环境科技股份有限公司、北京和信瑞通电力技术股份有限公司8家企业入围。

（王鸣曦）

【中关村科技租赁获6项计算机软件著作权证书】4月26—27日，中关村科技租赁自主研发的科技与新经济企业风险管理体系债项评级发起系统V2.0、科技与新经济企业风险管理体系债项评级台账系统V2.0、科技与新经济企业风险管理体系资产评级台账系统 V1.0、科技与新经济企业风险管理体系资产评级发起系统 V1.0、科技与新经济企业风险管理体系主体评级台账系统 V2.0、科技与新经济企业风险管理体系主体评级发起系统 V2.0 等 6 项计算机软件著作权获国家版权局颁发的计算机软件著作权证书。这是继 2019 年以来中关村科技租赁再次获得软件著作权证书。截至 2021 年底，公司共获 17 项计算机软件著作权。

中华人民共和国国家版权局
计算机软件著作权登记证书
软件名称：科技与新经济企业风险管理体系债项评级发起系统 V2.0
著作权人：中关村科技租赁股份有限公司
开发完成日期：2020年12月28日
首次发表日期：未发表
权利取得方式：原始取得
权利范围：全部权利
登记号：2021SR0603391
根据《计算机软件保护条例》和《计算机软件著作权登记办法》的规定，经中国版权保护中心审核，对以上事项予以登记。
2021年04月26日

中华人民共和国国家版权局
计算机软件著作权登记证书
软件名称：科技与新经济企业风险管理体系资产评级发起系统 V1.0
著作权人：中关村科技租赁股份有限公司
开发完成日期：2021年01月08日
首次发表日期：未发表
权利取得方式：原始取得
权利范围：全部权利
登记号：2021SR0603393
根据《计算机软件保护条例》和《计算机软件著作权登记办法》的规定，经中国版权保护中心审核，对以上事项予以登记。
2021年04月26日

（王鸣曦）

【融资租赁优秀企业走访活动举办】4 月 28 日，中关村科技租赁对接中国融资租赁（西湖）论坛策划首届“中国融资租赁宣传月”——融资租赁优秀企业走访活动。本次活动由北京大学国家发展研究院、浙江大学金融研究院、中国融资租赁（西湖）论坛带队，广东粤海融资租赁有限公司、三农盛世融资租赁（深圳）有限公司等单位负责人参与，到中关村科技租赁参观走访，开展融资租赁座谈交流。座谈会上，中关村科技租赁介绍了企业发展历程、业绩情况、企业定位、商业逻辑、

发展模式以及未来发展战略等基本情况，回答了主营业务、经营特色、疫情影响、后续业务工作安排以及面临的主要困难和问题等访谈内容，并就后疫情时代的业务布局进行具体阐释。到访单位分别结合企业实际情况，就融资租赁的行业环境、发展趋势、政策变化等进行探讨。

（王鸣曦）

【中关村科技租赁客户中心（一期）系统上线】5 月 30 日，中关村科技租赁客户中心（一期）系统上线，实现公司线上营销获客 0 到 1 的突破，推动数字化运营战略迈出坚实一步。7—9 月，中关村科技租赁通过知识问答、业务实操等环节内部推广客户中心（一期）的转换使用，增进公司业务部门对客户中心目标和定位的了解，提升对新业务流程的理解和操作能力，推动新系统的普及，其间共完成客户线上进件 191 份。中关村科技租赁重视金融科技和数字科技的研发与应用，基本建立了包括“租赁大脑”核心业务系统、信用评级模型、客户中心、风险管理系统、融资管理系统、财务管理系统在内的信息化系统。公司信息化建设获 17 项风险管理系统软件著作权，截至 2021 年底基本形成“数字化运营”雏形。

（王鸣曦）

【“创客租 2.0”专属服务推出】6 月 16 日，在第六届“创客中国”北京市中小企业创新创业大赛暨“创客北京 2021”创新创业大赛启动会上，作为大赛协办单位，中关村科技租赁定制推出融资租赁产品——“创客租 2.0”，助力具有核心创新能力的高成长性中小企业加速快跑。“创客租 2.0”将企业的研发设备、检测设备、生产设备以及具有较高市场价值的专利等知识产权作为租赁标的物进行盘活融资；融资额度最高上限可达租赁标的物价值的 90%，融资期限 1—5 年，费用从优。

（王鸣曦）

【中关村科技租赁承办第六届“创客中国”新材料专题赛】7 月 8 日至 9 月 14 日，由工业和信息化部网络安全产业发展中心（工业和信息化部信息中心）、市经济和信息化局举办，中关村科技租赁承办的第六届“创客中国”新材料中小企业创新创业

大赛在北京举行。大赛以“发掘新材料行业独角兽”为宗旨，致力于激发创新动力，充分发挥新材料的“底盘技术”作用，嫁接才智资源，加快创新和布局自主知识产权，推动中国新材料产业高质量发展。大赛设置初赛、复赛、半决赛和决赛4级赛事，来自全国各地的550个新材料产业项目参赛，16个项目入围决赛。爱彼爱和新材料有限公司获企业组特等奖，新型高频磁性材料及产业化团队获创客组特等奖。

（王鸣曦）

【中信建投－中关村科技租赁第1期资产支持专项计划设立】 8月24日，中信建投－中关村科技租赁2021年第1期资产支持专项计划设立，发行规模5.16亿元。其中，优先A1级募集规模3.2亿元，AAA评级，预期到期日2023年6月30日，循环期按季付息，摊还期按季付息、过手还本，票面利率4.0%；优先A2级募集规模0.6亿元，AAA评级，预期到期日2023年12月31日，循环期按季付息，摊还期按季付息、过手还本，票面利率4.0%；优先B级募集规模1.1亿元，AAA评级，预期到期日2024年6月30日，循环期按季付息，摊还期按季付息、过手还本，中关村发展集团为优先B级提供第二差额支付承诺，票面利率为4.0%；综合票面发行利率为4.0%。其中，优先级－A1全场倍数：2.3倍；优先级－A2全场倍数：3.6倍。该专项计划为民营科技和新经济企业（储架式）租赁资产证券化产品，由中信建投证券股份有限公司担任计划管理人，国泰君安证券股份有限公司担任销售机构，中国民生银行股份有限公司北京分行担任监管行和托管行。本期专项计划基础资产租赁合同共78份，合计77个承租人。

（王鸣曦）

【科赁CEO融资沙龙活动举办】 8月26日，中关村科技租赁与北京市朝阳区高新技术企业协会联合举办“科赁CEO融资沙龙——第五期”活动。活动旨在实现高新科技企业与金融投资机构的高效对接，打造畅通投融资平台。10余家朝阳区高新技术企业负责人参加。中关村科技租赁重点介绍了公司的产品优势。在交流对接环节，参会企业围绕行业发展及融资需求进行讨论，对于中关村科技租赁推出的知识产权租赁新产品给予认可。

（王鸣曦）

【中关村科技租赁发布知识产权融资产品】 8月、10月，中关村科技租赁先后发布知识产权售后回租、知识产权二次许可两项知识产权融资产品，通过产品创新解决科创企业无形资产融资难点。上述产品经过调研及专家论证，并争取了税收优惠等政策支持。截至2021年底，知识产权融资项目共投放29笔，投放额度达2.2亿元，其中“专精特新”项目占比41%。

（王鸣曦）

【中关村科技租赁与航景创新签约】 9月16日，在“创客中国”中小企业创新创业大赛成果展示对接活动上，中关村科技租赁作为投融资服务方与北京航景创新有限公司签署战略合作协议。根据协议，中关村科技租赁将为航景创新提供多种类的投融资对接服务。

（王鸣曦）

【中关村科技租赁获“创客北京 2021”大赛贡献奖】 10 月 19 日，在第六届“创客中国”北京市中小企业创新创业大赛暨“创客北京 2021”创新创业大赛总结会上，中关村科技租赁作为大赛协办单位获大赛贡献奖。

（王鸣曦）

【中关村科技租赁第一期资产支持票据发行】 10 月 26 日，中关村科技租赁 2021 年度第一期资产支持票据发行，发行规模 9.9 亿元。其中，优先 A1 级募集规模 5.4 亿元，AAA 评级，债券期限 1.48 年，循环期按季付息，摊还期按季付息、过手还本，票面利率 3.8%；优先 A2 级募集规模 1.9 亿元，AAA 评级，债券期限 1.98 年，循环期按季付息，摊还期按季付息、过手还本，票面利率 4.1%；优先 B 级募集规模 2.1 亿元，AAA 评级，债券期限 2.24 年，循环期按季付息，摊还期按季付息、过手还本，票面利率为 3.98%。该资产支持票据为首单科技和新经济企业租赁资产支持票据，由中信建投证券股份有限公司牵头，与江苏银行股份有限公司担任主承销商，中铁信托有限责任公司担任发行载体管理机构，江苏银行股份有限公司担任监管行和保管行。本次资产支持票据基础资产租赁合同共 66 份，合计 64 个承租人。

（王鸣曦）

【中关村科技租赁获 3 个行业奖项】 10 月 28 日，中国融资租赁（西湖）论坛 2021 主题峰会在上海举办。同期，年度“西湖论坛杯”评选结果揭晓，中关村科技租赁以“金融创新成就科技创新”获租赁企业创新成就奖，中关村科技租赁执行董事、总经理获中国融资租赁风云人物奖，“基于业财一体化视角的融资租赁公司财务数据治理研究”获优秀论文奖。

（王鸣曦）

【中信建投－中关村科技租赁第 2 期资产支持专项计划设立】 11 月 26 日，中信建投－中关村科技租赁 2021 年第 2 期资产支持专项计划设立，发行规模 4.84 亿元。其中，优先 A 级募集规模 3.59 亿元，AAA 评级，预期到期日 2023 年 8 月 21 日，循环期按季付息，摊还期按季付息、过手还本，票面利率 3.8%；优先 B 级募集规模 1 亿元，AAA 评级，预期到期日 2024 年 2 月 20 日，循环期按季付息，摊还期按季付息、过手还本，中关村科技租赁控股股东中关村发展集团为优先 B 级提供第二差额支付承诺，票面利率为 3.8%。该资产支持专项计划为民营科技和新经济企业（储架式）租赁资产证券化产品，由中信建投证券股份有限公司担任计划管理人，国泰君安证券股份有限公司担任销售机构，江苏银行股份有限公司北京分行担任监管行，中国民生银行股份有限公司北京分行担任托管行。本期专项计划基础资产租赁合同共 48 份，合计 45 个承租人。

（王鸣曦）

【中关村科技租赁入选国家中小企业公共服务示范平台】 12 月 7 日，工业和信息化部公布 2021 年度国家中小企业公共服务示范平台名单，中关村科技租赁入选，成为北京市首家入选国家中小企业公共服务示范平台的融资租赁公司。

（王鸣曦）

【中关村科技租赁获中国融资租赁榜成就奖】12月14日，中国外资租赁委员会公布2021中国融资租赁榜榜单，中关村科技租赁凭借其“科创企业信用创造体系”创新举措获成就奖。

（王鸣曦）

【《中关村科技租赁战略升级咨询报告》完成】2021年，在宏观环境的新变化、数字化的新浪潮和上市公司新身份的背景下，中关村科技租赁主动求变，实施战略升级。在战略研究过程中，公司聘请安永（中国）企业咨询有限公司协助进行研究，并听取包括管理层、中层干部和员工代表在内的多方建议，形成征求意见稿后与多家券商、行业协会以及一些潜在投资人进行沟通。经过近10个月的研究，完成《中关村科技租赁战略升级咨询报告》，并在11月召开战略宣传贯彻会进行全员宣传贯彻。新的战略确立了“数字化的科创金融服务商”的新愿景、“促进金融与科技的融合，成就科技创业者的梦想”的新使命，以及“1+3+N”的战略体系。其中，“1”即科创企业信用发现能力，“3”即融资租赁、股权投资、资产管理，“N”即多条科技与新经济产业赛道。

（王鸣曦）

北京企业上市综合服务平台

【概况】北京企业上市综合服务平台运营主体北京启元资本市场发展服务有限公司（简称启元资本）成立于2018年6月，由中关村发展集团牵头设立，旨在进一步促进首都金融生态建设，优化全市上市服务体系，引导资本市场金融创新，通过建立资本学院、智能IPO、投行咨询等业务体系聚集各方资源，支持企业在境内外上市，鼓励企业开展境内外并购重组。2021年，北京企业上市综合服务平台门户系统进行全面升级，对内容划分、控件使用进行优化，进一步提升整体展现效果。与上海证券交易所、深圳证券交易所合作推出“上证直通车”和“深证直通车”功能，完善公司上市服务能力。年内，北京企业上市综合服务平台共开展线上培训51场，2142人参与，开展线下活动23场，1043人参与，共911家企业参加，服务覆盖独角兽企业、专精特新企业等共600余家次。完成北京市上市企业补贴申报工作，共受理企业补贴申请63家次，协助发放上市补贴近2亿元。

（王一同）

【首都资本市场年度大会举办】2月4日，由北京企业上市综合服务平台主办，中关村发展集团、上海证券交易所北方服务中心、深圳证券交易所北方中心、全国股转公司市场发展部、北京股权交易中心、新加坡证券交易所北京代表处联合主办的2020年首都资本市场年度大会以线上形式举办。平台发布了《北京资本市场发展报告》。报告以详尽的数据阐述了上一年首都资本市场乃至中国资本市场的发展情况，展望中国资本市场未来发展趋势。与会各金融机构、金融领域专家及科技企业代表就共同增强多层次资本市场服务实体经济能力、支持企业上市和健康发展、助力首都经济高质量发展等方面进行沟通和交流。

（王一同）

【“钻石之星”上市后备企业培育计划启动】4月21日，由北京企业上市综合服务平台主办的2021年“钻石之星”上市后备企业培育计划启动仪式在中关村集成电路设计园举行。上海证券交易所北方服务中心、武岳峰资本等150余家服务机构及企业代表参加。平台依据《北京市上市公司“钻石工程”行动计划（2020—2022）》的要求，依托自身专业能力及资源优势，围绕北京重点发展的十大高精尖科创产业和文创产业，着力培育出一批核心技术过硬、市场竞争力强、具有发展潜力的企业，推动企业高质量发展。活动现场，《2021年“钻石之星”上市后备企业培育计划》发布，旨在进一步增强金融服务实体经济能力，支持优质企业登陆资本市场，为企业提供上市辅导、融资路演、市场拓展、产业对接等多元化服务，对接各维度资源通道，推动企业上市发展。

（王一同）

【北京市上市公司座谈会召开】7月16日，由北京企业上市综合服务平台、中关村金服主办的2021年北京市上市公司座谈会在北京召开。市金融监管局、中关村发展集团、申领2021年上市挂牌补贴的67家企业等120余人参加。北京企业上市综合服务平台介绍2021年上半年北京市资本市场发展情况。会议指出，北京已初步形成了覆盖企业上市挂牌、发展成长的资本市场全周期服务体系，倡议全市拟上市和已上市公司共同组建北京市上市公司发展联盟。会议要求，联盟要充分发挥政府、监管、产业、市场等方面优势资源，整合协调行业资源和社会资源，及时了解联盟成员需求，组织开展交流合作活动，定期向联盟成员发布研究成果，进一步完善北京市多层次资本市场生态环境。

（王一同）

【私募行业被投企业路演会举办】 11 月 12 日，由北京企业上市综合服务平台承办的私募行业被投企业路演会以线上形式举办。会议现场，相关专家介绍企业上市合法合规信息查询窗口服务，分享投资机构在服务科创企业及股权投资方面的经验。华益精点生物技术公司、中矿大地地球探测工程技术公司等进行项目云路演。

（王一同）

【首期董秘训练营活动举办】 11 月 26 日，由北京企业上市综合服务平台主办的董秘训练营培训活动以线上方式举办。本次活动是平台落实市金融监管局关于北京市上市公司发展联盟要求推出的系列活动之一，报名参加训练营的 40 余位上市公司董秘或拟上市公司创始人或董秘参会。平台邀请上市公司资深董秘等相关专家，通过“案例授课 + 互动交流”的方式，重点分析了上市公司主要信息披露违规类型，系统阐述了新资本视角下的上市公司董秘面临的挑战、机构投资者“散户化”操作应对以及严格监管形势下如何进行风险管控等一系列上市公司重点关注的课题，并为在场董秘答疑解惑。

（王一同）

【北京企业上市综合服务平台受理企业补贴申请 63 家次】 2021 年，北京企业上市综合服务平台完成北京市上市企业补贴申报工作，共受理企业补贴申请 63 家次，协助发放上市补贴近 2 亿元。

（王一同）

【北京企业上市综合服务平台完成多项专业报告】 2021 年，北京企业上市综合服务平台完成《2020 年资本市场白皮书》的编写，向指导单位、股东单位及服务客户等提供《资本市场月报》和《科创板月报》，向市金融局提供《上市公司风险监测报告》近 20 份。根据市场热点输出《“双减”政策对北京已上市教培企业的影响》《碧水源对外担保风险分析》等专题报告。

（王一同）

科技专业服务

综　述

2021 年，集团科技专业服务围绕双创主体需求和科技成果转化中的堵点、断点、卡点，加快构建全周期、一站式、管家式集成服务体系，全力打造中关村科服平台，集成服务能力持续增强，截至 2021 年底，集团共集成 20 类 188 项服务。

加快打造全链条知识产权服务体系。北京 IP 获批成为世界知识产权组织技术与创新支持中心，怀柔科学城知识产权服务管家模式获得高度认可，“智融宝 2.0”新增盘活企业核心专利 50 余项。

全力打造中关村科服平台。深入实施科技服务战略合作伙伴计划，链接优质服务资源。与中信数字创新（上海）科技有限公司等 100 余家优质服务机构签署合作协议，举办 20 余场有影响力的产业活动。创新建立管家式服务机制。启动运营“金种子”管家服务中心，举办管家实训营，精准服务启科量子等企业千余家次。深化大数据服务平台建设。建设运营中关村科技成果转化与技术交易综合服务平台，中关村易创平台注册用户超 1.1 万家，上架科技服务产品 286 项。

加强共性技术服务平台建设。聚焦生物医药、集成电路等关键领域和“卡脖子”环节，合作搭建 10 个专业化服务平台。搭建一站式医药 CRO 服务平台、医疗器械全产业链一站式服务平台、半导体和新材料领域研发检测与加工技术服务平台等一批共性技术服务平台，联合中科院计算所等单位发起设立北京开源芯片研究院，投资设立北京飞镖国际创新平台助力生物医药企业研发创新。

不断提升产业咨询、规划设计、专业孵化等服务能力。中关村产业研究院围绕细分领域形成 70 余篇专业研究报告，创办“新产业 50 人论坛”品牌活动；工业院全力服务亦庄燃料电池等重大项目，多个项目获行业大奖；持续实施孵化器专项提升方案，集团运营孵化器达到 37 家，新增毕业企业 167 家。

（李明明）

产业服务

【概况】2021年，集团全力打造中关村科服，创新建立管家式服务机制，启动运营“金种子”管家服务中心，举办管家实训营，精准服务启科量子等企业千余家次。深化大数据服务平台建设，建设运营中关村科技成果转化与技术交易综合服务平台，中关村易创平台注册用户超1.1万家，上架集团科技服务产品286项。聚焦生物医药、集成电路等关键领域，合作搭建北京飞镖国际创新平台、北京开源芯片研究院等10个专业化服务平台。继续依托中关村软件园、中关村生命科学园、中关村集成电路设计园等园区，打造专业的服务平台。

（伍孟然）

中关村科服

【概况】中关村科服成立于2020年9月，2021年全面运营。年内，中关村科服启动运营“金种子”管家服务中心，同时开展管家实训营活动，联合第三方机构开发涵盖五大模块50个主题的管家服务人才培训课程体系；上线中关村科技成果转化与技术交易综合服务平台，推动运营中关村易创平台，落地首个中关村社区·科技服务驿站；共建北京飞镖国际创新平台，提供创新研发与技术支持、创新项目转化、生物医药国际化等共性技术服务。2021年，中关村科服按照标准化、模块化、产品化思路，形成涵盖共性技术服务、产业组织服务、知识产权服务、创业孵化服务、技术转移服务、科技咨询服务、人力资源服务、科技大数据服务、配套保障服务以及企业基础服务10个类别近300项服务能力清单。

（马利霞）

【“金种子”管家服务中心揭牌】1月26日，“金种子”管家服务中心揭牌暨系列企业服务启动仪式在中关村国防科技园举行。“金种子”管家服务中心由中关村发展集团设立，中关村科服负责运营管理。首批42名服务管家来自集团总部及各业务板块。活动现场，“金种子”管家服务中心发布中关村“金种子”企业培育计划和首批产品服务清单。中心通过建立“金种子”企业服务体系，与集团业务板块协同联动，推出定制“服务包”，通过“点对点”对接，提高集成服务的精准化水平；推广企业管家小程序应用，提高服务管家结构化、专业化的服务能力，根据企业需求精准匹配科技服务资源；组织开展服务管家培训，在双创政策解读、中关村创新生态研究、企业技术研发、企业融资发债、创业及企业经营等方面系统持续地为管家赋能；开展包括企业融资对接、技术研发支持、市场推广助力、政策申报支持等在内的个性化精准赋能行动等。中心整合体系内服务能力、拓展链接合作伙伴服务能力，形成近300项产品服务清单，重点涵盖医疗器械、集成电路、生物医药、敏捷制造、智能网联、新材料6个高精尖垂直领域。

（张家炜）

【“企业服务管家助手”小程序上线】1月26日，中关村科服推出“企业服务管家助手”（“科小服”），成为服务管家开展工作的工具书和导航仪。“科小服”小程序集合集团科技服务产品体系和服务能力，开放给每一名服务管家使用，协同服务管家提供系统化、专业化的服务，根据企业需求精准匹配科技服务资源。小程序系统具有展示、管理、服务三大功能，展示了集团业务板块及中关村科技服务生态合作伙伴的服务资源，并提供包括账户管理、数据管理等实用功能，服务管家可以快捷方便地查询服务资源，及时根据“金种子”企业的需求匹配。

（张家炜）

【中关村科服与中信数字创新签署战略合作协议】 3月26日，中关村科服与中信数字创新（上海）科技有限公司在北京签署战略合作协议。双方约定，将以数字技术赋能科技服务，发挥各自业务优势和资源优势，在数字平台建设、数智园区服务、中小企业培育服务、5G场景应用、股权投资及基金运营、国际市场拓展、论坛峰会等方面开展全面合作，共同实现数字化转型发展，打造数字经济的精品“国货”，共同助力北京建设全球数字经济标杆城市。

（马利霞）

【中关村金种子管家实训营举办】 3月31日，中关村金种子管家实训营第1期开营。实训营致力于培养满足新时代新形势下的科技服务人才，立足于管家式科技服务定位与价值，打造真实、有趣、有内容、有干货的课程体系，通过一套知识产品、一个朋友圈、一批导师资源、一个“科小服”管家助手、一个服务方法论和一个价值观，培养懂中关村、懂产业、懂企业、懂服务的复合型人才。来自集团各业务板块的80多名金种子企业服务管家学员参加培训。培训内容涵盖五大模块，包括金种子管家定位与服务模式、金种子管家必备知识与胜任力模型、金种子管家服务模式分析与实施办法、金种子管家服务流程与管理标准、金种子管家服务能力评测。培训通过“导师授课＋实操演练＋企业走访＋小组研讨”等多种方式，邀请政府部门领导、中关村企业家、科技服务机构和各业务领域专家授课。2021年，实训营共开展了包括管家素养培训、高精尖产业分析、政策解读及项目申报、认股权业务、金融服务、知识产权服务、共性技术服务、人才服务、出海服务、科技服务专业人才能力标准画像等10场次线上＋线下的培训。管家学员还与28家中关村金种子企业CEO面对面交流服务，结成服务专项组，开展实战演练，为企业提供定制管家式服务。通过专业培训，管家学员明确了服务体系和服务标准，提升了服务能力和水平。

（王晓晓）

【科技服务面对面系列活动启动】 4月7日，由中关村科服主办的中关村科服·科技服务面对面系列活动在中关村国防科技园启动。活动旨在为创新创业企业提供“一对一、面对面”的精准服务、深度服务。中关村科服、北京德钧科技服务有限公司等单位相关负责人出席，并共同启动科技服务面对面系列活动。来自多个产业领域的50余家科技型中小微企业代表参加活动。科技服务面对面系列活动之“政策咨询专场”同时举办。系列活动围绕政策申报、资质许可、股权管理、融资对接、知识产权、技术转移、成果转化、海外布局等企业需求度比较集中的方向，定期策划特定主题的专场培训和对接活动，走进中关村各个科技园区、创新社区，为科技企业提供不间断的创新服务、管家服务。年内，中关村科服围绕政策咨询、知识产权、生物医药研发优化、股权管理等主题，先后举办6场“中关村科服·科技服务面对面”系列活动。

（王晓晓）

【中关村科服成为中关村高新技术企业】 4月8日，中关村科服被纳入中关村高新技术企业库，获颁中关村高新技术企业证书。

中关村
Z-Park
ZHONGGUANCUN SCIENCE PARK

中关村高新技术企业

企业名称：北京中关村科技服务有限公司　　编　号：20212010277901

发证时间：2021年04月08日　　有效期：二年

中关村科技园区管理委员会

（伍孟然）

【芯海择优线上服务平台上线】 4月26日，芯海择优线上服务平台（http://www.icrus.cn/）上线。平台以产品中心、解决方案、检测服务、电商平台等功能板块为业务支点，通过发布芯片定制化需求，实现工业芯片“供需对接，揭榜挂帅”，衔接产业上下游业务需求，吸引优质IC企业加入创新中心设计服务体系，打造工业级IC设计生态圈。（2020年8月14日，北京市工业芯片创新中心揭牌成立，由芯海择优负责运营。北京市工业芯片创新中心在开放应用测试场景、建立工业芯片标准体系、开展工业领域各类芯片研发、加速工业芯片的国产化替代等方面发力。）

（刘昱麟）

【“金种子”管家服务中心为光子算数提供服务】 5月25日，“金种子”管家服务中心的服务管家上门为集团金种子企业光子算数（北京）科技有限责任公司提供精准服务。在专项企业服务对接会上，由中关村科服、中关村产业研究院、中关村芯园组成的管家团队邀请中关村标准化协会、北京德钧科技服务有限公司，与光子算数进行面对面沟通，了解公司发展的痛点和难点及对芯片封装成本控制等发展需求。管家团队对光子算数提出的需求给予回应，依据各自专业领域给予服务指导和发展建议。

（王晓晓）

【金种子管家考核试行管理办法发布】 7月23日，在中关村“金种子”管家实训营现场，“金种子”管家服务中心发布《金种子服务管家考核管理办法（试行）》。管家服务中心结合推荐科技服务机构、定期走访科技企业、组织服务交流活动、提供有效企业需求线索等12项管家服务事项，通过定性与定量相结合方式开展管家团队考核；根据管家工作实际，择优评定金牌服务管家、银牌服务管家以及合格服务管家，并给予相应奖励。年内，5人获得金牌服务管家，10人获得银牌服务管家。

（王晓晓）

【“金种子”管家服务中心为五维康提供服务】 8月5日，中关村科服和中关村集成电路设计园的4位服务管家到中关村金种子企业北京五维康科技有限公司为一款心电仪产品提供服务。针对五维康重点需求是融资、芯片研发、生产质量管理等，服务管家借助各种资源，协助对接投资机构和相关链条企业，力争对企业有所帮助。

（马利霞）

【中关村科服联合出资建设北京飞镖国际创新平台】 9月28日，在2021中关村论坛技术交易暨合作签约活动上，昌平区政府与“飞镖加速器”运营团队大得创同（上海）科技有限公司签署战略合作协议，在中关村生命科学园建设“北京飞镖国际创新平台”，并将设立“生命谷飞镖创新孵化基金”。该平台由大得创同、北京昌科投资管理股份有限公司、中关村科服共同出资建设。中关村科服将充分发挥“全周期、管家式、一站式”服务优势，从医药健康领域前沿项目共性技术研发、创业人才培育、耐心资本提供、政策支持辅导、市场拓展、品牌推广等方面，集成输出中关村科服资源，与“飞镖加速器”运营团队携手同行、持续发力，为北京医药健康产业发展提供支撑和服务。

（马利霞）

【中关村技术交易平台上线】 9月，由中关村科服搭建完成的中关村科技成果转化与技术交易综合服务平台（简称中关村技术交易平台）上线，具有需求发布、项目展示、服务对接、活动预告直播等多项功能。平台汇聚国际国内优秀项目7000余个、服务机构1000余家、上线服务产品60余类，在2021中关村论坛中关村国际技术交易大会期间举办线上直播论坛活动17场。平台与北京国际技术交易联盟、国家知识产权运营平台、中国高校科技成果交易会、全国智慧医疗创新大赛等机构签署战略合作协议，各方联合丰富平台项目资源，围绕技术、资本、人才、孵化、政策等要素，为平台项目交易、落地提供支撑，促进创新技术成果的转化及产业化，服务国际技术交易和交流，共同助力打造“全球买，全球卖”的技术交易盛会。

（邢茹玉）

【企业服务政策辅导暨资质申报专题培训举办】 11月19日，中关村科服举办企业服务政策辅导暨资质申报专题培训。培训通过线上线下相结合的方式进行。集团总部相关部室、各业务板块平台公司、中关村芯园、中关村产业研究院、硬创空间等在集团主会场参加培训，集团各子公司以及重点服务企业代表180余人通过线上方式参加培训。培训聚焦“服务热单”，重点围绕“专精特新”企业申报、国家高新技术企业申报、企业质量管理认证进行专项培训。北京市中小企业服务中心专家分享了“专精特新”企业支持政策及申报规范，北京德钧科技服务有限公司相关负责人分享了国家高新技术企业政策红利及申报要点，SGS通标标准技术服务有限公司相关负责人分享了企业质量管理认证价值及贯标策略。

（马利霞）

【中小企业数字化转型论坛举办】 12月15日，由中关村科服主办的中小企业数字化转型论坛在北京举办。论坛以“数字驱动·智领未来”为主题，融合“领导致辞＋重磅发布＋现场签约＋主旨演讲＋圆桌论坛”多个模块，现场发布《中小企业数字化转型指南》和《中小企业数字化转型解决方案集》。《中小企业数字化转型指南》由中关村科服、中关村大数据产业联盟牵头制定，中国质量认证中心、中关村科服联合发布。该成果旨在建立中小企业数字化转型标准，填补适用于中小企业数字化转型标准化评估的空白，推动中小企业能够顺利进行数字化转型，促进数字经济的健康有序发展。《中小企业数字化转型解决方案集》由中关村科服联合华为云、用友网络科技股份有限公司、美林数据技术股份有限公司、北京久其云福科技有限公司等13家合作伙伴编制，涵盖11类解决方案、26项数字化产品，可为中小企业提供营销、财税、零售、采购、办公等领域的数字化解决方案。活动现场，中关村科服与华为云、北京亚信数据有限公司、北京久其软件股份有限公司、北京智慧星光信息技术有限公司、美林数据、北京业勤企服科技有限公司（天眼企服）、拓尔思信息技术股份有限公司等7家企业就中小企业数字化转型解决方案进行签约。论坛通过“线上＋线下”方式举办，来自政府部门、业内专家、数字化领军企业、专业服务机构、新闻媒体等机构的代表参加论坛，中关村易创平台等七大平台同步直播，在线观看人数超过30万人次。

（邢茹玉）

【中国航空融通发展峰会举办】 12月20—21日，由中关村科服、国翊创新科技（北京）有限公司承办的2021中国航空融通发展峰会暨第六届中国航空创新创业大赛复赛在顺义区举办。峰会以“科技兴国 空天先行”为主题，邀请行业专家就航空产业链大中小企业融通发展、技术创新发展趋势、国际企业创新方法等内容进行分享，以实际创新案例促进产业内大中小企业协同创新生态建设。第六届中国航空创新创业大赛共征集全国336个项目，经过专家初审，58个项目入围复赛。来自产业界和投资界的34位评委对58个项目进行打分，最终创新组和创业组共30个项目入围全国总决赛。活动通过线上五大平台进行直播，共87万人次观看。

（龙霄）

【硬创空间推进实施城市副中心绿色低碳改造项目】 12月，市发展改革委批复城市副中心硬科技产业示范基地老旧厂房改造支撑高精尖产业发展试点项目，给予市政府固定资产投资补助资金支持。该项目由硬创空间负责推进实施，位于通州区临河里路4号院，总建筑面积约29099平方米，于2020年6月开工。中关村科技担保于2021年6月为硬创空间提供5000万元融资担保，期限5年，主要用于该项目实施。

（城市副中心硬科技产业示范基地效果图）

（薛威、杨娜）

【中关村科服与100余家科技服务提供商签署合作伙伴计划】 2021年，中关村科服与100余家优质科技服务提供商签署《中关村科技服务生态战略合作伙伴计划》，涵盖共性技术类平台、产业组织类平台、专业服务类平台、国际合作类平台、知识产权服务类平台的代表性企业。在共性技术类平台方面，与中关村至臻环保等节能环保企业，与北京科信必成医药科技发展有限公司、北京赛赋医药研究院有限公司等生物医药企业达成合作；在产业组织类平台方面，与中关村会展与服务产业联盟、会聚中国等社会组织达成合作；在专业服务类平台方面，与创业黑马科技集团股份有限公司、盛景网联科技股份有限公司等企业培训和管理咨询企业，北京双高国际人力资本集团等人才服务企业达成合作；在国际合作类平台方面，与 Plug and Play China、英飞尼迪等企业加速和孵化机构，大广企业管理咨询（上海）有限公司等技术转移服务机构达成合作；在知识产权服务类平台方面，与国际技术转移协作网络（ITTN）等技术转移和成果转化机构达成合作。中关村科服将充分链接科技服务提供商，深入挖掘企业需求，开发设计优质的服务产品，吸引汇聚地方政府、产业园区、高校院所、科技企业、金融机构等需求方加入，搭建出一个以中关村为核心创新圈的科技服务生态平台，系统赋能科技服务机构和双创主体。

（王晓晓）

【硬创空间引进企业 30 家】2021 年，硬创空间为北京各区引进企业 30 家，增扩服务机构 10 家，服务及咨询客户 2000 家次；在武汉、泉州等的中试基地落地运营。

（杨娜）

中关村软件园公共技术服务平台

【概况】中关村软件园公共技术服务平台始建于 2003 年，以园区大数据平台为智慧中枢，涵盖超级计算服务体系、超级链接服务体系和共性技术支撑服务体系等三大服务体系，拥有符合国家 A 级、国际 T3+ 级标准的 8000 平方米分布式云数据中心和集光纤互联网 +5G+IPv6+Wi-Fi+IoT 的融合通信服务平台，落地国家授时中心北京节点、协同开发平台、信息安全服务平台、软件测试服务平台、政务服务平台、创新服务平台、产学研项目库等多方位共性平台，通过 ISO 20000、ISO 22301 和 ISO 27000 三项国际认证并取得全国性 IDC 和 ISP 资质，服务区域高精尖产业发展，全力支撑北京国际科技创新中心建设。

（李军伟）

【全面提升公共技术支撑体系服务能力】2021 年，中关村软件园全面提升公共技术支撑体系服务能力建设。园区数据中心扩容升级并通过金融行业最高认证，智慧云服务等应用平台良性运营，取得建筑智能化资质以及 2 项专利和 6 项软件著作权，落地国家授时中心北京节点，对外提供可信标准时间技术服务。IT 服务范围已覆盖园区内外的企业、政府和金融等机构，收入再创新高，有力支撑公司强服务转型。完成 5G+MEC 平台搭建，支撑园区企业万集科技打造基于 5G+MEC 的边缘计算场景。

（李军伟）

中关村软件园人才基地培训中心

【概况】中关村软件园人才基地培训中心成立于 2005 年，位于中关村软件园国际软件大厦，由中关村软件园发起设立。中心致力于为科技型企业、地方政府及高校提供系统的人才服务，拥有 5000 平方米的教学场地，可满足近千人同时参加培训。2021 年，培训中心探索协同创新新模式，冠名建设实验室，将企业实习实训基地落到高校校园，实现收入 1067.9 万元，培养学生 4057 人。与对外经济贸易大学统计学院达成战略合作框架协议书，在科技创新、课题研究、人才培养、创新创业、大学生职业生涯发展规划等方面建立战略伙伴关系；与时代光华建立合作，共建企业网络培训学院，推广企业线上学习平台业务。承担政府专业技术人员技能提升，开展公益培训，是短期培训业务发展的一个新起点。2021 年，短周期培训人员 512 人。

（李军伟）

【“云谷 · 数字工程师基地”签约仪式举行】9 月 29 日，在由中关村云计算产业联盟、中关村软件园联合举办的“新时代 · 新技术 · 新经济”云计算发展高峰论坛上，中关村软件园人才基地培训中心与中关村云计算产业联盟签署战略合作协议，共建“云谷·数字工程师基地”，联合培养数字工程师专业技术人才。双方秉持“诚实守信、优势互补、共同发展”的原则，建立面向未来的战略合作伙伴关系，充分发挥各自资源和优势，搭建为企业提高研发能力和生产技术水平的桥梁，实现合作共赢、共同发展。

（李军伟）

【区块链技术应用场景高级研修班举办】 10月27—29日，由中关村软件园人才基地培训中心主办的区块链技术应用场景高级研修班线上直播培训举办。京津冀3个地区的50余人参加培训。培训采用理论授课、案例教学、专题研讨、在线培训的方式进行，研修的主要内容是“基于Hyperledger的区块链的底层技术初探”“基于Hyperledger的区块链的业务场景落地与展望”“中国产业区块链发展现状及区块链热点分析”。授课专家分享了区块链诞生的历史背景和原因、区块链的底层技术，国家对区块链的政策引导及行业协会、趋势，区块链的应用场景及当前应用趋势和应用情况。

（李军伟）

中关村芯园集成电路设计服务平台

【概况】 中关村芯园（北京）有限公司成立于2015年12月，旨在打造中关村芯园集成电路设计服务平台。2021年，中关村芯园新增普迪飞半导体、Dolphin、南京匡鸿、灿芯半导体、上海游芯等5个优质服务提供商资质。全年服务双创主体220家次；完成10期培训活动，400余名行业专业技术人员参加；完成入股成都芯火公司项目；完成认股权协议签订2家。年内，中关村芯园获国家级“国家外贸转型升级基地（集成电路）”资质，通过北京市中小企业公共服务示范平台复评；申请4项软件著作权并获得登记证书。

（李竹）

【海淀区集成电路基地被认定为国家外贸转型升级基地】 1月，由中关村芯园运营的北京市海淀区集成电路基地经商务部认定，升级为“国家外贸转型升级基地（集成电路）”。国家外贸转型升级基地是国家重点扶持和发展的集生产、出口功能于一体的产业集聚体，建设国家外贸转型升级基地是培育技术、标准、品牌、质量、服务等竞争新优势的有效途径，也是促进外贸发展方式转变、培育竞争新优势的重要举措。

（李竹）

【中关村芯园入股成都芯火公司】 2月5日，中关村芯园完成入股成都芯火集成电路产业化基地有限公司，占股比例15%。中关村芯园将利用平台积累的优质资源和技术，协同成都芯火基地的优惠政策，更好地服务成都当地企业，实现平台向地方拓展的实质性一步。（成都芯火公司成立于2019年，是成都“芯火”双创基地运营主体。该公司重点围绕射频微波、信息安全、北斗导航、人工智能等领域，为成都当地集成电路企业提供集成电路设计、测试、封装、人才培训、产品推广等专业化服务。）

（李竹）

【参加中国集成电路设计创新大会暨IC应用博览会】 7月15—16日，中关村芯园参加由中国集成电路设计创新联盟、中国半导体行业协会集成电路设计分会、国家“芯火”双创基地、苏州市高新区共同主办的2021中国集成电路设计创新大会暨IC应用博览会。大会以“应用引领、创新驱动”为主题，包括高峰论坛和创新主题论坛两部分。高峰论坛邀请10余位行业专家和企业家围绕“创新”主题，分享创新思路与技术成果，针对新格局下中国集成电路产业创新、关键技术突破与本土化机遇、核心器件供应链安全、整机需求与自主可控等话题发表见解，共同探寻新形势下中国集成电路技术创新与突破之道。中关村芯园作为北京国家“芯火”创新基地，在大会上设立专业展台，与各 IC 设计企业、技术资源合作伙伴加强交流与沟通，进一步提升中关村芯园“芯火”创新基地的品牌建设和行业影响力。

（李竹）

【北京集成电路“芯火”平台项目通过验收】 11 月 30 日，工业和信息化部电子信息司、市经济和信息化局及项目专家组对中关村芯园承担的北京集成电路“芯火”平台项目进行验收。专家组听取项目汇报并考察项目现场，对项目执行情况进行质询，一致同意项目通过验收。“芯火”创新服务平台可提供 EDA 工具、IP 核、流片验证、封装测试、系统级模块、应用解决方案、人才培养、投融资、创业孵化、产学研协同创新等产业服务，覆盖集成电路设计企业全产业链需求，建立健全产业生态体系，打通产业链渠道。

（李竹）

【中关村芯园通过市级中小企业公共服务示范平台复评】 12 月 3 日，市经济和信息化局对外公布北京市中小企业公共服务示范平台和小型微型企业创业创新示范基地的复评结果，中关村芯园通过复评。

（李竹）

基因组编辑技术研究平台

【概况】 基因组编辑技术研究平台设立于 2017 年，由中关村生命科学园孵化器与北京合生基因科技有限公司共同建设，以基因组研究与应用为基础，利用基因组编辑技术，靶向性地修改细胞内的遗传信息，共同研究临床诊断应用的基因工具，运用敲除、敲入和突变、载体包装、稳定表达等技术手段，为生物企业、科研机构、临床单位等提供稳定可靠的系统科研方案和技术服务。基因组编辑技术研究平台面积 1500 平方米，拥有 GMP 实验室、慢病毒制备室、全自动细胞分选仪、高分辨率多功能成像系统、高通量酶标仪、真核细胞电转仪、蛋白纯化分析系统等。提供涵盖 gRNA 文库构建、gRNA 活性检测、CRISPR–Cas9 载体设计与构建、慢病毒包装、细胞系工程改造等全方位的基因功能研究解决方案，特定改变基因序列与结构，获得靶向功能蛋白、抗体及模型动物，开展基因编辑及合成生物学等技术研究与应用。2021 年，持续推进平台建设。

（谢泊晚）

【基因编辑服务平台建设】 2021 年，继续推进中关村生命科学园基因编辑服务平台建设，完善病毒载体包装工艺流程，优化基因敲除效率，建设定制化、规模化基因组编辑生产线，提升嵌合抗原受体 T（CAR–T）细胞疗法临床级制备能力。

（谢泊晚）

中关村临床生物样本库

【概况】 中关村临床生物样本库设立于 2018 年 12 月，由中关村生命科学园孵化器、嘉和美康信息技术有限公司和北京首科开阳创业投资中心（有限合伙）共同出资成立，由北京生命科学园生物科技研究院有限公司（简称生命科学园生物科技研究院）负责经营，位于中关村生命科学园医药科技中心。该平台定位于第三方专业化临床样本保藏与服务平台，最大生物样本储存能力可达1000万份。平台针对心脑血管病、糖尿病、恶性肿瘤、精神分裂症和情感障碍、慢性肾脏病、脊柱和关节病等严重危害人们健康的重大疾病，实现样本采集、流转、冻存可追溯等功能。2021年，中关村临床生物样本库获人类遗传资源保藏行政许可资质，成为迄今中国北方地区唯一获得此项资质的第三方公共服务企业平台。

（李军伟）

【北京重大疾病临床样本资源公共服务平台启动】 5月13日，北京重大疾病临床样本资源公共服务平台在中关村生命科学园启动。平台由生命科学园生物科技研究院负责整体运营，建设完成近1600平方米的液氮存储中心，重点开展生物样本保藏技术和质量保证研究，面向临床机构及专家团队、医药研发和健康产业机构提供生物样本及其相关数据的保藏、储存、分析及样本库整体托管服务，支持体液、组织、器官及其相关衍生物的常温和深低温储存；为样本资源的开发和应用提供样本经纪、科研经纪和成果转化服务。

（谢治晚）

中关村智酷

【概况】 中关村智酷成立于2018年，由中关村软件园发起设立，依托软件园大信息领域创新创业生态积淀和创新人才培养经验，打造“产学合作平台、创新创业学院、人才创新基地”。2021年，中关村智酷持续加强“互联网+”大赛交流中心的运营，启动中关村创新领航者计划，完成全国首创《面向创新创业企业的管家式科技服务指南》及《中关村管家式科创服务专业人才培养体系》的编制。运营北京高校大学生创业园，与北京市就业指导中心合作建立“一街四园多点”的双创服务体系，通过集中筛选、集中孵化和集中培育，加速推动北京市高校产学研项目和科技成果落地产业化，培育出国内首家光子计算芯片公司光子算数、国内DevSecOps领域企业悬镜安全、国内知名污水治理绿色技术供应商涞澈科技等一大批潜在独角兽公司；与山西工程技术学院签约共建“山工智泉双创学院”，深度开展产教融合、校企合作，构建双创教育—双创实践—项目孵化为一体的创新创业教育新模式。2021年，中关村智酷与全国40余所高校开展双创学院、双创培训合作，并与国内外近百所高校开展产学合作。

（李军伟）

【中关村智酷与百度飞桨AI人才培养计划启动】 3月12日，由中关村智酷与百度共同主办的“中关村智酷×百度飞桨AI人才培养计划”在北京启动。双方将共同为企业创造AI产业技术交流平台、搭建AI应用人才培养机制，重点培育一批具备AI技术能力并能将其应用于行业的高素质人才，推动产业实现智能化升级。年内，双方在北京、重庆、合肥、深圳等地举办各类培训和活动，包括面向一线算法工程师、解析行业典型案例与实用技术方案、指导企业任务快速开发的“AI快车道”，面向已经建立算法工程师团队的企业提供AI落地深度问题交流分享机会的“AI私享会”，以及飞桨领航团、飞桨人工智能产业竞赛等。

（李军伟）

【北京高校大学生创业园园区资源对接会举办】7月20日，由北京高校毕业生就业指导中心主办、中关村智酷承办的北京高校大学生创业园园区资源对接会在北京高校大学生创业园（理工园）举办。对接会以“集聚资源、聚势赋能、促进发展”为主题，近50支创业团队参加活动。中关村软件园孵化器、中关村国际孵化器、中关村工业互联网产业园等创业载体分别从载体概况、区位优势、产业体系、孵化服务、优惠政策、创新成果等方面为参会团队进行介绍，及时与团队成员交流互动、答疑解惑，并向团队发出入驻邀请。

（李军伟）

【中关村智酷人才与产业创新平台获奖】7月22—25日，在2021年中国国际数字和软件服务交易会上，中关村智酷人才与产业创新平台获“中国数字与软件服务最佳服务平台奖”。

（李军伟）

【2021年校企协同创新大会召开】7月27日，由中国产学研合作促进会和中国校企协同产学研创新平台主办、中关村智酷和中关村软件园工程实践教育发展中心承办的“建设现代产业学院、推进产教融合发展”暨2021年校企协同创新大会在中关村软件园召开。教育部高等教育司、全国政协教科卫体委员会、中国校企协同产学研创新平台、中国产学研合作促进会、中关村软件园、中关村智酷及全国部分院校各部门主要领导、教师，企业界及媒体界代表350余人参加。大会以“现代产业学院建设、产教融合、创新创业、协同育人”为主题，与会人员就如何建设现代产业学院，推动校企合作和人才培养展开讨论。

（李军伟）

【企业科创服务管家实训营开营授课】12月9日，由山西智创城与中关村智酷共同举办的“企业科创服务管家实训营”在山西智创城NO.2开营。中关村智酷以“中关村创新创业服务实践”为题，从中关村简介、中关村的创新产业发展体系、中关村的创业体系、中关村发展集团创新创业体系建设实践、中关村发展集团打造一站式科创服务平台5个方面，将“中关村”创新理念及发展轨迹和未来创新领域规划分享给学员。

（李军伟）

【管家式科创服务中关村首创标准发布】12月23日，由中关村软件园与中关村智酷作为牵头单位编制的《面向创新创业企业的管家式科技服务指南》与《中关村管家式科创服务人才培养体系》两项标准在北京发布。《指南》首次规范“面向创新创业企业的管家式科技服务”的内容和流程，明确向双创主体提供管家式科技服务的从业人员岗位名称和职责，将政策服务、质量创新服务、金融服务、知识产权服务等10项服务纳入面向创新创业企业的管家式服务体系中，并就整个管家式服务流程、各项服务内容和实施流程作出规范。以《指南》为大纲编制全国首创的《中关村管家式科创服务人才培养体系》，系统性地梳理“管家式科创服务专业人士”岗位服务职责和胜任能力要求，构建起科服管家的胜任能力模型。

（李军伟）

【中国“互联网+”大赛交流中心稳步运营】2021年，中关村智酷持续加强中国“互联网+”大赛交流中心的运营，参与南昌大学第七届“互联网+”大赛，发布《2021大赛项目成长力报告》，获教育部认可并在全国高校推广。与河南省教育厅合作，编写《河南省大赛项目成长力报告》。联合南昌大学举办大赛“七个一百”系列活动，覆盖106所高校，在全国高校中进一步扩大了大赛中心的影响力。在系列活动中，联合百度、科大讯飞、华胜天成等中关村软件园知名企业代表作为创业导师共同参与大赛，汇聚大赛项目，为大赛中心服务体系搭建做好创业导师储备及创业项目储备工作。

（李军伟）

“科学·亚洲”产业交流平台

【概况】“科学·亚洲”产业交流平台设立于2019年11月，为中关村生命科学园与美国科学促进会——《科学》期刊的出版者、清华控股旗下TIE国际创新走廊合作打造的园区国际化的学术交流平台，定位于全球科学技术和创新人才跨界交流高端平台，聚焦生物医药细分领域，面向全球科学人才开展学术和技术应用交流的专业论坛和前沿研讨。截至2021年底，已举办3届会议。

（谢泊晚）

【科学·亚洲基因组生物学与疾病会议举办】9月9—10日，由市科委、中关村管委会指导，《科学》杂志/美国科学促进会（Science/AAAS）、中关村生命科学园、TIE国际创新走廊联合主办的2021科学·亚洲基因组生物学与疾病会议在中关村生命科学园医药科技中心开幕。会议包括14场学术演讲、1场圆桌讨论以及青年科学家的现场演讲，吸引来自中国、美国、以色列等国的20余位生物医药领域的科学家、科研学术专家、著名学术期刊编辑等学界、业界人士参与。会议采用线下和线上相结合的方式举办，线下会场位于中关村生命科学园医药科技中心，近200人参会。

（谢泊晚）

中关村集成电路设计园产业服务平台

【概况】中关村集成电路设计园产业服务平台（IC PARK ISP）设立于2019年11月，是北京市首个专注于芯片产业的服务平台，为企业提供全生命周期的全方位、全过程的服务价值链。2021年，产业平台合作机构持续拓展，新增服务机构24家，全年为企业提供服务162次，开展高质量产业活动16次。活动以高新政策申报解读、集成电路专项政策宣讲、知识产权、企业股权架构设计、应用技术交流等为主题；参加活动人员线下近700人次、线上近万人次。截至2021年底，产业平台合作机构已达112家，可提供政策咨询、知识产权、工商财税、法律服务、共性技术服务、投融资服务200余项。

（李松龄、曲显亮）

【企业家修炼之旅活动开展】3月5日，中关村集成电路设计园产业服务平台联手新世路平台开展企业家修炼之旅IC PARK专场活动。社科院的教授分享企业家人际关系与沟通艺术，来自航空航天领域及上下游园内外企业家进行交流与互动，主要以“学习+交流+企业产品介绍”的方式进行。

（李松龄、曲显亮）

【IC PARK与神州泰科成立联合实验室】6月2日，IC PARK神州泰科联合实验室揭牌仪式在中关村集成电路设计园产业服务平台举行。中关村科学城管委会、中关村集成电路设计园、北京神州泰科科技有限公司、启迪之星共同为联合实验室揭牌，宣告联合实验室成立并对外提供服务，进一步提升了产业平台集成服务和精准化服务能力。活动现场，神州泰科进行联合实验室技术检测服务发布。联合实验室提供包括产品研发、硬件测试、产品认证、供应链管理等一站式服务。神州泰科、普源精电科技股份有限公司、国家软件产品质量检测检验中心的相关负责人围绕 IC 应用检测技术进行交流分享。神州泰科作为中关村管委会和海淀区政府授予的中关村智能硬件公共服务平台，是为硬件研发企业提供研发、测试、认证以及供应链管理等一站式服务的专业技术服务平台，其实验室具有国家认可实验室 CNAS 资质，已为海内外的客户提供上千次的专业技术服务。

（李松龄、曲显亮）

【中关村集成电路设计园“两中心、一基地”揭牌】 11 月 2 日，中关村集成电路设计园政策咨询与产业研究中心、技术服务中心、RISC-V 产业生态基地揭牌仪式在中关村芯学院举办。中关村芯园、中关村产业研究院、北京工业大学、芯海择优等合作机构的相关负责人及 30 余家园区企业和金融机构的代表参加。IC PARK 在“一平台、三节点”产业服务体系基础上，聚合产业资源，打造“两中心、一基地”垂直应用型服务中心，积极构建多层次立体化的产业服务体系。政策咨询与产业研究中心由中关村集成电路设计园联合中关村产业研究院、北京和君创业管理咨询有限公司、集微网、北京德钧科技服务有限公司等共同设立，旨在围绕集成电路、人工智能等大信息领域开展产业及政策研究，输出“咨询先行 + 空间落地 + 基金配套 + 人才培养 + 强化服务”产业生态运营模式理念。技术服务中心由中关村集成电路设计园同中关村芯园、芯海择优、

北京神州泰科科技有限公司、米格实验室、清华未来芯片中心等共建，采用外部合伙人、超额利润分配等市场化“活机制”，整合产业优质技术服务资源，提供涵盖芯片产业化阶段中所需的 EDA、IP、流片、封装、分析测试、快制中试、供应链等服务，旨在为集成电路企业提供全周期、全过程、全场景的一站式的技术服务。RISC-V 产业生态基地由中关村集成电路设计园联合芯来科技、中关村科学城开源芯片源码创新中心共同成立。基地推出人才培养基地、大学计划以及价值 30 万元的“RISC-V 创业计划”，为 RISC-V 从业者、高校院所、企业创业者和各地政府提供人才培养培育、创业支持、创业服务和产教融合等多元化的服务。

（李松龄、曲显亮）

【“芯动之旅”科普研修活动推出】 2021 年，中关村芯学院作为 IC PAEK“一平台、三节点”中人才节点的重要承载平台，推出“芯动之旅”科普研修活动。活动针对高校开展科普研学，针对政府和行业企业开展标杆训练营等，通过“讲解 + 座谈 + 互动 + 企业参访”等多种形式开展，同时科普研学为初中、高中、高校提供进阶式培训课程，为后续集成电路行业人才的培养提供阶梯式培养路径。年内，为北京大学附属中学、北京交通大学附属中学、山东胶州实验中学和北京工业大学等院校开展科普活动，共辐射 600 余人。

（李松龄、曲显亮）

生物相容性评价平台

【概况】 生物相容性评价平台设立于 2019 年 12 月，由中关村发展集团、中关村医疗器械园共同发起设立，北京通和立泰生物科技有限公司具体运营。中关村医疗器械园投资 454 万元购置硬件设备，与北京通和泰达转化医学研究院建设近 5000 平方米的转化医学实验室，是国内首家具有国际标准的医学转化平台，可开展 19 类人类疾病动物模型的创制，包括血管疾病器械评价、骨科材料评价、眼科材料评价、牙科材料评价、各类导管评价、各类补片评价、各类止血材料评价、各类留置性材料评价、有源植入性器械评价和有源非植入性评价等十几个医学领域。2021 年，平台完成 58 项科研服务。

（张旭）

【平台完成 58 项科研服务】 2021 年，生物相容性评价平台完成重庆联佰博超生产的可吸收复合多聚糖止血粉项目、奥精医疗生产的人工骨修复材料项目、亿生堂生产的交联淀粉止血材料项目等 58 项科研服务，服务范围涵盖中关村医疗器械园、大兴生物医药基地、医院和外省市创新医疗器械项目。2019 年，平台特别针对中关村医疗器械园入驻企业制定了“三、五、八”优惠政策，即成立 1—3 年企业优惠 8%，成立 3—5 年企业优惠 5%，成立 5—8 年企业优惠 3%。截至 2021 年底，园区心血管和骨科类 5 家企业的动物实验，都得到平台的优惠支持。

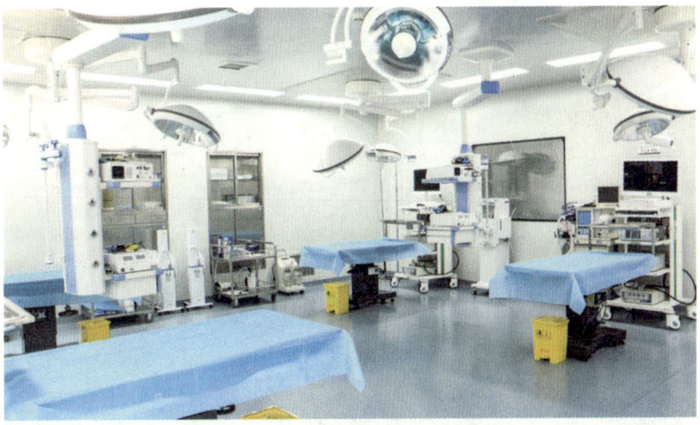

（张旭）

中关村医疗器械产业服务平台

【概况】中关村医疗器械产业服务平台设立于2020年1月，是由中关村发展集团投资打造的全国首个医疗器械全链条专业服务平台，运营面积3600平方米，旨在助力医疗器械研发企业加快推进临床、上市进程，解决创新医疗器械产业化、商业化“最后一公里”的难题。该平台由北京中关村水木医疗科技有限公司（简称中关村水木医疗）具体运营，以医疗器械工程化改造为核心，提供医疗器械功能性、可靠性、合规性、易用性、批量性工程化服务，构建全链条医疗器械产业服务体，并通过建立一站式综合服务，解决行业痛点，提升国产医疗器械的竞争力。依托该平台，医疗器械企业可从产品技术研发初期就开始为将来的医疗器械注册审评审批做准备，尽早进行抗扰度测试、性能检测、电气安全检测、防水试验、环境试验等，并进行有针对性的“补课”。2020年11月25日，中关村水木医疗取得国家认证认可监督管理委员会批准的检验检测机构（国家级CMA认证）资质和中国合格评定国家认可委员会（CNAS）证书，共通过821项检验检测标准资质的认定，基本涵盖90%以上的有源医疗器械及体外诊断检测项目。2021年，中关村水木医疗取得发明专利1件、受审中发明专利8件，实用新型专利8件，软件著作权18件，参与工业和信息化部“2020年产业技术基础公共服务平台——面向制造业重点领域的创新成果产业化公共服务平台建设项目”等多个课题研究，初步完成A轮1亿元融资。

（张旭）

【参展中国医学装备大会暨2021医学装备展览会】7月15—18日，中国医学装备大会暨2021医学装备展览会在苏州举行。展会集中展示国内外先进的医学装备耗材及纳入优秀国产医疗设备目录的产品、人工智能、创新医学装备、疫情防治等产品和医疗设备关键核心零部件。中关村水木医疗、北京水木菁创医药科技有限公司、北京水木济衡生物技术有限公司等共同参展。

（高慧）

【中关村水木医疗完成1亿元A轮融资】8月25日，中关村水木医疗宣布完成1亿元A轮融资。本轮融资由中关村协同创新基金德州幂方子基金及元生创投共同领投，厦门千江井然跟投。融金用于中关村水木医疗运营能力补充、生产能力扩充、信息化建设及检测能力扩充等。

（王宇）

【中关村水木医疗成为医用机器人标准化技术归口单位专家成员】9月27日，国家药监局发布《关于成立医用机器人标准化技术归口单位的公告》（2020年第102号）。中关村水木医疗作为医用机器人标准化技术归口单位专家组成员，参与负责医用机器人技术领域所涉及的术语和分类、基础共性技术等医疗器械行业标准制修订工作。医用机器人标准化技术归口单位专家组由60名成员组成，秘书处由中国食品药品检定研究院承担，由国家药监局医疗器械标准管理中心负责业务指导。

（张旭）

【中关村水木医疗参展2021CMEF秋季展】10月16日，第85届中国国际医疗器械博览会（CMEF）闭幕。展会以“创新科技、智领未来”为主题，汇集来自国内外医疗器械全产业链的3000余家品牌企业、300余位演讲嘉宾，现场进行了数万款产品展示及数千款新品发布、50余场学术活动。中关村水木医疗、北京水木菁创医药科技有限公司、北京水木济衡生物技术有限公司、成都水木医疗科技有限公司等共同参展。

（张旭）

中关村易（e）创服务平台

【概况】中关村易（e）创服务平台（简称中关村易创平台）于2020年3月上线，是集团打造的科技服务生态体系，以大数据为技术引擎，致力于服务企业全生命周期，解决科创主体营商痛点。2021年，中关村易创平台完成二期建设任务，进入强运营阶段。平台协同集团“4+2”业务板块，上架集团服务产品109款、科创生态服务产品177款，对接103家数字生态合作伙伴，举办线下企业服务活动12场。截至2021年底，用户注册量超1.1万家。

（吴云青）

【易创数字生态伙伴交流会举行】6月30日，首期易创数字生态伙伴交流会在集团举行，来自用友网络科技股份有限公司、中企动力科技股份有限公司、北京博伟伟业科技有限责任公司等10余家深度合作的企业代表参会。会上，生态伙伴与易创团队就服务生态体系建设建议与持续落地方案展开交流与讨论，中关村易创平台为优秀合作方颁发“中关村易创优秀生态伙伴”荣誉证书。

（吴云青）

【中关村易创平台助力企业成果】2021年，中关村易创平台持续助力科创企业成长，打造生态服务闭环，利用平台能力服务企业的发展，针对中小企业面临的诸多现实困境和难题给予支持和帮助，围绕政策、云服务、IT服务、营销、本地生活服务等全要素科创服务体系，联合百家数字生态合作伙伴，构建100+类目，打造1000+服务产品。在联合生态伙伴打造的服务生态助力下，北京小石科技有限公司获国家高新技术企业和中关村高新技术企业资质认定；安多威尔（北京）科技有限公司获国家高新技术企业资质认定；北京互联新网科技发展有限公司“彩站销售员销售管理平台V1.0”等12项软件获国家计算机软件著作权登记证书；北京皓阳睿林汽车科技有限公司（大米汽车）获阿里云定制方案，解决公司产品网络环境部署问题；深圳市君信威科技有限公司获腾讯云点播带宽定制方案，其视频产品上线。

（吴云青）

“大环保”产业综合服务平台

【概况】2020年，集团依托中关村至臻环保建立“大环保”产业综合服务平台。该平台聚焦环境智库咨询、环境综合治理、环境产业创新服务等，通过高新技术、创新模式和智慧手段，为环保产业发展注入新力。2021年，中关村至臻环保取得环保工程专业承包一级资质证书，与榆林神木市政府、理想汽车等的多个环保项目签约。

（陈燕安）

【中关村至臻环保与榆林神木市政府签订协议】5月12日，在第五届丝绸之路国际博览会暨中国东西部合作与投资贸易洽谈会重点项目签约仪式上，中关村至臻环保与榆林神木市政府就神木市兰炭产业特色园区柠条塔区兰炭酚氨废水集中处理及综合利用示范项目签订合作协议。根据协议，中关

村至臻环保将投建神木市柠条塔区兰炭酚氨废水集中处理项目，总投资 6.98 亿元，项目建设期为 2021 年 9 月至 2022 年 12 月。项目建成后能实现年处理酚氨废水 200 万吨，解决区域兰炭酚氨废水处置问题。

（陈燕安）

【中关村至臻环保取得环保工程专业承包一级资质】 5 月 21 日，中关村至臻环保取得环保工程专业承包一级资质证书。该资质是环保工程专业承包领域最高等级资质，可承担各类环保工程的施工。截至 2021 年底，中关村至臻环保已拥有环境工程专项设计资质（水污染防治工程）甲级、环境工程专项设计资质（大气污染防治工程、物理污染防治工程、固体废弃物处置工程、污染修复工程）乙级资质，在环境工程领域建立起完备的证书体系。

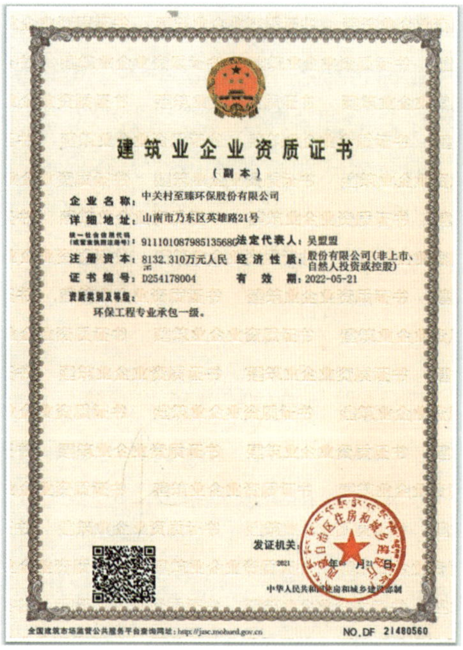
建筑业企业资质证书
（副本）
企业名称：中关村至臻环保股份有限公司
详细地址：山南市乃东区英雄路21号
统一社会信用代码（或营业执照注册号）：91110108798513568C　法定代表人：吴盟盟
注册资本：8132.310万元人民币　经济性质：股份有限公司（非上市、自然人投资或控股）
证书编号：D254178004　有效期：2022-05-21
资质类别及等级：
环保工程专业承包一级。
发证机关：
中华人民共和国住房和城乡建设部制
全国建筑市场监管公共服务平台查询网址：http://jzsc.mohurd.gov.cn　NO.DF 21480560

（陈燕安）

【第 28 期北京市能源资源节约及创新发展大宣讲举办】 5 月 26 日，中关村至臻环保、中关村环促中心协助北京节能环保中心在中关村环保科技示范园举办第 28 期北京市能源资源节约及创新发展大宣讲，推动北京市 2021 年度节能技术产品征集工作，助力绿色技术创新与应用。相关专家、申报企业代表、公共机构单位负责人以及线上观众 1200 余人参加。中关村至臻环保以“打造节能环保全周期创新生态”为题，介绍公司咨询智库、环境治理、创新平台建设三大业务和全周期创新生态服务体系。

（陈燕安）

【中关村至臻环保中标清水塘污染土壤集中处置中心项目】 6 月 8 日，中关村至臻环保与江苏大地益源环境修复有限公司联合体中标世界银行株洲市清水塘污染土壤集中处置中心项目，共同建设该处置中心的主体工程和配套设施。中心建成后预计年处理 20 万立方米污染土壤。清水塘区域环境治理工程是国内受世界银行资金支持的大型重金属污染修复示范项目，治理要求严、验收标准高。

（陈燕安）

【中关村至臻环保参展中国国际环保展览会】 7 月 13—15 日，由中国环境保护产业协会主办的第十九届中国国际环保展览会在北京举办。在环保展中，中关村至臻环保围绕“赋能国家减污降碳绿色转型、展示中关村环保科技创新智慧”主题，通过“2 模型、4 大屏、12 展板”的展示形式，展示公司全面的业

务体系和未来发展战略。“神木兰炭园区酚氨废水集中处理工程”“长治钢厂烟道灰资源化利用工程”沙盘，“流域水质预报与达标管理智能系统”展板等全面展示中关村至臻环保未来科技创新服务平台和低碳发展战略。生态环境部、中国环境科学研究院、中国环境监测总站等负责人先后参观展台和指导工作，并听取中关村至臻环保业务现状及发展战略的相关介绍。

（陈燕安）

【绿色低碳创新服务中心成立】 7月14日，以“汇聚科技创新力量·助力低碳产业发展”为服务目标的“绿色低碳创新服务中心”在第十九届中国国际环保展览会中关村至臻环保展台发布。中关村环促中心联合北京中创碳投科技有限公司、中关村资本、中关村建投和中关村科服共同发起成立“绿色低碳创新服务中心”。中心是中关村至臻环保“大环保”产业平台的重要组成部分，旨在以服务中关村双创主体为核心，促进产业共性关键技术研发、科技成果转化及产业化，做好科技资源共享服务，推动重点领域项目、基地、人才、资金的一体化配置，着力打造全国绿色低碳领域的科技创新高地。

（陈燕安）

【中关村至臻环保中标理想汽车污水处理扩建项目】 11月30日，中关村至臻环保中标理想汽车常州基地污水站扩建项目。本次中标是继2016年承建理想汽车常州基地污水处理站后，与理想汽车的再度合作。该项目采用BOT模式，包括投资、建设、运营，运营期限为20年。

（理想汽车常州基地污水处理站）

（陈燕安）

【中关村至臻环保与道依茨签订合作意向书】 12月22日，中关村至臻环保与德国道依茨股份公司签订合作意向书。双方拟在氢能源高效应用领域开展长期合作，商讨共同在中国市场推广氢气内燃机技术的可能性，以氢气内燃机技术的应用助力“2030碳达峰、2060碳中和”目标实现。

（陈燕安）

AI标准评测和数据分享平台

【概况】 AI标准评测和数据分享平台设立于2020年12月，是中关村软件园为推动人工智能产业资源的共建共享和标准化管理研发的新一代人工智能资源开放共享平台，以数据资源为核心，发力数据评测标准化，打造服务共享、标准评测和产业转化的全新人工智能数据生态，通过建设开放、灵活、可扩展的AI开源数据平台，有效打破各行业数据系统界限，解决数据质量孤岛问题。同时，通过平台建设的 AI 数据质量评测和治理能力，可以促进中国人工智能统一规范的数据标准建设和完善的数据质量评测指标体系建设，解决中国各领域（包括语音、视觉、电信等）和各行业（通信、家居、金融、医疗、交通、教育等）人工智能发展过程中存在的数据质量问题。2021 年，平台收集不同行业领域数据集 23 万条，完成 3 项软件著作权申请。

（李军伟）

【平台收集数据信息约 23 万条】 2021 年，AI 标准评测和数据分享平台包括供需大厅与 AI 标准子系统、企业中心与订单子系统、数据集和算法商城子系统及用户管理子系统等组成部分，收集 5 个不同行业领域数据集约 23 万条，完全建成后可为至少 100 家企业提供人工智能芯片、算法、接口、自然语言处理、智能语音、计算机视觉等测试验证服务。

（李军伟）

中关村轨道交通产业服务平台

【概况】 中关村轨道交通产业服务平台设立于 2020 年 12 月，由北京中关村轨道交通产业发展有限公司联合首批产业服务机构共同发起设立。平台围绕丰台区千亿级轨道交通产业，发挥平台服务资源优势，以共建、共享、共赢的理念服务中关村轨道交通行业各类企业，打造产业服务生态。服务内容涵盖创新研发服务、检验检测服务、知识产权服务、投融资服务等多个类别。2021 年，打造中关村丰台园轨道交通产业服务联合体和创新驿站，针对轨道交通企业的研发、测试、孵化、中试等需求，围绕共性技术研发、产品创新、标准创制、集成开发、规模采购等关键环节开展上下游、大中小企业合作，联合国内 30 余家专业化服务机构，链接丰台创新中心等产业空间载体 10 余个，开展产业咨询、资质认证、空间载体、项目投融资服务 80 余项，进一步推动北京轨道交通产业开放协同创新，实现产业增量发展和创新升级。

（赵睿）

【轨道交通企业走进北交大专场招聘活动举办】 4 月 23 日，在丰台区委组织部、丰台区人力社保局和中关村丰台园管委会的指导和支持下，“智汇轨交 才聚丰台”轨道交通企业走进北交大专场招聘活动举办。活动吸引中国铁路通信信号股份有限公司、中铁建工集团有限公司、中铁投资集团有限公司、中铁工程设计咨询集团有限公司、交控科技股份有限公司、北京铁道工程机电技术研究所股份有限公司、龙铁纵横轨道交通科技股份有限公司、中关村轨道交通等多家园区轨交行业大型央企、国企和国际新锐企业参加，展示了丰台区轨道交通行业优势及发展前景，推动“政校企”联动多措并举，拓宽引才聚能渠道，聚集更多优秀高校毕业生加入丰台轨道交通行业企业。

（赵睿）

【北京智能制造项目国际合作对接会举办】 6 月 23 日，由中关村轨道交通承办的北京智能制造项目国际合作对接会在北京举办。会议通过搭建高互动、强联系的平台，探讨智能制造领域前沿发展趋势和领先科技，为行业带来新理念、新技术，促进智能制造领域国际新合作。

（赵睿）

【中关村轨道交通组织企业参加北京国际城市轨道交通展览会】 10 月 9 日，中关村轨道交通组织中铁高新工业股份有限公司、北京锦鸿希电信息技术股份有限公司、北京铁道工程机电技术研究所股份有限公司、北京弘燕高新技术有限公司、湖北亚欧震达科技有限公司、中建空列集团有限公司、北京主导时代科技有限公司、内蒙古青联智慧科技有限公司、法施达（大连）实业集团有限公司、北醒（北京）

光子科技有限公司、北京鼎兴达信息科技股份有限公司、北京中微普业科技有限公司等 12 家轨道交通相关企业以中关村展团形式参加 2021 北京国际城市轨道交通展览会，展示中关村轨道交通产业的新产品、新技术。

（赵睿）

【首届城市轨道交通青年科学家—企业家国际论坛举办】 10 月 10 日，由中关村丰台园管委会、北京市自然科学基金委员会办公室等机构主办，中关村轨道交通承办的 2021 中关村论坛系列活动之首届“城市轨道交通青年科学家—企业家国际论坛”在中关村丰台园交控大厦举行。论坛以“突破产学研联接创新链”为主题，来自政府、科研院所、高等院校、行业协会、企业的代表 300 余人参加。与会代表探讨轨道交通产学研协同创新、成果转化、创新模式及未来发展方向，并就青年科学家、青年企业家等青年群体对于行业作出的贡献，青年群体创新潜力，青年群体未来成长与产业创新等方面进行研讨与交流。论坛设置产品展示对接环节，中国科学院大气物理研究所等 18 家机构的 30 余项工业互联网、智能制造等数字化转型领域前沿技术产品进行展示。论坛还举行管理与创新实践国际圆桌论坛、人工智能与智慧轨道交通论坛、轨道交通数字新基建技术论坛及轨道交通基础研究协同创新论坛等平行分论坛，探讨行业创新发展之道。

（赵睿）

【中关村轨道交通国际创新创业大赛总决赛举办】 10 月 10 日，由中关村丰台园管委会、中关村科服主办，中关村轨道交通承办的 2021 中关村轨道交通国际创新创业大赛总决赛在中关村丰台园交控大厦举办。大赛以“创新引领 智享未来”为主题，来自企业、投资机构、科研单位的代表等 150 余人参加。大赛于 4 月 27 日启动，共征集来自德国、法国等 7 个国家及国内 18 个省市的 109 个项目，涉及通信、信号、运维、装备、企业服务、智慧城市和城市规划等领域，共 12 个项目进入总决赛。最终，北京交通大学国重官科教授团队的“高性能射线跟踪驱动的 5G 无线网络规优一体化系统项目”获创新组一等奖，北醒（北京）光子科技有限公司的“应用于轨道交通的 3D 长距激光雷达研发产业化项目”获企业组一等奖。

（赵睿）

【中关村轨道交通搭建专家智库】 2021 年，中关村轨道交通搭建专家智库。专家智库由从事轨道交通设计、科研、运营管理工作并具有较高理论水平和实践经验的龙头企业高管、高校院所院士、专家和学者、协会负责人组成，包括中国铁道科学研究院集团有限公司轨道交通领军人才、中国智能交通协会等 20 余名专家。专家智库通过整合产学研用等各类创新资源，开展产业研究，把握产业规律和需求，通过信息简报、专班、研究报告等形式向政府反映产业发展动态，在企业和政府之间搭建桥梁，

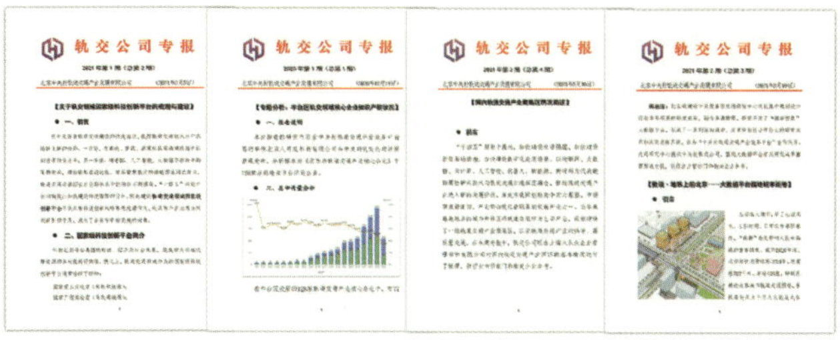

为政府出台相关政策、制定产业发展规划提供决策依据和支持。完成《丰台轨交产业发展规划报告》，为丰台轨交产业发展目标和思路提供战略支撑；初步形成《“碳达峰、碳中和”背景下北京市轨道交通装备产业发展报告》，对北京轨道交通装备研究起到支撑作用。

（赵睿）

中关村生命科学园生物药中试平台

【概况】2021 年 11 月，中关村生命科学园生物药中试平台竣工验收。平台聚焦大分子生物药的工艺开发与大规模生产，搭建智能化 GMP 生产抗体药物中试服务平台，建筑面积 5540.69 平方米，具备 SCADA 之类的数据采集、管理、监控等功能的智能化 GMP 生产环境，具体包括 cGMP 原液生产车间，以及与原液车间配套的无菌水针制剂生产车间和 QC 实验室，用于临床样品生产以及技术转移转化。

（谢泊晚）

【中关村生物药中试平台竣工验收】11 月，中关村生物药中试平台竣工验收，进入工艺调试运行阶段。平台建成后将具备年 40 批次 cGMP 样品的生产能力，既以 2000L 规模满足临床 3 期样品需求，也可灵活调整用 200−1000L，满足 IND 申报和早期临床需求，能同时为 10 个抗体新药 IND 申报项目以及 2—3 个临床Ⅲ期项目提供中试研发和生产服务支持，提供一站式生物制药开发与生产服务。

（谢泊晚）

中关村细胞与基因治疗创新孵化平台

【概况】2021 年，中关村细胞与基因治疗创新孵化平台竣工，由中关村生命科学园负责建设。该平台建设含“基因治疗病毒载体生产”和“细胞治疗产品生产”的通用型模块化的工艺开发与中试研究平台，包括质粒中试生产线、病毒 PD 工艺开发线、病毒中试生产线及细胞生产平台等，符合中国、美国、欧洲对细胞与基因治疗药物生产厂房的要求。

（谢泊晚）

【中关村细胞与基因治疗创新孵化平台竣工】11 月，中关村细胞与基因治疗创新孵化平台竣工验收，进入工艺调试运行阶段。平台建成后，每年可承接 15—20 个中试临床样本研发服务项目，满足中关村基因与细胞治疗产品Ⅱ期临床前实验 50% 左右的市场需求。平台按功能划分为质粒生产区、病毒生产区、细胞生产区、质量控制区、公用工程区、仓储区和办公区等独立区域。该平台病毒生产线全部采用一次性的生产工艺，从资本支出、运营费用、转换产出、空间占有等角度，可极大地拓展生物制药的能力，提高空间利用率，加速项目的快速迭代。

（谢泊晚）

中关村 AI 新药研发平台

【概况】2021 年，中关村 AI 新药研发平台落成。平台筹建于 2020 年 12 月，位于中关村生命科学园，由中关村生命科学园与角井（北京）生物技术有限公司共同发起建设，旨在帮助制药企业快速进行药物靶点发现和筛选、药物作用机制探索、特异性抗体优化等工作，这也是国内首个将人工智能技术与生物医学技术相结合的全新药物研发平台。中关村 AI 新药研发平台以人工智能（AI）为引擎，以新一代生物实验技术为驱动，开展高通量样本处理、大规模细胞培养、高通量检测服务、AI 辅助药物设计、

AI 辅助靶点发现等关键技术的突破，搭建高通量生物技术平台、AI+ 大数据平台等创新平台，在 AI 药物研发领域开展创新能力建设。通过购置自动 PCR 仪、可编程自动化平台、基础自动化平台、全自动酶免工作站、荧光凝胶成像仪等设备，搭建良好的研发测试环境，满足项目关键技术、药物研发试验需求。

（谢泊晚）

【中关村 AI 新药研发平台落成】 12 月 19 日，由中关村生命科学园与角井（北京）生物技术有限公司共同发起建设的中关村 AI 新药研发平台在中关村生命科学园举行落成仪式。中关村 AI 新药研发平台包含高性能计算中心、高通量自动化设备、药物验证实验室等功能模块，能够实现数据生成—算法训练—湿实验验证的药物发现全流程工作。平台致力于孵化基于 AI 和大数据的药物筛选与评价新技术，加快 AI+ 大数据辅助小分子药物、抗体药物、基因治疗、细胞治疗和疫苗等产品的开发，并面向全球提供 AI 和大数据药物研发新技术、新平台和早期临床产品的生产服务，以及提供创新产业孵化服务，并在靶点发现、药物优化、临床转化、投融资服务方面进行拓展。

（谢泊晚）

知识产权服务

【概况】集团知识产权服务主要依托下属子公司北京知识产权运营管理有限公司（简称北京 IP）开展。自 2014 年 7 月成立以来，北京 IP 打造了符合首都特点的全链条、管家式知识产权服务体系，以“确权—评权—债权—股权—易权—维权”知识产权全生命周期服务赋能科技创新 0−1、1−100 转化，主营业务包括知识产权大数据解决方案、高价值专利培育转化、知识产权金融、知识产权维权保护，其他孵化服务包括知识产权交易许可、产业链上下游资源对接、专业园区落地、政策辅导培训、活动策划宣传等。2021 年，通过专利大数据、高价值专利培育、质押融资、维权保护等手段，累计支持服务企业 100 多家次，服务对象包括腾讯、小米、工商银行等头部企业，近 30 家专精特新企业。全力服务“两区三平台”、京津冀协同发展等重大任务，完成怀柔科学城管家项目，落地顺义、天津滨海两个风险处置资金池，国家专项首支高价值专利培育基金设立，“智融宝 2.0”盘活企业核心专利 50 多项，承办中关村论坛知识产权平行论坛，获国家级技术与创新支持中心（TISC）、北京市成果转化首批典型案例，以知识产权赋能科技创新 0−1、1−10 转化，助力知识产权强国示范城市建设。截至 2021 年底，累计运营高校院所优质专利 3.2 万多件，联合海淀、顺义、天津滨海分别建设三个风险处置资金池（总规模 8000 万元），盘活企业核心知识产权 1300 余项，出具高端医疗器械、人工智能等高精尖产业报告近 100 份，提供专利大数据智能分析近 2 万次，知识产权融资服务突破 10 亿元。

（范芮芮）

【北京 IP 首个专利维权项目胜诉】2 月 4 日，北京 IP 首个支持企业知识产权维权项目胜诉。国家火炬计划重点高新技术企业新华都特种电气公司的子公司北京新特电气有限公司先后收到国家知识产权局 2 份专利无效宣告请求审查决定书：一份宣告北京新特的竞争对手上海北变科技有限公司的专利全部无效，另一份宣告北京新特的专利全部维持有效。在应对此次专利无效的过程中，北京 IP 联合知识产权维权保护协同体成员汉坤律师事务所，通过专利分析和技术分析，判定北京新特自身技术过硬，又通过维权资金、法律服务等综合支持，为案件取得胜诉结果提供了专业保障。

（孙天航）

【北京 IP 与顺义区共建知识产权质押贷款风险处置资金池】3 月 24 日，北京 IP 与顺义区政府合作共建知识产权质押贷款风险处置资金池。资金池规模 2000 万元，对企业以专利为主要质押物的银行贷款进行风险补偿，进而引导金融机构支持科技企业专利质押融资发展。该资金池重点支持具有核心技术或拥有自主知识产权、产品和服务的科技企业，主要质押物中必须包含至少 1 项专利。财政资金与北京 IP 各承担风险补偿的 50%。企业还款后可通过申请顺义区市场监管局知识产权质押融资成本补贴政策、中关村管委会知识产权贴息等补贴政策，最终融资成本可低于 2%。2016 年，北京 IP 与海淀区政府共建全市第一个知识产权质押贷款风险处置资金池，顺义资金池是在北京市设立的第二个资金池。

（杨凯东）

【“智融宝 2.0”落地】3 月，中关村知识产权质押融资线上申请通道启用，“智融宝 2.0”亮相。“智融宝 2.0”是北京 IP 针对中关村企业资产构成中知识产权占比较大、融资需求迫切等特点，围绕传统金融机构知识产权价值判断、质物处置能力不足等问题，在试点工作经验基础上进行的全新升级。产品由北京 IP 联合北京市主要担保公司、银行等金融机构，主要面向具有自主知识产权的高科技企业，以企业或实际控制人名下的知识产权作为唯一质押资产，具有以下优势：市场化运作，更多中小微企业受益；知识产权金融分工协作，企业融资成本再降低；采用双重评价体系，知识产权价值更凸显；强化知识产权运营，探索违约质物处置。截至2021年底，“智融宝”累计放贷180余笔，放贷金额近8亿元，盘活企业核心专利1300多项，促成版权拍卖交易10余笔。

（杨凯东）

【北京IP编制完成《浙江桐庐医疗器械产业专利导航分析报告》】 3月，由北京IP编制的《浙江桐庐医疗器械产业专利导航分析报告》完成。2020年，桐庐县市场监管局与北京IP达成“医疗器械产业专利导航分析项目”合作协议。北京IP基于专利大数据的全球海量数据资源和科技创新情报分析，客观反映和揭示全球医疗器械产业发展趋势和特点，并围绕浙江桐庐重点发展关键技术，通过国内外技术趋势比对、国内主要省市发展比对分析，从技术创新角度提出桐庐未来需要重点关注的内容，并从产业布局、研发路线、产学研合作、专利预警及关键技术追踪等方面提出发展建议。

（张晓红）

【仁创科技获北京市发明专利奖】 4月20日，京津冀促进知识产权运用工作会暨北京市发明专利奖颁奖大会举行，36项发明专利获得表彰，涵盖人工智能、生物医药等十大高精尖领域。北京IP服务企业北京仁创科技集团有限公司的“采油用覆膜石英砂压裂支撑剂（专利号：ZL200410001002.9）”获三等奖。2021年，北京IP以仁创科技为投资对象，与其签订维权投资合作协议。投资资金专门用于该集团及其控股子公司所涉及的专利维权案件及其关联专利无效案件，提供一站式维权保护解决方案，解决企业在诉讼过程中的费用问题，对接专业律师团队助其开展诉讼维权工作。

（周敏）

【北京IP“入园惠企”走进中关村工业互联网产业园】 4月23日，北京IP组织专家团队开展“入园惠企”活动，上门为企业送知识产权培训和服务。首场活动在中关村工业互联网产业园启动。参加活动的有优铸科技（北京）有限公司、北京华汽工程技术研究院、中航信移动科技有限公司、北京首钢朗泽新能源科技有限公司等4家企业，来自新能源、机械工程、信息服务等领域，覆盖初创至成熟的不同阶段企业。活动围绕会员单位就知识产权运营相关问题与专家们进行交流，北京IP知识产权运营服务协同体专家团队为企业在知识产权创制、保护、管理及运用过程中遇到的问题出谋划策。

（周霖霞）

【北京IP为数字中国创新大赛提供知识产权金融支持】 4月23日，在福建举办的2021数字中国创新大赛·集成电路赛道、首届全国集成电路“创芯大赛”上，集成电路赛道除大赛主办单位、承办单位提供奖金等支持外，北京IP作为大赛协办单位，推出中关村知识产权质押融资2.0，为参赛项目提供“知识产权质押贷款+投贷联动+知识产权管家”全链条服务，助推企业快速成长为专利优势型科技小巨人。

（范芮芮）

【北京IP参加“汇聚知产菁华，企业产业共进”培训会】 4月23日，由市知识产权维权援助中心指导、汇龙森科技园工作站主办的“汇聚知产菁华，企业产业共进”培训会举办。培训会以“高科技企业知识产权运营实践”为主题，围绕“什么是IP运营”“IP运营的策略”以及“北京IP业务”等内容进行介绍，剖析企业普遍存在的知识产权难题，提醒企业要重视IP运营，并通过IP运营示意图的方式，为企业以知识产权运营盘活存量资产提供解决方案。北京IP为来自生物医药、医疗器械、新一代信息技术、新材料产业的20余家北京经济技术开发区企业进行专题培训，并在答疑交流环节为园区企业解惑。

（范芮芮）

【北京 IP“入园惠企”走进京西 AI 园·智能文创园】 4 月 26 日，由北京 IP 承办的“做好知识产权管理运用·护驾中小企业创新发展”知识产权日主题活动在中关村（京西）人工智能科技园·智能文创园举办。北京 IP 做主题演讲，与北京至格科技有限公司、北京金鸿泰科技有限公司等 20 余家企业代表现场交流，切实为中小企业在知识产权运营方面答疑解惑出实招，提高企业知识产权保护意识，调动企业科技创新的积极性。围绕以高科技企业知识产权运营实践为主题进行分享，结合各阶段企业在 IP 质押融资、IP 债权融资计划、IP 维权保护市场、文化 IP 加持拓展市场、IP 授权许可获益等知识产权运营上普遍存在的困惑给出了脱困思路。

（周霖霞）

【北京 IP“入园惠企”走进芯创大讲堂】 4 月 26 日，由北京 IP、中关村集成电路设计园和芯创空间联合主办的芯创大讲堂——知识产权日主题活动在中关村集成电路设计园举办。中关村双创人员、园区及孵化器企业代表 20 余人参加活动。在演讲环节，北京 IP 以“科技金融的知识产权出路”为主题进行分享，以知识产权质押融资为出发点，从知识产权金融的政策、市场发展、融资类型、融资要点等方面，详细介绍知识产权金融路径及企业 IP 策略。以“知识产权管理——硬科技企业的标配”为主题分享知识产权类型、企业知识产权管理范畴等 IP 有关基础知识，并就知识产权常见问题进行解析。活动现场还安排抽奖环节，获奖企业可获得由北京 IP 量身定制的《企业知识产权竞争分析报告》，报告有针对性地从专利视角透视特定企业技术及专利竞争力。

（章谦、赵博慧）

【知识产权金融主题活动举办】 5 月 27 日，由顺义区市场监管局、北京 IP 联合主办的知识产权金融主题活动在洪泰智造（顺义）中心举办。北京 IP 组织知识产权服务协同体单位北京杨丽萍咨询公司、北京润捷知识产权代理公司围绕顺义区科技企业重点关注的知识产权质押融资、知识产权贯标、高价值专利培育等问题组织开展专业培训，以期提高企业知识产权保护运用意识。北京升华电梯集团有限公司等 20 余家企业代表参加活动。北京 IP 为园区企业分享知识产权质押融资产品，重点介绍北京 IP 特色产品，“智融宝”业务模式、产品要素，并分享了顺义区知识产权质押融资补贴政策，解决企业融资难、融资贵的问题。会后，北京 IP 联合“智融宝”合作机构面对面为园区企业进行一站式知识产权金融服务。

（吕鹏飞）

【“智融宝”线上快贷版推出】 6 月 2 日，北京 IP 联合中关村科技担保推出“智融宝”线上快贷版，解决一批科技型中小微企业无形资产融资需求，实现线上申请、快速批贷、快速放款三大优势，打造一站式知识产权融资通道。

（杨凯东）

【北京 IP 参加全球医疗器械知识产权峰会】 6 月 2—4 日，由 YIP Events & 知产前沿新媒体主办的全球医疗器械知识产权峰会 2021 在深圳召开，主题为“国产替代加速下医疗器械创新与知识产权策略”。

会议主要围绕创新医疗器械申报的专利策略，中国、美国及欧洲主要国家和地区专利审查，授权标准及差异，医疗器械侵权诉讼与司法保护，知识产权布局与研发破局，商标侵权，非法水货，中国及美国商业秘密保护规则及差异，智慧医疗下的医疗器械企业专利布局及数据合规，网络安全等前沿问题展开讨论。300余位医疗器械IP人士参加，800余人通过线上观看大会直播。北京IP受邀参加大会，与知识产权从业人员共同探讨中国医疗器械创新发展下的知识产权保护的新时代变革与应对，推进中国医疗器械产业创新发展。

（张晓红）

【北京IP助力“创客北京”创新创业大赛】6月16日至10月19日，由市经济和信息化局、市财政局、顺义区政府主办的第六届“创客中国”北京市中小企业创新创业大赛暨“创客北京2021”创新创业大赛在顺义区举办。北京IP作为北京市中小企业公共服务示范平台是承办单位之一，开展窗口平台赛事的组织实施工作，对于符合条件的优秀企业项目经过选拔推荐晋级区级赛区，跟踪宣传报道大赛盛况。大赛结束后，北京IP继续为参赛企业提供贴心、周到、含金量高的“智融宝”知识产权质押融资、知识产权大数据（如创新主体技术跟踪、产业专利导航、知识产权尽职调查、拟上市企业知识产权辅导等）、知识产权维权保护、高价值专利创制培育等IP全链条服务和信息咨询服务。

（范芮芮）

【北京IP“入园惠企”走进中关村软件园孵化器】6月17日，由北京IP联合世界知识产权组织中国办事处、中关村软件园孵化器公司主办的知识产权“入园惠企”走进中关村软件园孵化器活动举办。活动围绕在孵科技企业重点关注的商标国际注册马德里体系、知识产权质押贷款操作实务“智融宝”、知识产权保险试点情况、专利申请优先审查推荐政策解读等问题进行介绍，意在帮助企业增强专利风险预防和应对能力，建立有效的风险防御和应对措施。会上还介绍了北京IP知识产权维权保护、知识产权大数据、知识产权金融、知识产权股权投资等业务情况。近30家企业的代表参加活动。

（周霖霞）

【北京IP获怀柔科学城知识产权服务管家项目指定服务机构】6月22日，由中关村知识产权促进中心主办的中关村国家知识产权制度示范园区知识产权服务管家项目启动会举办。怀柔科学城、未来科学城、中关村昌平园、中关村顺义园、中关村石景山园等10个园区管委会相关负责人，以及承担知识产权服务管家项目的服务机构负责人参加会议。北京 IP 获“中关村国家知识产权制度示范园区（怀柔科学城）知识产权服务管家项目”指定服务机构，并与中关村知识产权促进局、怀柔科学城管委会签署服务管家项目三方合作协议。知识产权服务管家项目是中关村知识产权促进中心与“三城一区”和中关村分园区联合推进知识产权工作的一项重要举措。北京 IP 通过知识产权维权保护、知识产权大数据、知识产权金融、知识产权股权投资等特色服务，做好怀柔科学城管家服务，为科学城企业和九大交叉平台提供科技情报支撑，提供促研发、促转化、促高质量发展的 IP 全链条服务。

（周霖霞、曾圆圆）

【知识产权质押贷款风险处置资金池首笔贷款落地】 7 月 5 日，位于中关村顺义园的中科富创（北京）智能系统技术有限公司通过中关村知识产权质押贷款创新产品“智融宝 2.0”质押 3 件专利，获得 1000 万元银行贷款，标志着基于顺义区知识产权质押贷款风险处置资金池的首笔贷款落地。

（吕鹏飞）

【北京 IP 参加“科学城公司大讲堂”系列讲座活动】 7 月中旬，北京怀柔科学城建设发展有限公司组织“科学城公司大讲堂”系列活动。北京 IP 以“基于专利大数据分析的科技服务支撑”为主题进行分享，与科学城公司员工就知识产权创造、运用、保护和管理等方面进行交流探讨。讲座从知识产权“三大金刚”——专利、商标、著作权的立法及差异性进行讲解。重点介绍了构建关键核心共性技术专题库，可供科研人员开展核心技术攻关，达到多维度专利分析功能，并可视化展示，跟踪国内外技术布局，分析企业技术需求，规避侵权风险的目的。

（张晓红）

【北京 IP 与杭州银行签署战略合作协议】 7 月 30 日，在杭州银行科创金融（北京）中心成立仪式上，北京 IP 与杭州银行北京分行签署战略合作协议。来自市地方金融监管局、市科委、市经济和信息化局、东城区政府、杭州银行、中关村发展集团等相关负责人参加仪式。这是“智融宝 2.0”首个落地的“银行 +IP 运营”直接服务科创模式。该模式强化知识产权与金融分工协作，贷款额度高、审批环节少、批贷效率高，能及时有效填补科技企业资金缺口，加速知识产权质押贷款业务规模化发展。此次与杭州银行的业务合作，“智融宝”可为企业提供最高 4000 万元、补贴后综合融资成本约 3% 的融资支持；北京 IP 为杭州银行知识产权质押贷款业务提供知识产权分析、处置、风险分担等支持。

（杨凯东）

【北京 IP 中标专利导航项目】 8 月，北京 IP 中标中关村科学城管委会（中关村海淀园管委会）采购的中关村知识产权保护中心智能制造领域专利导航项目。北京 IP 基于专利大数据中的技术、法律、市场等科技情报信息，利用人工智能、大数据等先进技术，分析全球智能制造领域知识产权发展现状，并聚焦海淀区和中关村国家自主创新示范区一区十六园产业发展状况，反映智能制造领域核心专利分布情况，预测未来市场需求热点，分析智能制造覆盖产业未来的创新方向和发展重点，研究智能制造领域的知识产权竞争环境及特点，提出细分领域知识产权发展路径的相关建议。该项目还将深化知识产权与产业融合研究，形成《人才引进目录》《知识产权保护重点企业目录》等报告，以期为中关村知识产权保护中心开展工作、提高运营能力提供参考，为产业相关企事业单位引进人才提供方向指导，为政府有关部门科学决策提供重要支撑，助力科技园区打造知识产权保护高地。

（蒯慧）

【北京市畅融工程知识产权质押融资培训举办】9 月 1 日，由市地方金融监管局主办、北京 IP 承办的北京市畅融工程知识产权质押融资培训举办。360 数科、慧智科技（中国）有限公司、北京云图科技有限公司、北京世天科技股份有限公司等 80 余家科技型中小微企业，以及农业银行北京自贸试验区分行、江苏银行北京分行、天元律师事务所等 10 余家金融机构和知识产权服务机构参加线上或线下活动。会上，宣讲嘉宾宣讲了知识产权金融助力企业发展情况，并介绍了北京 IP 主导的知识产权质押融资产品——“智融宝”。截至 9 月 1 日，畅融工程已服务金融机构 3200 余家次，对接企业 6000 余家次，参加人数超过 15300 人次。本次培训是畅融工程第

165 场活动。（畅融工程是市金融监管局落实北京市委市政府关于优化金融营商环境、改善企业融资环境的工作部署而牵头开展的一项常态化融资对接活动。）

（章谦）

【北京 IP 与中国研究型医院学会签署战略合作协议】9 月 11—12 日，在由中国研究型医院学会主办的 2021 中国研究型医院高峰论坛上，北京 IP 与中国研究型医院学会签署战略合作协议。双方通过整合资源、共建平台等方式，推进医院优质科技成果转化、孵化、项目融资、推广应用，在知识产权维权保护、知识产权研究课题、知识产权培训等方面提供服务支撑。年内，学会与北京 IP 联合进行了“专利视角下的医院创新转化贡献率分析”，发现践行研究型医院建设理念的 214 家学会会员单位虽仅占中国大型医院的 5%，但其优秀级专利数占到 31.4%。

（张晓红）

【北京 IP 参加《探秘独角兽》发布会】9 月 15 日，在北京广播电视台财经频道《探秘独角兽》发布会上，北京 IP 做“独角兽与知识产权”的主题演讲。本次发布会围绕“聚焦独角兽 · 开创大未来 · 新经济新动能”的核心主题，来自中国证监会、北京广播电视台、北京知识产权运营机构、金融界、投资界的嘉宾，以及新一代信息技术、航空航天领域的企业家、商业领袖、行业专家等共话新经济时代的独角兽。在主旨演讲环节，北京 IP 针对备受热议的知识产权和专利技术，从宏观角度分享独角兽企业的认定标准。会上开启《探秘独角兽》栏目。

（周霖霞）

【北京 IP 入选北京市科技成果转化首批典型案例】 9 月，北京市促进科技成果转化议事协调联席会办公室编制的《科技成果转化工作操作指南》对外发布，为政府设立的研发机构、高等院校、医疗卫生机构成果转化管理机构和科研人员开展科技成果转移转化工作提供参考和指引。同期发布的还有《科技成果转化工作典型案例集》。该案例集包括在京研发机构、高校院所、医疗卫生机构、创新型企业、专业服务机构，以及相关区推动科技成果转化的首批典型案例 31 个，其中部分案例为《北京市促进科技成果转化条例》实施后的“首例”案例。北京 IP 作为唯一知识产权运营机构入选首批典型案例。

（隋雨轩）

【北京 IP 首个国家级创新平台技术与创新支持中心获批】 11 月 25 日，国家知识产权局“技术与创新支持中心（TISC）及高校国家知识产权信息服务中心交流研讨活动”在京举办，世界知识产权组织（WIPO）、教育部、国家知识产权局相关负责人参加，北京 IP 作为在华第四批 TISC 合作机构应邀出席并参加了 TISC 机构授牌仪式。10 月 21 日，国家知识产权局发布《国家知识产权局关于同意第四批技术与创新支持中心（TISC）正式运行的通知》，北京 IP 技术与创新支持中心（TISC）获得世界知识产权组织（WIPO）和国家知识产权局授牌，成为 WIPO 在华设立的第四批 50 个 TISC 运行单位之一。技术与创新支持中心（TISC）是世界知识产权组织（WIPO）发展议程框架下的项目，旨在帮助发展中国家的知识产权和创新用户提升技术信息检索能力，更快地掌握行业动态和新技术信息，帮助其增强创新能力。北京 IP 的《新冠病毒诊断技术专利数据洞察》系列报告作为优质服务案例入选国家知识产权局公共服务司发布的“2021 年 TISC 机构知识产权信息服务优秀案例”。

（隋雨轩）

【北京 IP 通过市级中小企业公共服务示范平台复评】 12 月 3 日，市经济和信息化局对外公布北京市中小企业公共服务示范平台和小型微型企业创业创新示范基地的复评结果，北京 IP 通过市级中小企业公共服务示范平台复评，成为本次唯一取得该资格认定的知识产权运营机构。

（曾圆圆）

【北京 IP 子公司入驻科创中国知识产权服务中心】 12 月 18 日，科创中国知识产权服务中心在天津滨海高新区启动，是“科创中国”品牌在知识产权科技服务领域以政府引导、企业经营、市场化运作的重大创新示范。北京 IP 子公司——北知（天津）知识产权运营管理有限公司携手北京杨丽萍咨询有限责任公司、九鼎至信（北京）信用管理有限公司、中关村天合科技成果转化促进中心、北京九八五高科技产业发展有限公司等 10 余家中关村优质服务机构首批入驻。（2020 年，北京 IP 与天津滨海高新区达成战略合作，将“智融宝”模式复制天津，搭建符合天津产业特点的知识产权全链条服务体系，为本地科技中小微企业提供一站式服务。2021 年初，北京 IP 京外第一家子公司落户天津。9 月，京津知识产权质押贷款风险处置资金池正式启动，首期规模 2000 万元。）

（周敏）

【首届“北京动漫游戏 IP 品牌榜”发布】 12 月 23 日，

由北京动漫游戏产业协会、北京 IP、北京产权交易所、北京银行等联合主办的首届“北京动漫游戏 IP 品牌榜”在北京石景山游乐园发布。本次活动共收到来自腾讯、哔哩哔哩、中文在线、中国石油报社、航天文创、完美世界、爱奇艺、一间宇宙等 86 家企业的 152 项参评作品，挖掘出一大批优秀的动漫游戏产品。最终，“梦间集”“吾皇万睡““镇魂街”“冰海战记”“蔬菜精灵”“刺客伍六七”“凹凸世界”“阿狸”“绝顶”“一品芝麻狐”获得首届“北京动漫游戏 IP 品牌榜”十大优秀 IP 品牌。

（马超）

【北京 IP 与微创联盟签署战略合作协议】 12 月 25—26 日，在北京举行的第十三届中国微创介入医学学术大会（2021 CMIC）上，北京 IP 与国家肿瘤微创治疗产业技术创新战略联盟签署战略合作协议。双方全方位整合彼此优质资源，通过信息实时互通、资源优化配置、项目充分共享，实现相互赋能，推动双方在各自服务领域实现多元化跨越式发展。北京 IP 将立足医疗产业技术创新与发展，在肿瘤微创相关技术标准制定、相关认证标准制定、标准与知识产权融合、知识产权创制运营等方面，为企业、高校、科研院所等联盟成员单位提供知识产权评价评估、知识产权质押融资、知识产权维权投资、科创企业股权投资、知识产权维权保护、专利池建设及管理等综合服务。在尖峰论坛环节，北京 IP 负责人围绕医疗器械“卡脖子”技术等热点话题与参会嘉宾展开讨论，以专利视角对中国医疗器械领域自主创新面临的痛点、难点进行剖析，并提出建设性的解决方案，对医疗器械产业未来前景及机遇进行了展望。

（马超）

【智能传感器高价值专利培育运营·微论坛首期活动启动】 12 月 28 日，北京 IP 启动智能传感器高价值专利培育运营·微论坛活动，同时举办首期微论坛。论坛由国家知识产权运营公共服务平台、北京工业发展投资管理有限公司、怀柔仪器和传感器公司联办，中关村协同基金、中关村微纳能源、中关村集成电路设计园、中关村芯园、中关村芯创集成电路基金、中关村前沿基金等协办，旨在搭建聚焦智能传感器产业的交流研讨、协同创新专业平台，更好地服务于北京打造传感器硬科技产业基地、建设知识产权强国示范城市。论坛邀请北京大学集成电路学院教授、MEMS 研究所所长杨振川教授就智能传感器技术前沿产业动态进行专题授课。线上、线下约 50 人参加首期活动，并围绕智能传感器产业、MEMS 产业的发展趋势和热点、高价值专利培育手段和服务对象等具体问题进行研讨。北京 IP 向杨振川颁发专家聘书，扩充国家专项专家智库。

（王洋）

创新孵化

【概况】2021 年，集团持续实施孵化器专项提升方案，新设 4 个孵化器，孵化器新增毕业企业 460 家。截至 2021 年底，集团运营孵化器 37 家，孵化器累计毕业企业 2771 家，期末在孵企业 1562 家。

表 14　2021 年中关村发展集团孵化器情况一览表

单位：平方米

序号	孵化器名称	成立时间	建筑面积	运营单位
1	中关村国际孵化器	2000.12	21628.55	北京中关村国际孵化器有限公司
2	中关村软件园孵化器	2001.11	34246.82	北京中关村软件园孵化服务有限公司
3	中关村兴业（北京）高科技孵化器股份有限公司	2002.09	37825.03	中关村兴业（北京）高科技孵化器股份有限公司
4	中关村生命科学园孵化器	2003.07	56000	北京中关村生命科学园生物医药科技孵化有限公司
5	马池口埝头孵化器	2007.05	24830	北京兴昌高科技发展有限公司
6	丰科世纪孵化器	2014.03	32000	北京丰科世纪科技孵化器有限公司
7	中关村虚拟现实空间	2014.12	1422.62	北京实创高科技发展有限责任公司
8	保定・中关村创新中心孵化器	2015.04	64000	保定中关村信息谷科技服务有限责任公司
9	北京高校大学生创业园（软件园）	2015.10	2852.06	中关村软件园人才基地培训中心
10	徐州中关村信息谷雨林空间（徐州软件园）	2015.10	28000	徐州信息谷资产管理有限责任公司
11	雨林空间	2016.07	14127.24	南宁中关村信息谷科技服务有限责任公司
12	中关村虚拟现实空间文化教育产业园	2017.01	5245.8	北京实创高科技发展有限责任公司
13	成都・中关村信息谷创新中心	2017.05	5237	中关村信息谷（成都）科技服务有限责任公司
14	生命智谷孵化中心	2017.05	21257.43	中关村医疗器械园有限公司
15	天津中关村雨林空间国际孵化器	2017.06	887.14	天津中关村科技园运营服务有限公司
16	银川・中关村创新中心雨林空间国际孵化器	2017.12	6548.86	银川中关村信息谷科技服务有限责任公司
17	济南・中关村信息谷创新中心	2018.03	16512	济南中关村领创空间科技有限责任公司
18	湖州・中关村信息谷创新中心	2018.07	5860	湖州领创科技服务有限责任公司
19	新泰雨林空间国际孵化器	2018.09	2664	新泰中关村信息谷科技服务有限责任公司
20	中关村微纳能源投资有限公司	2018.10	107878	中关村微纳能源投资有限公司
21	长春中关村雨林空间创业孵化基地	2018.11	200	长春中关村信息谷科技服务有限责任公司
22	中关村集成电路设计园芯创空间	2019.03	4410	北京芯创空间科技服务有限责任公司
23	中关村信息谷雨林空间国际孵化器（怀柔）	2019.05	3300	雨林生态（北京）科技服务有限责任公司
24	滁州中关村发展协同创新中心雨林空间国际孵化器	2019.06	200	安徽中关村信息谷科技服务有限责任公司

（续表）

单位：平方米

序号	孵化器名称	成立时间	建筑面积	运营单位
25	滨海中关村（天津自创区）创新中心雨林空间	2019.07	52017.41	天津中关村信息谷科技服务有限责任公司
26	中关村（京西）人工智能科技园·智能文创园	2019.10	10815	北京中关村京西建设发展有限公司
27	潍坊·中关村信息谷创新中心	2019.12	10900	潍坊中关村信息谷科技服务有限责任公司
28	青岛中关村信息谷创新示范基地	2020.01	10000	青岛中关村信息谷科技服务有限责任公司
29	沈阳·中关村智能制造创新中心	2020.01	14400	沈阳中关村信息谷科技服务有限责任公司
30	雨林空间国际孵化器	2020.10	379.66	南阳中关村信息谷科技服务有限责任公司
31	广州中关村信息谷雨林空间孵化器	2020.12	10975	广州中关村信息谷科技服务有限责任公司
32	雨林空间孵化器	2020.12	689	三明·中关村科技园运营服务有限责任公司
33	绵阳·中关村信息谷创新中心雨林空间国际孵化器	2020.12	293.46	绵阳中关村信息谷科技服务有限责任公司
34	中关村信息谷·温州创新中心雨林空间	2021.05	2325.22	温州中关村信息谷科技服务有限责任公司
35	赤峰中关村雨林空间孵化器	2021.05	15842	赤峰中关村信息谷科技服务有限公司
36	安溪中关村领创中心	2021.08	9782	安溪中关村领创空间科技服务有限责任公司
37	大连·中关村信息谷创新中心雨林空间国际孵化器	2021.10	1393.76	大连中关村信息谷科技服务有限责任公司

（伍孟然）

【南宁·中关村创新示范基地雨林空间入选国家级科技企业孵化器】1月20日，科技部印发《关于公布2020年度国家级科技企业孵化器的通知》，133家单位入选。其中，南宁·中关村创新示范基地科技企业孵化器——雨林空间入选，属综合类。

（滕琦诺）

【天安智慧获评“北京市诚信创建企业”称号】2月22日，2020年北京市诚信创建企业终审结果公布，中关村国际孵化器入孵企业北京天安智慧信息技术有限公司获“北京市诚信创建企业”称号。

（李军伟）

【2家孵化器入选北京市科技企业孵化器】3月1日，根据《北京市科技企业孵化器认定管理办法》规定，经形式审查、专家答辩评审、实地核查、名单公示等流程，82家机构被认定为2020年度第一批北京市科技企业孵化器，中关村软件园孵化器、中关村国际孵化器入选。

（李军伟）

【芯创空间孵化器二期揭牌】3月26日，由中关村集成电路设计园主办、芯创空间承办的“‘相约芯创共筑未来’芯创空间2021年开放日”活动在芯创空间孵化器举办，中关村集成电路设计园孵化器二期启动仪式同期举行，主办方、新入驻企业及应邀参会企业代表进行交流。中关村集成电路设计园介绍园区运营理念、目标、取得的成绩、入驻企业情况及未来进一步服务企业的各项特色措施；中关村科学城管委会对芯创空间孵化器一期所取得的成绩表示肯定，并对二期的发展充满期待。启动仪式后，中关村创业服务＋活动——芯创路演秀第九期暨2021第四届全国集成电路“创业之芯”大赛北京站举行，基于国产化芯片开发的数据流通与隐私计算解决方案、智绘地音预警系统、BOT人工智能一体机、智能组合导航控制平台、AIStar人工智能视觉生成、高精度抗干扰有机气体传感器、新一代数字光场芯片及其应用等7个优秀项目进行了路演。

（李松龄、曲显亮）

【中兴正远获北京市重大专项课题】4月13日，中关村国际孵化器入孵企业北京中兴正远科技有限公司与北京同仁医院、北京大学第一医院、北京世纪坛医院、北京友谊医院等多家单位，中标北京市医药创新品种及平台培育科技重大专项课题，课题研发总投入 1300 万元。北京市医药创新品种及平台旨在搭建一个以志愿者为中心的，全程信息化、智能化，适用于如药物 / 医疗器械临床试验、医疗新技术临床试验、研究者发起的临床研究等各类型临床试验的互联网信息平台，推动临床试验体系建设的革新，为中国创新药物研发参与国际竞争提供技术保障。

（李军伟）

【诺禾致源挂牌上市】4 月 13 日，中关村生命科学园孵化器入驻企业北京诺禾致源科技股份有限公司在科创板挂牌上市，股票代码“688315”，成为“NGS 科研服务第一股”。6 月，诺禾致源生物信息科技有限公司英国实验室获临床实验室良好操作规范（Good Clinical Laboratory Practice，GCLP）认证。

（谢泊晚）

【星亢原生物获得累计近亿美元融资】7 月 8 日，中关村生命科学园孵化器入驻企业北京星亢原生物科技有限公司宣布完成数千万美元 A+ 轮融资，累计融资额近 1 亿美元。本轮融资由元生资本领投，LYFE Capital 共同投资，原有投资方红杉中国、五源资本、云九资本、BAI 资本持续加码。融资持续用于公司创新药物管线的快速推进和扩充、人才团队的壮大，以及国际化商业合作的拓展。

（谢泊晚）

【中关村生命科学园孵化器获先进集体称号】8 月 9 日，《关于表彰北京市就业创业工作先进集体和先进个人的决定》发布，中关村生命科学园孵化器获“北京市就业创业工作先进集体”称号。

（谢泊晚）

【“昌聚杯”第四届“创业昌平”创业创新决赛举办】8 月 26 日，由中关村生命科学园孵化器承办的“昌聚杯”第四届“创业北京”创业创新大赛昌平区选拔赛暨第四届“创业昌平”创业创新大赛决赛在中关村生命科学园举行。大赛从 96 个参赛队伍中筛选出 20 个项目入围决赛，并分成“创新”“创业”两组进行比赛。最终，北京久安通氢能科技有限公司、北京唯公医疗技术有限公司分别获得“创新组”“创业组”一等奖。此项大赛既是“创业北京”的选拔赛又是体现昌平创业创新特点的区域赛，于 6 月启动，报名参赛项目总数达到 112 个，其中主体赛 96 个、专项赛 16 个。参赛项目涵盖医疗健康、人工智能、装备制造及新能源新材料等众多领域，涉及企事业单位科研人员、灵活就业人员和高校大学生等多个群体。

（谢泊晚）

【泰尔系统实验室到访中关村软件园孵化器】8 月 27 日，中国信息通信研究院泰尔系统实验室一行到访中关村软件园孵化器，与中关村软件园孵化器及在孵企业北京同源华安软件科技有限公司共同探讨国产基础软件行业发展态势及未来发展方向。实验室一行人对孵化器 5G 实验室、云端数字营销发布平台等进行实地参观，了解中关村软件园孵化器在 5G、人工智能、大数据等领域的发展现状及取得的成绩。中关村软件园孵化器负责人对孵化器的定位、“赛、会、营、孵、投”联动的特色孵化模式、管家式服务手段、“八大服务”平台的孵化生态服务体系，以及孵化器成立20年来取得的孵化成果进行介绍；泰尔系统实验室负责人对泰尔实验室的概况，覆盖支撑政府、标准引领、科研成果、仪器研发、平台建设等的业务类型，测试的业务类型和项目，为5G、物联网等新基建服务的情况进行了讲解，希望双方加强沟通交流，共同分享发展经验，加快推进产业发展。

（李军伟）

【金匙基因获安永复旦最具潜力企业奖】 9月23日，“安永复旦最具潜力企业”2021颁奖典礼暨高增长企业主题研讨会在上海举行。由安永专业团队和复旦大学管理学院专家学者组成的评选团，从未来成长性佳且能持续发展、全国性和国际化发展、具明显竞争优势等方面考量潜力企业的综合实力，最终在众多企业中评选出15家“最具潜力企业”、10家“最具潜力种子企业”。中关村生命科学园孵化器毕业企业北京金匙基因科技有限公司凭借核心能力展现及可观的发展潜力，获安永复旦最具潜力企业奖，且是唯一一家IVD（体外诊断行业）获奖企业。

（谢泊晚）

【清云智通入围中关村前沿大赛TOP 10榜单】 11月30日，在2021年中关村国际前沿科技创新大赛大数据与云计算领域决赛上，中关村国际孵化器入驻企业清云智通（北京）科技有限公司入围TOP 10榜单。其参赛项目“基于分子工程的自主智能优化控制平台SMART+”运用动态软测量建模和多变量模型辨识技术，支持软测量和控制的多模型运行，融合状态反馈控制与预测控制优点的动态控制算法，为复杂系统和开环不稳定系统的控制提供条件。

（李军伟）

【大学生创业板孵化培育基地落地中关村软件园孵化器】 12月9日，由中关村软件园孵化器与北京股权交易中心共同打造的大学生创业板孵化培育基地落地中关村软件园孵化器，并举行挂牌仪式。该基地为在孵企业引入北京四板融资服务通道，提供包括股债融资、集体登陆仪式、创业诊断、规范治理与培训、交易所参观学习等资本市场服务，以及为企业的发展提供政策支持。中关村软件园孵化器将以大学生创业板孵化培育基地为依托，汇集更多优质的政策、信息等资源，服务大学生创新创业，继续坚持开放合作，持续链接生态资源，在帮助创业企业规范健康发展、实现股权和债务融资、对接更高层次的资本市场等方面发挥重要作用，提供有效支持，助力更多大学生成功创业。

（李军伟）

【天津滨海中关村（天津自创区）创新中心获评市级科技企业孵化器】 12月21日，天津市科技局发布《关于公布2021年天津市科技企业孵化器认定名单的通知》，天津滨海中关村（天津自创区）创新中心入选。

（滕琦诺）

【中关村国际孵化器位列孵化基地综合评价第五名】 12月29日，由中国技术创业协会留学人员创业园联盟大会主办的第22届全国留学人员创业园网络年会在北京召开。大会以“新时代、新趋势、新作为”为主题，经联盟理事会表决通过，“中国留学人员创业园联盟”更名为“中国技术协会留学人员创业园工作委员会”，中关村国际孵化器总经理任工作委员会第四届理事会会长。会上，联盟与首都科技发展战略研究院共同发布《中国留学人员创业园区孵化基地竞争力报告（2021）》，在全国21个省、自治区、直辖市的孵化基地综合评价中，中关村国际孵化器位列第五名，在环境条件、运营管理、创业服务、人才集聚和孵化绩效等5个单项评价中位于前列。科技部、教育部、致公党中央、中国科协、北京市有关部门负责人以及各地人才和科技工作主管部门、留学人员创业园、创业服务机构的代表等

200 余人参会。

（李军伟）

【中关村生命科学园孵化器 13 家企业出孵】 2021 年，中关村生命科学园孵化器精准匹配科技企业的成长需求，集聚各类要素资源，提供创业场地、共享设施、技术服务、咨询服务、投资融资、创业辅导、资源对接等服务，降低创业成本与风险，提高创业成功率，孵化出一批高新技术企业，共有 13 家企业出孵，包括北京珅奥基医药科技有限公司、北京星亢原生物科技有限公司、北京图湃影像科技有限公司等一批优质企业。

（谢泊晚）

【中关村国际孵化器新增入孵企业 60 家】 2021 年，中关村国际孵化器新增入孵企业 60 家，期末在孵企业 183 家，从业人数约 2590 人；企业产值约 26.85 亿元，利润 7130.96 万元。截至 2021 年底，累计孵化企业 1100 家，其中留学生创业企业 780 余家、上市企业 13 家。13 家企业承担国家重大科技专项，615 家企业共获政府各项资金支持 2.2 亿元，193 家企业累计获股权投资 38.55 亿元，160 家企业获银行贷款 6.5 亿元。

（李军伟）

【中关村软件园孵化器新增入孵企业 62 家】 2021 年，中关村软件园孵化器新增入孵企业 62 家，期末在孵企业 148 家，从业人员约 2025 人；企业产值约 11.2 亿元。截至 2021 年底，累计孵化企业 1124 家，其中留学生创业企业 211 家、上市企业 12 家，3 家企业承担国家重大科技专项，127 家企业共获政府各项资金支持 0.48 亿元，63 家企业累计获股权投资 10 亿元，89 家企业获银行贷款 13.25 亿元。

（李军伟）

【大创园（软件园）新增入孵企业 15 家】 2021 年，大创园（软件园）新增入孵企业 15 家，年末在孵企业 40 家，从业人数约 478 人，21 家企业完成注册，产值约 2786.5 万元。在孵企业中国家高新技术企业 1 家、中关村高新技术企业 4 家、新四板挂牌 2 家。截至 2021 年底，大创园（软件园）累计孵化企业 121 家，其中国家高新技术企业 10 家、中关村高新技术企业 19 家、中关村雏鹰企业 9 家、金种子企业 5 家、新四板挂牌 5 家；累计 25 支团队获得融资，融资总额达 3.82 亿元；累计获得知识产权总量 377 项；获得国际大赛奖项 3 项、国家赛事奖项 32 项、省级奖项 62 项。

（李军伟）

【中关村生命科学园孵化器新增入孵企业 16 家】 2021 年，中关村生命科学园孵化器新增入孵企业 16 家，毕业企业 13 家。截至 2021 年底，孵化器共有企业 142 家，其中生物制药企业 60 家、医疗器械企业 26 家、医疗服务企业 15 家；孵化器企业已授权知识产权 1280 项，其中国内专利 348 项、国际专利 87 项，国内注册商标 499 项、国际注册商标 21 项，国内软件著作权 321 项、国际软件著作权 4 项。

（谢泊晚）

【中关村生命科学园孵化器组织创业服务活动 23 次】 2021 年，中关村生命科学园孵化器组织创业服务活动 23 次，累计服务企业 1026 家次，人数 1287 人。活动内容涵盖技术培训、财务金融、政策培训、知识产权、运营管理、人力资源、法律咨询等。其中，技术服务培训活动 5 次，内容涉及新药研发、前沿技术、细胞治疗及临床研究等多个领域。共邀请行业专家 13 位，参会企业达 510 家，参会人数约 600 人次。中关村生命科学园孵化器利用公司可经营性资源，满足企业不同发展阶段的需求，在企业和第三方机构推广相关套餐服务，与多家企业签订套餐服务协议，实现增值性服务收入。

（谢泊晚）

【芯创空间新增入孵企业 44 家】 2021 年，芯创空间新增入孵企业 44 家，共有在孵企业 50 家，其中认股权企业 29 家，毕业企业 5 家；全年共举办活动 18 场，参与人数达 300 余人。

（李松龄）

【163 家企业签约入驻天津滨海中关村（天津自创区）】2021 年，天津滨海中关村（天津自创区）创新中心新增签约企业 163 家。截至 2021 年底，创新中心累计签约 189 家，出租率 82.54%。入驻企业集中为人工智能、新一代信息技术、医疗器械等高新技术产业，持续跟进精密仪器加工项目，精益管理项目，环渤海汽车、人工智能设备改造项目，生物医药项目，中科科发项目作为储备项目。在已签约企业中，有国家高新技术企业 20 家、雏鹰企业 23 家；在孵化企业知识产权数量达 300 余项，其中专利 81 项。

（滕琦诺）

【徐州中关村信息谷雨林空间科技金融服务平台助力 52 家企业挂牌】2021 年，徐州中关村信息谷雨林空间科技金融服务平台服务 52 家企业挂牌江苏股权交易中心。其中，挂牌成长板企业 42 家、科技创新板企业 7 家、新三板企业 3 家。在 1 家企业挂牌新三板尽职调查中，累计帮助企业获扶持资金 520 万元。

（滕琦诺）

【致寻科技助力冬奥会花样滑冰运动训练】2021 年，中关村国际孵化器入孵企业北京致寻科技有限公司的“基于 UWB 技术的高精度实时定位系统”应用于冬奥会花样滑冰国家队的训练中，支撑运动训练工作的全过程管理，有效提高国家队花样滑冰训练质量，高效提升运动员竞技能力。致寻科技在冬奥首钢园区的花样滑冰训练馆内部署高精度定位基站，可实时采集运动员的冰上滑动轨迹以及实时速度，以动态的可视化数据展示运动员的训练情况，便于教练员和运动员有针对性地进行技术分析和技术调整。该定位系统能够提供每秒 30 次的采样频率、10 厘米的定位精度、极佳的性能，使花样滑冰教练员与运动员感受到了科技与体育的完美结合。

（李军伟）

【徐州中关村信息谷雨林空间新增入孵企业 4 家】2021 年，徐州中关村信息谷雨林空间孵化器新增入孵企业 4 家，累计在孵企业（创业团队）11 家，引入服务机构徐州创荣知识产权代理事务所入驻雨林空间科技服务平台，为园区企业提供知识产权代理服务及知识产权规划辅导。

表 15　徐州中关村信息谷雨林空间入孵创业团队一览表

序号	企业名称	入孵项目
1	江苏睿云信息技术有限公司	流浪图书馆共享公益阅读项目
2	聚米科技淘宝运营组	淘宝运营知识付费产品及分享服务平台项目
3	徐州畅学网络科技有限公司	萌宝鹿校园社区电商服务平台项目
4	徐州哈哈网络科技有限公司	营商环境服务直通车公众号平台项目
5	徐州领卓商务咨询有限公司	互联网保险金融服务平台项目
6	徐州蜂擎信息科技有限公司	基于段视频内容分享电商运营模式项目
7	徐州山和元网络科技发展有限公司	大学生创业大数据电商服务平台项目
8	江苏链盟软件信息技术服务有限公司	链盟软件服务 App 开发项目
9	江苏正奇电子商务有限公司	正奇电子商务平台开发运营项目
10	元创工场（江苏）教育科技有限公司	教育服务项目
11	向东文化传媒（徐州）有限公司	互联网新媒体运营服务项目

（滕琦诺）

科技咨询

【概况】 2021年，集团主要依托旗下北京市工业设计研究院有限公司（简称工业院）、中关村产业研究院开展科技咨询服务。工业院全年累计服务创新主体230家，提供各类服务项目1600家次。中关村产业研究院提供产业研究、项目落地解决方案、政策咨询、投资咨询、管理咨询等各类服务百余项；绘制智能制造、新一代信息技术、新材料、生物医药等高精尖细分产业图谱20余项；发表碳达峰、量子计算、大健康产业、前沿产业等专题研究300余项；联合知名商学机构提供产业发展、政策解析、创新创业辅导等商学培训5项。

（唐旭磊、张静）

【工业院获5件计算机软件著作权】 1月，工业院获5件计算机软件著作权，分别是“厂区无组织排放管控治一体化平台V1.0”“园区环境管控治一体化平台V1.0”“工业园区安全环境监控预警平台V1.0”“智慧园区综合管理平台V1.0”“化工园区有毒有害气体风险监控预警应急平台V1.0”。5件软件著作权是基于大数据、物联网、人工智能等核心技术，针对环境、安全、交通等领域的综合管理服务，为园区、工业厂区、工业企业等用户提供“一张网”“大平台”的统一决策分析平台，能够提升管理质量与效率，可应用于智慧城市和智慧园区的规划、建设、管理。

（唐旭磊）

【工业院京龙公司中标云溪华庭监理工程项目】 2月22日，工业院京龙公司中标云溪华庭监理工程项目。项目位于云南省昆明市，业主为实创房地产开发（昆明）有限公司，总投资11.5亿元，建筑规模23万平方米，中标金额575万元。

（唐旭磊）

【工业院咨询公司通过两项咨询服务单位资格认定】 2月，经市商务局、国家国际发展合作署认定，工业院咨询公司取得对外援助项目的项目咨询单位和评估咨询单位两项资格批复。通过资格认定的单位，可承担中国政府对外援助项目咨询服务任务。其中，项目咨询单位可承担援外项目预可行性研究、准备性技术研究、项目建议书编制、援外优惠贷款申请报告编制、重大战略项目融资方案编制和项目申请等立项前期咨询服务任务，评估咨询单位可承担援外项目可行性研究报告和项目建议书评估、援外优惠贷款申请报告评审、重大战略项目融资方案和项目申请报告评估、项目实施情况后评估任务。

（唐旭磊）

【工业院4个项目获全国优秀工程咨询成果奖】 3月5日，中国工程咨询协会印发《关于公布2020年度全国优秀工程咨询成果奖获奖项目名单的通知》，工业院的4个项目获奖。其中，工业院咨询公司承担的重点聚焦科技园区产业研究方向的成果“南宁·中关村科技园产业规划研究”和精心打造的评估评审成果“冬奥遗产成果评估与总结”获一等奖，深度参与雄安新区建设的研究成果“雄安高质量建设实验区（生活）项目可行性研究报告”获三等奖；工业院承担的助力首都高端汽车产业发展的研究成果“北京奔驰汽车有限公司重组北汽股份北京分公司制造升级改造建设项目可行性研究报告”获三等奖。

（唐旭磊）

【工业院助力天津中关村高端医疗产业园建设】 3月18日，天津中关村高端医疗产业园开工建设。工业院作为项目设计方，在园区设计和建设过程中融入空间设计弹性化、空间体验多样化、交通组织网络化、建筑元素本土化、管理保障智能化等创新理念，主要包括：植入多层次的景观，丰富场地季相变化和物种搭配，形成随着视线流动的多彩植物空间，结合慢行系统打造城市绿洲、园区绿肺；建筑色彩以科技白、科技灰、学院红为主基调，延续天津城市的传统色彩，传承历史文脉；建筑立面设计采用标准化设计，强调系统性、有机性、标准性，实现园区适度标志性和有效的成本控制。项目因设计理念先进、具有良好示范作用入围北京工程勘察设计协会“SHE·DESIGN”系列优秀案例。

（天津中关村高端医疗产业园效果图）

（唐旭磊）

【工业院服务亦庄燃料电池项目】 3月19日，工业院设计中心与华丰燃料电池生产基地及研发建设项目的建设单位签署项目全过程工程咨询合同，承担项目可行性研究、节能评价、环境影响评价、交通影响评价等工程咨询业务，并于4月21日收到设计中标通知书，承担工程设计工作。该项目由丰田汽车公司和北京亿华通科技股份有限公司联合投资建设，是丰田在海外设立的首个燃料电池研发中心和车用燃料电池量产化生产基地。项目的实施将有效促进开发区、北京市乃至我国的燃料电池研发和生产能力的提升，同时将构建起涵盖燃料电池系统的研发、生产、销售及售后服务的一体化产业基地布局，推动氢能产业链上下游企业在开发区的引入和发展，加速中国燃料电池车的商业化应用进程。项目的建设将推动北京市“十四五”规划中提出的“建设氢能高端装备产业园、燃料电池发动机生产基地和国际氢能示范区”工作目标的落地。

（唐旭磊）

【工业院咨询公司14个项目获北京市工程咨询优秀成果奖】 3月29日，北京市工程咨询协会印发《关于公布2020年度北京市工程咨询优秀成果名单的通知》，工业院咨询公司的14个项目获奖，其中一等奖3项、二等奖4项、三等奖7项。获奖项目类型包括规划咨询、项目咨询、评估咨询等业务板块，专业方向涵盖生态保护、智能制造、金融服务、文化创意、通信电子、新能源利用、市政建筑、农业林业等领域。

表16　2020年度北京市工程咨询优秀成果奖名单

序号	获奖等级	项目名称
1	一等奖	南宁·中关村科技园产业规划研究
2		冬奥遗产成果评估与总结项目
3		京津冀智能制造产业分工与布局研究
4	二等奖	发挥中关村房山园引领带动作用构建房山创新生态体系研究
5		集成电路产业关键技术突破及提升自主能力路径研究
6		北京燕东微电子有限公司燕东高速数据传输安全保护专用集成电路产业化项目后评价报告
7		雄安高质量建设实验区（生活）项目可行性研究报告
8	三等奖	北京制造业发展情况及国内外比较研究
9		京津冀产业配套问题研究
10		北京市面向科技创新的金融服务体系全频谱研究
11		回龙观体育文化公园南部场馆建设工程项目建议书（代可行性研究报告）评估报告
12		雄安新区容东体育中心项目
13		蔗叶养牛产业扶贫项目可行性研究报告
14		科学城和综合性科学中心国际研究

（唐旭磊）

【工业院取得土地规划乙级资质证书】 3月，经向北京土地学会申报，工业院取得《土地规划机构等级证书》乙级。该资质的取得是全面深入参与城市规划的先决条件之一，将延伸工业院在规划领域承接业务的范围，进一步提升市场竞争力。

（唐旭磊）

【三方战略合作协议签署】 4月1日，工业院、工业院咨询公司与易创新科签署战略合作协议。根据协议，三方将发挥各自优势，在业务上相互协同、技术上相互赋能、市场上相互支撑、事业上相互倚重，在集团“数智园区”战略落实中主动担当作为，携手研发新产品、开拓新市场。

（唐旭磊）

【北京汽车行业节水暨节能低碳研讨会召开】 4月28日，由北京汽车行业协会、北京汽车集团有限公司、工业院主办的北京汽车行业节水暨节能低碳研讨会在工业院举行。北京市相关业务主管部门的负责人及行业专家、北汽集团等整车企业及专用车制造企业和零部件企业代表30余人参加。市节约用水管理中心、市应对气候变化研究中心、市发展改革委节能环保中心等业务主管部门的相关负责人及行业专家宣传贯彻和解读节水管理、碳中和有关政策要求，对汽车行业提出响应建议，并与与会代表进行沟通、讨论。工业院还分享了其在工业节能领域的新技术。

（唐旭磊）

【工业院服务大兴基地污水处理站项目】 6月8日，工业院工程中心环保院承接的北京科兴中维生物技术有限公司大兴基地污水处理站（二期）项目通过验收并交付使用。该项目是科兴中维为新冠病毒疫苗生产在大兴厂区投产的二期工程，针对高浓度废水间歇排放，酸碱性、温度及水量变化大等特点，采用“接触氧化＋消毒”的处理工艺，不仅可有效处理生物制药生产废水，而且在保证出水稳定性的同时，还可进一步降低企业的运行成本。

（唐旭磊）

【中关村产业研究院中标市发展改革委采购项目】 7月14日，中国政府采购网发布《北京市发展和改革委员会高端产业功能区监测分析与提质增效路径研究成交公告》，中关村产业研究院中标。项目将围绕监测分析北京市高端产业功能区发展的基本情况，按月度、季度形成分析报告；研究分析高端产业功能区当前发展存在的主要问题与制约瓶颈；提出推动高端产业功能区提质增效的具体路径与政策措施建议；及时发现高端产业功能区发展中存在的趋势性问题，形成动态研究报告，为市发展改革委决策提供依据。

（张静）

【工业院中标新疆人才公寓代建项目】 7月，工业院中标新疆和田县、洛浦县人才公寓代建项目，中标金额305万元，合计建筑面积19157平方米。该项目为北京市援建项目，工业院将完成从项目立项开始至缺陷责任期结束的所有项目管理工作，实行全过程建设组织实施管理和投资管理。

（唐旭磊）

【工业院参展2021年服贸会】 9月2—7日，在2021年中国国际服务贸易交易会上，工业院参加由市住房城乡建设委、市规划自然资源委主办的“工程咨询与建筑服务专题展”，展示北汽南非工厂EPC项目、北京奔驰汽车有限公司顺义工厂项目、北京亦庄细胞治疗研发中试基地项目、洛阳化工园区有毒有害气体预警体系试点项目、北京四中雄安校区等9个项目。两委对工业院等参与单位给予表彰。

（北京亦庄细胞治疗研发中试基地项目）

（唐旭磊）

【中关村产业研究院联合举办首场未来产业投资沙龙】 9月14日，由中关村产业研究院和中国投资协会股权和创业投资专业委员会主办的“未来产业投资沙龙·大信息产业”在中关村产业研究院举办。沙龙是中关村产业研究院未来产业系列首场活动。相关投资机构、产业研究专家、创新创业企业等30余名代表参加。与会代表分享投资逻辑与特色、企业前沿创新与投融资情况及人工智能产业各领域图谱、产业特点与产业格局等，并围绕大信息产业就各自产业服务资源与能力进行分享与交流探讨。

（张静）

【中关村产业研究院与中关村工业互联网产业园签约创新生态联盟】 9月17日，中关村产业研究院与中关村工业互联网产业园签约创新生态联盟。创新生态联盟将链接内部、外部创新资源，为双创主体提供全周期、一站式、管家式的集成服务，构筑工业互联网产业生态可持续集聚的最强“后援团”，助力工业互联网产业发展。

（张静）

【工业院服务中关村工业互联网产业园建设】 9月17日，中关村工业互联网产业园“北京市石景山区中关村科技园石景山西井1606–034地块B1商业用地项目”启动。该项目总建筑面积16.86万平方米，按绿建三星标准设计，是北京市科技创新及高精尖产业重点项目之一。工业院作为园区一期项目设计参建方，选拔优秀技术人员组成项目组，本着绿色、智能、创新的设计理念，克服时间紧、任务重的困难，配合项目推进。9月27日取得中关村工业互联网产业园区034地块项目“多规合一”意见函，9月30日取得建设工程规划许可证，10月19日通过装配式建筑设计审查，11月15日完成施工图，12月21日通过施工图外审。

（唐旭磊）

【工业院京龙公司中标信创园一期项目】 9月28日，工业院京龙公司中标经济技术开发区信创园一期项目（G7F–1–会展中心等10项），中标金额1352万元。该项目总建筑面积18.43万平方米，是工业和信息化部、北京市政府在通明湖信息城起步区的基础上，为加快提升中国信息技术自主保障能力，在经济技术开发区联合部署建设的新一代国家信息技术应用创新基地，是信创园以培育自主信息技术体系、保障网络强国战略为目标，以信息安全战略需求为驱动构建的高端、高新、高价值信创产业聚集中心。

（唐旭磊）

【中关村产业研究院被纳入中关村高新技术企业库】 10月18日，中关村产业研究院被纳入中关村高新技术企业库，获颁中关村高新技术企业证书，标志着对中关村产业研究院产业服务及运营能力与基于大数据的创新产业链图谱研究分析能力的肯定。

（张静）

【中关村产业研究院为广西工业和信息化厅干部作专题培训】 10 月 19 日，中关村产业研究院受邀为广西工业和信息化厅干部作“推动经济体系优化升级”专题培训。培训活动围绕中关村案例的实践与思考，展开区域创新体系构建的讨论，分析中关村的创新内核、剖析中关村创新创业体系构建的基础要素、解读中关村产业体系发展的根本规律、探讨中关村发展集团在区域创新体系构建实践中方法论的优化升级。

（张静）

【工业院助力 2021 双创周北京会场举办】 10 月 19—25 日，在 2021 年全国大众创业万众创新活动周上，工业院和工业院咨询公司作为双创周北京会场支撑服务单位，连续 7 年牵头承担会场筹备组织工作。工业院组建工作专班，明确工作分工，提前驻场办公，全方位对接、支撑活动主办方完成实施方案策划、活动组织策划、会场布置搭建、会场安全保障、各类证件设计制作及发放，以及综合协调、联络沟通、活动统筹、领导巡展接待等各项工作，确保组织到位，有序推进。

（唐旭磊）

【首届新产业 50 人论坛举办】 10 月 23 日，由中关村发展集团主办、中关村产业研究院主承办的 2021 年中关村论坛系列活动——首届新产业 50 人论坛在中关村示范区展示中心举办。200 余家新技术、新产业相关政府管理部门、央企国企、新锐创新企业、投资机构、金融机构、专业服务机构、媒介机构等单位的代表参加活动，直播在线观看人数近 8 万人。论坛以“未来即来 · 数智时代的新产业”为主题。与会代表围绕“数智”“量子”“双碳”核心议题从全球前沿技术引领与转化、数字化加速度、量子思维与创新发展、“十四五”期间的数字化转型战略等话题探讨新产业发展，并围绕数智时代未来人才画像与流动趋势洞察、双碳如何重塑汽车与交通出行产业等主题进行讨论。中关村产业研究院联合中关村科服、中关村软件园等中关村生态伙伴，共同发布产业组织数智赋能计划。计划旨在提供产业聚集 4.0 形态下的产业组织解决方案，解决关键痛点问题，并结合区域特点和产业趋势迭代升级，包括数智化诊断、数智化监测、数智化专利导航、数智化要素对接、数智化运营、数智化选商和数智化场景七大数智化工具。中关村产业研究院与中国人民大学、北京师范大学等 6 家单位签约新产业 50 人论坛产学研合作基地。

（张静）

【工业院咨询公司获工程咨询行业智库型单位影响力 30 强称号】 10 月 26 日，中国工程咨询协会发布公告（2021 年第 2 号），公布 2020 年度工程咨询单位行业排名。工业院咨询公司凭借出色的研究能力及行业影响力获 2020 年工程咨询行业智库型单位影响力 30 强称号，入选 2020 年工程咨询单位营业收入 100 强（中型单位）企业。

（唐旭磊）

【工业院中标河南芯片行业污水处理项目】 10 月，工业院工程中心环保院中标麦斯克电子材料股份有限公司扩建项目的配套中水回用系统项目。该项目为芯片行业废水的中水回用工程，具有原水 pH、排水量波动大、成分不稳定、出水指标要求严格等特点。该项目设计充分考虑了最不利工况，并结合场地及业主的其他要求，选取“预处理 +UF+RO”的处理工艺，合理配置工艺设备，最大限度地提高废水的利用率。同时，该项目是工业院首次进入芯片行业的废水处理项目。

（唐旭磊）

【中关村产业研究院助力西安人力资源蓝皮书编制】 11 月，《西安人力资源蓝皮书：西安市人力资源（人才与就业）发展报告》发布。中关村产业研究院完成总报告研究与撰写，并完成“科技创新人才”和“生物医药产业人才”两篇子专题报告。蓝皮书由总报

告、人才队伍需求和分析篇、人才发展环境篇三部分组成。总报告综述了西安市人才资源发展基本情况，厘清了人才与科技创新、人才与产业发展的关系，研究了西安市人才吸引力度和发展环境，梳理了下一步工作重点。《西安市科技创新人才发展报告》回顾了西安市科技创新人才的现状与特征，分析西安科技创新与人才的关系，并通过指标分析影响科创人才集聚的因素，最后有针对性地提出重点对策；《西安市生物医药产业人才报告》回顾了六大支柱产业之一生物医药不同梯队、不同产业环节人才现状，解析了生物医药产业人才与产业创新发展的关系，从人才角度剖析西安生物医药产业发展机遇与挑战，最后有针对性地提出重点对策。

（张静）

【中关村产业研究院为“一带一路”国家工商会贸易便利化研修班作专题培训】 12月3—16日，由商务部主办，中国贸促会（中国国际商会）培训中心举办的“一带一路”国家工商会贸易便利化研修班在线上举办。中关村产业研究院为来自保加利亚、文莱、伊拉克等国的43名工商会、政府经贸部门的中高级官员进行授课培训，分享了中关村数字经济发展相关主题内容。

（张静）

【中关村产业研究院联合举办第三届中国智慧城市科学发展大会】 12月23日，由央视网、中国科协科学技术传播中心、中关村产业研究院主办的第三届中国智慧城市科学发展大会在京举办。国家信息中心、北京市经济和信息化局等单位有关负责人及大学、科研院所、企业的代表参加。与会代表围绕“智慧城市的安全可靠新生态”“关于智慧城市科学发展的几点思考”“共筑城市智能体”“智慧生态理论与应用实践”等主题，对智慧城市当前的建设和未来几年的发展趋势进行交流。中国科协科学技术传播中心、中国智慧城市百人会、中国科学院智慧城市产业联盟、中关村产业研究院、北京大学时空大数据协同创新中心等机构联合发起成立未来城市科技人物百人会。

（张静）

【工业院成立60周年系列活动举办】 12月28日，工业院举办“匠心筑梦六十载　砥砺奋进创未来——工业院成立60周年暨‘新产业、新服务、新征程’”技术论坛活动。活动采用“线下＋线上”直播方式进行，除主会场外，还设有5个视频分会场并开通直播频道。与会代表从援外项目到科创园区，从传统模式到全过程工程咨询、EPC总承包及建筑师负责制等新模式，从规划设计实践到“双碳”目标政策解读及能源发展趋势分析等方面进行研讨交流。

（唐旭磊）

【北海幼儿园雄安园区交付】 12月30日，由工业院代建的北京市支持雄安新区“三校”交钥匙项目——北海幼儿园雄安园区项目竣工验收并移交雄安新区，这是“三校一院”项目中第一个完成竣工验收并交付的项目。“三校”项目于2019年9月20日开工建设。其中，北海幼儿园雄安园区项目总建筑面积4655.5平方米，建设标准为绿色建筑评价标准三星级，在主楼内设有活动室和美术、图书、科技探究、烘焙等专业教室，并按照“全园无盲区”的原则配置视频监控系统，各教室内的视频监控系统除设置常规的映像采集功能外，还在监控系统中增加拾音系统，提升幼儿园安全防范能力。[2017 年 8 月，北京、河北两省市签署《关于共同推进河北雄安新区规划建设战略合作协议》，明确北京市以“交钥匙”方式，支持雄安新区新建幼儿园、小学、完全中学、综合医院各 1 所。其中“三校”项目（北海幼儿园雄安校区、史家小学雄安校区、北京第四中学雄安校区项目）交由工业院负责代建。]

（唐旭磊）

（北海幼儿园雄安园区效果图）

科技园区发展

中关村发展集团年鉴

YEARBOOK OF ZHONGGUANCUN DEVELOPMENT GROUP

2022

综 述

2021 年，集团深入推进园区业务转型发展，围绕“三城一区”和“一区多园”持续导入集团集成服务包，加快提升园区创新孵化和产业发展水平。

推动实施集成服务全覆盖三年行动计划。深化打造政企合作“房山样板”，建立优势互补、利益共享的新型政企合作机制，推动形成北京北部科技创新在南部产业落地的良好态势。

园区重资产统筹平台获得新进展。中关村建投组建运营，强化“大平台小项目”资源集约理念，储备一批重大园区项目，统筹推动中关村工业互联网产业园、南中轴国际文化科技园、志新东路 5 号等项目取得进展。

园区轻重资产分离迈出新步伐。中关村软件园以发行公募 REITs 为契机，加快打造大信息产业组织服务平台，在亦庄等重点区域加速拓展运营空间；中关村京西发展率先形成轻重资产改革方案。

数智园区建设取得新成效。完善园区“七位一体”规划体系，制定数智园区建设规划和新基建配置标准；中关村软件园立足国家数字服务出口基地，积极承担数字贸易港等“两区”建设任务；中关村软件园、中关村集成电路设计园、中关村前沿技术等公司积极建设基于 5G 的应用新场景，促进新技术、新成果、新产品的推广应用。

创新社区建设速度加快。截至 2021 年底，集团所属京内特色园区数量 16 个，科技园区开发建设累计投资额 1264.69 亿元，建设竣工科技载体 563.12 万平方米，运营面积 223 万平方米，入园企业 2000 余家。

（项鹏）

中关村软件园

【概况】中关村软件园是中关村示范区中的新一代信息技术产业高端专业化园区、北京建设世界级软件名城核心区，是北京市唯一同时拥有国家软件产业基地、国家软件出口基地称号的国家级双基地，拥有由国家部委、北京市授予的产业园区荣誉几十项，集聚能源、交通、通信、金融、国防等国民经济重要领域的行业应用领军企业，在云计算、移动互联、大数据、人工智能、量子科学、新型IT服务产业等方面率先形成全国领先的特色产业集群，呈现出典型的现代服务业高端形态。园区由北京中关村软件园发展有限责任公司建设运营，位于海淀区东北旺，东邻上地信息产业基地，南靠规划绿化带及北大生物城，西接东北旺苗圃，北至后厂村路，占地面积260万平方米。2021年，园区企业总收入4295亿元，进出口总额156亿元；每平方千米产值1652.1亿元，居全国领先地位；每万元GDP消耗0.0087吨标准煤；企业研发经费投入511.2亿元，研发投入占比达11.9%；企业新增专利9464件、注册商标2651件、软件著作权7451件；企业参与制定国家标准76项。新增落地独角兽企业达闼科技、极飞科技、本源量子，头部企业国星宇航、北理新征程等25家重点企业。截至2021年底，园区集聚联想（全球）总部、百度、腾讯（北京）总部、新浪总部、亚信科技、科大讯飞（北京）总部、华胜天成、文思海辉、博彦科技、软通动力、中科大洋、启明星辰、中核能源、广联达、IBM等743家国内外知名IT企业总部或全球研发中心，总部经济达80%以上。其中，上市企业（含分支机构）70家、中国软件百强企业17家、三资企业58家。园区企业共拥有分支机构1354家。其中，中国大陆分支机构1059家、港澳台分支机构86家、国外分支机构209家。园区企业共获国家级科技进步奖励46项，其中国家科技进步奖特等奖1项、国家科技进步奖一等奖7项，科技成果转化544项。园区企业在园从业人员9.65万人，其中外籍人员4269人，硕士及以上员工占比21.6%，研发人员占比58.8%。园区高端人才140人，其中院士8人、长江学者14人、国务院特殊津贴获得者16人；园区企业累计获知识产权授权87439项。

（李军伟）

【中关村软件园入选2020年“科创中国”榜单】1月18日，在中国科协2020“科创中国”年度工作会议上发布了2020年度“科创中国”系列榜单。其中，中关村软件园入选2020年“科创中国”产学研融通组织榜单，其“设立产业投资基金成立创新示范基地‘三区联动’促进开源生态高质发展”入选2020年“科创中国”试点建设典型案例；北京嘀嘀无限科技发展有限公司、北京市亿华通科技股份有限公司入选2020年“科创中国”新锐企业榜单。

（李军伟）

【中关村软件园获“诚信单位”称号】4月1日，在2021年文明海淀诚信创建活动分享会上，海淀区诚信创建活动领导小组公布海淀区诚信创建活动命名名单。其中，中关村软件园被命名为“诚信单位”。

（李军伟）

【中关村软件园获评 2020 年中国最具活力软件园】 4 月 7 日，在 2021 中国软件产业年会上，中国软件行业协会公布 2020 年中国软件行业最具影响力企业等奖项获奖名单，中关村软件园获评 2020 年中国最具活力软件园。

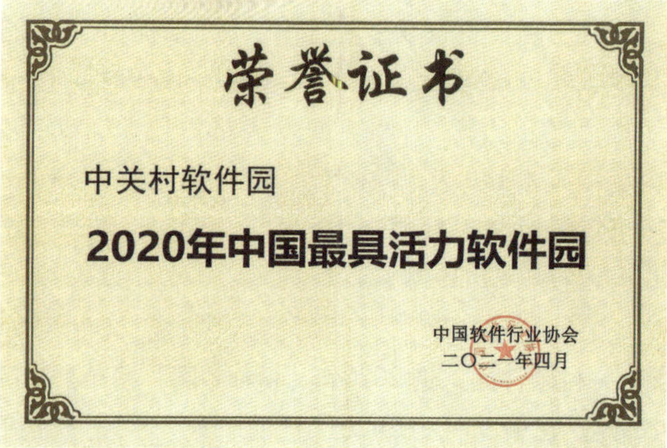

（李军伟）

【知识产权案件庭审活动举办】 4 月 21 日，由北京市知识产权维权援助中心、海淀区知识产权局、海淀区人民法院主办，中关村软件园承办的知识产权案件庭审活动在中关村软件园举办。海淀区人民法院公开开庭审理原告北京快手科技有限公司、北京达佳互联信息技术有限公司诉被告上海游安网络科技有限公司不正当竞争纠纷一案。在合议庭主持下，原告、被告围绕双方是否存在竞争关系等问题各自举证、质证，并围绕争议焦点展开辩论。园区企业、高校学生代表 100 余人参加旁听。

（李军伟）

【中关村软件园当选“科创中国”联合体首届理事单位】 4 月 30 日，在“科创中国”联合体成立大会上，中关村软件园当选为首届理事单位。“科创中国”联合体是在中国科协倡导下，由有关企业、科研机构、高等院校、产业园区、投融资机构等政产学研金服用各领域各类创新主体发起成立的开放性、非营利、非法人组织。联合体以“平等互利、合作共赢、资源共享、风险共担”为原则，推动跨界合作，营造创新生态，构建全链条技术服务与交易体系，探索加快创新成果转化应用的组织模式和运行机制，促进科技经济深度融合，服务区域产业转型升级和经济社会高质量发展。

（李军伟）

【中关村科技传播中心成立】 6 月 29 日，由中国科协科学技术传播中心、中关村软件园主办的中关村科技传播中心成立仪式暨科技传播与创新发展论坛在中关村软件园举行。中关村发展集团等单位有关负责人及相关专家学者等参加。传播中心由中国科协科学技术传播中心和中关村软件园共建，集科学实验、前沿技术应用、科技成果存证、媒介制作、科技成果展示交流、科普与创新文化传播等功能于

一体，将面向中关村软件园园区内外企业、媒体和公众提供多维度的科技创新传播服务，传播北京及中关村科技创新典型案例和创新突破新形象，活跃区域创新创业生态。其建设内容包括：打造中关村科技应用与传播创新实验室，建设全国科技成果加密存证平台，打造源新闻科技传播平台，基于中关村创新创业生态组织一批产业创新活动，策划深度专题采访和重点事件传播等。

（李军伟）

【启科量子发布系列产品】 7月6日，中关村软件园入驻企业国开启科量子技术（北京）有限公司在京举办“量子赋能·非凡征途”启科量子2021产品发布会，发布在量子通信和量子计算领域的科技成果和阶段性研发产品，包括量子密钥分发设备“QCS-288”、量子密钥分发设备专用光芯片“QOIC-280”及分布式离子阱量子计算机“AbaQ-1”工程机。“QCS-288”可兼容光芯片QOIC-280，通过升级内嵌光芯片的系统，实现降低使用成本、设备小型化等目标。AbaQ系列工程化离子阱量子计算机体现分布式离子阱量子计算的特点，具有可扩展性及维护便利等优点。（启科量子成立于2019年1月，2020年入驻中关村软件园，是国内首家采用离子阱方案的量子计算公司，其核心研发团队实现全球首次在离子阱芯片上的离子囚禁。）

（启科量子的分布式离子阱量子计算机）

（李军伟）

【中关村软件园组织企业参加数交会】 7月22—25日，在2021中国国际数字和软件服务交易会上，市商务局联合中关村软件园组织软通动力信息技术（集团）有限公司、亚信科技（中国）有限公司、博彦科技股份有限公司等26家企业参展。其中，北京捷通华声科技股份有限公司展示的智声一体机采用其自主研发的语音识别、机器翻译、声纹识别等人工智能技术，支持多语种识别及互译，并提供智能语音输入法，字幕、投屏、音视频转写、离线翻译、Office语音模块等特色功能，适用于日常办公、演讲汇报、审讯问询、多人会议等多种语音场景；广联达科技股份有限公司展示的数字项目管理平台BIM+智慧工地系统利用物联网、三维数字化、大数据、人工智能等技术，实时采集现场数据、自动进行风险识别，为管理者提供科学的解决方案辅助决策，为项目提供生产提效、成本节约、风险可控的智能化解决方案。会上，中关村软件园获中国数字与软件服务最佳服务平台奖。

（李军伟）

【劳动和社会保障研究与创新基地揭牌】 8月19日，共建劳动和社会保障研究与创新基地签约揭牌仪式

在中关村软件园举行。基地由中关村软件园、中国劳动和社会保障科学研究院共建，可发挥中国劳科院的“智库”作用，为园区提供决策依据与技术支撑，有利于及时总结园区人社实践创新经验，促进劳动和社会保障理论的发展。

（李军伟）

【中关村软件园组织园区企业参展服贸会】 9月2—7日，在2021年中国国际服务贸易交易会全球服务贸易峰会上，百度在线网络技术（北京）有限公司、联想集团有限公司等中关村软件园企业组团参展，展示无人驾驶、智慧交通、建筑数字化、新视听等领域的成果。其中，百度公司展示飞桨、工业互联网平台“开物”、汽车机器人、VR党建、小度系列、数字人明星运营平台、智慧媒体等人工智能产品；广联达科技股份有限公司对数字施工、数字造价、数字设计、数字金融、数字供应链、数字政府等全线业务及多领域的数字化成果进行展示；北京中科大洋科技发展股份有限公司展示智慧媒资解决方案、8K超高清制作系统、虚拟演播室等数字技术产品。在中国国际服务贸易交易会期间，5家园区企业发布企业创新成果：百度公司发布零门槛人工智能开发平台EasyDL、百度智能云开物工业互联网；北京中科大讯飞信息科技有限公司发布智慧会议产品（讯飞听见会议）、智慧办公整体解决方案；网易有道信息技术（北京）有限公司发布人教有道词典笔；博彦科技股份有限公司发布博彦物联建筑知识图谱；汉王科技股份有限公司发布绘画屏等全矩阵人工智能终端产品；等等。

（李军伟）

【2021京津冀服务贸易协同发展论坛举办】 9月3日，作为中国国际服务贸易交易会重要论坛活动之一，2021京津冀服务贸易协同发展论坛在北京首钢园举办。论坛围绕“协同、开放、合作、创新”主题，邀请京津冀三地服务贸易领域的专家学者、企业领袖交流前瞻观点，分享协同经验。论坛上，京津冀服务贸易协同发展智库成立，中关村软件园董事长等9位企学研代表被聘为首批专家组成员。首批智库专家通过专家演讲、访谈对话等形式，为京津冀三地在产业转移、国际物流、服务外包、数字贸易、资源共享等领域的协同发展建言献策。北京市商务局、天津市商务局、河北省商务厅有关负责人出席活动，来自京津冀服务贸易领域的近300位企业、协会代表通过线上、线下方式参加活动。

（李军伟）

【海淀人才发展联盟分站落户中关村软件园】 9月10日，在“智汇海淀·群星闪耀时”人才峰会暨人才主题周闭幕式上，海淀人才发展联盟分站及专委会揭牌仪式举行。海淀人才发展联盟新成立的两个联盟分站分别是中关村壹号分站和中关村软件园分站，3个服务专委会分别是经济与人力资源服务专委会、新兴产业发展专委会、创新创业服务专委会。分站和专委会将为园区企业提供人力资源战略指导、招聘培训方案应对、新兴产业项目优化对接、企业恳谈会等沙龙活动的征集与执行、创新创业资源积累、投融资对接路演等内容的各项服务。

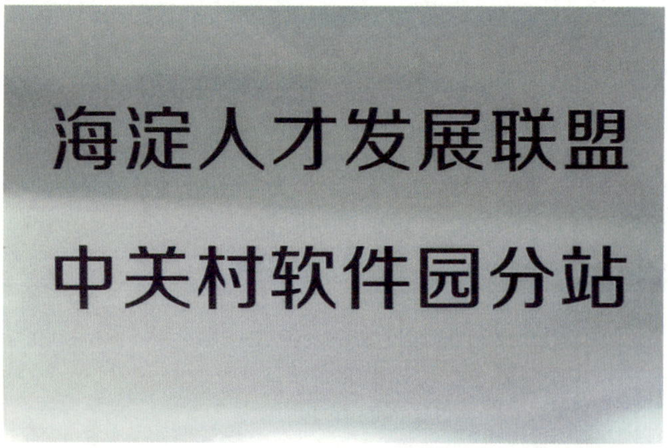

（李军伟）

【中关村软件园认股权企业服务暨创新之源项目路演会举办】 10月20日，由中关村软件园主办的中关村软件园认股权企业服务暨创新之源项目第二场路演会在中关村软件园孵化器举行。中关村软件园孵化器 42 家企业的代表参会。线上观看人数超过 1000 人。相关专家介绍北京证券交易所成立的背景及意义、上市规则并对北京证券交易所制度（征求意见稿）进行解读，介绍认股权服务内容、中关村发展集团基金体系及供应链金融如何服务科技企业。认股权是中关村发展集团旗下企业在向创新创业企业提供空间、产业、金融、综合服务等基本服务时，约定在未来的一定期限内，以一定价格、一定投资额度认购创新创业企业的股权，通过该纽带方式，伴随创新创业企业成长。北京同源华安软件科技有限公司、北京慧云思创科技有限公司、北京赋乐科技有限公司等企业从发展情况、投资亮点、市场空间、商业模式、制胜策略等方面进行项目路演。

（李军伟）

【天融信车载防火墙入选北京市首台（套）重大技术装备目录】 10 月 22 日，在 2021 年首台（套）重大技术装备授牌暨项目路演活动上，中关村软件园入驻企业北京天融信网络安全技术有限公司开发的天融信车载防火墙入选《北京市首台（套）重大技术装备目录（2021 年）》。防火墙支持车规级硬件平台及专用车载运行环境，集成硬件国密芯片，支持多种类型的国密算法，保证智能网联汽车的车车、车云、车路等通信安全；集成 Wi-Fi 接入、4G/5G 通信、车载 CAN/ 以太网接口等，可为用户业务提供灵活、可扩展的网络安全接入能力；采用自主知识产权轻量级车载安全操作系统，集成安全检测、安全防护、安全审计及安全 OTA 等功能，提供高性能、高扩展性的安全能力；支持车端与云端协同联动，通过云端多维度安全事件分析，赋能车端安全能力，实现安全防御闭环。（天融信成立于 1995 年 11 月，2018 年入驻中关村软件园，是中国领先的信息安全产品与服务解决方案提供商。）

（李军伟）

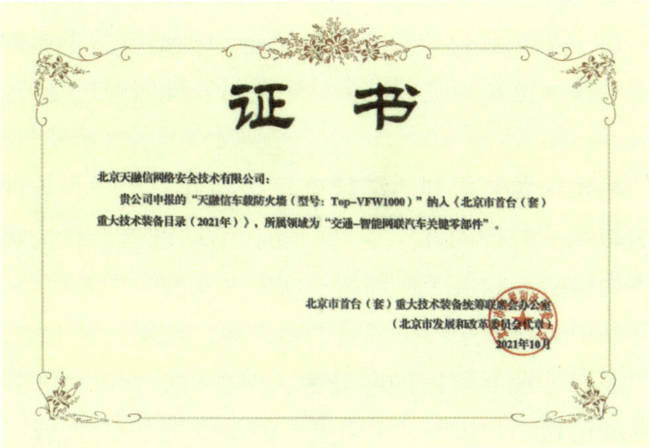
证书

北京天融信网络安全技术有限公司：

贵公司申报的“天融信车载防火墙（型号：Top-VFW1000）”纳入《北京市首台（套）重大技术装备目录（2021年）》，所属领域为“交通-智能网联汽车关键零部件”。

北京市首台（套）重大技术装备统筹联席会办公室
（北京市发展和改革委员会代章）
2021年10月

【北京量子院获全国专业技术人才先进集体称号】 10 月 28 日，全国人力资源和社会保障系统学习贯彻中央人才工作会议精神暨全国杰出专业技术人才表彰电视电话会议召开，对第六届全国杰出专业技术人才和先进集体进行表彰。其中，中关村软件园入驻企业北京量子信息科学研究院获先进集体称号。北京量子院以提高科研组织效率为目标，在科研方向确立、人才引进、科研经费使用方面探索与国际接轨的治理模式和运行机制，在重点科研攻关取得重大成果，制备出寿命超过 500 微秒的超导量子比特，研制出国际首台量子直接通信原理样机，研发出世界首台工业级超短

超强太瓦（>10 太瓦）激光器及超强激光驱动桌面同步辐射光源样机。

（李军伟）

【百度获国家技术发明奖二等奖】11 月 3 日，在 2020 年度国家科学技术奖奖励大会上，中关村软件园入驻企业北京百度网讯科技有限公司等单位王海峰等发明的“知识增强的跨模态语义理解关键技术及应用”获国家技术发明奖二等奖。项目通过构建大规模知识图谱关联跨模态信息，通过知识增强的自然语言语义表示方法解决不同模态语义空间的融合表示难题，突破跨模态语义理解瓶颈，让机器能够像人一样通过语言、听觉、视觉等获得对真实世界的统一认知，实现对复杂场景的理解。

（李军伟）

【中英信息技术产学研合作项目对接会举行】11 月 10 日，由中关村软件园、安永（中国）企业咨询有限公司、北京国际交流协会主办的中关村软件园“科技向北”国际化产业活动之中英信息技术产学研合作项目对接会在中关村国际孵化器（线下）与 ZOOM 跨境会议室（线上）举行。活动以“数造未来、智连世界”为主题。来自英国的 10 余家信息技术相关领域企业和线上线下近 30 家企业开展对接，路演项目涉及人工智能、医疗科学、电子信息等领域。与会代表还探讨了数字领域前沿技术创新路径及发展机遇。

（李军伟）

【5G 网络边缘 AI 一体机获评年度人工智能最佳产品】11 月 30 日，在 MEET2022 智能未来大会上，2021 人工智能年度评选结果揭晓。中关村软件园入驻企业亚信科技（中国）有限公司凭借突出的研发创新与业务实践获评 2021 人工智能领航企业，其研发的 5G 网络边缘 AI 一体机获评年度人工智能最佳产品。该产品最高支持 320 路视频流接入，并提供 32 路人工智能算法服务，识别准确率 99.99%；单摄像头可同时执行多项人工智能识别服务，并能将多任务识别结果联合分析，直接叠加在实时视频流上显示，实现有深度、多角度、有关联的立体化防控，可在社区、园区、电厂、校园、数据中心、工地、矿山等场景中使用，也可预置火情识别、车辆识别、人脸识别等常用视觉感知和认知模型，支持按需在线加载和更新业务模型。（亚信科技成立于 1995 年 5 月，2014 年 2 月入驻中关村软件园，是领先的中国全电信软件解决方案提供商。）

（李军伟）

【中关村软件园通过市级中小企业公共服务示范平台复评】12 月 3 日，市经济和信息化局对外公布北京市中小企业公共服务示范平台和小型微型企业创业创新示范基地复评结果，中关村软件园通过复评。

（李军伟）

【“科技向北”系列活动举办】2021 年，中关村软件园组织“科技向北”系列活动。活动以前沿科技赛事为核心，涵盖产业创新、活力人文两大主题板块，开展中关村数字科技联合创新大赛、创新之源大赛、中关村工业互联网国际峰会、中关村数智经济创新发展论坛、音乐节、电竞赛、运动季等一系列活动，

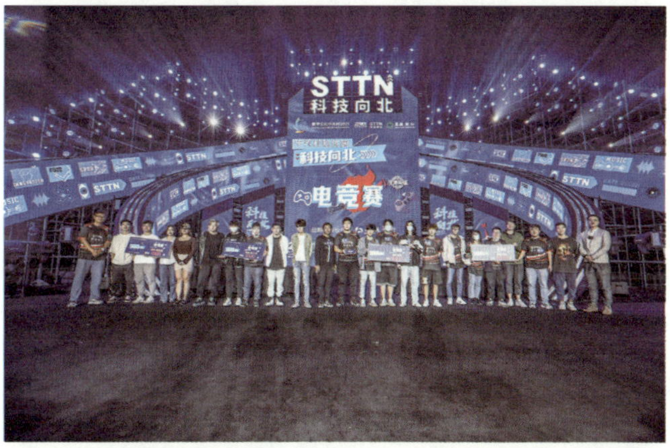

旨在组织以跨界融合产业盛会为代表的各类产业活动，激发园区生态活力，打造科教新区、创新社区、产业园区“三区联动”的产业创新引力场。(1) 中关村数字科技联合创新大赛。大赛联合园区内外人工智能和开源领域的头部企业，打造华为 RPA、百度、旷视、科大讯飞、达闼机器人 HARIX OS &RDK、智源悟道 2.0 六大赛道。(2) 创新之源大会。大会聚焦人工智能赛道，探讨最新科技发展趋势，发掘培育创新项目，引领未来科技产业发展，是中关村软件园和孵化器健全“赛—会—营—孵—投”一体化孵化生态链条的关键一环，通过整合汇聚集团、投资机构、政府机构等多方资源，丰富中关村特色孵化生态，赋能企业全生命周期成长。(3) 中关村工业互联网国际峰会。峰会探讨工业互联网领域关键技术，分享行业优秀解决方案，共创工业互联网创新之城。(4) 中关村数智经济创新发展论坛。论坛落实“科创中国”试点任务，为数智化产业发展提供行业信息等。(5) 音乐节。园区企业百度在线网络技术（北京）有限公司、新浪网技术（中国）有限公司、联想（北京）有限公司等大厂青年们同小米科技有限责任公司、字节跳动有限公司等中关村知名企业组成“宝藏”乐队、吃饭种田乐队、诗人说梦乐队、仙人掌乐队、彩色贝壳乐队与知名乐队同台献声。该活动被海淀区委宣传部纳入数字文化中关村 2021 系列活动。(6) 电竞赛。电竞赛分为个人赛和企业赛。来自北京市及中关村软件园内的联想（北京）有限公司、百度在线网络技术（北京）有限公司、腾讯科技（北京）有限公司、北京快手科技有限公司、北京嘀嘀无限科技发展有限公司等的 64 支参赛队伍参加企业团队赛，最终，小米 CSS 战队获企业战队赛冠军。该活动被海淀区委宣传部纳入数字文化中关村 2021 系列活动，同时被市委宣传部纳入“电竞北京”系列品牌活动。(7) 运动季。中关村软件园对接多方平台资源，统筹组织 2021zpark 运动季活动，包括莫比乌斯 ·running 缤纷欢乐跑、乘风破浪 ·rowing 赛艇挑战赛、互联网骑跑两项、灌篮 · 跃、网球比赛等近 10 项赛事，吸引腾讯科技（北京）有限公司、新浪网技术（中国）有限公司、浪潮（北京）电子信息产业有限公司、瑞萨半导体（北京）有限公司等数十家园内外知名科技企业和互联网大厂3000多人次参与。2021年“科技向北”活动期间，战略合作伙伴交通银行联合中关村软件园，面向园区员工发放1万个专属数字人民币红包，实现数字人民币应用场景落地中关村软件园。

（李军伟）

【37家企业入选北京市“专精特新”中小企业名单】 2021年，市经济和信息化局公布7批2021年度北京市“专精特新”中小企业名单。其中，中关村软件园入驻企业北京金钻芯科技有限公司、北京麦哲科技有限公司等37家企业入选。

表17　中关村软件园入驻企业入选 2021年度北京市“专精特新”中小企业名单

序号	企业名称	批次	时间
1	中科三清科技有限公司	第一批	2021年6月2日
2	北京思普崚技术有限公司		
3	北京天地和兴科技有限公司		
4	北京万里开源软件有限公司		
5	北京世冠金洋科技发展有限公司		
6	北京中实信息技术有限公司		
7	北京中交兴路信息科技有限公司	第二批	2021年12月2日
8	北京中科网威信息技术有限公司		
9	北京中科大洋科技发展股份有限公司		
10	国开启科量子技术（北京）有限公司		
11	北京天耀宏图科技有限公司		
12	北京汉王数字科技有限公司		
13	北京博思致新互联网科技有限责任公司		
14	北京远度互联科技有限公司	第三批	2021年12月2日
15	北京国科环宇科技股份有限公司	第四批	2021年12月2日
16	北京寄云鼎城科技有限公司		
17	北京意锐新创科技有限公司	第五批	2021年12月2日
18	中瑞恒（北京）科技有限公司		
19	北京网梯科技发展有限公司		
20	北京波尔通信技术股份有限公司	第六批	2021年12月2日
21	众芯汉创（北京）科技有限公司		
22	新石器慧通（北京）科技有限公司		
23	北京聚云位智信息科技有限公司		
24	北京易捷思达科技发展有限公司		
25	安芯网盾（北京）科技有限公司		
26	讯飞幻境（北京）科技有限公司		
27	北京大数医达科技有限公司		
28	北京同城必应科技有限公司		
29	奇秦科技（北京）股份有限公司	第七批	2021年12月2日
30	北京互时科技股份有限公司		
31	北京基亚特环保科技有限公司		
32	北京合众慧能科技股份有限公司		
33	北京麦哲科技有限公司		
34	北京书生电子技术有限公司		
35	北京金钻芯科技有限公司		
36	北京山维科技股份有限公司		
37	北京派网软件有限公司		

（李军伟）

【中关村软件园企业参与科技冬奥项目】 2021年，中关村软件园企业参与科技冬奥项目。北京浪潮数据技术有限公司采用模块化数据中心为崇礼医院建设信息保障平台，通过智能AI管控软件实现快速应答，做到智能监控、全面分析、快速响应、系统稳定。百度在线网络技术（北京）有限公司为张家口市交通运行监测调度中心建设提供百度专网地图、交通路况态势监测与研判分析Web服务API等基础数据和技术服务，实现集路况感知、业务监测和指挥调度为一体的全域交通运输“一张图”管理。联想集团有限公司为2022年冬奥会提供设备支持、技术支撑以及运维服务。北京中科大洋科技发展股份有限公司助力北京广播电视台8K超高清播出频道建设。广联达科技股份有限公司为冰立方项目搭建一套综合指挥调度中心，覆盖项目建设的全要素、全过程、全参与方，为项目的工期进度、质安管控、BIM实践应用、现场智能监管调度提供信息化应用保障。北京万集科技股份有限公司参与科技冬奥专项“复杂山地条件下冬奥雪上场馆设计建造运维关键技术”，其研发的多线激光雷达和客流雷视融合感知算法，为行人交通仿真、交通信息服务等方面提供数据支撑。联想（北京）信息技术有限公司的高性能计算系统助力北京市气象局确保北京2022年冬奥会精准的气象预报，帮助运动员提前24小时接收场馆的气象数据，精度达分钟级和百米级，并可每隔10分钟更新一次，部分内容可每分钟更新一次。系统采用联想公司自主研发的温水水冷技术，该技术利用纯净水作为冷媒，采用间接式液冷方式对计算机服务器进行冷却，对中央处理器、图形处理器等芯片采用微通道散热器，针对内存、较低功耗的I/O板卡等部件采用导热板散热技术；通过减少对空调和散热器的需求，可节约40%以上的能耗成本，热量还可循环利用，给机房、社区加热。

（李军伟）

【中关村软件园持续推进国家数字服务出口基地建设】 2021年,中关村软件园按照“两区”建设总体要求，持续推进国家数字服务出口基地、国际信息产业和数字贸易港以及数字贸易试验区建设。积极建设线上线下相结合的数字服务出口基地共性技术支撑平台、智慧大脑展示应用平台、人才服务平台、智慧企业服务平台等“四大平台”，目前服务于数字服务企业的智能政策服务平台、数字贸易数据驾驶舱1.0版已经初步完成；积极参与商务部、北京市服务贸易、数字贸易领域顶层规划；主动链接国家部委高端智库、高校和第三方社会研究机构，组建数字贸易行业专家顾问委员会，共同编撰形成《数字服务出口基地建设路径研究报告》和《数字贸易港总体方案思路》，支撑《支持国家数字服务出口基地创新发展若干措施》《北京市关于促进数字贸易高质量发展的若干措施》《北京市建设数字贸易示范区工作方案》等的制定；参与北京市国际化数字领域合作磋商机制。后续还将推动智慧化数字基础设施不断夯实，产学研合作融通生态进一步巩固，数字服务产业加速聚集，智慧对企服务能力不断提升。

（李军伟）

【中关村软件园持续完善园区智慧大脑建设】 2021年，中关村软件园持续全力打造数智科技园区，服务北京全球数字经济标杆城市建设。持续完善园区大数据平台应用，形成一批数据处理工具和可复制的数字化产品，加速园区智慧大脑成型，入选市科委、中关村管委会园区数字化转型示范名录。与园区企业万集科技合作，实现一期全路网车路协同应用展示场景；对已建成系统进一步整合，形成智慧园区智慧服务、智慧安防2个子平台，并实现子平台间的统一调度与管控。

（李军伟）

【87家企业入驻中关村软件园】 2021年，中关村软件园新增入驻企业87家，其中新增独角兽企业达闼科技（北京）有限公司、北京极飞科技有限公司、合肥本源量子计算科技有限责任公司，头部企业北京国星宇航科技有限公司、北理新征程教育科技（北京）有限公司等。

（李军伟）

中关村生命科学园

【概况】中关村生命科学园专注于生命科学基础研发和原始创新，率先在科技园区产业规划建设、产业组织服务、科研项目转化、孵化服务等方面探索出创新发展新路径，形成以基础研究为核心，从研发、中试、生产到临床应用的生物医药体系完整的产业链、创新链、服务链。园区以北京生命科学研究所、北京市药品检验所为基础支撑平台，以北大国际医院为临床试验平台，依托生物芯片北京国家工程研究中心、蛋白质药物国家工程研究中心等7个国家级工程化产业项目和美国健赞、瑞士先正达、丹麦诺和诺德等8家国际著名生物技术企业的研发中心，集生命科学研究、企业孵化、中试与生产、成果评价鉴定、项目展示发布、风险投资、国际交流、人员培训于一体的国际一流的生物技术园区。园区由北京中关村生命科学园发展有限责任公司建设运营，位于昌平区，东起京藏高速公路，西至京新高速公路，北到南沙河，南到回南北路。园区一期工程占地面积130万平方米，建设用地面积103.49万平方米，建筑面积52万平方米；园区二期工程占地面积119万平方米，建筑面积83万平方米。2021年，园区企业实现技工贸总收入2048.48亿元，纳税总额116.96亿元；投入研发经费91.40亿元，较2020年增长69.36%，占技工贸总收入的4.46%。企业新增专利1186项、注册商标793项、软件著作权243项。园区新增入驻企业41家。截至2021年底，园区共有企业596家，其中大型企业17家、三资企业52家、留创企业151家。园区企业共拥有分支机构160家，其中中国大陆分支机构137家、港澳台分支机构3家、国外分支机构20家。园区企业从业人员20929人，其中中级职称以上员工有2354人。外籍人员158人，留学归国人员827人，硕士及以上员工占比34.2%，研发人员占37.97%。园区有高端人才223人。其中院士21人、长江学者4人、国务院特殊津贴获得者56人。园区企业累计申请知识产权10749项。

（谢泊晚）

【中关村生命科学园与施普林格·自然签订协议】1月5日，中关村生命科学园与施普林格·自然集团（Springer Nature）签署合作意向书，扩大和加深双方全方位合作项目，推动中关村生命科学园成为国际领先水平的“生命谷”。根据协议，施普林格·自然提供丰富多样和具有权威性的国际学术资源和服务网络，全面提升生命科学园科研转化服务能力，助力北京生物医药产业快速发展。双方同时签订品牌内容服务协议，中关村生命科学园将在《自然》主刊定期展示园区科研成果，以及转化孵化创新创业服务。

（谢泊晚）

【博雅辑因ET-01临床试验申请获批】1月18日，中关村生命科学园入驻企业博雅辑因（北京）生物科技有限公司CRISPR/Cas9基因编辑治疗β地中海贫血产品ET-01的临床试验申请获国家药监局批准。这是国内首个获国家药监局批准开展临床试验的基因编辑疗法产品和造血干细胞产品。ET-01是一款处于研发阶段的、自体的、体外基因编辑疗法产品，此次获批开展的临床试验是一项多中心、开放的、单臂临床研究，该项研究将在输血依赖型β地中海贫血患者中评价ET-01单次移植的安全性和有效性。

（谢泊晚）

【助力“两区”建设生命科学园医药健康产业专场招聘会举办】4月21日，昌平区在中关村生命科学园举办助力“两区”建设生命科学园医药健康产业专场招聘会暨回天有业、高校毕业生专场招聘会，40家园区企业携1099个岗位现场揽才。此次招聘会是昌平区助力“两区”建设人力资源综合服务月专项行动的主题活动之一，涉及生物医药研发、检测检验员、市场专员和人事专员等多个岗位。招聘会现场共有 480 余人参会，求职咨询 676 人次，招聘单位共接收简历 468 份，初步达成就业意向 201 人。

（谢泊晚）

【中关村生命科学园医药科技中心获 LEED 金级认证】 5 月，中关村生命科学园医药科技中心获美国绿色建筑 LEED CS V4 评价体系金级认证。医药科技中心作为园区内标杆建筑，秉承绿色可持续贯穿全过程的设计理念，在项目概念初期就确立了绿色、节能可持续发展的目标，在施工图设计深化、招标采购、场地施工、室内部分精装以及设备调试等环节均践行绿色可持续发展理念，为实现项目卓越性能表现奠定了坚实的基础。

（谢泊晚）

【泛生子获"卓越资本价值企业"称号】 6 月 9 日，在由《经济观察报》主办的 2020—2021 年度观察家资本价值年会上，中关村生命科学园入驻企业北京泛生子生物科技有限公司凭借技术与商业的"双创新"突破获 2020—2021 年度"卓越资本价值企业"称号，成为唯一获此奖项的癌症精准医疗企业。

（谢泊晚）

【新药创始人俱乐部第六届年会举办】 6 月 21—23 日，由新药创始人俱乐部主办、新生巢创新中心承办的新药创始人俱乐部第六届年会在中关村生命科学园举办，来自全国各地约 400 家医药创新企业的创始人、总裁、CXO、高管参会。年会以"冲云破雾"为主题，以"聚集创新药群体能量，为新药研发事业赋能"为宗旨，通过举办行业领袖分享、圆桌讨论等系列分享活动，充分宣传展示北京市及昌平区医药健康产业的创新发展环境，有力促进新药研发领域交流与合作，推动更多优质的医药健康产业项目在京落户。新药创始人俱乐部汇集了众多新药研发创业者，是一个以分享经验、互相帮助为主要形式，推动国家新药研发事业为目的的非营利性机构。

（谢泊晚）

【泛生子 8 基因试剂盒获欧盟 CE 资质】 7 月 13 日，中关村生命科学园入驻企业北京泛生子生物科技有限公司宣布其自主研发的人类 8 基因突变联合检测试剂盒（半导体测序法）获欧盟 CE 资质。

（谢泊晚）

【百济神州与微医达成战略合作】 7 月 21 日，中关村生命科学园入驻企业百济神州（北京）生物科技有限公司与数字医疗服务平台微医（微医集团有限公司）签署"肿瘤健共体"战略合作协议，旨在通过整合双方优势资源，探索新型合作模式，加快以肿瘤患者为中心的数字肿瘤健共体建设，为肿瘤患者提供从预防到诊疗、康复、随访和支付的全流程、一站式服务，推动区域肿瘤防治一体化。百济神州也因此成为首家与微医肿瘤健共体签约的创新药企业。

（谢泊晚）

【“生命科学与智慧医疗”高峰论坛举办】7月28日，“第二十三届中国科协年会——生命科学与智慧医疗”高峰论坛在中关村生命科学园举办。论坛旨在促进信息科技与生命科学、生物医药领域深度融合，以“科创中国”试点建设为依托，以产业园区发展需求为导向，为助力北京建设全球健康产业创新中心作出贡献。来自政府部门、企业、科研机构、高校、媒体的政产学研用各领域行业人士、部门负责人、院士专家、企业实践者共聚一堂，围绕精准诊疗、智慧医疗、大健康、新一代信息技术与医疗融合创新等前沿话题进行交流和探讨。

（谢泊晚）

【诺诚健华的奥布替尼被纳入“北京普惠健康保”】7月，中关村生命科学园入驻企业北京诺诚健华医药科技有限公司宣布，已经获批上市的布鲁顿氏酪氨酸激酶（BTK）抑制剂奥布替尼（商品名:宜诺凯）被纳入普惠健康保险“北京普惠健康保”。北京医保参保人员不限年龄、不限户籍、不限健康状况均可投保。至此，奥布替尼已经被纳入上海的“沪惠保”、广州的“穗岁康”、成都的“惠蓉保”、苏州的“苏惠宝”等19个省市的地方商保。

（谢泊晚）

【诺诚健华的奥布替尼获批开展临床II期研究】8月11日，中关村生命科学园入驻企业北京诺诚健华医药科技有限公司宣布，布鲁顿氏酪氨酸激酶（BTK）抑制剂奥布替尼用于治疗原发免疫性血小板减少症（Primary Immune Thrombocytopenia, ITP）已通过国家药监局临床研究用新药（IND）审评，获批在中国开展临床II期研究。这是一项在原发免疫性血小板减少症成人患者中评价奥布替尼有效性和安全性的随机、多中心、适应性IIa/IIb期研究。

（谢泊晚）

【北京大学国际医院通过互联网医院审核】8月27日，中关村生命科学园入驻企业北京大学国际医院通过市卫生健康委专家组现场评审，成为北京市通过互联网医院资质审批的单位之一。评审专家对北京大学国际医院互联网诊疗开展情况表示肯定，就流程规范、操作友好等给予高度评价，并从互联网医院制度、药物开具控制机制以及病历查询系统支持方面提出专业性意见。经过专家审阅资料、现场质询及评议，评审专家一致同意北京大学国际医院互联网医院通过审核。

（诺诚健华内景）

（谢泊晚）

【慧宝源生物在研抗癌新药获美国临床试验批准】 8 月，中关村生命科学园入驻企业北京慧宝源生物技术股份有限公司在研抗癌新药赛洛嗪（JP001）获美国食品药品监督管理局（FDA）临床试验批准，将开展针对新诊断胶质母细胞瘤（GBM）的研究。这项研究旨在评估 JP001 联合标准放化疗带给新确诊的 GBM 患者的总体生存受益及安全性。JP001 是慧宝源生物在研的双重自噬调节剂，可以改善肿瘤微环境（TME），使肿瘤细胞对放化疗更为敏感。

（谢泊晚）

【全国首家国际研究型医院结构封顶】 8 月，位于中关村生命科学园的研究型国际医疗产业转化平台暨高博国际研究型医院项目建设完成主体结构封顶。该项目是全国首个国际研究型医院，在北京市“两区”建设 251 项任务清单中，作为单独一项列入——“支持设立国际研究型医院或研发病床，加速医药研发成果孵化转化进程”。项目总建筑规模 9.74 万平方米，规划床位 500 张。国际研究型医院建成后，将紧密围绕昌平生命科学园研发方向，重点布局血液肿瘤、实体肿瘤、脑神经科学等优势领域，并与国际顶级医疗机构和院校开展全球多中心临床研究合作，对接引入与世界顶尖水平接轨的临床医学研究体系、服务体系和人才培养体系，破解医药健康企业临床研究阶段面临的各类难题，提高医药研发成果孵化转化效率，承载药物临床实验、研究者发起的临床实验、全球疑难重症的诊疗及研究等功能。

（谢泊晚）

【2021 中关村生命科学园发展论坛举办】 9 月 9 日，由中关村生命科学园组织的 2021 中关村生命科学园发展论坛在昌平举办。论坛上，来自蛋白质药物国家工程研究中心和北京脑科学与类脑研究中心的研究学者发表主旨演讲。中关村生命科学园多家企业围绕科研与产业协同发展话题展开讨论。作为科学·亚洲会议的重要合作伙伴之一，中关村生命科学园在 2021 科学·亚洲会议的第一天组织了生命科学领域领头羊研究机构和企业以“发展生命科学，造福人类健康”为主题进行对话。

（谢泊晚）

【博奥抗疫“轻骑兵”为世界机器人大会提供服务】 9 月 10—13 日，在 2021 世界机器人大会举办期间，由清华大学、生物芯片北京国家工程研究中心和中关村生命科学园入驻企业北京博奥生物有限公司旗下北京博奥晶典生物技术有限公司共同研发的博奥抗疫“轻骑兵”——新冠病毒核酸检测移动实验室为大会提供全程应急核酸检测服务。该实验室是国内首台集采集和检测为一体的移动式新冠病毒检测实验室，同时也是全国首款由轻型客车装载的移动实验室。

（谢泊晚）

【诺诚健华在研新药入选新技术新产品榜单】 9 月 27—28 日，在中关村国际技术交易大会上发布百项新技术新产品榜单，生物医药领域共有 10 项新技术新产品入选。中关村生命科学园入驻企业北京诺诚健华医药科技有限公司自主研发的第二代泛 TRK 抑制剂 ICP−723 入选榜单。ICP−723 是诺诚健华在全球拥有自主知识产权的 1 类创新药，用于治疗携带 NTRK 融合基因的晚期或转移性实体瘤，包括肺癌、乳腺癌、结直肠癌、甲状腺癌等，以及对第一代 TRK 抑制剂产生耐药的患者。ICP-723 已在中国和美国开展临床试验。

（谢泊晚）

【山维科技与杨必胜教授团队签署战略合作协议】 9 月 28 日，测绘遥感信息工程国家重点实验室（武汉大学）杨必胜教授团队与中关村生命科学园入驻企业北京山维科技股份有限公司在北京签署战略合作协议，双方将依托点云处理软件进一步加强基础地理信息数据体系建设，共同助力新型基础测绘的发展。

（谢泊晚）

【华夏英泰完成超 2 亿元 B 轮融资】 10 月 11 日，中关村生命科学园入驻企业华夏英泰（北京）生物技术有限公司宣布完成超 2 亿元 B 轮融资。本轮融资由华创资本领投，祥峰投资、弘晖资本、道远资本、枫海资本、广州三合悦跟投，老股东汉康资本、源星资本、仙瞳资本、北京昌平科技园发展有限公司追加投资，行远致同担任本次交易独家财务顾问。融资用于公司双靶点血液瘤 STAR-T 项目的临床试验推进、实体瘤 STAR-T 管线的开发和临床研究，以及产业化建设等。

（谢泊晚）

【吉因加通过高通量测序检测室间质评】 10 月，国家病理质控评价中心（PQCC）公布 2021 年度高通量测序（NGS）检测室间质控质量评价报告。本次室间质控包含 NRAS、BRAF、KRAS、EGFR、BRCA1、PIK3CA、TP53 等多个基因突变位点检测，中关村生命科学园入驻企业北京吉因加科技有限公司的检测结果均与官方标准答案完全一致，满分通过 PQCC 2021 年度高通量测序（NGS）检测室间质评。

（谢泊晚）

【百济神州科创板上市】 12 月 15 日，中关村生命科学园入驻企业百济神州宣布完成在上海证券交易所科创板的首次公开发行。此次发行的股票以人民币标价，面向中华人民共和国符合资格的投资者发行以供认购。此次发行的人民币股票于北京时间 12 月 15 日起以股票代码“688235”开始交易，百济神州成为首个在纳斯达克、香港证券交易所和上海证券交易所科创板三地上市的生物科技公司。在扣除承销商佣金和其他预计发行费用前，百济神州本次科创板发行的募集资金总额约 222 亿元人民币，或根据设定汇率 1.00 美元兑换 6.3924 元人民币计算，约为 35 亿美元。

（谢泊晚）

【百悦泽®获多个国家药政部门批准】 2021 年，中关村生命科学园入驻企业百济神州（北京）生物科技有限公司的百悦泽（泽布替尼）在多个国家获批。百悦泽是一款布鲁顿氏酪氨酸激酶（BTK）小分子抑制剂，作为单药和与其他疗法进行联合用药治疗多种 B 细胞恶性肿瘤。8 月，百悦泽®获智利公共卫生研究所（ISP）批准，这是百济神州在拉丁美洲获得的第一项药政批准。9 月，百悦泽®获美国食品药品监督管理局（FDA）批准；10 月，百悦泽®在澳大利亚和新加坡获批；同月，百悦泽®获俄罗斯卫生部批准。

（谢泊晚）

中关村集成电路设计园

【概况】 中关村集成电路设计园立足国家、北京市及中关村加快集成电路设计产业发展的战略要求，以实现经济效益与社会效益双赢为导向，以推动集成电路设计产业创新发展为动力，按照“IC设计产业生态运营平台 跨界融合创新综合服务商”的战略定位，聚集创新要素，吸引高端人才，优化营商环境，创新管理体制，促进园区高质量发展，与双创主体共成长，抢占未来先机，努力建成世界一流的集成电路设计园和创新高地。园区由北京中关村集成电路设计园发展有限责任公司建设运营，位于海淀区北清路中关村壹号南区，占地面积6万平方米，建筑面积22万平方米。2021年，园区企业总产值400余亿元。园区新增入驻企业41家、服务机构22家，新增认股权项目35家，实现首个“服务换收益权”成功案例。截至2021年底，园区累计入驻比特大陆、兆易创新、地平线、普源精电、豪威科技等泛集成电路企业110余家。其中，上市企业（含分支机构）8家、准上市企业7家、独角兽企业2家。园区企业从业人员近万人，本科及以上学历占比89%。园区企业累计获知识产权授权7107项。

（李松龄、曲显亮）

【获2021中国IC风云榜“年度最受瞩目园区奖”】 1月16日，在2021中国半导体投资联盟年会暨中国IC风云榜颁奖典礼上，中关村集成电路设计园获2021中国IC风云榜“年度最受瞩目园区奖”。“年度最受瞩目园区奖”评选范围是以一线及新一线城市承担特定功能的各大产业园区为评选对象，从园区定位、政策力度、外向型程度、综合投资环境、重大项目建设情况等维度评选得出。中关村集成电路设计园聚焦IC设计业，诞生于“国家集成电路产业发展”引导的集成电路设计重点项目。2018年竣工交付，2年多时间聚集兆易创新、地平线、比特大陆、豪威科技、兆芯等80多家企业，2020年园区企业总产值240亿元，成为北京集成电路产业发展的重要一极和国内领先的集成电路专业园区。

（李松龄、曲显亮）

【中关村芯学院入围工业和信息化重点领域产业人才培训项目】 1月25日，工业和信息化部人才交流中心印发《工业和信息化重点领域产业人才培训项目评审合格名单公示》，公布产业人才培训项目（第一批、第二批）评审合格名单。中关村集成电路设计产业园中关村芯学院的集成电路工程实践课程入选。课程作为重点领域产业人才的培训项目，旨在落实国务院加快深化产教融合的要求，加大北京市集成电路人才培养力度，进一步完善集成电路产业创新创业生态。

（李松龄、曲显亮）

【兆芯电子与默安科技完成产品兼容互认检测】 1月，中关村集成电路设计园入驻企业北京兆芯电子科技有限公司与杭州默安科技有限公司完成幻阵高级威胁检测系统的一系列适配与测试，兆芯ZX−C、ZX−C+、KX−5000、KX−6000、KH−20000、KH−30000系列处理器在功能、性能、兼容性、可靠性、稳定性等方面能够满足系统需求，为国内企业构建可靠、稳定、安全的网络环境。兆芯电子研发的通用处理器兼容x86指令集，支持CPU和IO虚拟化技术，具备操作系统和软硬件兼容性，支持主流桌面云系统、分布式存储和大数据处理框架，能够减免用户因应用迁移转换引发的二次适配、开发等成本和资源消耗。（兆芯电子成立于 2013 年 2 月，公司立足于处理器芯片等集成电路的开发和设计，2020 年 2 月入驻中关村集成电路设计园。）

官方认证 兆芯 默安科技

产品兼容互认证明

通过上海兆芯集成电路有限公司与杭州默安科技有限公司共同严格测试，得出如下结论：

幻阵高级威胁检测系统 V4.0在兆芯ZX-C、ZX-C+、KX-5000、KX-6000、KH-20000、KH-30000系列处理器和统信服务操作系统软件V20平台上功能、性能、兼容性、可靠性、稳定性，可满足用户应用需求。

特此证明！

上海兆芯集成电路有限公司 2021年1月
杭州默安科技有限公司 2021年1月

（李松龄、曲显亮）

【豪威科技推出 5000 万像素图像传感器 OV50A】 2 月 16 日，中关村集成电路设计园入驻企业豪威科技（北京）股份有限公司推出 OV50A 图像传感器。传感器集 5000 万像素分辨率、1.0 微米像素尺寸、选择性转换增益、四相位检测（QPD）自动对焦技术和片上像素还原算法于一身；QPD 可在整个传感器图像阵列上实现 2×2 相位检测自动对焦（PDAF），覆盖率 100%，可提高距离计算结果、自动对焦速度和弱光性能。

（李松龄、曲显亮）

【地平线与上汽乘用车达成战略合作】 2 月 22 日，中关村集成电路设计园入驻企业北京地平线信息技术有限公司与上海汽车集团股份有限公司乘用车公司达成全面战略合作。双方将依托各自在汽车、人工智能领域的核心优势，共同探索汽车智能化前沿技术，研发具有上汽集团品牌特色的智能化、网联化汽车产品，引领汽车智能化发展的趋势。根据协议，地平线公司将基于上汽乘用车的多元化需求，提供基于征程 2、征程 3 和征程 5 系列芯片的汽车智能芯片的智能驾驶解决方案，集成地平线征程系列汽车智能芯片、视觉感知算法、数据闭环等领域的技术能力，以高级辅助驾驶（ADAS）、自动驾驶、智能座舱多模态交互为重点，通过场景赋能，助力上汽乘用车打造可持续进化的智能汽车。

（李松龄、曲显亮）

【豪威科技推出新型医用晶圆级相机模组 OVMed® OCHTA】 3 月 9 日，中关村集成电路设计园入驻企业豪威科技（北京）股份有限公司推出 OVMed® OCHTA 相机模组，其分辨率 16 万像素。模组采用 CameraCubeChip ™晶圆级技术，尺寸 0.65 毫米 ×0.65 毫米，使设备能够深入人体，可用于神经、眼科、耳鼻喉科、心脏、脊柱、泌尿科、妇科和关节镜检查，以及牙科和兽医诊断及手术。该技术还可将 OH0TA 图像传感器及信号处理和晶圆级光学器件集成到一个封装体中，简化复杂流程，提高部件供应的可靠性。集成的 OH0TA 图像传感器采用豪威 PureCel® Plus-S 芯片堆叠技术，分辨率为每秒 30 帧。该像素技术还能提供更高的色彩保真度和 3600 mV/lux-sec 的低光灵敏度，以及 37.5 杜比的高信噪比，可获得更清晰的图像。

（李松龄、曲显亮）

【普源精电入驻中关村集成电路设计园】 3 月 28 日，普源精电科技股份有限公司（RIGOL）北京研发总部开业仪式举行，普源精电入驻中关村集成电路设计园。中关村集成电路设计园等单位有关负责人及 RIGOL 股东代表等参加。RIGOL 创立于 1998 年，专注于通用电子测量仪器领域的前沿技术开发与突破，以通用电子测量仪器的研发、生产和销售为主要业务。北京研发总部将开展数字示波器、微波射频和示波器芯片组等产品的核心技术开发工作。

（李松龄、曲显亮）

【红色管家暨服务管家培训会召开】 4月2日，中关村集成电路设计园红色管家暨服务管家培训会召开。中关村集成电路设计园相关工作人员就红色管家和服务管家的服务内容、服务企业、产业服务专项、服务管家机制等内容进行培训与宣讲。

（李松龄、曲显亮）

【文安智能项目获创新专项基金支持】 4月14日，中关村集成电路设计园入驻企业北京文安智能技术股份有限公司"概率类别标签深度学习系统"项目获北京市人工智能关键技术源头创新项目基金支持。项目提出能够在海量实际场景中本地数据搜集、样本整理与模型迭代训练的完整自动化训练链条。系统搭载低功耗前端深度学习硬件，利用"概率类别标签"技术，实现样本搜集、标注、再训练的半自动化，可降低深度学习模型的训练对人工标注的依赖性，减轻人工标注的工作量，增加人工智能在实际落地中的算法开发效率。（文安智能成立于2005年6月，2017年底入驻中关村集成电路设计园，是专注于人工智能视觉技术与产品自主研发的企业。）

（李松龄、曲显亮）

【地平线与理想汽车签署深度合作协议】 4月20日，中关村集成电路设计园入驻企业北京地平线信息技术有限公司与北京车和家信息技术有限公司（理想汽车）在上海签署深度合作协议。中国电动汽车百人会、中国汽车工程学会等单位有关负责人等参加。根据协议，双方将共同打造可持续成长的智能电动车，地平线征程系列芯片将在未来向理想汽车提供智能驾驶和智能交互计算平台。

（李松龄、曲显亮）

【地平线征程5系列芯片流片成功】 5月9日，中关村集成电路设计园入驻企业北京地平线信息技术有限公司研发的征程5系列芯片一次性流片成功并点亮。征程5系列芯片是面向L4等级自动驾驶的集成自动驾驶和智能交互于一体的全场景整车智能中央计算芯片，其单颗芯片人工智能算力最高128TOP S，延迟速度60毫秒，功耗30瓦，具有高算力、高性能、低功耗等特点；采用BPU贝叶斯架构，具备大规模异构近存计算、高灵活大并发数据桥、脉动张量计算核等特点；采用全岛设计，支持16路摄像头感知计算，能够支持自动驾驶所需要的多传感器融合、预测和规划控制等需求。

（李松龄、曲显亮）

【中关村集成电路设计园公司成为中关村高新技术企业】 5月23日，中关村集成电路设计园公司被纳入中关村高新技术企业库，获颁中关村高新技术企业证书。

中关村
Z-Park
ZHONGGUANCUN SCIENCE PARK
中关村高新技术企业
企业名称：北京中关村集成电路设计园发展有限责任公司 编号：20212010443401
发证时间：2021年05月23日 有效期：二年
中关村科技园区管理委员会

（李松龄、曲显亮）

【兆易创新首款自有品牌 DRAM 产品发布】6 月 3 日，中关村集成电路设计园入驻企业北京兆易创新科技股份有限公司宣布首款自有品牌 4Gb DDR4 产品——GDQ2BFAA 系列已实现量产，实现了从设计、流片到封测、验证的全国产化，在满足消费类市场强劲需求的同时，助力国产自主供应生态圈的发展构建。GDQ2BFAA 系列采用先进工艺制程，符合 JEDEC 标准，读写速率为 2666Mbps，最高可达 2933Mbps，该系列产品已在消费类应用产品领域通过众多主流平台的认证，拥有出色的兼容性。同时，兆易创新依托其完善的销售网络和技术团队，能够为客户提供快速的本地化服务响应和技术支持。

（兆易创新首款自有品牌 DRAM 产品）

（李松龄、曲显亮）

【中关村集成电路设计园获评中国集成电路高质量发展特色园区】6 月 9 日，在 2021 世界半导体大会上，中关村集成电路设计园获评 2020—2021 中国集成电路高质量发展特色园区。赛迪顾问集成电路中心针对国内集成电路高质量发展园区进行系统研究，从园区服务竞争力、政策创新竞争力、要素环境竞争力、产业体系竞争力、区内企业竞争力五大类别，对园区进行综合评价。中关村集成电路设计园入驻企业超过 100 家，园区上市及拟上市企业数量已达 10 家，园区总产值约占北京市 IC 设计行业总产值的 45%。

（李松龄、曲显亮）

【中关村集成电路设计园投融资服务中心揭牌】6 月 30 日，由中关村集成电路设计园主办的中关村集成电路设计园投融资服务中心启动仪式在园区举行。市科委、中关村管委会，北京农商银行海淀新区管辖行、北京银行中关村分行等单位相关负责人及投融资机构、相关企业的代表 50 余人参加。投融资服务中心致力于搭建企业与资本桥梁，将联合基金、银行、创新融资、券商等投融资服务机构为企业提供全周期系统性融资服务。活动还举行中关村集成电路设计园投融资服务中心合伙人受聘仪式，北京农商银行、北京银行、宁波银行等 14 家机构获颁合伙人聘书。北京银行与印象认知（北京）科技有限公司、芯创集成电路基金与北京漠石科技有限公司分别进行意向投融资服务签约。

（李松龄、曲显亮）

【比特大陆捐赠 1000 万元用于救灾抢险】7 月 23 日，中关村集成电路设计园入驻企业北京比特大陆科技有限公司向郑州慈善总会捐款 1000 万元，用于支援河南郑州“7·20”特大暴雨灾害救灾抢险和灾后恢复工作。比特大陆成立应急小组，持续关注河南灾情发展，筹备相关物资，协助抗洪救灾行动，并上线员工捐款通道，以员工自愿捐款、企业先行垫付的方式为灾区募捐。（比特大陆成立于 2013 年 10 月，2021 年 2 月入驻中关村集成电路设计园，产品包括算力芯片、算力服务器、算力云，主要应用于区块链和人工智能领域。）

（李松龄、曲显亮）

【人才产业化联盟理事会及联盟大会暨首期园区企业 HR 沙龙举办】 7 月 27 日，中关村集成电路设计园人才产业化联盟第一届理事会第四次会议及一届三次联盟大会暨首期园区企业 HR 沙龙在中关村集成电路设计园举办。联盟会员单位的代表等参加。会议审议通过关于联盟增补会员单位与组织机构调整的议案，决定增补芯海择优、陕西烽火电子股份有限公司北京通信技术分公司、北京核芯达科技有限公司、北京见合八方科技发展有限公司、智能无人硬核芯（北京）科技有限公司、北京神州泰科科技有限公司 6 家单位为联盟会员单位。在首期园区企业 HR 沙龙上，相关专家就“北京工作居住证”“人才引进政策”等专题解读北京积分落户、应届毕业生引进、在职人才引进、留学人才引进等相关政策。

（李松龄、曲显亮）

【沐曦集成电路完成 10 亿元 A 轮融资】 8 月 25 日，中关村集成电路设计园入驻企业沐曦集成电路（上海）有限公司宣布完成 10 亿元 A 轮融资。本轮融资由中国国有企业结构调整基金股份有限公司、中国互联网投资基金联合领投，老股东经纬中国、和利资本、红杉中国、光速中国继续超额投资，国创中鼎、智慧互联产业基金、上海科创基金、联想创投、招商金台、复星锐正、东方富海、创徒投资跟投，光源资本担任独家财务顾问。融资将进一步支持沐曦集成电路在高性能 GPU（Graphic Processing Unit）上的研发投入，强化沐曦集成电路在国内这一领域的领跑地位。（沐曦集成电路成立于 2020 年 9 月，2021 年 5 月入驻中关村集成电路设计园，致力于为异构计算提供高性能 GPU 芯片和解决方案。）

（李松龄、曲显亮）

【“华为杯”第四届中国研究生创“芯”大赛决赛举办】 12 月 10 日，在第五届“芯动北京”中关村 IC 产业论坛上，由中关村集成电路设计园承办的“华为杯”第四届中国研究生创“芯”大赛决赛同时举办。大赛以“使命担当，创芯有我”为主题，共有来自全国 110 所大学的 499 支队伍报名参赛，参赛学生 1439 人，指导教师 602 人。中关村集成电路设计园为大赛的获奖团队提供“芯星计划”创业服务包及“RISC–V 创业计划”服务包。“芯星计划”创业服务包包含：免费 3—6 个月的办公空间；优先纳入“认股权池”，有机会获 100 万—500 万元投资；免费的创业辅导、政策咨询等服务；优惠享有 EDA、IP、MPW 等技术服务；大赛获奖团队成员优先享受北京市人才引进政策。“RISC–V 创业计划”服务包是针对 RISC–V 的参赛队伍及创业企业的价值 30 万元的创业大礼包，包括：免费一年的办公空间，并匹配服务管家；免费一年的 RISC–V 处理器培训、IP 核使用授权及技术支持；加入 RISC–V 创业计划的还享受“芯星计划”的所有权益。

（李松龄、曲显亮）

【第五届“芯动北京”中关村 IC 产业论坛举办】 12 月 10 日，由中国半导体行业协会集成电路设计分会、中关村集成电路设计园主办的第五届“芯动北京”中关村 IC 产业论坛以线上云会议的方式举办。论坛以“创‘芯’机、育‘芯’才”为主题。行业协会、业界专家、集成电路企业、投资机构、产业伙伴的代表等参加，累计吸引近 6 万人在线观看。与会代表围绕技术创新、产业投资、人才培养等主题，就推动集成电路产业发展进行分享与探讨。此外，论坛还分设“技术”“人才”“投资”三大平行分论坛。三大分论坛邀请 20 余位半导体领域资深从业专家、投资大咖、高校教授云端参会，分别围绕技术创新、产业投资、人才培养等主题进行分享与探讨，助力 IC 产业创新。

（李松龄、曲显亮）

【兆易创新获 2021“中国芯”两项大奖】12 月 20 日，在珠海举办的 2021 年第十六届“中国芯”集成电路产业促进大会上，中关村集成电路设计园入驻企

业北京兆易创新科技股份有限公司旗下车规级 SPI NOR Flash GD25LT 系列荣获“优秀技术创新产品”奖；基于 Cortex®-M23 内核的 32 位通用微控制器 GD32E230 系列获“优秀市场表现产品”奖。一年一度的“中国芯”优秀产品评选，由中国电子信息产业发展研究院举办，是工业和信息化部电子信息司指导下实施的全国性集成电路行业盛会，也是国内集成电路领域最具影响力和权威性的评选之一。

（李松龄、曲显亮）

【中关村集成电路设计园入围北京信用领跑园区】

12 月 28 日，在 2021 信用北京暨（第七届）信用中关村高峰论坛上，中关村集成电路设计园凭借其在信用环境营造与信用体系建设方面取得的成绩入围 2021 年度北京市企业创新信用领跑行动信用领跑园区名单。

（李松龄、曲显亮）

【新增认股权项目 22 家】2021 年，中关村集成电路设计园新增认股权项目 22 家。其中，北京神州泰科科技有限公司、北京原创鑫科技有限公司认股权直签项目 2 家。与优客工场（北京）创业投资有限公司签署推进认股权合作机制合作协议，与入驻项目北京万象智联科技有限公司、北京尧米科技有限公司、北京百智威扬科技有限公司等 20 家企业确定认股权合作。

（李松龄、曲显亮）

【RISC-V 产业生态基地设立】2021 年，中关村集成电路设计园依托产业服务平台设立了投融资服务中心、政策咨询与产业研究中心、技术服务中心，为企业提供垂直专业化服务；联合芯来科技和芯创空间、芯创集成电路基金及中关村芯学院，共同发起设立 RISC-V 产业生态基地，针对泛集成电路领域企业，以“人才＋产业”为主要模式提供人才培养、创业支持、产教融合等多元化的产业升级服务，未来聚集和培养面向处理器和开源架构硬件设计和应用的高端急需人才，更好地服务和支持初创企业，加速产业落地。

（李松龄、曲显亮）

【41 家企业入驻中关村集成电路设计园】2021 年，中关村集成电路设计园新增入驻企业 41 家，其中上市企业陕西烽火电子股份有限公司、北京声迅电子股份有限公司、北京华峰测控技术股份有限公司，重点企业北京飞骧电子技术有限公司、沐曦科技（北京）有限公司、北京中关村银行股份有限公司。北京比特大陆科技有限公司、北京地平线机器人技术研发有限公司、北京普源精电科技有限公司等龙头企业入园办公。

（李松龄、曲显亮）

中关村高端医疗器械产业园

【概况】 中关村高端医疗器械产业园（简称中关村医疗器械园）重点发展高端医疗器械研发总部、新型高端医疗器械生产制造、医疗器械企业孵化成长、医疗器械支撑服务等四大产业。园区由中关村医疗器械园有限公司建设运营，位于大兴生物医药产业基地三期中部、生物医药国际企业花园用地范围内，东至宝参南街，西至明川大街，南至庆丰西路，北至永旺西路。园区规划占地面积约 19.17 万平方米（一期 8.73 万平方米、二期 10.44 万平方米），建筑面积 38.24 万平方米（一期 18.47 万平方米、二期 19.77 万平方米）。2021 年，园区总收入 77 亿元，收入过亿元企业 4 家，上市企业（含分支机构）6 家；纳税总额 4.15 亿元；研发经费投入 3.9 亿元。园区新增入驻企业 17 家，包括 5 家行业龙头企业。截至 2021 年底，园区共有企业 85 家，入驻率达 90%；园区企业从业人员约 1500 人，其中留学归国人员 23 人；园区共有高端人才 26 人，其中院士 3 人；园区企业累计获知识产权授权 332 项。

（高慧、崔浩）

【中国首个使用进口干细胞治疗缺血性卒中的临床试验启动】 1 月 12 日，由中关村医疗器械园入驻企业九芝堂美科（北京）细胞技术有限公司发起的中国首个使用进口干细胞治疗缺血性卒中的Ⅰ/Ⅱa 期临床试验（ASSIST）启动。临床试验是一项评估向缺血性卒中患者单次注射缺血耐受人同种异体骨髓间充质干细胞（it-hMSC）的多中心、盲法、随机、安慰剂对照的安全性、耐受性和初步疗效的Ⅰ/Ⅱa 期研究。九芝堂美科的此项新药临床试验申请（IND）于 2020 年 2 月 19 日获得 CDE 默示许可。it-hMSC 产品由九芝堂公司旗下雍和启航基金参与投资的美国 Stemedica 公司生产，在美国开展 8 项临床试验。结果显示，it-hMSC 治疗安全性良好，经 it-hMSC 治疗的患者在精神状态、抑郁程度、生活自理能力等方面均获显著性改善，初步证明干细胞治疗缺血性脑卒中的有效性。

（李向东）

【《企业家修炼之旅》第四期 M-PARK 专场举办】 3 月 20 日，新世路交流平台企业家系列沙龙之——《企业家修炼之旅》第四期 M-PARK 专场在中关村医疗器械园举办。沙龙采用“学习 + 交流 + 企业产品介绍”的方式举行。相关专家分享如何确定企业发展中的瓶颈及应对之策，并与参会企业家进行交流互动。

（高慧、胡志国）

【华科精准手术机器人完成激光消融术】 5 月 13 日，由首都医科大学附属北京天坛医院贾旺教授团队牵头，脑转移瘤磁共振引导下激光消融（LITT）Ⅰ期单中心临床试验入组完成。本次试验原发肿瘤包括肺、乳腺、结肠、卵巢等。全部试验均顺利完成，其间无并发症；术后患者状态稳定，多数在术后 3 天出院。磁共振引导颅内激光间质热疗技术（LITT）是新一代微创治疗技术，指治疗光纤在磁共振实时温度成像监控下，实现对脑深部病变精准消融的微创治疗技术。磁共振引导激光消融治疗系统是由中关村医疗器械园入驻企业华科精准（北京）医疗科技有限公司自主研发的第三款国家创新医疗器械产品，填补该领域国内空白。

（李向东）

【奥精医疗登陆科创板】 5 月 21 日，中关村医疗器械园入驻企业奥精医疗科技股份有限公司在上海证券交易所科创板挂牌上市。股票简称：奥精医疗，股票代码：688613，发行价 16.43 元/股，发行数量 3333.34 万股，合计募资 5.48 亿元。（奥精医疗成立于 2004 年 12 月，2017 年 4 月入驻中关村医疗器械园，是一家专注于高端再生医学材料及植入类医疗器械的技术研发、高端制造、市场推广的国家高新技术企业。)

(李向东)

【北京协和医院 MED TOUR 系列活动第八期举办】 7 月 24 日，由中关村医疗器械园和北京协和医院组织的 MED TOUR 系列活动第八期在园区举办。北京协和医院一行 30 余人参加活动并与中关村医疗器械园及园区相关服务机构进行对接交流。北京协和医院的眼科植入、动脉穿刺加压止血、AI 影像学习、缓释镇痛药物等 6 个领域的创新型项目进行了路演；园区合作服务机构北京悦和知识产权代理有限公司及北检润和（北京）技术服务有限公司分别就院校医药健康项目专利布局、院校科研成果转化等话题进行分享。

(王笑航)

【热景生物被评为最具价值科创板上市公司】 7 月 30 日，在科创板开市两周年峰会上，中关村医疗器械园入驻企业北京热景生物技术股份有限公司被评为 2021 最具价值科创板上市公司。热景生物是 2021 年净利润预计增幅最大的科创板医药企业之一，增速达 705 倍至 818 倍，被业内称为 2021 年中报“A 股预增王”。

(张雷)

【热景生物 3 款产品获评高新技术产品】 7 月，中关村医疗器械园入驻企业北京热景生物技术股份有限公司的上转发光免疫分析仪 UPT2800、全自动上转发光免疫分析仪 UPT6800 和全自动化学发光免疫分析仪 MQ60AUTO 3 款产品获河北省高新技术企业协会颁发的高新技术产品证书。产品采用热景生物的专利技术——上转发光技术。该技术在免疫层析技术操作简便、反应迅速等传统优势的基础上，实现高敏感度、精确定量，并具有发光稳定、耐受性强等特点。

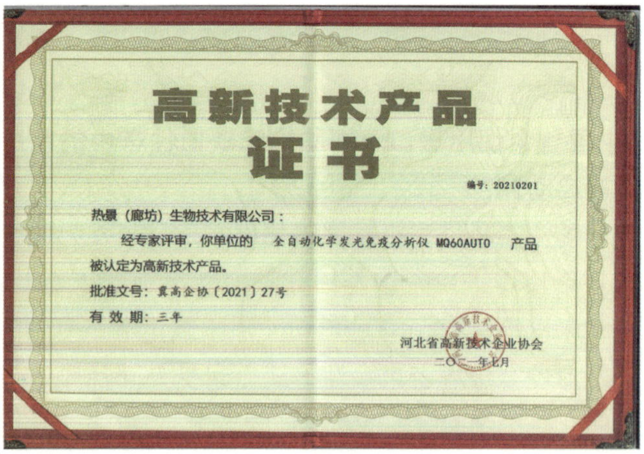

(张雷)

【热景生物新冠抗原自测产品获欧盟 CE 认证】 8 月 4 日，中关村医疗器械园入驻企业北京热景生物技术股份有限公司研发的新型冠状病毒抗原自由检测产品获欧盟 CE 认证。该产品可检测包含德尔塔毒株 B.1.617.2（Delta“德尔塔”）、英国变异毒株 B.1.1.7（Alpha“阿尔法”）、巴西变异毒株 B.1.351（Beta“贝塔”）等多种新冠病毒变异株。

（张雷）

【阿迈特全降解外周血管药物洗脱支架系统获准临床试验】 8月27日，经国家药监局医疗器械技术审评中心审批，中关村医疗器械园入驻企业北京阿迈特医疗器械有限公司自主研发的全降解外周血管药物洗脱支架系统PeriSorb™获国家药监局批准开展注册临床试验研究。系统主要用于糖尿病患者常见的并发症下肢动脉血管栓塞的治疗。（阿迈特成立于2011年4月，2017年2月入驻中关村医疗器械园，致力于研发、生产和销售完全可吸收植入和介入医疗器械。）

（王岳）

【“互联网+职业技能培训”补贴政策宣讲会举办】 8月30日，由中关村医疗器械园主办的“互联网+职业技能培训”补贴政策宣讲会在园区举行。园区企业相关人员参加。特邀专家对《北京市人力资源和社会保障局、北京市财政局关于深入推进职业技能提升行动“互联网+职业技能培训”工作的通知》做解析，就“互联网+职业技能培训”的开展方式、线上培训的课程内容、以训兴业培训补贴的适用对象及发放标准等内容进行阐释。

（高慧、胡志国）

【生物医药企业技术性贸易措施项目座谈会举办】 9月15日，由北京出入境检验检疫协会主办、中关村医疗器械园承办的北京市生物医药企业技术性贸易措施项目座谈会在中关村医疗器械园举办。市商务局、海关总署标法中心、中国检验认证集团、中国海关科学研究中心的相关负责人和专家出席。科兴生物制药股份有限公司、北京热景生物技术股份有限公司、北京奥精医药科技有限责任公司、华科精准（北京）医疗科技有限公司、中关村普世（北京）药械供应链管理有限公司、中关村国际生物试剂物流中心、卡尤迪生物科技（北京）有限公司、中牧实业股份有限公司、北京同仁堂健康药业股份有限公司等北京地区进出口生物医药企业参加座谈。座谈会对出口贸易摩擦预警进行分析，为企业提供可参考的风险规避模式，从而实现合规性出口，减少外贸风险。

（张旭）

【中关村医疗器械园与北京科技大学签署战略合作协议】 9月24日，北京科技大学—中关村医疗器械园产学研战略合作协议签约仪式在中关村医疗器械园举行。大兴区政府、中关村发展集团、大兴生物医药产业基地管委会等单位相关负责人及专家等30余人参加。战略合作涵盖北京科技大学3个学院、5个国家级科研平台和15个省部级平台的科研资源，将发挥北京科技大学相关学科和团队优势，与中关村医疗器械园在科学研究、成果转化、项目入驻等方面进行合作。

（张旭）

【企业知识产权纠纷调解座谈会召开】 9月24日，

企业知识产权纠纷调解座谈交流会在中关村医疗器械园召开。市知识产权保护中心、大兴知识产权服务中心、中国医疗器械行业协会等相关负责人出席会议。北京热景生物技术股份有限公司、百奥赛图（北京）医药科技股份有限公司、奥精医疗科技股份有限公司、华科精准（北京）医疗科技有限公司等园区内外20余家企业参加座谈。对市知识产权保护中心、大兴知识产权服务中心及中国医疗器械行业协会知识产权纠纷人民调解委员会的工作情况进行介绍；各参会企业就自身目前面临的涉及商标侵权、知识产权布局与防范等各类问题进行阐述，与会领导和专家给出针对性解答和后续解决方案。

（高慧）

【雅果科技入围中关村前沿大赛医疗器械领域 TOP 10】 11月23日，在2021年中关村国际前沿科技创新大赛“中关村银行杯”医疗器械领域决赛上，中关村医疗器械园入驻企业北京雅果科技有限公司入围TOP 10榜单，其呼吸治疗工作站项目获决赛第二名。

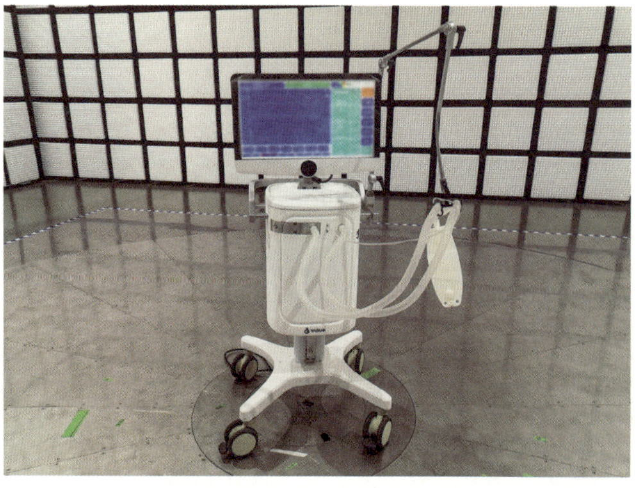

（雅果科技研发的呼吸工作站）

工作站是一款综合呼吸治疗、气道管理、仿生咳痰等功能的智能综合治疗平台，采用雅果科技重新设计机械通气技术，融合多种创新技术，并利用创新的模式和算法，让多种功能相互融合发挥最佳治疗效果。（雅果科技成立于2014年1月，2017年8月入驻中关村医疗器械园，专注于气道管理与呼吸治疗领域医疗器械和解决方案创新，是一家集研发、生产、销售为一体的国家高新技术企业。）

（苗帅）

【万洁天元入选北京市“专精特新”中小企业名单】 12月2日，市经济和信息化局发布《关于2021年度第四批“专精特新”中小企业的公告》，公布入选企业名单。其中，中关村医疗器械园入驻企业北京万洁天元医疗器械股份有限公司凭借优异的自主创新能力和优质的产品及服务入选。（万洁天元成立于2006年8月，2017年4月入驻中关村医疗器械园，专注于骨科运动医学高值耗材及运动康复。）

（苗帅）

【2家入驻企业获批设立博士后科研工作站】 12月

28日，在博士后工作助力北京高质量发展推进会上，市人力社保局新设博士后科研工作站授牌。其中，中关村医疗器械园入驻企业北京万洁天元医疗器械股份有限公司、北京雅果科技有限公司获批设立园区类博士后科研工作站。

（苗帅）

【中关村医疗器械园获建设补贴资金1亿元】2021年，中关村医疗器械园持续优化提升二期项目设计施工方案，通过市科委、中关村管委会，市财政局，大兴区科委，大兴区财政局，大兴生物医药产业基地管委会等部门的审核，获北京市医药健康企业标准厂房建设补贴资金1亿元。

（王海鑫、田野）

【17家企业入驻中关村医疗器械园】2021年，中关村医疗器械园新增入驻企业17家，包括首都医科大学、北京华诺奥美基因生物科技有限公司、北京巴瑞医疗器械有限公司、北京沃森创新生物技术有限公司和北京谊安医疗系统股份有限公司等5家行业龙头。其中，首都医科大学落户大兴生物医药产业基地实验室项目依托于园区的动物实验平台、工程优化平台等产业生态，促进医学院校原始创新的转化落地；沃森生物、华熙生物科技股份有限公司、谊安医疗及北京热景生物技术股份有限公司、华科精准（北京）医疗科技有限公司等企业在疫苗研发、医学美容、呼吸麻醉设备、体外诊断、手术机器人等领域在国内外形成重大影响；华诺奥美等医疗服务机构及以罗氏诊断全国总代理巴瑞医疗为代表的一批销售代理机构，实现园区医疗器械产业的延链、补链。

（王笑航）

【中关村医疗器械园风洞检测服务平台建立】2021年，中关村医疗器械园有限公司与园区企业泽恒计量检测（北京）有限公司共建中关村医疗器械园风洞检测服务平台，致力于打造针对医疗器械与药品行业检测、计量的“一站式服务”，有利于完善医疗器械园产业服务平台整体链条。

（张旭）

【中关村医疗器械园一站式服务中心设立】2021年，中关村医疗器械园设立一站式服务中心。中心设有园区招商、产业、运营等服务机构，引入知识产权、医械专业服务、法律、金融等领域的第三方专业机构入驻，协调大兴区生物医药产业基地管委会、环保、经济和信息化等属地监管政府部门联合办公，为企业提供一站式、全周期、全生态链、保姆式服务。中心建立档案管理制度，为入园企业提供全流程覆盖、一户一档、清楚明了的档案管理服务；设置洽谈、休息空间和儿童专区；设有录音电话以及时接收客户的需求反馈；设置的大屏幕可及时为访客呈现产业政策、监管动态、制度宣讲、优秀企业介绍等重点资讯。

（王晓琼、刘陆）

中关村新兴产业前沿技术研究院

【概况】中关村新兴产业前沿技术研究院（简称中关村前沿技术研究院）是中关村发展集团与房山区合作打造的智能制造领域特色产业园，是国内第一个真正具备5G自动驾驶研发、开放道路测试能力的示范区，是中关村示范区唯一授权以“高端制造为主题的特色园区”。研究院产业定位以工业4.0与互联网跨界融合为主方向，聚焦无人机、智能网联汽车、智能机器人、医工交叉等智能装备，以及新能源、新材料等前沿技术领域。园区位于房山区北京高端制造业基地核心区，总占地面积15.3万平方米，建筑面积22.77万平方米。其中，研究院一期东至智慧东街，南至弘安路，西至智慧西街，北至广茂路，占地面积12万平方米，建筑面积16.88万平方米；二期东至规划六路绿地西边线，南至石厦路绿地北边线，西至项目用地西红线，北至项目用地北红线，占地面积3.3万平方米，建筑面积5.89万平方米。一期、二期由北京中关村前沿技术产业发展有限公司整体运营。2021年，园区总收入17亿元，收入过亿元企业2家；纳税总额1981万元；每平方千米产值451亿元；企业研发经费投入2亿元；企业新增专利50件。园区围绕智能应急装备等重点产业领域全年接洽储备百余个强链补链项目，引进38个高精尖项目，北京颐高科技有限公司、北京喜马城文科技有限公司、北京金奥博数码信息技术有限责任公司等行业领军企业落地房山。研究院一期入驻率达81%、二期超过61%。截至2021年底，园区共有企业40家；园区企业从业人员约1000人，研发人员占比50%；园区有院士1人；园区企业累计获知识产权授权465件。

（李芝芝）

【驭势科技与大唐高鸿签署战略合作协议】2月22日，中关村前沿技术研究院入驻企业驭势科技（北京）有限公司与中国信科集团旗下大唐高鸿数据网络技术股份有限公司在北京签署战略合作协议。双方将共享技术研发和市场资源优势，联手开展无人驾驶、车路协同及车联网产业化等方向的产品研发和应用创新，并依托大唐高鸿在C−V2X领域的先导优势，结合驭势科技多年来基于“全场景、真无人、全天候”无人驾驶平台的技术转化成果，共同推动C−V2X在无人驾驶领域的创新商业应用模式。驭势科技与大唐高鸿的强强联合，将自技术底层至终端应用充分整合产业生态资源，推动智能网联领域相关标准的落地和商业应用；在智慧机场、智慧园区等重点应用场景，将打造产品级智能驾驶解决方案，进一步促进“5G+车联网”技术的商用落地，助力中国智慧交通、智慧城市的发展与建设迈上新台阶。

（李芝芝）

【“惠企政策进园区”活动举办】3月22日，中关村前沿技术联合北京高端制造业基地管委会邀请首都科技条件平台及房山区委组织部、房山区经济和信息化局、房山区科委等有关部门，举办“惠企政策进园区暨首都科技条件平台房山工作站2021年度‘百家重点实验室进千家企业’专场对接会”，利用首都科技条件平台资源优势，为园区企业及时了解市、区两级惠企政策搭建学习交流平台，提高企业政策申报成功率。30余家企业参加。对中关村新版“1+4”政策内容、首都科技条件平台及首都科技创新券相关政策、北方工业大学等5所高校的实验室开放服务资源进行介绍，对国家级、市级科技项目申报政策进行解读，并对企业提出的问题逐一解答。房山区有关部门负责人向企业介绍了房山区科技创新服务及市、区相关人才支持政策。

（李芝芝）

【环评咨询对接会举办】4月9日，中关村前沿技术研究院邀请北京中环尚达环保科技有限公司总工程师，对2021年1月1日起正式实行的《建设项目环境影响评价分类管理名录（2021年版）》进行解读，对名录调整后环评办理流程变化进行专题培训。中关村前沿技术研究院入驻企业北京智天新航科技有限公司、北京煜邦数码科技有限公司等10家企业参加活动，并就企业在办理环评过程中遇到的实际问题与专家进行沟通交流，获得业务实践指导。

（李芝芝）

【驭势科技助力东航设备联合创新实验室建设】 4月9日，东航实业集团有限公司旗下上海东方航空设备制造有限公司“东航设备联合创新实验室”在上海浦东物流园区揭牌成立，旨在集合各方力量，将其建设成集研发、应用测试、产融结合、知识产权建设为一体的创新平台，打造市场化、数字化、绿色化、高端化的产品。中关村前沿技术研究院入驻企业驭势科技（北京）有限公司重点参与了联合创新实验室的建设。在联合创新实验室现场，驭势科技与其战略合作伙伴上海民航华东凯亚系统集成有限公司向业内观众展示了自研无人驾驶技术在机场的载人、载物应用案例。驭势科技机场无人驾驶解决方案集成了无人车与云端智能运营管理系统平台，是为了面向“四型”机场建设，提升机场自动化水平而打造的，符合机坪运营最高安全标准。同时，基于AI和大数据的智慧管理将帮助机场运营提高安全性，真正实现智能机场这一理念。基于驭势科技在无人驾驶领域强大的技术支撑和体系化的商业应用，结合华东凯亚在民航领域的资源优势，探索无人化技术在机场的普及和应用，进一步推动中国民航“四型”机场建设。

（李芝芝）

【房山区政府与中关村发展集团深化战略合作对接会召开】 5月8日，房山区政府主要领导带领区政府办、房山区区经济和信息化局、北京高端制造业基地管委会等部门负责人到中关村发展集团对接座谈。会议听取中关村前沿技术关于2021年首届国际智能应急装备产业发展论坛暨全球智能应急装备大赛总体方案情况和房山区政府与中关村发展集团全面深化战略合作协议内容的汇报，并就有关问题进行座谈交流。

（李芝芝）

【航景创新无人机森林灭火系统参展2021北京科技周】 5月22—28日，在中关村示范区展示中心举行的2021年全国科技活动周暨北京科技周主场活动上，中关村前沿技术研究院入驻企业北京航景创新科技有限公司全方位展示了无人机在森林灭火领域应用的创新技术成果。参展的无人机森林灭火系统具有24小时不间断响应、快速部署、超视距长航时、安全精准投送、多机编队协同等特点，可实现复杂场景下森林火灾有效精准灭火，已于2020年完成应急管理部国家消防装备质量监督检验中心技术鉴定。

（李芝芝）

【达闼科技与航空安保签署战略合作协议】 5月25日，中关村前沿技术研究院入驻企业达闼科技（北京）有限公司与北京首都机场航空安保有限公司战略合作签约仪式在北京举行。双方基于对建设智慧机场的共同认识，就人工智能与机器人领域的战略合作签订框架协议。双方聚焦机场安保一体化工程的研发、参与智慧机场和环保机场的建设，提高机场的服务质量。航空安保公司将提供适合人工智慧与安保特种机器人的机场应用场景及其首都机场集团内的相关技术、产品与服务的组织协调、推广应用等工作；达阅科技负责人工智能与新型安保特种机器人装备的创新研发、制造、部署、运维等工作。

（李芝芝）

【“构建新型政企关系”全面合作协议签约】 5月28日，房山区政府与中关村发展集团“构建新型政企关系”全面合作协议签约暨首届全球智能应急装备大赛启动仪式在中关村前沿技术研究院举行。市政府，市科委、中关村管委会，房山区政府，中关村发展集团，北京理工大学等有关负责人，以及智能应急领域专家学者、合作伙伴、企业代表等150余人参加活动。会议现场，集团与房山区政府签署“构建新型政企关系”全面合作协议。“新型政企关系”重点体现在“四新”，即合作思路新、合作机制新、服务模式新、创新生态新。大会集中签约拟落地房山的中国化学工程研究院、氢阳新能源控股有限公司、中安颐高（北京）科技有限公司、圣晖莱南京能源科技有限公司等一批重点项目。以“匠心智造·创领应急”为主题的首届全球智能应急装备大赛同时启动。

（李芝芝）

【政策培训及金融服务对接会举办】 6月23日，中关村前沿技术在园区举办政策培训及金融服务对接会，20余家企业参加。北京青牛星科技集团首席咨询师对高新技术企业认定及研发费用加计扣除等政策进行了解读，结合案例对申报条件进行了逐一分析；中关村领创金融专家介绍了供应链金融新型贷款模式，为创新型企业降低经营负债及融资财务成本提供了一种新的有效途径；民生银行和交通银行介绍了各自针对中小企业的优惠金融产品。在互动交流环节，嘉宾们解答了企业提出的问题，给出了很多实操性建议。活动是中关村前沿技术根据企业诉求举办的有针对性的产业服务活动，旨在帮助园区企业及时了解税收及金融优惠政策，提高企业政策申报成功率，降低融资成本。

（李芝芝）

【驭势科技助力徐福记打造智慧工厂】 6月，由中关村前沿技术研究院入驻企业驭势科技（北京）有限公司研发的无人驾驶物流车在徐福记广东东莞生产基地投入常态化运营，负责厂区内食品原料转运。东莞是徐福记最主要的生产基地，总占地面积超过50万平方米，驭势科技为徐福记提供的无人物流解决方案，由无人驾驶物流车和功能强大的云端智能运营管理系统构成。无人驾驶物流车依托驭势科技自主研发的U-Drive® 智能驾驶平台打造，车内搭

（驭势科技无人驾驶物流车）

载智能驾驶控制器，通过融合部署在车身周围的激光雷达、摄像头等多类传感器的感知数据，结合无人驾驶核心算法，实现厂区内安全稳定的自主运输作业；借助云端智能运营管理系统平台，可提供无人车队的多车协同、调度、远程监控等功能，在减少人力成本的同时，大大提升物流运营的效率与安全性。

（李芝芝）

【史河科技 24 台船舶除锈机器人交付上海中远】 7 月 21 日，中关村前沿技术研究院入驻企业北京史河科技有限公司船舶除锈机器人交付仪式在上海中远海运重工有限公司举行。仪式现场，史河科技完成 24 台船舶除锈机器人的正式交付，这也是中国修船行业首个船舶除锈机器人大批量订单的一次性交付。

（李芝芝）

【航景创新成立民兵森林灭火应急排】 7 月 22 日，房山区民兵森林灭火应急排成立暨授旗仪式在中关村前沿技术研究院举行。应急排由中关村前沿技术研究院入驻企业北京航景创新科技有限公司飞行服务团队的 31 名骨干组成，是一支专业技能高、综合素质强、工作作风硬的队伍，多次完成森林灭火实战演练和物资运投等任务。应急排装备了航景创新研制的大载荷无人直升机系统，能够执行森林灭火、应急物资投送等任务，将成为房山区处置森林火灾和其他突发应急事件的尖兵。

（李芝芝）

【中关村前沿技术研究院首单认股权业务落地】 7 月，集团认股权投资基金与中关村前沿技术就北京田园奥瑞生物科技有限公司的认股权转让及行权完成交割，中关村前沿技术实现 2021 年首单认股权项目的转让及行权。经过协调对接和前期尽调，园区向认股权投资基金转让关于田园奥瑞项目的认股权，认股权投资基金对田园奥瑞项目展开商业核心条款的谈判并行权投资。在认股权投资基金行权的同时，集团金种子基金也对田园奥瑞进行了联合投资，进一步体现集团对早期企业投资方式的多元化。

（李芝芝）

【航景创新完成近 1 亿元 B 轮融资】 8 月 30 日，中关村前沿技术研究院入驻企业北京航景创新科技有限公司宣布完成近 1 亿元 B 轮股权融资，由达晨创投和世纪金源联合领投。融资用于其大载荷无人直升机规模化的生产交付、行业应用推广以及新产品的研发。

（李芝芝）

【史河科技被评定为北京市知识产权示范单位】 9 月 8 日，市知识产权局印发《关于认定 2021 年度北京市知识产权试点示范单位的通知》，中关村前沿技术研究院入驻企业北京史河科技有限公司被评定为

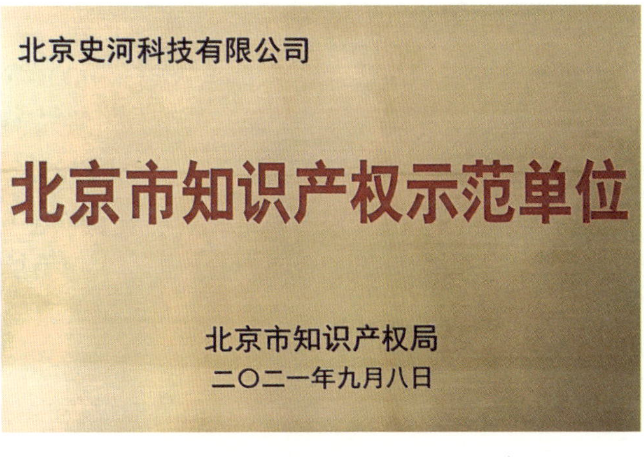

北京市知识产权示范单位。

（李芝芝）

【首届全球智能应急装备大赛颁奖礼举行】 9 月 28 日，由市科委、中关村管委会，市经济和信息化局，市应急局，房山区政府，中关村发展集团，北京理工大学主办，北京高端制造业（房山）基地管理委员会、中关村前沿技术、中关村国际会展、中国安全产业协会消防技术创新专委会联合承办的首届全球智能应急装备大赛颁奖礼在中关村示范区展示中心举行。中关村发展集团、房山区政府、中国安全产业协会、市公安消防总队等负责人，专家学者、参赛企业代表近百人参加活动。作为 2021 中关村论坛系列活动之一，大赛以“匠心智造 · 创领应急”为主题，自 5 月 28 日启动以来，共有来自海内外的 200 余个项目报名参赛。7 月底，初赛评选在中国安全产业协会消防技术创新专委会举办，10 余位业内专家从专业背景、行业综合排名、项目技术先进性、企业成长性等多个维度，对应急救援无人机和应急救援机器人两个赛道的参赛项目进行了综合评审，评选出各赛道 30 强。9 月 7 日，大赛复赛在房山区北京高端制造业基地举办，通过线上、线下路演，产生两个赛道的前 10 强。9 月 24 日，在房山区周口店镇，20 家企业进行了实战，经过无人机定点抛投、机器人侦察越障、灭火救援等科目的考核，决出大赛一等奖、二等奖和优胜奖。最终，重庆中岳航空航天装备智能制造有限公司获一等奖，河南省猎鹰消防科技有限公司、北京航景创新科技有限公司等获二等奖。

（李芝芝）

【“5G 云端机器人的助残养老应用”项目获二等奖】 9 月，在工业和信息化部主办的第四届“绽放杯”5G 应用征集大赛智慧生活专题赛上，中关村前沿技术研究院入驻企业达闼科技（北京）有限公司的“5G 云端机器人的助残养老应用”项目，从全国 522 个参选项目中脱颖而出，获大赛二等奖。该项目依托全球领先的“云端大脑 + 智能终端 + 机器人控制技术”一体化产品和服务，围绕老年人及残障人士的健康、安全、陪伴、看护等场景，旨在探索智慧养老、助残新模式，通过多种云端机器人及智能设备的交互功能，为使用者提供生活监督、健康监护、陪伴聊天、亲情互动等服务。

（李芝芝）

【田园奥瑞获国家高新技术企业认定】 9 月，中关村前沿技术研究院入驻企业北京田园奥瑞生物科技有限公司获颁高新技术企业证书。（田园奥瑞成立于 2007 年 1 月，是一家专注于动物遗传资源保存与利用技术的高科技企业，2020 年入驻中关村前沿技术研究院，2021 年 10 月被纳入中关村高新技术企业库。）

（李芝芝）

【2 家入驻企业入选北京市“专精特新”中小企业名单】 9 月，中关村前沿技术研究院入驻企业北京史河科技有限公司、北京煋邦数码科技有限公司入选北京市“专精特新”中小企业名单。

（李芝芝）

【史河机器人获“创客北京 2021”企业组二等奖】 10 月 19 日，在第六届“创客中国”北京市中小企业创新创业大赛暨“创客北京 2021”创新创业大赛总结会上，中关村前沿技术研究院入驻企业北京史河机器人科技有限公司的“智能高空机器人”项目获“创客北京 2021”企业组二等奖。

（李芝芝）

【无人机与机器人专场活动举办】10 月 19 日，由良乡高教园区管理委员会、房山区科委、房山区经济和信息化局、北京高端制造业基地管委会、北京理工大学主办，首都科技条件平台房山工作站、房山区高新技术企业协会、首都科技条件平台北大研发实验服务基地、中关村前沿技术、北京大学创业训练营房山基地承办的 2021 年度房山区校企对接系列活动——无人机与机器人专场在中关村前沿技术研究院举办。来自北京理工大学自动化学院、光电学院、智能机器人与系统高精尖中心以及北大研发实验服务基地的 9 位高校老师和智能制造、无人驾驶、高端制造等领域的 14 家房山区企业参加活动。校企双方就各自业务和需求进行了交流分享。多家企业在布线机器人、磁悬浮技术、工业机器人等方面与高校的研究项目达成合作意向。

（李芝芝）

【史河科技船舶除锈机器人创新纪录】10 月，中关村前沿技术研究院入驻企业北京史河科技有限公司船舶除锈机器人完成一艘 30 万吨超大型油轮的外板除锈工程。史河船舶除锈机器人外板除锈总作业面积约 2.8 万平方米，作业区域包括直底、平底、船艏线型、船艉线型等区域，完成度达到 80%，创造了史河船舶除锈机器人单船完成量的新纪录。其中，码头作业面积达到 8000 平方米，为客户节省坞期 2 天半；进坞之后同时使用 9 台机器人作业，最大限度地为船厂节省了坞期时间，保证了坞修进度。

（李芝芝）

【智能制造精密加工合作生产专场对接活动举办】11 月 12 日，由房山区经济和信息化局、中关村前沿技术联合组织的智能制造精密加工合作生产对接活动在能科科技股份有限公司精密加工生产基地举办。中关村产业技术研究院入驻企业北京航景创新科技有限公司、北京智天新航科技有限公司、北京田园奥瑞生物科技有限公司、北京九州尚阳科技有限公司、北京图灵微创医疗科技有限公司、北京中科瑞升资源环境技术有限公司、北京知行科技有限公司等 10 家企业实地考察能科集团精密加工生产基地，详细了解能科集团高端设备配置、机床性能、加工能力、特殊部件加工工艺、过往服务案例等情况。座谈交流环节，能科集团及合作单位介绍了机加工合作业务内容、合作能力和智能制造云平台等情况，中关村产业技术研究院介绍了各自业务和对精密加工的主要需求。活动结束后，部分企业与能科集团进行了“一对一”对接，达成明确的合作意向。本次对接会是中关村前沿技术发挥连接器作用，完

善智能制造产业配套，为园区企业量身定制的一次专项对接活动，旨在搭建园区企业与区域精密加工大型企业的产业合作平台，满足园区企业备品配件外委加工需求，促进供需双方互惠互利、合作共赢，助力区域高端制造产业加速发展。

（李芝芝）

【中关村社区 · 科技服务驿站揭牌】11 月 26 日，由中关村房山园管委会和中关村科服、中关村前沿技术共同主办的“中关村社区”首个科技服务驿站揭牌仪式在中关村产业技术研究院举办。中关村社区 · 科技服务驿站由中关村科服和中关村前沿技术联合打造运营，以数字化手段、集成化服务突破集团服务资源在时间、空间、人员等方面的区隔、限制，突破集团体系内外不同的优质服务资源在链接、应用等方面的界限，围绕产业集聚、园区发展、企业全生命周期需求，从共性技术服务、综合科技服务、配套保障服务、数智化服务 4 个维度，形成规模化的服务能力和线上线下相结合的服务能力输出体系，是中关村创新创业生态的集大成者和数字化、标准化的升级版。此次活动立足于进一步深化集团和房山区新型政企合作关系，落实双方全面合作协议，旨在通过科技服务驿站的设立，汇聚整合优质科技服务资源，为房山全域企业创新发展提供高端化、特色化、差异化的科技服务，助力区域构建特色产业集群。活动现场，中关村科服、中关村前沿技术与硬创空间、北京德钧科技服务有限公司、北京培宏望志科技有限公司、中关村人才协会、北京集慧智佳知识产权管理咨询股份有限公司、常见投资管理（北京）有限公司、北京领创精准医疗健康产业投资有限公司等 7 家科技服务机构进行合作签约，将定向服务中关村房山园企业，加强智能制造、科技咨询、人才服务、科技金融、知识产权等服务内容，实现“创新社区 + 特色产业 + 科技服务”的有机融合。

（李芝芝）

【5G 自动驾驶测试平台二期建设完成】2021 年，中关村前沿技术与北京高端制造业（房山）基地管理委员会、中国移动和国家智能网联汽车质量监督检验中心（襄阳达安汽车检测中心有限公司）合作完成 5G 自动驾驶测试平台二期建设，并投入试运营。巡逻、清扫、货物运输等无人驾驶车辆陆续投入园区测试运营，截至年底，累计测试服务里程约 4500 千米。

（李芝芝）

【中关村（房山）高端制造前沿技术创新中心通过验收】2021 年，中关村前沿技术持续推进中关村（房山）高端制造前沿技术创新中心建设，入驻率达到 42%，并通过市科委、中关村管委会现场验收及答辩评审，获 280 万元资金支持。

（李芝芝）

【驭势科技获多项荣誉】2021 年，中关村前沿技术研究院入驻企业驭势科技（北京）有限公司获多项荣誉。

表 18　驭势科技获部分荣誉一览表

时间	奖项名称
7 月	入选 CB Insights 2021 全球独角兽企业榜单
8 月 4 日	入选毕马威中国汽车科技 50 榜单
11 月 23 日	2021 科创先锋企业 · 年度科创企业奖
11 月 26 日	年度创新技术奖和年度自动驾驶（载物）高成长企业奖
11 月 30 日	年度人工智能最佳解决方案 TOP 10 年度人工智能领袖 TOP 30 年度人工智能领航企业 TOP 50
12 月 4 日	2021 最具商业潜力的 20 家未来出行 Cool Vender 奖项
12 月 9 日	智能驾驶场景领域最佳智能驾驶体验奖
12 月 13 日	WISE 2021 新经济之王——年度硬核企业
12 月 15 日	入围 2021 投资界数字科技 Venture 50

（李芝芝）

【达闼科技获多项荣誉】2021年，中关村前沿技术研究院入驻企业达闼科技（北京）有限公司获多项荣誉。

表19 达闼科技获部分荣誉一览表

时间	奖项名称
2月21日	入选《互联网周刊》公布的2020智能制造企业50强名单
3月31日	入选2020 AI Era创新大奖领军企业TOP 50
4月16日	获第八届中国（上海）国际技术进出口交易会“服务机器人场景应用标杆企业”称号
7月29日	入选融资中国2020—2021年度中国新经济独角兽企业TOP 50榜单

（李芝芝）

【中关村前沿技术服务企业300余家次】2021年，中关村前沿技术从产业配套、职业技能人才、应用场景、环评准入、市场拓展等方面为企业提供特色专属服务，全年累计为企业提供服务300余家次。邀请银行等多家金融机构与园区企业开展融投资对接，助力煜邦数码等获得银行低息贷款；向集团推荐优质认股权项目，促成中关村资本、中关村创投分别向田园奥瑞投资500万元；组织园区企业与中关村科技租赁、中关村科技担保对接，中关村租赁给予航景创新、史河科技、煜邦数码等合计3500万元资金支持；利用园区空间载体为史河科技提供高层建筑外立面及玻璃幕墙清洗测试场景，并对接中关村生命科学园、中关村软件园、中关村集成电路设计园等单位应用场景，帮助企业业务从工业领域向民用领域拓展；为航景创新、数字绿土等无人机企业协调解决研究院周边及房山山地区域无人机试飞空域审批事宜，协助企业开展试飞测试；带领企业走访市生态环境局等单位，解决意向入驻企业环评准入相关问题，用实际行动为企业分忧解难，并促成项目落地研究院；协调属地政府相关部门，解决氢阳能源高温垃圾转化制氢油及氢能产业示范项目原料来源及废水处理等相关问题，保证项目正常推进。

（李芝芝）

【38个高精尖项目入驻中关村前沿技术研究院】2021年，中关村前沿技术研究院引入38个高精尖项目，包括4家行业龙头，分别为中安颐高（北京）科技有限公司、北京喜马城文科技有限公司、北京金奥博京煤科技有限责任公司、北京能环国际新材料有限公司。其中，国内智能应急装备龙头颐高集团北方总部中安颐高（北京）科技有限公司落户，以及上市公司金奥博集团北方总部北京金奥博京煤科技有限责任公司落户，将进一步提升中关村前沿技术研究院打造“中关村房山园智能应急装备产业园”的产业影响力；独角兽企业喜马拉雅集团北方总部北京喜马城文科技有限公司落户研究院，将丰富和完善房山区数字经济及创意经济的产业生态体系；北京点阵智能科技有限公司、北京旭华时代科技有限公司、北京方硕复合材料技术有限公司、北京微至航空科技有限公司、北京优德数智科技有限公司等项目，在新型能源智能控制系统、新材料先进制造设备及工艺、中大型载荷无人机平台、工业巡检机器人等行业内处于领先地位，园区智能应急装备、高端装备、新材料、新能源领域的产业集聚和产业生态进一步提升。

（李芝芝）

中关村 · 长城脚下的创新家园

【概况】 中关村 · 长城脚下的创新家园定位为以无人机、新能源和能源互联网、体育科技、现代园艺为产业特色的科技园区，由北京中关村延庆园建设发展有限公司建设运营。创新家园位于延庆区康庄镇，距北京城区 62 千米，距延庆城区 9 千米。总规划占地面积 4.97 平方千米，其中园区一期占地面积 82 万平方米。2021 年，创新家园项目土地一级开发已基本完成，配套市政、城市中心公园已基本完工，处于移交阶段，推动土地入市及产业导入。

（夏芳）

【中关村延庆园公司推进土地入市】 2021 年，经延庆区政府批复同意，北京海纳创新工程管理有限公司为创新家园 6021 地块协议出让主体，实现一个产业地块上市；中关村延庆园公司取得 6026、6028−1、6028−2 地块二次权属审核文件，完成 6026、6028−1 地块成本分摊并完成地价评审，为土地挂牌奠定基础。根据土地新政，推进 1 号地征相关手续工作，完成征地启动公告、现状地上物调查、补偿安置公告等工作。

（夏芳）

【创新家园市政配套工程竣工】 2021 年，中关村延庆园公司完成中关村 · 长城脚下的创新家园 110kV 高压线迁改和市政配套工程建设。其中，市政道路工程位于延庆区康庄镇，共计 10 条道路，纵横相连，道路总长约 7.76 千米；道路绿化项目地处世园大道重要的交通节点，规划范围北起光谷一街，南至康庄大道、光谷二街，西至康张路，东至风谷四路，占地面积 12 万平方米；城市中心公园项目位于核心区西南角，西邻世园会景观大道，南邻康庄大道，东北邻多功能用地，占地面积约 3 万平方米；110 千伏架空线路项目隧道总长 2137.5 米，建设电力竖井 20 座，提升园区土地利用效率。

（创新家园城市中心公园）

（夏芳）

【中关村延庆园公司引进 4 家企业】 2021 年，中关村延庆园公司引进北京奥邦数字体育有限公司、中服云（北京）科技有限公司、北京木又寸科技有限公司、北京鼎尖文化创意有限公司等 4 家企业在中关村延庆园注册落地，其中奥邦体育、中服云 2 家企业为中关村高新技术企业。

（夏芳）

中关村（京西）人工智能科技园

【概况】 中关村（京西）人工智能科技园致力于建设成为以人工智能重点实验室和技术平台为支撑、行业龙头企业为引领、与中关村科学城融为一体、具有世界影响力的人工智能科技创新中心，由北京中关村京西建设发展有限公司建设运营。园区位于西山脚下，永定河畔，毗邻长安街西延线，规划占地面积54.5万平方米，其中产业用地面积20.58万平方米，地上建筑面积55万平方米。2021年，园区先导园——中关村（京西）人工智能科技园·智能文创园新引入企业16家，其中新增入园企业11家，注册落地企业5家，累计入驻企业23家，入驻率已达可出租面积的96%。项目完成实质型认股权企业签约2家、一般型认股权企业签约6家。

（邓文茵）

【智能文创园获区级“众创空间”】 1月13日，中关村（京西）人工智能科技园·智能文创园获门头沟区“众创空间”。智能文创园致力于为企业提供高品质的发展空间、优质的创新创业服务发展环境。除了区级“众创空间”，智能文创园累计落地文创金服工作站、门头沟区文创产业协会、全球AI文创大赛专家工作站、中关村协同基金服务站、文创市集直播间等多个平台。

（邓文茵）

【中关村京西发展获2020年门头沟区文创协会突出贡献奖】 2月7日，门头沟区文化创意产业协会2020年工作总结会在智能文创园召开。对2020年度作出突出贡献、优秀会员单位和先进个人进行表彰，中关村京西发展作为区文创协会会长单位获2020年门头沟区文化创意产业协会突出贡献奖。

（邓文茵）

【中关村京西发展获消费扶贫贡献奖】 3月24日，中关村门头沟园2020年度京蒙扶贫和消费扶贫先进单位表彰大会举行，中关村门头沟园20家企业参会。中关村京西发展因在2020年扶贫决胜攻坚战中出色完成采购对口帮扶地区扶贫产品的任务，获得消费扶贫贡献奖。园区入驻企业自2018年以来为内蒙古察右后旗、武川县及河北涿鹿捐款总计

143 万元，7 家入驻企业为对口支援扶贫的内蒙古察右后旗和武川县的 6 个村捐款 53 万元。在门头沟区消费对口扶贫工作中，园区 20 多家入驻企业职工购买内蒙古、河北等地扶贫产品共计 260 余万元。

（邓文茵）

【中关村科技园区门头沟园管理机构揭牌】 3 月 29 日，中关村科技园区门头沟园管理机构在智能文创园揭牌成立，同时开通中关村科技园区门头沟园“学习强国号”和“人民号”。中关村管委会、门头沟区委区政府等相关负责人出席活动。

（邓文茵）

【至格科技完成数千万元 A 轮融资】 4 月，智能文创园入驻企业北京至格科技有限公司获数千万元 A 轮融资。本轮融资由中芯聚源领投，方广资本和清控银杏跟投。融资主要用于固定资产建设、团队扩充和持续的研发投入。

（至格科技衍射光波导显示效果）

（邓文茵）

【微链科技完成数千万元 Pre–A 轮融资】 8 月 18 日，智能文创园入驻企业北京微链道爱科技有限公司宣布完成数千万元 Pre–A 轮融资。本轮融资由华民投资领投，水木清泉、深圳恒洲信跟投。融资用于对 3D 机器人视觉引导、深度学习和成像精度的进一步提升研发，以及加强对机器人解决方案提供商或集成商的售前、售后、人员培训等方面的服务能力，并向铁路、轨道交通和电力安全等应用领域的拓展。（微链科技成立于 2018 年 3 月，是一家以深度学习和机器视觉为核心的新兴人工智能技术公司。）

（微链科技位于智能文创园的测试场地）

（邓文茵）

【中关村（京西）人工智能科技园携多家企业参展服贸会】 9 月 3 日，中关村（京西）人工智能科技园作为门头沟区重点打造的文旅文创产业名片之一在门头沟展区参展 2021 年中国国际服务贸易交易会，为观众展现了中关村（京西）人工智能科技园、智能文创园及园区企业等。园区企业北京至格科技有限公司、北京元点未来科技有限公司、光韵文化传媒（北京）有限公司等代表门头沟区科创智能、文旅的企业，通过实物展示、互动体验、视频、图文等多种形式对门头沟区的科技文化创新成果进行了展示。

（邓文茵）

【京西行活动举办】 9 月 10 日，中关村门头沟园管委会与首都金融服务商会联合组织开展以“绿色产业入驻京西 · 投资石龙前景无限”为主题的京西行活动。活动邀请首都金融服务商会、甘肃省国有资产投资集团、北京旭宏文化传媒有限公司、首隆资产管理（北京）有限公司、亚联（北京）科技文化发展有限公司等机构的 50 余名企业代表参加。一行人参观了门头沟区石龙创新大厦、智能文创园、妙峰山红色教育基地平西情报联络站等。在智能文创园，首都金融服务商会参观园区规划沙盘及入驻企业展板，了解中关村（京西）人工智能科技园产业发展、规划建设情况以及智能文创园入驻企业产品特色、园区服务等内容。双方就园区推介、产业合作等方面开展了座谈交流。企业代表就产业合作、产业投资、飞地招商引资、绿色产业发展等多个方面表达了合作发展的意愿。

（邓文茵）

【夏禾科技获国家高新技术企业认证】9 月 14 日，智能文创园入驻企业北京夏禾科技有限公司通过自主研发的 OLED 高性能有机发光材料入围 2021 年第一批高新技术企业名单并获国家高新技术企业认证。（夏禾科技成立于 2017 年 5 月，致力于研发和量产中国自主创造的 OLED 行业核心材料、OLED 器件技术及有关配套技术。）

（邓文茵）

【2021 医学人工智能大会举办】9 月 25 日，由中国生物医学工程学会医学人工智能分会、中国医学影像 AI 产学研用创新联盟、中国研究型医院学会感染与炎症分会、北京影像诊疗技术创新联盟主办，CMAI 组委会承办的 2021 医学人工智能大会（CMAI2021）暨第一届“中国医学学术期刊发展”高端论坛在中关村（京西）人工智能科技园举办。此次大会聚焦“肿瘤影像”“神经影像”“心血管影像”等多个主题及第一届“中国医学学术期刊发展”高端论坛、大湾区医学人工智能论坛，30 余位专家学者、临床医生和产业界代表在线参加。活动全程在《中国图象图形学报》《协和医学杂志》等微信视频号，好医工 App，B 站等平台进行在线直播，智能文创园作为线下会议地点进行直播及分享，5 万余人次在线观看。

（邓文茵）

【至格科技获“创客北京 2021”多个奖项】10 月 19 日，在第六届“创客中国”北京市中小企业创新创业大赛暨“创客北京 2021”创新创业大赛总结上，智能文创园入驻企业北京至格科技有限公司凭借“增强显示衍射光波导及光学显示模组产业化”项目获创客组二等奖、集创北方 · 集成电路设计专项赛优胜奖、国联万众 · 第三代半导体“芯”生态专项赛优胜奖。增强显示（AR）衍射光波导光学显示模组是 AR 眼镜的镜片式显示器，是将虚拟信息与现实世界同时显示进人眼的光学模块，具有轻薄、视场角大、眼动范围大、量产性强的优势，是 AR 眼镜的核心和主要技术瓶颈，约占眼镜成本的 40%。此项目基于清华大学 20 余年光栅科研成果进行产业转化，自主掌握光栅设计、母版加工、纳米压印生产三大核心技术，并在浙江湖州建设研发生产基地，研发并量产具有自主知识产权的 AR 衍射光波导光学显示模组产品。

（邓文茵）

【北京“专精特新”及北京证券交易所上市培训举办】10 月 27 日，由门头沟区商务局、中关村门头沟园管委会、中关村京西发展主办，兴业证券股份有限公司、北京中科华清科技有限公司协办的北京“专精特新”及北京证券交易所上市培训门头沟专场活动在智能文创园举办。北京元点未来科技有限公司、北京九鼎图业科技有限公司、北京天恒安科集团有限公司、北京墨境天合数字图像科技有限公司等百余家企业参加活动。活动现场，门头沟区商务局为参加活动的企业围绕“3+1”（3 大产业、1 个园区）开放主线、推动“两区”建设介绍了门头沟区的相关概况；中关村京西发展负责人从区域定位、产业布局、规划建设等方面介绍了科技园的情况；全国股转公司（北京证券交易所）市场发展部负责人从改革背景、意义思路、主要内容、工作进展及下一步工作安排对深化新三板改革设立北京证券交易所相关内容进行讲解；兴业证券股份有限公司投行部负责人从资本市场发展概况、注册制上市及审核流程以及北京证券交易所政策解读企业新三板挂牌及北京证券交易所 IPO 相关注意事项。北京中科华清科技有限公司负责人介绍了北京“专精特新”政策及申报相关问题。咨询答疑环节，相关专家解答了企业有关政策的疑问。

（邓文茵）

【夏禾科技完成 3 亿元 D 轮融资】11 月 10 日，智能文创园入驻企业北京夏禾科技有限公司宣布完成 3 亿元 D 轮融资。本轮投资方包括宁波大榭鹏创股权投资合伙企业（有限合伙）、泰兴润创新材料创业投资合伙企业（有限合伙）、芜湖恒和二号股权投资合伙企业（有限合伙）、日照市博石祥信股权投资基金中心（有限合伙）、苏州睿泓创业投资合伙企业（有限合伙）、共青城禾赢创业投资中心（有限合伙）、珠海玖菲特玖祥股权投资基金合伙企业（有限合伙）、共青城禾健赢创业投资中心（有限合伙）、泰州市转型升级产业投资基金（有限合伙）、芜湖市镜湖高投毅达中小企业创业投资基金（有限合伙）、中小企业发展基金（江苏有限合伙贰号）和

（夏禾科技位于智能文创园的升华量产车间）

安徽国创兴泰智慧成长创业投资合伙企业（有限合伙）。融资主要用于下一代 OLED 高性能有机发光材料的自主研发和江苏量产工厂的建设。

（邓文茵）

【2021 年中关村国际前沿科技创新大赛大数据与云计算领域决赛举办】11 月 30 日，由中关村前沿科技与产业服务联盟主办，中关村门头沟园管委会、中关村门头沟园服务中心、中关村京西发展承办的 2021 年中关村国际前沿科技创新大赛大数据与云计算领域决赛在门头沟区举办。共有 15 个优质企业和团队参加决赛。最终，北京开元维度科技有限公司的“Alluxio 云端数据编排平台”、安芯网盾（北京）科技有限公司的“内存保护技术”、清云智通（北京）科技有限公司的“基于分子工程的自主智能优化控制平台 SMART+”、北京展心展力信息科技有限公司的“元应用（MetaApp）项目的研究与产业化”、飞诺门阵（北京）科技有限公司的“基于自主创新 Novnet 网络计算架构的边缘云平台”、北京理工新源信息科技有限公司的“新能源汽车网联大数据平台”、北京马赫谷科技有限公司的“分布式海量对象流存储与智能检索系统”、北京共识数信科技有限公司的“基于联盟链的高性能大文件加密存储系统建设项目”、北京冲量在线科技有限公司的“冲量在线数据互联平台”、北京众志好活科技有限公司的“基于智能大数据的好活云灵活就业综合服务平台”等 10 个优质项目入围前沿大赛大数据与云计算领域 TOP 10。

（邓文茵）

【2021 门头沟人工智能文创大赛决赛举办】12 月 2 日，由门头沟区文化创意产业促进中心主办，门头沟区文化创意产业协会、智能文创园支持的 2021 门头沟人工智能文创大赛决赛举办。大赛以“绿水青山门头沟，智能文创创未来”为主题，涵盖“人工智能 + 文创”、文化旅游、文化科技融合、医药健康、“门头沟小院” + 设计、红色文创、非遗及 IP 开发、文化体育等 10 余个领域，共征集 72 个文创项目参赛。此次决赛通过线上、线下联动进行，选手在线上进行路演，专家评委在智能文创园进行线下评审，12 个项目进入决赛直播间。“VeeR 环球 5G+8K 精

品 VR 内容平台”获一等奖，“元宇宙智能美术馆”“AI 包装设计平台”获二、三等奖，“智能多媒体观景终端”获最佳人气奖，“基于人工智能技术的医学科研创新平台”“琉璃文创产品开发”“非遗创生之路——京西太平鼓”获特别奖。

（邓文茵）

【智能文创园被认定为北京市小型微型企业创业创新示范基地】 12 月 23 日，市经济和信息化局对外公示北京市第四批拟认定小型微型企业创业创新示范基地名单，中关村京西发展运营的智能文创园凭借良好的创业生态、完善的孵化体系、高品质的产业服务被认定为北京市小型微型企业创业创新示范基地。

（邓文茵）

【智能文创园挂牌国高新培育服务工作站】 12 月，中关村（京西）人工智能科技园 · 智能文创园挂牌国高新培育服务工作站。工作站由门头沟区文化创意产业协会设立，主要服务门头沟区文创企业、文化科技融合型企业，辅导拟申请国高新企业往“专精特新”方向发展的战略规划，重点梳理企业知识产权、成果转化、财务和研发数据、研发架构管理、政策项目申报、国高新企业上市路径规划、国高新企业风险控制等核心范围内容，聚焦产品市场定位，助力企业发展。

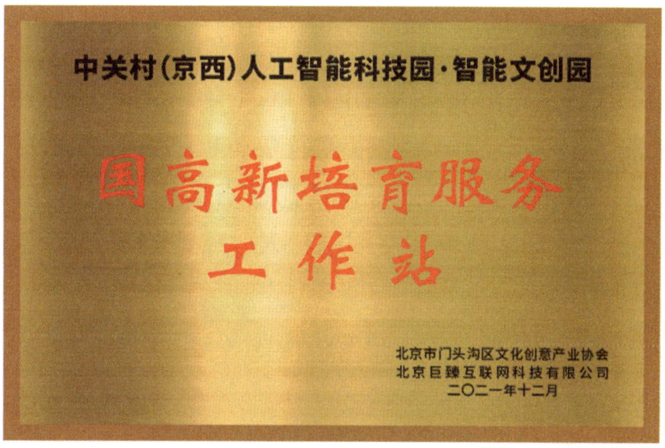

（邓文茵）

【中关村京西人工智能科技园一期开建】 2021 年，中关村京西人工智能科技园一期开建。项目占地 55 万平方米，总建筑面积 80 万平方米，采用“按需定制”模式，即在符合总体规划设计风格的前提下，给有意向的客户提供量身定制服务。园区按办公、试验空间、面积、层高、承重等要求满足企业需求。

（邓文茵）

【石龙五期土地一级开发基本完成】 2021 年，石龙五期土地一级开发实现场清地净，市政用地已具备移交条件，经营性用地全部具备上市条件。为落实集团综合改革 2022 年退出土地一级开发要求，集中精力培育、发展人工智能产业，中关村京西发展

（石龙五期项目实地）

申请退出土地一级开发。

（邓文茵）

【中关村京西发展延长用地年限申请获市政府特批】 2021 年，中关村京西发展协调市、区两级政府争取项目延长用地年限，最终市政府同意公司可按 50 年摘取石龙五期项目产业用地。

（邓文茵）

【13 家企业入驻智能文创园】 2021 年，北京信达探索者科技有限公司、北京美通互动数字股份有限公司、北京九合产融链科技信息服务有限公司等 13 家企业注册落地智能文创园，入驻率达到可出租面积的 93%。

表 20　2021 年智能文创园新增入驻企业一览表

序号	入园企业
1	北京达人众诚消防技术服务有限责任公司
2	北京优照科技有限公司
3	北京航天星航科技有限公司
4	北京法华科技有限公司
5	行走的粮仓网络科技（北京）有限公司
6	北京信达探索者科技有限公司
7	北京时代优选健康科技有限公司
8	北京御风臻业健康管理有限公司
9	北京美通互动数字股份有限公司
10	北京九合产融链科技信息服务有限公司
11	杭州海康威视数字技术股份有限公司北京分公司
12	北京新蔚电气工程技术有限公司
13	北京中景创艺文化科技有限公司

（邓文茵）

中关村工业互联网产业园

【概况】中关村工业互联网产业园是中关村发展集团与石景山区政府共同打造的工业互联网产业集聚区与世界级特色产业园，分为先导区、核心区、拓展区。先导区位于长安街西延长线北侧，建筑面积2.5万平方米，作为中关村工业互联网产业园起步园区，重点围绕服务体系搭建、人才培养、行业展示等，吸引包含工业软件、工业互联网平台企业、围绕5G和工控安全技术为核心的技术研发企业、工业互联网行业联盟、科研院所等工业互联网产业相关企业及机构入驻园区，由中关村软件园负责运营；核心区选址于石景山园西井地块，总占地面积9.27万平方米，园区集中资源服务工业互联网领域高精尖项目落地，预计为企业总共提供约45万平方米的优质空间。拓展区涵盖新首钢高端产业综合服务区等石景山区其他产业集聚区。2020年9月，中关村工业互联网产业园先导园开园运营。2021年9月，中关村工业互联网产业园奠基。

（刘波涛）

【中关村工业互联网产业园与石景山区政府签约“两区”重点项目】1月18日，由石景山区召开的“两区”建设宣传推介会在北京银行保险产业园举行，来自金融、科技、体育等领域的15家机构现场签约。中关村工业互联网产业园与石景山区政府签约“两区”建设重点项目。

（刘波涛）

【北京中关村工业互联网产业发展有限公司注册成立】1月26日，由中关村发展集团和石景山区政府出资代表北京石景山产业发展有限公司共同投资设立的北京中关村工业互联网产业发展有限公司完成工商注册，主要负责建设中关村工业互联网产业园项目。（2019年9月，中关村发展集团与石景山区政府签订战略合作协议，双方按照“市场运作、政府推动”的合作原则，以北京市“两区”建设为契机，发挥各自资源优势搭建合作平台，打造以工业互联网为核心、以生产性服务业为基础的产业创新创业社区。其中，中关村工业互联网公司为园区的开发建设及物业持有主体。）

（刘波涛）

【2021中国仿真技术产业高峰论坛暨中关村工业互联网峰会举行】3月27—28日，由中国仿真技术产业联盟主办、中关村软件园等单位承办的2021中国仿真技术产业高峰论坛暨中关村工业互联网峰会在中关村工业互联网产业园举行。论坛主题为“赋能创新，融合发展”，设置学术报告、成果展示、技术发布、项目对接等环节。100余家国内企业、60余家科研院所、50余所高校的300余名负责人和专家学者聚焦国内外仿真技术，工业互联网技术研究热点、前沿和趋势，探讨仿真、工业互联网领域关键技术，分享行业优秀解决方案，共话仿真技术、工业互联网技术产学研用融合。中国工程院院士、计算仿真专家李伯虎发表了主论坛演讲，作了“新时代建模与仿真技术发展的思考与实践”的主题报告；中关村软件园作了“引领、赋能、驱动共创工业互联网新时代”的报告。现场还发布了近60场高质量专业报告。

（李军伟）

【中关村工业互联网公司入驻园区】 3 月 31 日，中关村工业互联网公司入驻中关村工业互联网产业园项目，加快推进产业园项目建设。

（赵晓光）

【中关村工业互联网产业园参加高峰论坛】 9 月 4 日，由石景山区政府、首钢集团有限公司主办的“冬奥机遇带动城市复兴”2021 年中国国际服务贸易交易会石景山主题高峰论坛在首钢园举行。中关村工业互联网公司作为首批重点签约项目代表之一受邀参加此次高峰论坛。

（张艳飞）

【中关村 5G 创新应用大赛工业互联网专题赛举办】 9 月 16 日，由中关村石景山园管委会主办，中关村软件园、中关村工业互联网产业园承办的第四届“绽放杯”5G 应用征集大赛京津冀区域赛暨 2021 年中关村 5G 创新应用大赛工业互联网专题赛决赛在中关村工业互联网产业园举办。大赛以“聚焦硬科技、畅通内循环”为主题，面向全社会征集智慧工厂、

机器视觉、远程控制、远程运维、协同设计、无人巡防、工业安全等新一代信息技术且有较高技术水准、有完整落地解决方案、有较好示范作用的优秀案例。初赛共有 88 个项目参赛，其中 25 个项目晋级决赛。针对晋级决赛项目，中关村工业互联网产业园做好产业落地政策扶持，促进项目成果转化应用。

（李军伟）

【中关村工业互联网产业园奠基】 9 月 17 日，中关村工业互联网产业园奠基仪式在石景山区举行。市科委、中关村管委会，市经济和信息化局，石景山区委、区政府等单位有关负责人及相关机构、企业的代表参加。产业园由中关村发展集团和石景山区政府共建，总投资约 90 亿元，总建筑面积约 45 万平方米，其中一期规划建设面积 17 万平方米。园区将构建“6+1 类产业方向”[工业互联网网络（含标识）、工业软件和工业 APP、工业互联网平台、工业互联网安全、工业自动化与边缘计算、智能装备 + 服务业（生产性服务业 + 工业产品服务型企业）]，引进相关领域的龙头、中小微型企业；建设龙头企业独栋、联合生态办公、人才公寓、配套商业，配套工程实验室、测试验证平台、国际会议中心、示范产线、硬科技孵化器、展览展示中心等多功能空间；集合技术研发、人才实训、金融服务、市场与供应链、智慧管理、综合商务等六大服务体系适配企业需求。活动发布《石景山区促进中关村工业互联网产业园高质量发展暂行办法》，涉及产业集聚壮大、新基建新场景布局、完善产业服务生态、做好人才服务及提高园区运营水平五大方面。中关村工业互联网公司与中关村石景山园管委会、中关村科服、中国信息通信研究院等 12 家单位进行创新生态联盟签约。创新生态联盟将链接内外部创新资源，为双创主体提供全周期、一站式、管家式的集成服务。

（张艳飞）

【中关村工业互联网公司成为中关村高新技术企业】 10 月 27 日，北京中关村工业互联网产业发展有限公司被纳入中关村高新技术企业库，获中关村高新技术企业证书。

中关村
Z-Park
ZHONGGUANCUN SCIENCE PARK
中关村高新技术企业
企业名称：北京中关村工业互联网产业发展有限公司　编　　号：20212081095001
发证时间：2021年10月27日　有 效 期：二年
中关村科技园区管理委员会

（张艳飞）

【中关村工业互联网产业园获“金梧桐奖”】 12月16日，由选址中国主办的2021第五届中国产业园区新驱动力峰会暨商办TOP 100论坛在北京举行，中关村工业互联网产业园凭借规划清晰的创新服务体系及已经出台的专属利好政策获“2021中国产业园区·商办金梧桐奖”之企业服务10强。

（张艳飞）

【中关村石景山园特色产业园授牌仪式举行】 12月30日，中关村石景山园特色产业园授牌仪式在石景山园举行。中关村工业互联网产业园先导园等5家产业园区成为石景山首批授牌特色产业园。“特色产业园”将形成特色产业品牌影响力，释放百万平方米级别的优质空间，鼓励吸引工业互联网、虚拟现实、文化创意、高新技术孵化等领域的企业集群发展，更好地驱动各园以营造创新创业环境和增强自主创新能力为核心，整合产业资源实现集成创新，形成营造创新生态的核心载体，更加聚焦区域“1+3+1”高精尖产业定位，形成区域特色的高精尖产业发展模式与路径，打造具有竞争力的产业集群和创新集群，带动和辐射区域实现产业转型发展。“特色产业园”所搭建的产业平台以及规划配套，将更好地实现产城共融，为区域及园区人才提供一流服务，合力形成特色协同创新体系，助力创业企业快速成长，全面赋能楼宇经济的创新发展。

（李军伟）

【推进中关村工业互联网产业园项目建设】 2021年，中关村工业互联网产业园开展项目“七位一体”规划，9月底取得“多规合一”审核意见函，提前两个月实现开工建设，10月取得项目规划许可证，全年共完成27项设计任务书及专项设计成果。聘请第三方专业机构对工程成本进行全过程服务，依法合规推进招标采购工作，制定招标采购管理办法，完成28项招标采购，签订合同72份，完成基坑土方开挖70%。

（赵晓光）

中科院北京纳米能源与系统研究所园区建设项目

【概况】中国科学院北京纳米能源与系统研究所园区建设项目（简称纳米能源所）主要从事纳米能源和纳米自驱动系统研究，创立了压电电子学和压电光电子学两个学科，拥有摩擦纳米发电机、自驱动传感、海洋蓝色能源和稳定电压电源灯 4 项核心技术，创立了“新时代能源与传感”的科学概念。园区由北京中关村微纳能源投资有限公司建设运营，位于北京雁栖经济开发区（怀柔科学城），占地面积约 4.47 万平方米，建筑面积 10.8 万平方米。2020 年，纳米能源所整建制迁入园区，成为怀柔科学城第一个整建制搬迁入驻项目。2021 年，中关村微纳能源作为集团服务怀柔科学城建设的主平台，围绕新能源、新材料领域，致力于为科学城建设提供资源对接、平台搭建、学术交流、科技成果转化等科技服务，运用空间、投资加服务的运营模式，全力参与北京怀柔综合性国家科学中心建设。截至 2021 年底，纳米能源所园区从业人员 594 人，其中留学归国人员 38 人，硕士及以上员工占比 82.54%，研发人员占比 16%；有院士 2 人；获中国授权专利 370 件、国外授权专利 42 件。

（程麒宇、张皓楠）

【纳米能源所新型新能源汽车充电桩安装完成】2 月，在国网北京怀柔供电公司的帮助下，纳米能源所新型新能源汽车充电桩安装完成，进一步完善了怀柔科学城全生命周期运营服务体系。新安装的充电桩为新型充电桩，在北停车场建设 1 台直流 60kW 双枪快速充电设备及 10 台交流 7kW 充电设备，电动车补电时间为 20—40 分钟。充电桩可通过手机 App 启动、停止充电，以及控制充电时间等，在充电过程中还会通过 App 向使用人随时通知充电进度，满足了园区职工对新能源汽车充电的需求。

（程麒宇、张皓楠）

【怀柔区科技工作者日系列活动启动】5 月 25 日，由怀柔区委组织部、怀柔区科协主办，中关村微纳能源承办的 2021 年怀柔区“科技工作者日”暨“最美科技工作者”评选系列活动启动仪式在中关村微纳能源举行。来自科研院所、科技企业、科技服务机构、学校医院等单位的代表以及政府部门、街道镇乡主管负责人、新闻媒体等 80 余人参加启动仪式。活动现场发布了 2021 年度怀柔区“科技工作者日”系列活动及“最美科技工作者”评选方案。仪式后，与会科技工作者参观了中国科学院空间中心。本次系列活动持续至 6 月 30 日，包括启动仪式、院所参观、学术交流、走访慰问、组织评选、宣传推荐、表彰闭幕等。

（程麒宇、张皓楠）

【北京地区广受关注学术成果系列报告会（第一期）举办】6 月 19 日，由市科协、怀柔区政府、怀柔科学城管委会主办，中关村微纳能源联合怀柔区科协、纳米能源所承办的 2021 年北京地区广受关注学术成果报告会——新能源新材料领域专场在中关村微纳能源举办。来自中科院纳米能源所、煤炭化学所，清华大学，北京大学，科技企业、投资机构、商业银行、产业服务平台等单位的专家和代表以及相关领域的教授和在校研究生近 100 人现场参与和交流。4 位入选北京地区广受关注学术成果榜单的学术成果发表者聚焦国际热点、前沿动态进行了主题汇报交流。市科协为4位获奖者颁发了“北京地区广受关注学术成果入选证书”。本次报告会采取线上线下相结合的方式进行，线上直播累计播放量达85.4万人次。

（程麒宇、张皓楠）

【纳米能源所4块牌匾挂牌】 6月22日，纳米能源所在科研大楼前广场举行挂牌仪式，“中国科学院北京纳米能源与系统研究所”“北京纳米能源与系统研究所”“中国科学院大学纳米科学与技术学院”“微纳能源与传感北京市重点实验室”4块牌匾挂牌。

（程麒宇、张皓楠）

【怀柔实验室入驻纳米能源所园区中试孵化楼】 8月，作为怀柔实验室初期空间保障的中试孵化楼开始装修，并由中关村微纳能源配合完成设备安装、工商注册等工作。11月22日，怀柔实验室正式入驻中试孵化楼。怀柔实验室是由中央批准设立和管理的能源领域国家级新型科研机构，是国家战略科技力量的重要组成部分，面向国家清洁低碳安全高效能源体系构建和“碳达峰、碳中和”战略目标，围绕可再生能源开发、氢能和储能、新型电力系统、能源数字化、能源材料、能源器件和芯片等方面，开展战略性、前瞻性、基础性科学技术研究，创新目标导向、开放协同的新型科研机制，汇聚海内外能源领域科技创新力量，加速关键技术创新突破和重大科研成果转化应用。

（程麒宇、张皓楠）

【“汇聚怀柔、创孵未来”精品项目路演活动举办】 9月23日，由怀柔区科协主办、中关村微纳能源承办的“汇聚怀柔、创孵未来”秋季精品项目路演活动举办。活动是围绕新材料、新能源、科学仪器与传感器等领域打造的系列科技交流活动之一，旨在通过举办活动，汇聚创新资源、聚集高端产业、汇聚优秀人才，营造良好的创新创业生态，促进科技成果转化。来自清华大学创新团队的“肿瘤磁感应热疗技术”、中国科学院地质与地球物理研究所的“玄武岩新材料及其应用”项目，以及光之科技（北京）有限公司、北京泰瑞通和节能环保公司、北京旗云中天科技公司、中集环保科技公司等企业的8个精品科技成果项目进行了集中展示。怀柔科学城管委会，怀柔区政府相关委办局，怀柔区相关企业、科研院所、投资机构、金融机构、孵化器、科技成果转化平台的代表以及新闻媒体的代表等参加活动。

（程麒宇、张皓楠）

【北京地区广受关注学术成果系列报告会（第二期）举办】 10月13日，由市科协主办，怀柔区科协、中关村微纳能源、纳米能源所联合北京化学会、北京科技社团服务中心共同承办的2021年北京地区广受关注学术成果报告会——新材料新能源领域专场在中关村微纳能源举办。来自中科院纳米能源所、物理所、理化技术研究所以及清华大学、中国地质大学（北京）、北京师范大学、北京工业大学、科技企业、投资机构等单位的专家和代表围绕当前新材料新能源领域面临的瓶颈和壁垒、成果转化和应用场景等问题进行交流和讨论。报告会上，来自北京工业大学、中国地质大学（北京）、纳米能源所的 4 位入选北京地区广受关注学术成果榜单的学者分别以“高效电荷分离的光催化剂体系的构建”“极化在光催化中的作用”“复合与耦合纳米发电机”“摩擦电调制场效应晶体管和仿生智能传感应用”为主题进行了现场汇报。市科协为“广受关注学术成果”获得者颁发“北京地区广受关注学术成果入选证书”。

（程麒宇、张皓楠）

【第五届纳米能源与纳米系统国际会议召开】 10 月 22 日，由纳米能源所主办的第五届纳米能源与纳米系统国际会议在北京国家会议中心召开，来自纳米能源研究领域的专家学者和相关人员参会。大会会期 3 天，设纳米发电机及能量收集、自供电传感器及其系统、压电电子学和压电光电子学、能量存储与自充电能源系统、太阳能电池和复合能源电池、光催化和水分解及纳米能源在微机电系统、电子皮肤和人工智能领域的应用等 7 个主题分会，集中展示纳米能源和系统领域的最新研究成果。能源、材料领域的国际知名专家到会或线上做报告，162 名专家学者在各分会做报告，30 多家国内外企业作为展商参会。

（程麒宇、张皓楠）

【气凝胶公共实验室研讨会举行】 12 月 13 日，中关村微纳能源邀请德国弗劳恩霍夫协会、河南中德智能产业研究院、北京德道财学信息科技中心、中关村产业研究院召开调研座谈。各方围绕气凝胶的扶持政策、应用前景、研究方向、科研成果转化路径以及搭建气凝胶公共实验室等方面进行了交流和讨论。与会人员一致认为，在怀柔搭建气凝胶公共实验室必要性强、可行性高，同意通过整合市场、科研、资金等多方资源共同筹备，分阶段、分步骤实施建设。

（程麒宇、张皓楠）

【纳米能源所项目获中关村专项政策支持】 2021 年，由中关村微纳能源建设的纳米能源所园区项目获中关村管委会新建产业载体项目专项支持。项目位于怀柔科学城核心区南部，包括科研办公、成果转化、员工宿舍、职工餐厅等配套功能，打造了怀柔科学城首个整建制搬迁的科研机构。

（程麒宇、张皓楠）

【8 家企业入驻纳米能源所园区】 2021 年，怀柔实验室、北京中科纳清科技股份有限公司、北京纳能仪器科技有限公司、北京中科启林科技有限公司、北京中科智感科技有限公司、北京纳杰科技有限公司、北京珏琛科技有限公司、北京华创宇为科技有限公司 8 家企业入驻纳米能源所园区。

（程麒宇、张皓楠）

中关村永丰产业基地（新）

【概况】中关村永丰产业基地（新）致力于打造集研发、中试、孵化、技术服务、技术交易、总部、展示、高端生产于一体的国际一流导航与位置服务和新材料产业中心，重点推进航海导航产业、北斗二代导航系统、位置服务、地理信息系统、新材料等五大产业集群以及其他相关产业的发展，由北京实创高科技发展有限责任公司开发建设。基地坐落于海淀区北部地区，位于北京市建设“两轴两带多中心”的海淀科技创新中心，是中关村发展区的核心，是中关村科技园区规划发展的重点项目之一，也是中关村高新技术成果转化和产业化的重要平台。基地占地面积 458.52 万平方米，建设用地 233.63 万平方米，建筑面积 381.23 万平方米。2021 年，中关村永丰产业基地（新）持续推进一级开发建设。

（韩颖）

【永丰产业基地（新）一级开发建设推进】2021 年，实创高科围绕中关村科学城规划，推进永丰产业基地（新）一级开发建设，完成一级开发 17.64 万平方米、供地 26 万平方米，完成腾退 9.09 万平方米，拆迁 45 户、拆除房屋 5.05 万平方米；F1 地块完成上市，F2 地块完成文物考古发掘并取得意见函，L 地块一级开发获立项批复，相关宗地启动考古勘探和考古发掘工作，K 地块所在的 0411 街区控规加快编制。

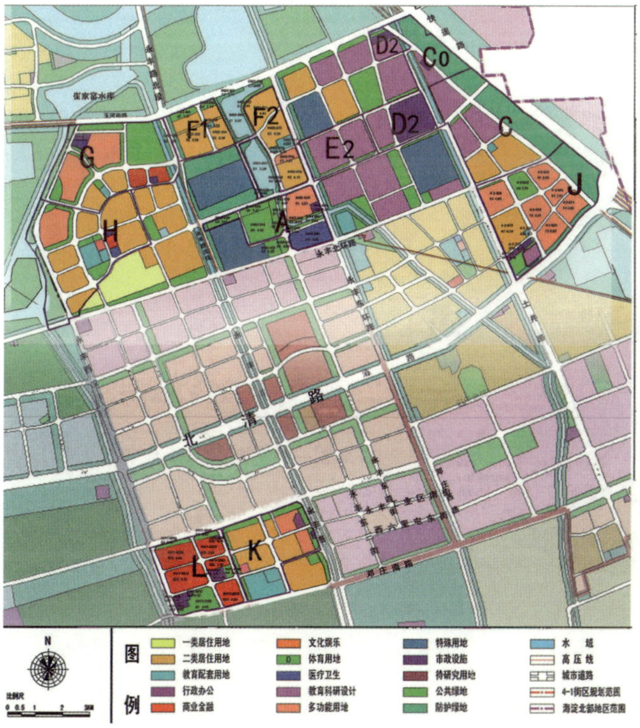

［永丰产业基地（新）地块示意图］

（韩颖）

【永丰产业基地（新）基础设施建设推进】2021 年，实创高科继续强化永丰产业基地（新）基础设施建设。推进市政道路建设，皇后店北一街等 4 条道路建设完成，其中皇后店东一路已移交并正式通车；J 地块内部支路完成设计施工监理招投标工作，取得市政管线及道路工程规划许可证，加快办理施工许可证；F1、F2 地块支路完成道路定线和道路普测工作，取得市政管线多规合一意见函；L 地块支路完成道路钉桩工作，加快推进道路方案编制和市政管线设计。C4、C5 公租房项目完成规划验收，卫生站、邮政所、幼儿园等配套设施完成实物移交。

（韩颖）

上地信息产业基地

【概况】 上地信息产业基地是中国第一个以电子信息产业为主导，集科研、开发、生产、经营、培训、服务于一体的具有可持续创新能力的综合性高新技术产业园区，由北京实创高科技发展有限责任公司运营。基地位于海淀区，以信息路为主轴，南至上地南路，北至后厂村路，西至上地西路，东至上地东路，占地面积 243.2 万平方米。基地建成后，联想、百度、用友、神州数码、浪潮、华为等高科技企业先后入驻，分别设立研发中心或公司总部。经过 30 年的开发建设，上地信息产业基地已成为全国企业和产业聚集显著、经济效益增长迅速、技术创新活跃的区域之一。2021 年，上地信息路重要区域城市空间重塑项目开工，上地地区提升改造初见成效。

（韩颖）

【上地信息路重要区域城市空间重塑项目开工】 2021 年，实创高科落实“马上清（青）西”城市提升行动计划，完善城市功能，提升城市品质，全年实现固定资产投资约 1720 万元。上地信息路重要区域城市空间重塑项目实施方案取得市发展改革委批复并加快实施，涉及改造面积 4.84 万平方米；憩园完成土建施工及乔木栽植，达到总工程量的 70%；U 型路启动水源、电源申报工作，植物栽植完成总量的 50%。

（韩颖）

【上地地区提升改造初见成效】 2021 年，上地三街至上地七街提升改造项目实施方案取得区发展改革委批复，同步完善施工图设计；上地南口至上地三街提升改造项目启动前期调研和概念设计；上地泵站完成提升改造，组织竣工验收，加快项目结算；应急抢险中心项目通过人防、园林专项图纸审核，取得多规合一综合会商意见，完成场地平整和管线拆改；优化上地地理信息系统（GIS），校核系统规上企业经济数据和规划数据，启动二期建设；加快完成 G7 西侧交通疏堵与环境综合整治项目（一期）工程，清河站站前可施工区域环境整体提升完工。

（韩颖）

（上地信息产业基地示意图）

中关村昌平园东区和西区

【概况】 中关村昌平园东区和西区是中关村昌平园的一部分，由北京兴昌高科技发展有限公司开发建设。昌平园东区东至滨河西路、振昌路，南至京密北路、凯创路，西至南丰东路、滨河东路，北至昌怀路，占地面积476.3万平方米，分6期开发建设；昌平园西区是中关村昌平园发展建设的起步区，东至龙水路，南至白浮泉路、京密引水渠，西至京藏高速，北至振兴路，规划占地面积435.9万平方米，分5期开发建设。2021年，化庄棚改、昌平园东区、崔村及水屯项目等重点工作有序开展。

（中关村昌平园东区区域图）

（周婷婷）

【兴昌高科新增崔村土地开发项目】 6月，昌平区政府专题会议明确，由兴昌高科实施崔村镇中心区工业区土地、西辛峰村集体产业用地项目一级开发。兴昌高科会同北京昌平科技园发展有限公司、中关村昌平园管委会与崔村镇政府沟通接洽，共同组建临时工作小组，了解掌握项目规划、征地、市政配套情况，梳理项目存在的问题，对接相关部门开展沟通研判；编制工业区土地一级开发方案和集体产业用地试点方案，启动河道迁改前期工作。会同科技园区管委会与城南街道对接，了解项目用地现状和正在编制的街区控规等情况；编制土地一级开发方案，启动地震勘测现场工作。

（周婷婷）

【昌平园东区二期土地入市交易】 2021年底，昌平园东区二期0303–6033地块规划综合实施方案获市规划自然资源委批准，0303–6035（A）地块具备入市条件，0303–6035（B）地块挂牌。东区二期0303–6033、0303–6035（A、B）工业用地总建设用地面积11.96万平方米，规划建筑规模14.35万平方米，拟入市交易价格1.8亿元。

（周婷婷）

【推进昌平园东区市政道路建设】 2021年，昌平园东区市政道路雨污水管线校核完成，南中西路交通临时导改，开通白浮泉路以北路段。完成6条道路292个单臂路灯、294套高压钠灯和4座箱式变压器移交区城市管理委工作。为确保汛期安全，检查清理所辖雨水口、检查井等，清理淤泥垃圾60立方米。

（周婷婷）

【兴昌高科推进南口三一项目入市】 2021年，兴昌高科推进南口三一项目一期完成马李路弱电架空线改造工程。项目三期2–2（A7）、3–1（A8）地块于8月5日完成入市交易，成交价11671.61万元；4–1（A9）地块完成入市挂牌前置工作。

（周婷婷）

中关村丰台园东区二期、东区三期和西区Ⅰ

【概况】 中关村丰台园东区二期、东区三期和西区Ⅰ由北京丰台科技园建设发展有限公司建设运营。东区二期构建以轨道交通、航空航天、智能制造为主要的产业结构布局。东区三期构建“两轴一带双中心”的空间格局，成为北京市首个《北京市中心城城市设计导则编制办法（试行）》试点示范区。西区Ⅰ以低碳生态和功能混合为主要原则，成为中国第一个可实施的生态示范区。东区二期南至六圈路，东至丰科路，西至铁路保温车辆段，开发面积 165 万平方米，建筑规模为 230 万平方米。东区三期南至六圈路，北至南四环路，东至张新路，西至丰科路，总用地面积 181 万平方米，规划建筑规模为 475 万平方米。西区Ⅰ用地范围南至小喇叭河、园博园一路，北至京周公路新线，东至梅市口路，西至长辛店北一路。规划用地面积约 167 万平方米，规划总建筑面积 209 万平方米。2021 年，全力做好园区东区三期、西区Ⅰ开发建设及资产运营等工作。

（刘伟）

【东区三期马草河故道跨河桥工程完工】 9 月 30 日，中关村丰台园东区三期四合庄西路马草河故道跨河桥工程项目完成河道结构施工。该项目列入 2021 年政府投资计划并取得初设概算批复。工程于 3 月底启动工程施工，9 月 11 日完成桥梁工程，9 月 30 日，完成河道结构施工，标志着马草河故道跨河桥工程全面完工。

（刘伟）

【西区Ⅰ6019、6022 地块供地工作启动】 9 月，丰科建、北京丰科慧业科技有限公司获得区政府授权，西区Ⅰ6019、6022 地块供地工作启动。

（刘伟）

【西区Ⅰ北京园博数字经济产业园项目揭牌】 12 月 4 日，西区Ⅰ北京园博数字经济产业园揭牌仪式在

（北京园博数字经济产业园效果图）

园博园举行。市经济和信息化局、丰台区委、中关村管委会等相关部门负责人，中关村数字经济产业联盟及意向入驻企业代表、各级媒体等30余人参加揭牌仪式。北京园博数字经济产业园项目是住建部批复的首个“绿色生态示范城区”长辛店生态城重要组成部分，规划总面积约134万平方米，整个项目按照数字创新、城市活力、生态低碳3个理念，规划近70万平方米数字科技企业群落，鼓励吸引下一代互联网、数字金融、智能制造、数字能源、数字出行、数字医疗、6G未来网络等领域企业集群发展，打造产业新坐标。

（刘伟）

【东区三期多个市政工程项目完成】 2021年，中关村丰台园东区三期市政工程共规划设计10条市政道路和11条道路的综合管线，已基本完成，继续推进市政道路的收尾和工程竣工验收工作。五圈路等6条道路上水管线固定资产产权向市自来水集团的移交工作完成。四合庄西路等3条道路绿化工程、45号地北侧和61号地四环辅路代征绿地向区园林局的移交工作完成。除四合庄二、五、六号路（因不具备验收条件不纳入验收范围）外，其余8条市政道路和综合管线环评验收工作完成。

（刘伟）

【西区Ⅰ9个专项规划方案编制完成】 2021年，按照西区Ⅰ项目市政总体设计、统筹规划、整体实施的原则，完成雨污水、供水、再生水、燃气、供电、供热、电信及有线电视等9个专项规划方案及方案综合的编制。

（刘伟）

【西区Ⅰ项目专题报告完成】 2021年，丰台区政府重大办召开工作会议，认定原首钢二构厂补偿标准和政策，明确了能源中心管线纳入成本、生态城基础设施和拆迁遗留问题等事项处理原则。根据市规划自然资源委丰台分局初审反馈意见，完成西区Ⅰ项目需提请区政府研究的有关问题专题报告，待区重大办调度会确定遗留问题处理原则后按程序上报市规划自然资源委。

（刘伟）

【东区三期44、60地块土地上市工作】 2021年，中关村丰台园东区三期44、60地块权属审查工作完成。截至年底，44、60地块“多规合一”申请已报送至市规划自然资源委丰台分局。待东区三期成本稳定后，核发两地块“多规合一”审核意见。

（刘伟）

【东区三期土地开发成本审计】 2021年，按市规划自然资源委丰台分局要求，对中关村丰台园东区三期土地开发成本进行全面审计。全面梳理东区三期历年档案，完成审计报告初稿，成本报表基本稳定。根据市规划自然资源委丰台分局初审反馈意见，完成东区三期项目需提请区政府研究的有关问题专题报告，待区重大办调度会确定遗留问题处理原则后按程序上报市规划自然资源委。

（刘伟）

光谷科技园

【概况】光谷科技园（光机电一体化产业基地）定位于发展高新技术产业研发和高端制造业，逐步形成三大产业格局：以中丽制机、中科信、比亚迪汽车模具等为代表的现代制造业集聚区，以经开国际企业大道Ⅲ、枢密院等园中园项目为代表的创新创业集聚区，以李宁为代表的总部型企业集聚区。园区由北京光谷科技园开发建设有限公司建设运营，位于北京东部重点发展带、“台马组团”高端要素集聚的核心位置，南邻北京经济技术开发区，与高端总部基地紧密相邻，占地面积 7.9 平方千米。2021 年，104、109 地块项目转让工作，北神树村拆迁，北神树一期安置房产权证办理及二期安置房竣工验收工作等取得进展。

（张环宇）

【中关村建投到光谷科技园调研】7 月 6 日，中关村建投到光谷科技园调研。双方围绕光机电基地 B–25 地块供地项目进行座谈交流。光谷科技园对光机电基地 B–25 地块供地项目工作进展及存在的问题进行介绍。双方就产业定位和遇到的困难等方面进行探讨研究。会议要求，要研究工业和信息化部发布的未来 5 年发展趋势，产业定位基于信息技术应用创新产业，产业规划要达成产业共识。调研活动为光谷科技园 B–25 地块上市工作提供了新的思路和方法。

（张环宇）

【光谷科技园推进北神树一期安置房产权证办理及二期安置房竣工验收工作】11 月 21 日，北神树村安置房产权证发放工作完成。北神树次渠北里安置房共 884 套，已经完成 808 套“三定三线三结合定向安置房”审核手续并报送亦庄交易大厅，取得安置房不动产权证 748 个，剩余 128 套待报审，其中包含 35 套安置房因个人原因无法办理产权确认。截至 2021 年底，北神树二期安置房项目竣工验收材料整理完成，并报送区住房和城乡建设委提前审核。幼儿园移交工作所需材料准备齐备，由台湖镇政府规划科协调后统一申报至区教委。北神树二期安置房项目竣工验收材料共 12 大项 40 余小项，涉及次建、新兴 2 家总包单位、3 家监理单位、1 家地勘单位及 1 家设计单位。

（张环宇）

【北神树村拆迁签约 769 户】截至 2021 年底，北神树村拆迁累计涉及拆迁住宅 785 户，已签约 769 户，滞留户 16 户（其中 3 户已裁决待执行）。通过制订详细的滞留户拆迁解决方案、加大约谈力度等方式，年内完成 1 户滞留户的签约工作，地上物及房屋已

（北神树安置房实景）

拆除完毕，签约款发放完成。

（张环宇）

【光谷科技园 104、109 地块项目转让工作完成网上公示】 截至 2021 年底，光谷科技园 104、109 地块转让后相关手续变更工作完成市规划自然资源委网上公示。104、109 地块总建设用地面积 96799.63 平方米。104 地块主体结构、防水、回填土施工已完成；109 地块已完成正负零施工，地下部分防水、回填土施工已完成。9 月完成北京证券交易所挂牌交易，挂牌成交价 19.7 亿元。

（张环宇）

【光谷科技园推进 B–25 等地块上市工作】 2021 年，光谷科技园重点推进 B–25、B–06、B–19、B–21（北）地块上市工作。B–25 地块已向经济技术开发区开发建设局土地利用处提交了地价申报材料，待土地利用处制定一级开发成本认定工作相关审核程序、制度后，开展该地块一级开发成本认定工作。B–06 地块隶属台湖 –1 区域范围，用地性质为绿地，一级开发手续齐备。规划设计中心、设计单位正依据开发建设局提供的台湖区域现状产业情况进行梳理工作。B–19、B–21（北）地块已取得《涉水论证报告技术审查意见》《钉桩报告书》《地下文物保护工作函》。

（张环宇）

【光谷科技园枢密院自持物业完成招商任务】 2021 年，光谷科技园充分利用自有资产强化产业运营工作，枢密院自持物业共计 15 栋，面积 27403.32 平方米，已出租楼宇 7 栋，其中“中关村（通州）城市科技前沿技术创新中心”项目落户 5 号楼，共引进普能（北京）能源科技有限公司、北京宏诚创新科技有限公司、北京航天长峰股份有限公司、华驰动能（北京）科技有限公司 4 家企业入驻。签订出租及各类补偿协议 50 余份，实际到账资金 2242 万元。完成枢密院 5 号楼 6 层和地下 1 层共 712.46 平方米出租，协议租金 65 万余元。G3 楼宇引进吉中科生物医药公司，协议租金 46 万余元，完成招商任务。

（张环宇）

【光谷科技园完善园区基础设施建设】 2021 年，光谷科技园启动支路二、兴光二街及兴光四街的绿化工程，4 月开始施工，12 月全部种植完毕。支路二（兴光四街—兴光五街）路灯于 9 月完成施工。兴光四街（嘉创二路—支路二）完成剩余部分步道、绿化及电力井施工，具备通车条件。兴光二街（嘉创路—支路二）于 11 月进场复工，已完成施工围挡及临设搭建。

（张环宇）

金桥科技产业基地

【概况】金桥科技产业基地（北京国家环保产业园区）由北京金桥科技产业基地开发有限公司开发建设，位于通州区马驹桥镇，规划面积7平方千米，北至景盛北三街，西至环景西二路，南至景盛南四街，东至环宇东四路。2021年，园区共有实地经营企业605家，其中落地企业69家、园中园企业536家；规模以上企业46家，外资企业36家，国有企业8家；高新技术企业169家，其中国家高新技术企业66家、中关村高新技术企业29家、双高新技术企业74家。

（宋爱建）

【加快土地一级开发推动协同项目落地】2021年，金桥科技加快通亦协同项目意向地块土地一级开发，全力推动项目落地，截至2021年底，共有5个协同项目通过招拍挂取得意向土地。其中，北京凯芯新材料科技有限公司取得C1–3–2–1地块，建设用地面积1.47万平方米，成交价格1956.73万元，规划建筑面积2.94万平方米，已开工建设；北京江丰电子材料有限公司取得C1–3–2–2地块，建设用地面积2.02万平方米，成交价格1614万余元，规划建筑面积2.42万平方米，已开工建设；北京九州恒盛电力科技有限公司取得D1–4–4–1地块，建设用地面积1.69万平方米，成交价格2254.12万元，规划建筑面积3.38万平方米；北京亦庄京广科技创新有限公司取得B4–2–5–1地块，建设用地面积3.42万平方米，成交价格4550.42万元，规划建筑面积6.83万平方米，已开工建设；宝健（中国）有限公司取得B2–3–3–1地块，建设用地面积3.23万平方米，成交价格2578.69万元，规划建筑面积3.87万平方米。

（宋爱建）

【做好马驹桥智造基地项目服务保障工作】2021年，金桥科技按照通亦区域协同发展工作要求，全力做好马驹桥智造基地项目地块看护和服务保障，对地块内供水管井进行电路改造并加装独立消毒系统，与落地企业签订临时供水协议并实现供水，新建供水管道约1200米，确保中芯京城等重点项目按时开工建设；完成项目地块内3处非宅滞留户拆迁腾退，配合推进南5村非宅腾退，确保项目后续土地开发顺利实施；完成辛四路道路权属调查，做好道路和管线对接；完成小张湾小学新建教室和金桥警务站新建围墙等工程，配合道路开工建设。（马驹桥智造基地项目是在金桥科技产业基地二期基础上规划发展而来，由北京经济技术开发区统筹负责规划和开发建设，规划面积约6.8平方千米，已有中芯京城、小米汽车等一批产业项目落地。）

（宋爱建）

（金桥科技产业基地外景）

南中轴国际文化科技园

【概况】 南中轴国际文化科技园由中关村发展集团与丰台区政府共同打造，北至丰海南街，东至南苑路，南至凉水河，西至规划道路，建筑面积约 19.5 万平方米。南中轴国际文化科技园作为大红门地区首个城市更新示范产业园项目，围绕科技、文化、国际商务等产业，建设独角兽企业的加速器，布局一批依托新科技、引领新需求、创造新动力的未来产业，营造具有国际竞争力和吸引力的创新发展生态，建设国际一流“科技 + 文化”的新地标和数字经济新高地。2021 年 12 月，南中轴国际文化科技园揭牌。

（李想、辛永波）

【南中轴国际文化科技园合作协议签署】 7 月 31 日，中关村发展集团与丰台区政府签署《打造“南中轴国际文化科技园”合作协议》。双方将以南中轴国际文化科技园为先导，有序向周边辐射，构建科技引领城市更新的标杆样板，落地龙头企业和高成长企业，加速推进高端产业向南中轴地区集聚发展。根据协议，南中轴国际文化科技园由中关村发展集团指定中关村建投与丰台区属平台公司共同成立合资企业南中轴（北京）国际文化科技发展有限公司，负责南中轴国际文化科技园项目（大红门服装商贸城）实施改造和运营。

（李想、辛永波）

【南中轴公司注册成立】 8 月 27 日，南中轴（北京）国际文化科技发展有限公司注册成立。注册资本 1 亿元，股东中关村建投持股 60%，北京市丰台区发展投资有限公司持股 40%。

（李想、辛永波）

【南中轴国际文化科技园项目首次工作联席会召开】 11 月 17 日，南中轴国际文化科技园项目首次工作联席会召开，研究项目进展及改造规划方案。丰台区政府、中关村发展集团有关负责人参加。会议听取园区项目进展情况汇报并研究项目运营思路、运营模式、总投资额、规划设计方案理念及空间意向等重大事项。

（李想、辛永波）

【南中轴国际文化科技园揭牌】 12 月 11 日，由丰台区政府、中关村发展集团主办，中关村大数据产业联盟、丰台区发展改革委、丰台区科技信息化局、南中轴（北京）国际文化科技发展有限公司承办的南中轴国际文化科技园揭牌仪式在丰台区大红门国际会展中心举行。南中轴国际文化科技园在大红门服装商贸城原址升级改造而成，建筑面积约 19.5 万平方米。发布《南中轴国际文化科技园功能规划方案》。活动期间，“南中轴元宇宙产业基地”同期揭牌。

（李想、辛永波）

区域协同创新

中关村发展集团年鉴

YEARBOOK OF ZHONGGUANCUN DEVELOPMENT GROUP

2022

综 述

2021 年，集团落实京津冀协同发展战略任务，深入推进京津冀协同创新重点项目。围绕拓展中关村新技术新产品应用场景，加强“三链”对接协作，助力国际科创中心建设和合作区域创新发展。截至 2021 年底，区域协同创新合作城市及区域 30 余个，协同创新平台 41 个，区域合作基金 14 支。

全力做好京津冀协同发展重点项目。配合市科委、中关村管委会推进雄安新区中关村科技园规划建设，有序推进滨海、宝坻、保定等重点项目建设，工业院代建的北海幼儿园雄安校区正式交付，京津中关村科技城统筹开发运营模式进一步“破题”。

持续完善轻资产运营模式。中关村信息谷完成股东定向减资，已成立运营 41 个子公司，轻资产服务项目超过 41 个（覆盖保定、徐州、南宁、天津、银川、长春、滁州、新泰、沈阳、苏州、南阳、青岛、广州、莱芜、成都、济南、湖州、潍坊、三明、沛县、绵阳、温州、安溪等）；中关村协同发展运营 6 个创新平台（覆盖北京、天津、石家庄、合肥、义乌、广州）。

提升协同资本服务效能。通过自筹资金解决协同母基金优先级历史遗留问题，形成区域合作“产业组织基金”新模式，新增募资超 20 亿元，管理基金规模增至 60 亿元。协同创新母基金投资额的 40% 投向北京，子基金投资北京企业占比超 40%。

（滕琦诺、何玉斌）

协同创新平台

【概况】 2021 年，集团依托协同创新平台遍布全国的网络功能，发现、筛选和服务优质项目落地。中关村信息谷新拓沛县、绵阳、温州、安溪 4 个落地项目，威海、南通 2 个筹备项目，新增国家级中小企业公共服务示范平台（天津）、国家级小型微型企业创业创新示范基地（天津）、北京市创业孵化示范基地（怀柔区首个）、省级双创示范基地（徐州）等荣誉，沈阳项目获国家发展改革委等 4 部委通报表扬。截至 2021 年底，中关村信息谷在全国 30 余个城市运营 41 个轻资产项目，托管载体超过 200 万平方米，服务企业 1.4 万余家，在园企业 3000 余家。中关村协同发展在长三角和粤港澳大湾区持续发力布局，新增义乌・中关村协同发展中心和广州大学城・中关村青创汇 2 个区域创新平台。截至 2021 年底，中关村协同发展累计运营 6 个创新平台。

（滕琦诺、何玉斌）

表 21　2021 年中关村协同创新平台一览表

序号	名称	运营方
1	京津中关村科技城	天津京津中关村科技城发展有限公司
2	中关村协同创新智汇园	合肥中关村协同产业发展有限公司
3	中关村・鹿泉协同发展中心	中关村协同发展投资有限公司
4	Z-LINK^{+} 中关村协同创新中心	中关村协同发展投资有限公司
5	义乌・中关村协同发展中心	中关领科（义乌）科技服务有限公司
6	广州大学城・中关村青创汇	广州中关村领科服务有限公司
7	保定・中关村创新中心	保定中关村信息谷科技服务有限责任公司
8	徐州・中关村创新中心	徐州信息谷资产管理有限责任公司
9	南宁・中关村创新示范基地	南宁中关村信息谷科技服务有限责任公司
10	天津滨海—中关村科技园	天津中关村科技园运营服务有限公司
11	济南・中关村信息谷创新中心	济南中关村领创空间科技服务有限责任公司
12	银川・中关村创新中心	银川中关村信息谷科技服务有限责任公司
13	南宁・中关村科技园	南宁中关村信息谷科技产业园有限责任公司
14	湖州・中关村信息谷创新中心	湖州领创科技服务有限责任公司
15	新泰・中关村信息谷创新示范基地	新泰中关村信息谷科技服务有限责任公司
16	长春・中关村创新中心	长春中关村信息谷科技服务有限责任公司
17	天津滨海—中关村协同创新示范基地	天津中关村信息谷科技服务有限公司
18	怀柔科学城创新中心	雨林生态（北京）科技服务有限责任公司
19	滁州・中关村发展协同创新中心	安徽中关村信息谷科技服务有限责任公司
20	潍坊・中关村信息谷创新中心	潍坊中关村信息谷科技服务有限责任公司
21	青岛・中关村信息谷创新中心	青岛中关村信息谷科技服务有限责任公司
22	沈阳・中关村智能制造创新中心	沈阳中关村信息谷科技服务有限责任公司
23	南阳・中关村信息谷创新中心	南阳中关村信息谷科技服务有限责任公司
24	广州・中关村信息谷创新中心	广州中关村信息谷科技服务有限责任公司

（续表）

序号	名称	运营方
25	苏州·中关村信息谷创新中心	苏州中关村信息谷科技服务有限责任公司
26	成都·中关村信息谷创新中心	中关村信息谷（成都）科技服务有限责任公司
27	中关村（通州）城市科技前沿技术创新中心	中关村前沿科技与产业服务联盟 北京光谷科技园开发建设有限公司
28	保定·中关村创新产业园	保定中关村园区开发有限公司
29	保定·中关村创新基地	保定中关村信息谷科技服务有限责任公司
30	银川中关村创新创业科技园产业基地	银川中关村信息谷科技服务有限责任公司
31	三明·中关村科技园	三明·中关村科技园运营服务有限责任公司
32	绵阳·中关村信息谷创新中心	绵阳中关村信息谷科技服务有限责任公司
33	赤峰·中关村信息谷科技创新基地	赤峰中关村信息谷科技服务有限公司
34	沛县·中关村信息谷创新示范基地	徐州中关村信息谷科技服务有限责任公司
35	中关村信息谷·温州创新中心	温州中关村信息谷科技服务有限责任公司
36	重庆·中关村信息谷协同创新中心	重庆中关村信息谷科技服务有限责任公司
37	大连·中关村信息谷创新中心	大连中关村信息谷科技服务有限责任公司
38	安溪·中关村领创中心	安溪中关村领创空间科技服务有限责任公司
39	雄安—中关村科技园	筹备
40	南通·中关村信息谷创新园	筹备
41	威海·中关村信息谷创新中心	筹备

（何玉斌、滕琦诺）

京津中关村科技城

【概况】京津中关村科技城成立于2016年，位于天津市宝坻区，由天津京津中关村科技城发展有限公司运营管理。园区规划面积1450万平方米，东至电子商务与现代物流产业基地西边界，西至朝霞路，南至北环路，北至京哈高速公路防护绿带南边界。科技城计划分4期开发建设，布局新一代信息技术、高端装备制造、生物医药与医疗器械、新能源与新材料四大主导产业，定位于打造中关村全球创新要素汇集地、京津冀协同发展微中心、京东高质量产城融合示范区。2021年，京津中关村科技城新增注册主体300余家，新增实体签约项目22家。截至2021年底，京津中关村科技城注册主体600余家，其中有天津新松智能科技有限公司、星泓（天津）生物科技发展有限公司、光环新网（天津）信息服务有限公司、波森商用车系统（天津）有限公司等一批优质企业；累计完成实体签约项目64家；累计培育“专精特新”种子企业1家，规模以上企业3家；入驻企业拥有知识产权数量126件；11家企业获国家高新技术企业认定，14家企业获国家级科技型中小企业认定。京津中关村科技城一期419万平方米基础设施基本完成，20余千米市政道路和管网投入使用，3座城市公园和滨水慢行步道落成开放。6.7万平方米的中关村协同发展中心建成，天津中关村高端医疗产业园主体封顶，成为创新孵化的重要载体。南开中学京津中关村科技城学校签约落地，科景轩人才公寓投入使用。

（李颖）

【天津中关村医疗器械园取得两证】1月21日，天津中关村医疗器械园取得《不动产权证书》，确认了对地块的使用权属合法合规。2月25日，天津中关村医疗器械园取得《建筑工程施工许可证》，标志着天津中关村高端医疗产业园项目正式进入全面施工阶段。

（李颖）

【天津中关村高端医疗产业园开工】3月18日，天津中关村高端医疗产业园奠基暨企业和服务平台签约仪式在京津中关村科技城举行。天津市宝坻区政府、中关村发展集团等单位有关负责人及30余家中关村企业的代表等参加。天津中关村高端医疗产业园作为中关村医疗器械园第一个分园，是京津中关村科技城重点的专业化园区项目，规划总占地面积36.13万平方米，分3期开发建设。主要承接北京在医疗器械、生物医药、医疗健康服务等领域的科研成果转化任务。园区载体空间充分借鉴中关村医疗器械园多年服务经验，指标模块化、标准化，为大健康类企业打造科学严谨、舒适流畅的生产和工作空间；园区根据企业情况在房租、政策申报、公寓等方面提供支持，并向属地政府及中关村申请“一事一议”“一企一策”，力争在人才出入境、落户、政策性住房、医疗、子女上学、配偶就业等生活工作需求方面提供优质服务。此外，园区还结合引进项目需求开发建设标准工业厂房，精准满足企业定制化厂房需求，促进企业通过购买或租赁工业厂房加速落地投产，推动入驻企业在园区稳定发展。

（李颖）

【京津中关村科技城首批入驻企业竣工投产】4月28日，京津中关村科技城首批入驻企业联合竣工投产仪式在天津市宝坻区举行。联合竣工投产的项目共有4个，总投资超3亿元，分别是天津合众汇能科技有限公司、博宇（天津）半导体材料有限公司、捷通智慧科技股份有限公司、中科拜克（天津）生物药业有限公司工业项目，涵盖新能源、新材料、生物医药、新一代信息技术领域。

（李颖）

【京津中关村科技城参加第五届世界智能大会】 5月20—23日，在天津举行的第五届世界智能大会上，京津中关村科技城以“体验＋论坛＋签约”的方式参加第五届世界智能大会，向全球展示了园区智慧新城建设的最新成果，推介了科技城的投资环境。世界智能大会参会嘉宾一行近百人体验了京津中关村科技城开放车路云一体化场景，有利于促进智能网联车产业链上下游企业以及相关服务机构的交流对接，赋能区域产业发展。在“第三届工业互联网之智能网联汽车产城协同发展高峰论坛”平行论坛上，科技城作为天津市宝坻区科技创新的重要载体参与论坛。《宝坻区支持智能网联汽车人才创新创业联盟发展人才政策》发布，科技城作为重点的产业集聚区，将进一步从支持人才培养与引进、支持科技创新和平台建设、鼓励人才交流与对接合作、强化人才服务保障4个方面着手，为落地宝坻区的天津市智能网联汽车人才创新创业联盟的人才建设保驾护航。高端对话环节，京津中关村科技城代表与湖南中车智行科技有限公司、Graphcore、联通智网科技有限公司、北京光环新网科技股份有限公司4家企业代表就智能网联汽车方向的布局规划、技术应用和成果落地进行探讨。

（李颖）

【中关村协同发展中心获GBE办公建筑大奖】 7月15日，在第五届GBE产业园区与办公建筑论坛上，GBE办公建筑大奖2021颁奖典礼举办，中关村协同发展中心获“GBE办公建筑大奖2021——年度最佳办公建筑奖”。中心位于京津中关村科技城核心区域，以“生态”“创新”为设计理念，利用基地周边的景观资源，提供更多利于创新的交往空间。其利用项目地块西侧和南侧的滨水生态景观带，为周边市民和入驻企业员工提供良好的生态、游憩空间；在空间组织中建成许多非目的性的互动空间，体现了中心的创新特点。

（中关村协同发展中心俯瞰图）

（李颖）

【天津中关村高端医疗产业园项目获预售证】 7月

（天津中关村高端医疗产业园效果图）

30 日，天津中关村高端医疗产业园 4—8 号厂房获商品房销售许可证，销售面积近 1.5 万平方米。

（李颖）

【天津中关村高端医疗产业园一期项目封顶】 11 月 1 日，天津中关村高端医疗产业园一期项目全部封顶。一期占地 7.78 万平方米，共 26 栋厂房，总规划建筑面积 9.8 万平方米。其中，首期 8 栋厂房，有 500 平方米、1100 平方米、2600 平方米、3300 平方米 4 种产品类型。

（李颖）

【京津中关村科技城获中国商办地产金梧桐奖创新活力 10 强】 12 月 16 日，在“逐鹿高质量发展·2021（第五届）中国产业园区新驱动力峰会暨商办 TOP 100 论坛”上，京津中关村科技城因“积极探索产业园区创新活力新路径，发展与产业、人才、环境等相关要素，不断完善创新创业生态，以更加丰富的创新成果驱动高质量发展”获“中国商办地产金梧桐奖创新活力 10 强”奖项。

（李颖）

中关村协同创新智汇园

【概况】 中关村协同创新智汇园成立于 2018 年 11 月，位于安徽省合肥市包河区，由合肥中关村协同产业发展有限公司（简称合肥中关村协同发展）运营管理。园区一期总建筑面积约 22 万平方米，建成独立办公楼 15 栋、综合配套服务楼 2 栋、包河区规划招商展示馆及会议服务中心 1 栋，形成“一心、两轴、四组团”，是包河区构建“都市、科技、生态”创新产业社区的示范样板。园区发挥中关村在“大智造、大信息”上的引领地位，结合包河区现有产业优势，重点谋划打造智能网联产业集群，开创中关村的“合肥模式”。2021 年，中关村协同创新智汇园新增入驻企业 22 家，产业链覆盖环境感知、决策控制、车载计算平台、车联网 –V2X、高精度地图及信息安全等多个领域。截至 2021 年底，中关村协同创新智汇园累计入驻科技企业近 70 家，其中国家高新技术企业 26 家，规模以上企业 12 家，合肥市重点产业链入库企业 12 家，独角兽企业 2 家，院士工作站 2 家，科技型中小企业 20 家，大数据企业 12 家。

（中关村协同创新智汇园外景）

（万鹏）

【中关村协同创新智汇园获评市级科技企业孵化器】 1 月 28 日，合肥市科技局发布《关于 2020 年度合肥市级科技企业孵化器拟认定众创空间拟备案名单

公示》，认定12家单位为2020年度合肥市级科技企业孵化器。由合肥中关村协同发展运营的中关村协同创新智汇园入选，并在年底的绩效评价中获评优秀。

（洪豆）

【大唐高鸿V2X总测试基地落成】5月18日，由合肥中关村协同发展与园区企业安徽高鸿科技有限公司共建的“大唐高鸿V2X总测试基地”在合肥中关村协同创新智汇园落成并投入使用。基地是安徽省首个5G+V2X测试基地，部署大唐高鸿自主研发制造的RSU路侧设备、感知摄像机、雷视一体机、毫米波雷达、激光雷达、红绿灯等一体化路侧融合感知设备，可提供集自动驾驶测试、V2X网联化测试、车联网信息安全测试、前沿技术研究为一体的综合测试服务。（大唐高鸿成立于2020年10月，落地合肥中关村协同创新智汇园。）

（大唐高鸿V2X总测试基地）

（徐云芳）

【星云互联LTE-V2X产品获协议一致性认证证书】7月5日，中关村协同创新智汇园入驻企业北京星云互联科技有限公司的T-Station路侧终端和V-Box车载终端通过中国信通院LTE-V2X协议一致性测试，获得由中国信通院泰尔认证中心颁发的LTE-V2X协议一致性认证证书。这标志着星云互联公司自主研发的V-KEY 2.0协议栈软件，以及搭载该软件的路侧、车载设备实现V2X标准协议的全面互联互通。

（洪豆）

【3家入驻企业入选中国领先汽车科技企业50榜单】8月4日，毕马威发布第四届中国领先汽车科技企业50报告及榜单，中关村协同创新智汇园3家入驻企业入选。其中，北京宏景智驾科技有限公司、安吉汽车租赁有限公司入选汽车科技领先企业榜，楚航科技发展有限公司入选汽车科技新锐企业榜。

（洪豆）

【楚航科技入选商用车毫米波雷达（国产）供应商市场竞争力TOP 10榜单】8月27日，高工智能汽车研究院发布2021年度商用车毫米波雷达（国产）供应商市场竞争力TOP 10榜单，中关村协同创新智汇园入驻企业南京楚航科技有限公司入选，并被评为成长潜力TOP 1。楚航科技在江铃、盛腾、郑州海马等多款国产乘用、商用整车平台上定点或交付量产订单。

（洪豆）

【北科天绘获雄安新区智慧社区大赛决赛第二名】9月7日，在2021雄安新区智慧社区大赛暨中国移动创客马拉松大赛智慧城市专题赛上，中关村协同创新智汇园入驻企业北京北科天绘科技有限公司的“高线数Lidar监控方案系统”获大赛第二名。系统可全天候实时监测高空抛物，不受环境光影响，具有低时延、高线数、高分辨率等特点，可准确拟合物体抛落曲线，捕获高速运动物体轨迹，达到厘米级精度，精确定位抛物发生地点。

（洪豆）

【低速无人驾驶产业联盟成立】9月8日，在深圳举办的2021功能型低速无人车产业技术发展峰会上，低速无人驾驶产业联盟成立。联盟由中关村协同创新智汇园入驻企业北京智行者科技有限公司、仓擎机器人有限公司、大唐高鸿数据网络技术股份有限公司联合国内低速无人驾驶各产业链主流企业发起成立，旨在共同打造国内首家低速场景无人驾驶解决方案综合性服务平台，推动各种低速产品在港口、园区、矿区、机场、景区、农机、巡检等半封闭场景下的落地应用。

（万鹏）

【合肥中关村协同发展获评“全国优秀智能汽车服务机构”】9月25—28日，在2021世界智能网联汽车大会暨第九届中国国际新能源和智能网联汽车展览会上，中关村协同创新智汇园入驻企业北科天绘

（合肥）激光技术有限公司、安徽高鸿科技有限公司、安徽星云互联科技有限责任公司、安徽域驰智能科技有限公司、合肥楚航科技发展有限公司等园区企业参展，展出激光雷达、毫米波雷达、域控制器、RSU、OBU、C-V2X 芯片等车端和路测核心产品。同时，合肥中关村协同发展获评“全国优秀智能汽车服务机构”，成为全国唯一一家连续 3 年获此殊荣的产业运营商。

（洪豆）

【华辰检测获 2021“创响中国” 安徽省创新创业大赛二等奖】 10 月 17 日，在 2021“创响中国”安徽省创新创业大赛全球总决赛上，中关村协同创新智汇园入驻企业安徽华辰检测技术研究院有限公司的“生态环保优质农业化学投入品评价技术服务产业化”参赛项目获大赛“生命健康和绿色食品组”二等奖。

（洪豆）

【智行者参与项目获中国汽车工业科技进步奖一等奖】 10 月 20 日，在 2021 年度中国汽车工业科学技术奖颁奖典礼上，由中关村协同创新智汇园入驻企业北京智行者科技有限公司参与完成的“面向中国场景的汽车智能化系统测试评价关键技术及装备”项目获一等奖。智行者主要发明了场景驱动的“车—云”模型加速迭代验证技术，实现了“数据—算法”的闭环，解决了场景要素全域覆盖不足难题，缩短了智能驾驶系统算法模型的开发和迭代周期。

（万鹏）

【博清科技获机械工业科技奖】 11 月 9 日，中国机械工业联合会、中国机械工程协会印发《关于表彰 2021 年度中国机械工业科学技术奖奖励项目的决定》（机械科〔2021〕189 号），由中关村协同创新智汇园入驻企业北京博清科技有限公司等单位完成的大型结构件自动焊用无轨导全位置爬行焊接机器人关键技术及应用项目获二等奖。无轨导全位置爬行焊接机器人是一款无轨导爬行式、自主识别焊缝的全位置焊接机器人，是能够有效解决大型结构件或狭窄空间在工地实现自动化焊接的高端装备，可应用于储罐、管道、球罐、核电站等大型结构件的全自动焊接。

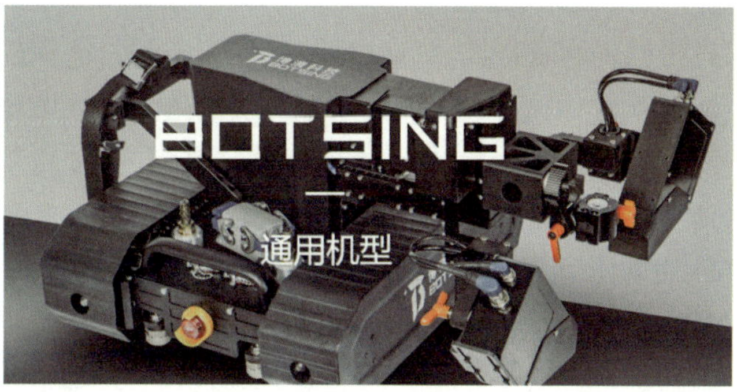

（博清科技大型结构件自动焊用无轨导全位置爬行焊接机器人）

（方亦庆）

【中关村协同创新智汇园获评市级创业孵化基地】 11 月 29 日，合肥市人力社保局与合肥市财政局联合发布通知，认定 14 家单位为 2021 年度市级创业孵化基地。中关村协同创新智汇园入选。

（万鹏）

【中关村协同创新智汇园获评省级小型微型企业创业创新示范基地】 12 月 17 日，安徽省经济和信息化厅发布通知，认定 56 家单位为 2021 年安徽省小型微型企业创业创新示范基地。中关村协同创新智汇园入选。

（洪豆）

【3 家入驻企业获 GTM 2021 全球科技出行论坛大奖】 12 月 21—22 日，在上海举办的 GTM 2021 全球科技出行论坛上，中关村协同创新智汇园入驻企业浙江海康智联科技有限公司、北京星云互联科技有限责任公司上榜“2021 中国车路协同产业科技创新 TOP 10”，北京宏景智驾科技有限公司上榜“2021 中国汽车出行产业最具投资价值企业 TOP 10”。GTM 2021 全球科技出行论坛设置行业榜、企业榜、

投资机构榜，涉及领域包括智能汽车、智能座舱、自动驾驶、新能源、汽车流通及服务数字化、立体出行等，涵盖企业及机构共 109 家。

（洪豆）

【中关村协同创新智汇园获评省级科技企业孵化器】 12 月 27 日，安徽省科技厅发布《安徽省科技企业孵化器 2021 年度目录》，认定 135 家单位为 2021 年度安徽省科技企业孵化器。中关村协同创新智汇园入选。

（洪豆）

【22 家企业入驻园区】 2021 年，22 家企业入驻中关村协同创新智汇园，产业链覆盖环境感知、决策控制、车载计算平台、车联网 –V2X、高精度地图及信息安全等多个领域。截至年底，园区共有独角兽企业 2 家（上海商汤智能科技有限公司、农信互联科技集团有限公司）、院士工作站 2 家（北科天绘杨元喜院士工作站，博清科技潘际銮院士工作站）、国高新企业 26 家（合肥中科自动控制系统有限公司、安徽北研科仪仪器有限公司等）、科技型中小企业 20 家［南京楚航科技有限公司、仓擎智能科技（上海）有限公司、安徽域驰智能科技有限公司等］。

（洪豆）

Z–LINK⁺ 中关村协同创新中心

【概况】 Z–LINK⁺ 中关村协同创新中心成立于 2020 年，位于北京市东城区东直门外大街 39 号院航空服务楼，由中关村协同发展负责运营管理，建筑面积 2000 平方米，依托中关村全球创新资源优势及创新服务辐射能力，打造出基于“中关村手法”的产业组织平台，通过集成中关村科技创新服务能力，贯通北京与区域之间的科技创新、产业资源交流互通，构建“类中关村”产业生态系统，为区域搭建资源链接平台，为区域创新升级注入新动能。2021 年，中关村协同创新中心有 9 家科创企业入驻，其中 2 家为高校成果转化项目、7 家为留学创业人才引进项目。同时，联合哥伦比亚大学全球中心搭建海外归国人才创新创业平台，举办 3 期“狂人开放麦”路演，吸引留创人才及项目 30 余个；携手中关村硅谷创新中心搭建海外科创项目来京桥梁，引入 10 家科创企业落地北京。

（何玉斌）

【中关村 · 哥大“狂人开放麦”路演系列活动举办】 4—12 月，中关村协同创新中心和哥伦比亚大学全球中心共同发起“狂人开放麦”路演系列活动，围绕“人工智能教育”“新消费”“新型社交”等热门话题共举办 3 期。新颖的脱口秀形式路演吸引了来自美国哥伦比亚大学、麻省理工学院、康奈尔大学、宾夕法尼亚大学等海外名校 60 多位留学生创始人报名分享自己的创业故事和项目，中关村协同创新基金、红杉资本、金沙江创投等投资人以及创业导师，哥伦比亚大学深圳、上海等多地校友等累计 300 余人参会，为留学归国人才创新创业搭建起了一个高品质的中关村留创孵化交流平台。

（马金丰）

【2021 年中关村产业集群创新高级研修班举办】 5 月 19—21 日，中关村协同创新学院与中国开发区协会联合举办 2021 年中关村产业集群创新高级研修班暨第十六期开发区创新发展考察培训班。活动以“智

造 + 赋能开发区制造业转型升级”为主题，聚焦产业集群创新，邀请智能制造产业专家进行分享，实地考察机械工业仪器仪表综合技术经济研究所智能制造实验基地。来自天津、青岛、上海、广州、惠州、重庆等多地的开发区管理干部走进中关村，感受中关村产业创新活力，学习中关村产业创新经验，为开发区产业转型升级汲取智力支撑。

（马金丰）

【首届“青狼计划”训练营举办】6 月 16 日至 12 月 24 日，中关村协同发展首届“青狼计划”训练营在中关村协同创新学院举办。“青狼计划”训练营旨在发扬“狼群精神”，集中优质资源，配备最强导师，快速培养一支高绩效、强战力、想干事、能干事、干成事的青年骨干力量，为公司发展夯实基础。“青狼计划”训练营培训课程涵盖公司战略、项目管理、法律知识、财务知识、管理角色认知、产业基金投资及园区投资测算等多个方面，邀请专业培训机构、行业专家及公司高管为公司骨干员工及后备干部提供全方位的知识和经验的指导。结业现场，中关村协同发展向首届“青狼计划”训练营优秀学员颁发荣誉证书。

（张崴）

【3 期“Z–LINK^{+}路演吧”活动举办】6—12 月，中关村协同创新中心“Z–LINK^{+}路演吧”系列活动举办。活动以“中关村手法”助力区域新经济建设为目的，以产业项目对接为主题，邀请中关村，乃至全球高精尖科技企业、科技成果服务机构、金融投资机构，以及全国 20 余家省级经济开发区、高新区政府机构，在产业投资、技术交流、市场拓展等方面促进相关企业与机构和区域政府合作，实现互利共赢。

（张艺萱）

【2021 中关村产业集群创新研修班第二期举办】10 月 23—24 日，由中关村协同创新学院与知学学院联合举办的 2021 中关村产业集群创新高级研修班第二期在合肥举办，相关人员 70 余人参加。本期研修班以“产业园区招商实战方法与运营提升”为主题，6 节实操大咖主题授课 +2 家典型园区实地游学 +1 场师生共创围炉夜话，在产业招商的逻辑及实操方法、紧跟新时代趋势的创新性运营策略与手法等方面进行探讨。

（马金丰）

【首期 Z–LINK^{+} 中关村企业家俱乐部活动举办】11 月 4 日，首期 Z–LINK^{+} 中关村企业家俱乐部在中关村协同创新中心举办。5 家来自中关村示范区智能制造、智慧交通、生命健康等领域的科创企业及 2 家中关村知识产权和科技成果转化服务机构的企业家参加。与会企业家围绕“科技服务如何赋能区域产业升级”介绍各自在不同产业领域的技术解决方案及推进区域协同发展过程中遇到的问题；中关村协同发展相关人员就如何更好地让科技服务赋能区域产业升级、如何更好地服务企业家和与会企业家展开研讨。

（马金丰）

【中关村“揭榜挂帅”第八弹（鹿泉专场）举办】11 月 24 日，中关村“揭榜挂帅”第八弹（鹿泉专场）通过线上方式举行。活动以“鹿泉技术创新中心高质量建设需求”为主题，在鹿泉区科学技术和工业信息化局的指导下，组织 30 余家鹿泉高新技术企业参与。中关村协同发展邀请中关村产业研究院、启元资本、北京 IP、中关村天合科技成果转化促进中心等 9 家北京科技创新服务机构与鹿泉区企业对接交流，激发和挖掘鹿泉高新技术企业的创新升级需求，推动中关村鹿泉“揭榜挂帅”正式启航。

（马金丰）

【第二期 Z–LINK^{+} 中关村企业家俱乐部活动举办】 12 月 1 日，Z–LINK^{+} 中关村企业家俱乐部第二期在中关村协同创新中心举办。天枢开物（北京）能源科技发展有限公司、中国石油大学（北京）等 8 家留创项目创始人、首席科学家，中关村东城园管委会相关人员等 10 余人参加。与会企业家围绕“中关村留创人才话创新”主题，针对创业过程中的行业资源链接、技术突破、融资等难题与需求进行探讨，提出建议与解决办法。

（马金丰）

【中关村科技金融走进徐州活动举办】 12 月 21 日，中关村协同发展联合徐州淮海金融招商发展有限公司组织中关村科技金融机构走进徐州，助力淮海经济区金融服务中心建设。10 家中关村科技金融和产业投资机构对创新产品、服务及整体解决方案做了分享，其中 5 家与淮海经济区金融服务中心签署合作协议。

（马金丰）

【9 家企业入驻中关村协同创新中心】 2021 年，9 家企业入驻 Z–LINK^{+} 中关村协同创新中心。其中，经纬泰和健康产业投资控股（北京）有限公司为清华大学功能医学领域科研成果转化的国高新企业，天枢开物（北京）能源科技发展有限公司和摇光玉衡（北京）科技发展有限公司是基于中国石油大学（北京）俄罗斯自然科学院外籍院士团队自研的智慧油气藏表征技术成立的高科技企业，此外还有 7 家为留学创业人才项目引进。

（何玉斌）

义乌 · 中关村协同发展中心

【概况】 2021 年 4 月，义乌 · 中关村协同发展中心成立。项目位于浙江省义乌市，由中关领科（义乌）科技服务有限公司运营管理，建筑面积 1 万平方米，以“数字智造”为主攻方向，以义乌中关村软硬件环境为支撑，聚焦智能制造、数字健康，推动义乌先进制造业技术链、人才链、供应链、产业链、空间链的优化升级。2021 年，义乌 · 中关村协同发展中心入驻企业 9 家，联合中关村协同发展共同举办“揭榜挂帅”行动，链接专家 80 余位，支持线上线下对接调研 8 次，3 个项目进入意向匹配，主持接待 3 批次 20 余位中关村企业家义乌行活动。

（王亚女）

【Z–LINK^{+} 义乌中关村揭榜挂帅行动计划发布】 4 月 28 日，由中关村协同发展和义乌经济技术开发区发展指挥部、义乌市科技局主办的“Z–LINK^{+} 义乌中关村揭榜挂帅行动计划发布仪式”在义乌 · 中关村协同发展中心举行。活动以“数字赋能 义乌智变”为主题，以“揭榜挂帅”为重要抓手，聚焦义乌制造业数字化、智能化升级方向与落地解决方案。来自中关村协同发展、义乌市相关部门领导，以及国内智能制造领域专家和近 30 家北京揭榜企业的代表共 80 余人参加活动。北京中祥英科技有限公司、北京动力源创科技发展有限公司、北京凌云光技术集团有限责任公司、北京猎户星空科技有限公司、豪尔赛科技集团股份有限公司、达而观科技（北京）有限公司等分别从平台、技术、设施等角度分享了解决方案；北京 IP 及 6 位中关村及义乌企业家代表围绕“中关村智造升级方案义乌落地路径”主题，就“义乌数智升级的潜力与机会”“技术创新激发义乌产业新发展”“中关村技术创新解决方案与义乌的企业需求的高效适配”等方面进行探讨。

（金欣）

【中关村“揭榜挂帅”第二弹（义乌专场）举办】5 月 19—20 日，义乌中关村“揭榜挂帅”工作组联合合作伙伴中关村天合科技成果转化促进中心专家对义乌市针织服装集群开展调研与诊断，以进一步精准掌握义乌纺织服装产业转型升级需求。工作组与义乌市科技局进行工作对接，走访梦娜袜业、惠依丝、浪莎控股、棒杰股份等 4 家义乌纺织服装集群代表性企业，重点调研企业技术需求，沟通解决方案与落地推进计划，共梳理新增 11 项义乌纺织服装集群技术需求入库。

（金欣）

【纺织服装专场对接会举办】6 月 17 日，义乌中关村“揭榜挂帅”纺织服装专场对接会通过线上方式在中关村协同创新中心路演厅和义乌中关村协同发展中心双城两地同步举办。12 家义乌纺织服装企业与中关村解决方案企业进行现场交流，4 家企业成功结对。

（金欣）

【中关村“揭榜挂帅”第五弹（义乌专场）举办】8 月 26 日，义乌中关村“揭榜挂帅”第五弹之纺织服装供需对接专场在北京和义乌两地同步举办。现场邀请 12 家义乌纺织服装企业与中关村解决方案企业，经过 3 个小时的现场交流，3 家企业与中关村解决方案企业成功结对，并邀请中关村企业走进义乌车间实地调研对接。

（金欣）

广州大学城·中关村青创汇

【概况】2021 年 10 月，广州大学城·中关村青创汇成立。项目位于广州大学城，由广州中关村领科服务有限公司运营管理，占地面积约 7.2 万平方米，建筑面积 12.6 万平方米。园区以人工智能为产业发展核心，重点打造以智能网联汽车为主，以智能软硬件和智能产业互联网为辅的“1+2 产业体系”，通过搭建服务平台、引进领军人才、建立金融体系，实现孵化器内项目创新研发、企业孵化、产业引导等功能，打造广州大学城创新创业基地和人工智能与数字经济新高地。2021 年，广州大学城·中关村青创汇入驻企业 16 家，举办产业创业类活动 3 场，接待各级政府、企业调研 50 余场 1000 余人次。

（广州大学城·中关村青创汇外景）

（张艺萱、吴文涛）

【广州大学城·中关村青创汇揭牌】10 月 9 日，番禺区重大项目签约动工投产活动暨广州大学城·中关村青创汇揭牌进驻仪式在广州大学城举行。省教育厅、省科技厅、省工业和信息化厅相关负责人，市政府、番禺区及市直有关单位负责人，大学城 12

所高校、企业及新闻媒体代表参加活动。本次活动共涉及 150 个项目签约、动工及投产。其中，签约项目 50 个，包括小鹏汇天飞行汽车研发试验基地、比音勒芬文化创意产业园等项目；动工项目 50 个，包括海灏生物科技总部科学园、国家北斗产业综合示范园番禺分园、何贤纪念医院改造工程等新兴产业发展项目、民生基础设施项目；投产项目 50 个，包括广州大学城·中关村青创汇、新能源集成电驱动系统项目等科技成果转化平台、先进制造业项目。仪式上，广州大学城·中关村青创汇等创新创业平台揭牌。

（张艺萱、吴文涛）

【全国智能网联企业广州行活动举办】 10 月 28—29 日，由番禺区企业招商服务总队办公室（区招商办）、番禺区发展和改革局、番禺区科技工业商务和信息化局、广州大学城管委会、番禺经济技术开发区管委会、中关村协同发展、广州创新城建设投资有限公司主办，广州中关村领科服务有限公司承办的全国智能网联企业广州行活动举办。活动本着“致知力行，继往开来”的初心，打造全国智能网联企业广州行活动，围绕番禺“链长制”工作展开，秉承“围绕产业链部署创新链、围绕创新链布局服务链”的理念，聚焦智能网联及新能源相关产业的整体发展，开展创新业务及服务模式的研究，以及技术、研发、生产、资本、人才、政策等对接研究，并以此为目标，协同中关村人工智能和数字经济领军代表企业和中关村专业服务机构，切实推进智能网联相关产业的发展。

（张艺萱、吴文涛）

【广州人工智能与数字经济产业投资合作交流会举办】 12 月 9 日，由广州市国际投资促进中心、番禺区招商办、广州大学城管委会主办，广州中关村领科服务有限公司协办的广州人工智能与数字经济产业投资合作交流会在广州大学城·中关村青创汇举办。广州市商务局、番禺区政府、番禺区招商办相关负责人，以及来自百度、谷歌、中关村、科大讯飞、赛迪顾问等行业的领军企业代表，广东省人工智能产业协会、广州市半导体协会、广州软件行业协会等有关专家参加会议。会议围绕新形势下广州人工智能与数字经济产业发展的新趋势，共同探讨如何赋能推动广州人工智能与数字经济试验区高质量发展，助力广州打造数产融合标杆城市。会上举行《广州重点产业白皮书》发布仪式，为新聘、续聘投资广州专家库专家授牌，推介人工智能与数字经济产业投资商机及重要载体。

（张艺萱、吴文涛）

【16 家企业入驻广州大学城·中关村青创汇】 2021 年，广东汇天航空航天科技有限公司、广州大学城（广工）科技成果转化中心、粤港澳大湾区（番禺）海创人才科创中心、曙光信息产业股份有限公司、广州至元信息科技有限公司、广东粤耀药业有限公司、广东江銮科技有限公司等 16 家企业入驻广州大学城·中关村青创汇。

（张艺萱、吴文涛）

保定·中关村创新中心

【概况】保定·中关村创新中心[保定项目按照“一中心，一基地，一园区”的协同发展路径进行布局，形成了保定·中关村创新中心、保定·中关村创新基地、保定·中关村创新产业园（建设中）的格局。该部分内容包含保定·中关村创新中心、保定·中关村创新基地信息]成立于2015年，位于河北省保定高新区电谷国际商务中心，由保定中关村信息谷科技服务有限责任公司（简称保定中关村信息谷）负责运营管理。中心运营面积6.2万平方米，定位于新一代信息技术、战略性新兴产业、人工智能三大产业，以输出管理和品牌运营的轻资产合作的“保定模式”，打造“类中关村”创新生态体系。2021年，保定·中关村创新中心新增入驻企业87家，获国家级科技企业孵化器年度评审B级、河北省科技企业孵化器年度评审优秀等级、河北省（保定·中关村）知识产权保护中心、保定市人民检察院“检企共建”单位、高新区协同发展贡献突出单位、高新区创业学院理事单位、党建“星火工程示范点”等荣誉资质。21家入驻企业入选保定市“双千工程”；7家入驻企业获中国创新创业大赛奖项，其中1家企业以历届省赛最高分获河北省赛区总决赛第一名。截至2021年底，保定·中关村创新中心累计入驻科技企业249家。

（滕琦诺）

【保定·中关村创新中心入选国家级科技企业孵化器】1月20日，科技部印发《关于公布2020年度国家级科技企业孵化器的通知》（国科发火〔2021〕11号），由保定中关村信息谷运营的保定·中关村创新中心入选。

（滕琦诺）

【4家入驻企业获2020年度协同发展突出贡献单位称号】3月16日，在保定高新区2020年度总结表彰2021年度工作部署暨党史学习教育动员会议上，保定高新区工委、保定高新区管委会表彰纳税先进企业和协同发展突出贡献单位。保定中关村信息谷及园区入驻企业首中易泊智能（河北）停车服务有限公司、保定迈卓医疗器械有限公司、河北十方医疗器械物流有限公司、保定市玄云涡喷动力设备研发有限公司获2020年度协同发展突出贡献单位称号。

（滕琦诺）

【中创燕园共建北京大学宽禁带半导体研究中心保定实验区】4月8日，保定·中关村创新基地入驻企业中创燕园半导体科技有限公司与保定市政府、北京大学宽禁带半导体研究中心签署协议，共建北京大学宽禁带半导体研究中心保定实验区。实验区建成后成为第三代半导体衬底开发、外延、芯片加工、检测一体化的第三代半导体实验及中试平台，支持上下游企业加强产业协同和技术合作攻关。

（滕琦诺）

【保定·中关村创新中心获两项奖励】4月14日，在保定国家高新区2021年科技创新大会上，保定高新区管委会对2020年新认定的技术创新平台、创新创业载体、高新技术企业、科技小巨人企业、国家科技型中小企业、河北省科技型中小企业予以

表彰奖励。其中，保定·中关村创新中心获“国家级科技企业孵化器”和“国家级众创空间”两项奖励。创新中心的 61 家入驻企业获奖励，包括高新技术企业奖励 13 家、国家级科技型中小企业奖励 22 家、河北省级科技型中小企业奖励 26 家。

（滕琦诺）

【2021 大数据应用（保定）国际创新合作峰会暨协同发展重点项目签约仪式举行】4 月 28 日，由保定高新区管委会、中关村信息谷主办，保定高新区管委会招商服务局、经济发展改革局、科技服务局、保定中关村信息谷承办的 2021 大数据应用（保定）国际创新合作峰会暨协同发展重点项目签约仪式在保定市举行。会议通过“现场 + 直播”的方式举行。保定市政府等单位有关负责人及北京、河北的企业、科研机构的代表等 300 余人现场参会，8.3 万余人通过视频在线参与。与会代表就企业在保定的产业布局、投资意向及合作落地需求进行探讨、交流。保定·中关村创新中心分别与京汇风云产业集团(海南经济特区）有限公司、中关村工业互联网产业联盟、航天云网科技发展有限责任公司云创分公司、北京索为系统技术股份有限公司就“产业金融服务中心”“工业互联网应用示范平台”“智能制造服务平台”“工业 App 培训基地”等项目进行战略合作签约。保定国家高新区及保定·中关村创新中心重点项目签约，包括北京中科电气高技术有限公司与北京麦飞科技有限公司签署“农业大数据、农业精细化管理方向的数字农业项目战略合作框架协议”，河北冀微生物技术有限公司与河北农业大学生命科学学院签署“农业废弃物资源化利用工程研究中心共建协议”，保定玄云涡喷动力设备研发有限公司与威海广泰空港设备股份有限公司签署“保定玄云高性能涡轮喷气发动机建设项目合作协议”。

（滕琦诺）

【保定中关村数字经济产业园启动】4 月 28 日，在 2021 大数据应用（保定）国际创新合作峰会暨协同发展重点项目签约仪式上，保定·中关村创新产业园先导区——保定中关村数字经济产业园启动。产业园投资运营主体为保定中关村园区开发有限公司，总投资 8.2 亿元，占地面积 5 万平方米，总建筑面积 16 万平方米，可容纳 200 余家企业，涵盖人工智能、5G、大数据、先进制造、工业互联网、科技金融服务等范围。北京晶铠信息存储技术有限公司、北京旋极信息技术股份有限公司等 12 家意向企业签约入驻。

（滕琦诺）

【FESCO 河北（保定·中关村）人力资源服务工作站揭牌】7 月 16 日，保定中关村信息谷与河北方胜人力资源服务有限公司（FESCO 河北）共同成立 FESCO 河北（保定·中关村）人力资源服务工作站。工作站依托保定·中关村创新中心入驻企业对科创

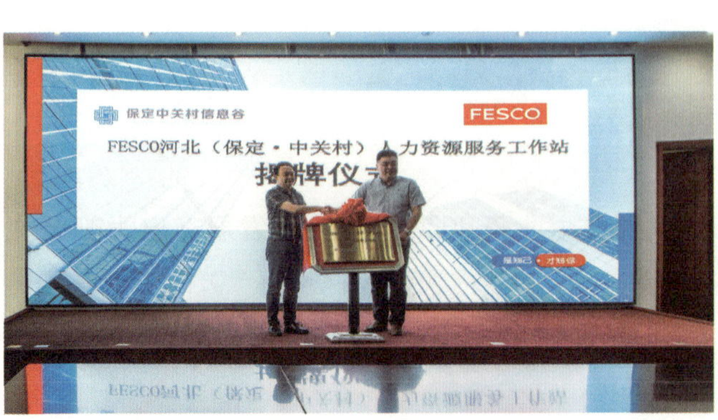

人才的需求，提供涵盖人力资源全流程体系服务，为企业解决高端人才的选、用、育、留等问题。

（滕琦诺）

【4 个联合共建实验室对外开放】 9 月 2 日，保定·中关村创新中心与园区企业共建的实验室对外开放，其中包括与保定诺未科技有限公司共建的生物医药（细胞治疗）创新实验室、与准检河北检测技术服务有限公司共建的软件检测公共实验室、与保定电谷检验检测认证有限公司共建的电谷计量检测实验室。12 月 16 日，生物医药（细胞治疗）创新实验室、软件检测公共实验室获保定高新区管委会首批“创想实验室”授牌。12 月 28 日，联合保定中创燕园半导体有限公司立项搭建第三代半导体（氮化镓）关键材料体系生产检测实验室。

（滕琦诺）

【5 个入驻企业项目获保定高新区资金支持】 11 月 18 日，保定·中关村创新基地入驻企业的 5 个项目获保定国家高新区科技型中小企业技术创新发展培育项目资金支持，分别是河北三臧生物科技有限公司的“临床级脐带间充质干细胞建库关键技术”项目、九纯健保定物联网科技有限公司的“农产品生鲜降损、防伪、冷链溯源的物联”项目，河北素数信息安全有限公司的“量子保密通信网身份认证授权系统研制”项目，河北卓识电力科技有限公司的“综合管廊人员定位管理系统”项目，河北酷德制冷科技有限公司的“核磁共振用超低温 GM 制冷机研发”项目。

（滕琦诺）

【知识产权司法保护联络站揭牌】 11 月 23 日，保定市人民检察院与保定中关村信息谷为“知识产权司法保护联络站”揭牌，并签署《关于建立完善知识产权民事诉讼诉调对接机制的备忘录》。联络站为企业搭建司法保护、知识产权保护的合理、合法、便捷的桥梁。

（滕琦诺）

【三臧生物共建造血干细胞移植仓合作基地】 2021 年，河北三臧生物科技有限公司与北京儿童医院签约共建造血干细胞移植仓合作基地项目，承接项目的技术服务。三臧生物成为河北省首家指定的造血干细胞异体分离第三方技术服务方合作机构。［三臧生物于 2018 年 6 月入驻保定·中关村创新基地，是一家致力于干细胞、免疫细胞存储、研究与应用的高新技术企业，是国内干细胞全产业链运营商和储存规模领先的产业化基地（库）。］

（滕琦诺）

徐州·中关村创新中心

【概况】 徐州·中关村创新中心成立于 2015 年 10 月，位于江苏省徐州市泉山区，由徐州信息谷资产管理有限责任公司（简称徐州信息谷）负责运营管理，运营面积 25.45 万平方米，包括创新中心、文化创意产业先导基地和中关村信息谷创新汇。中心定位于信息技术、节能环保、科技金融、智能制造、生物医药及科技文化等六大产业，是中关村在京津冀以外地区设立的首个区域创新中心。2021 年，徐州·中关村创新中心新增科技型企业 83 家，新增意向企业 20 家。园区全年实现产值 115 亿元，税收 4.6 亿元。新增高新技术企业 2 家，通过复审 6 家；新增认定国家科技型中小企业入库 46 家。企业申报获批发明专利、实用新型专利、外观设计专利等 420 余件。截至 2021 年底，徐州·中关村创新中心累计入驻企业 343 家，拥有软件百强企业 15 家、院士领军企业 6 家、行业头部企业 10 家，累计培育、引入高新技术企业 23 家。

（滕琦诺）

【徐州信息谷获江苏淮海科技城优秀运营单位称号】 3 月 18 日，在江苏淮海科技城全面突破攻坚行动动员大会上，江苏淮海科技城管委会颁发科技城“三项重点工作”突破奖、科技城2020年度重点工作贡献奖、科技城2020年度优质企业、2020年度优秀运营单位和2020年度创新创业优质服务奖。其中，徐州信息谷被评为江苏淮海科技城优秀运营单位。

（滕琦诺）

【弗瑞仕有氧空气消毒机列入新技术新产品目录】 6月21日，江苏省新技术新产品推广应用工作联席会议办公室印发《关于印发省重点推广应用的新技术新产品目录（第二十六批）及公告目录内有效新技术新产品名单的通知》，由徐州·中关村创新中心入驻企业江苏弗瑞仕环保科技有限公司自主研发的有氧空气消毒机产品（证书编号：202101243，节能环保领域）入选。

（滕琦诺）

【生物医药及信息技术重点项目云上对接会举办】 9月8日，徐州·中关村创新中心生物医药及信息技术重点项目云上对接会举办。泉山区投资促进中心、淮海科技城招商服务处、徐州信息谷等单位相关负责人及企业代表等参加。泉山区投资促进中心介绍泉山区营商环境、产业集聚优势及载体情况。焦点科技股份有限公司、通标标准技术服务有限公司、南京新惠通生物科技有限公司、南京鸿程信息科技有限公司、天津乐聆康养科技有限公司等科技型企业进行线上对接，介绍企业概况、核心竞争力、战略布局、落地需求等。政企双方还围绕企业具体需求和落地展开交流。

（滕琦诺）

【徐州·中关村创新中心获省级双创示范基地称号】 10月19日，在全国大众创业万众创新活动周江苏分会场启动仪式上，江苏省发展改革委公布2021年江苏第四批省级双创示范基地名单，分为创业就业方向、融通创新方向、精益创业方向、全球化企业方向，共31家。其中，徐州·中关村创新中心入选精益创业方向。

（滕琦诺）

【拓普虚拟现实技术研究院获省级荣誉】 10月26日，江苏省文化和旅游厅印发《关于公布第一批江苏省文化和旅游装备技术研发中心认定名单的通知》，徐州·中关村创新中心入驻企业拓普虚拟现实技术研究院（江苏）有限公司凭借创新研发实力与特色文旅科技产品优势入选，也是苏北地区唯一一家入选企业。拓普虚拟现实技术研究院围绕文化和旅游装备技术进行研发，打造集关键共性技术研发、科技成果转化、产业技术服务等功能于一体的公共技术创新服务平台，并通过伺服传动系统和VR融合实现互动设备姿态和现实场景的真实体验。

（滕琦诺）

【江苏淮海科技城产学研对接会举办】 11月14日，由徐州·中关村创新中心等单位承办的徐州市民营企业科技创新大会分会场——泉山区·江苏淮海科技城高校院所产学研对接会在江苏淮海科技城举办。国务院发展研究中心等单位有关负责人及高校、企业的代表参加。与会代表就持续提升民营企业科技创新、人才建设水平等方面进行交流。来自上海交通大学和南京航空航天大学的通用嵌入式电子控制器研发平台、基于龙芯处理器的异构AI计算平台研究、基于AI计算机视觉的路面缺陷快检技术、时间序列模型及应用、嵌入式智慧食堂菜品识别系统等5个项目进行路演。

（滕琦诺）

【谷e+科技服务平台升级】 2021年，谷e+科技服务平台完成政策服务板块整体升级，用户录入企业名称后，将自动带出企业基本信息，可支持企业做到“一秒匹配、一秒推送、一秒对比”，提高用户使用便捷性。依托谷e+科技服务平台，徐州信息谷组织后台专家走访80余家入驻企业，针对企业在项目申报管理与转型升级、科技型企业资格认定、科技型中小企业技术创新政策解读等方面进行“一对一”辅导；累计帮助江苏云仟佰数字科技有限公司等30余家企业申报国家科技部重点研发计划项目等省、市科技计划项目、转型升级项目50余项。开展两化融合贯标以及知识产权贯标、2021企业研发机构高质量建设专题、高新技术企业认定后日常维护等20节谷e+线上直播课程，收看次数近7000次。

（滕琦诺）

南宁·中关村创新示范基地

【概况】南宁·中关村创新示范基地包括明月湖片区、相思湖片区和综保区片区，由南宁中关村信息谷科技服务有限责任公司（简称南宁中关村信息谷）负责运营管理。其中，明月湖片区成立于2016年7月，位于南宁高新区创新路23号，占地12万平方米，总建筑面积8万平方米，重点发展新一代信息技术、生命健康、装备制造、科技服务四大产业；相思湖片区成立于2018年7月，位于南宁高新区大学西路88号，占地1.97万平方米，总建筑面积6.26万平方米，重点发展生命健康、节能环保两大产业；综保区片区成立于2021年1月，位于南宁五象新区平乐大道西面、金海路北面的南宁综合保税区商务中心（金海大厦），总建筑面积约10.5万平方米，主要聚焦总部经济、信息服务、跨境电商等中国（广西）自由贸易试验区南宁片区重点发展的产业。2021年，南宁·中关村创新示范基地新增入驻企业120余家。截至2021年底，累计入驻企业500余家。

（滕琦诺）

【南宁高新区双创服务云平台启动运营】1月，由南宁高新技术产业开发区经济发展局主办，南宁中关村信息谷负责运营的南宁高新区双创服务云平台启动运营。该平台面向创业团队、企业、创业服务机构、双创群体4类主体提供全方位、全流程的专业化服务。截至2021年底，云平台录入涉及政策、金融、人才等数据4500余条，注册用户1100余个，线上服务企业1500余次，其中提供政策服务500余次。

（滕琦诺）

【南宁市—中关村深圳协同创新中心入驻仪式举行】5月31日，由南宁市政府、中关村发展集团、深圳市扶贫协作和合作交流办公室主办的南宁—大湾区协同创新发展交流会暨南宁市—中关村深圳协同创新中心入驻仪式在深圳市举行。活动以“共建创新链，共享新机遇”为主题。南宁高新区管委会等单位有关负责人及企业代表等100余人参加。活动举行南宁市—中关村深圳协同创新中心揭牌仪式。创新中心由南宁市科技局、南宁高新区管委会、南宁经济技术开发区管委会与南宁中关村信息谷共建，位于深圳市南山区，占地面积2400平方米，设有城市会客厅、项目路演厅、开放办公场地和独立办公场地等功能区域。活动还举行南宁市—中关村深圳协同创新中心入驻项目签约仪式，南宁中关村信息谷分别与深圳能赋连创科技有限公司、深圳市合富荣科技有限公司、深圳安裕普科技有限公司等7家企业签订入驻协议。截至2021年底，南宁市—中关村深圳协同创新中心储备70多个创新项目，15家企业从深圳转移落地南宁，其中3家工业企业投产入规。

（滕琦诺）

【4家入驻企业获广西科学技术奖】7月30日，广西壮族自治区政府科技奖励办印发《关于公布2020年度广西科学技术奖获奖成果名录的通知》，公布2020年度广西科学技术奖获奖成果名录。南宁·中关村创新示范基地4家入驻企业参与研发的科技成

果获奖。其中，广西慧云信息技术有限公司等单位王筱东等完成的“物联网集成与智能信息处理在产业信息化中的创新与应用”项目获科学技术进步类二等奖，广西益江环保科技股份有限公司参与完成的“村镇分散型生活污水一体化处理系列关键设备研发与产业化应用”项目、广西圣尧智能科技有限公司张杰等完成的“面向边防管控的垂直起降固定翼无人机研发及应用”项目获科学技术进步类三等奖，南宁慧视科技有限责任公司参与完成的“鸿影多功能航拍测绘无人机系统”项目获技术发明类三等奖。

（滕琦诺）

【基地获评小型微型企业创业创新示范基地】 11月16日，广西壮族自治区工业和信息化厅印发《关于公布2021年度自治区小型微型企业创业创新示范基地认定名单的通知》，南宁·中关村创新示范基地入选。

（滕琦诺）

【51家入驻企业获2020年度第一批财政奖补专项资金】 12月9日，广西壮族自治区科技厅发布《关于激励企业加大研发经费投入财政奖补专项资金2021年度第一批企业名单公示》。其中，南宁·中关村创新示范基地入驻企业广西华睿能源科技有限公司、万航星空科技发展有限公司、广西擎芯动力科技有限公司等11家企业获2020年度第一批增特奖补，广西益江环保科技股份有限公司、捷佳润科技集团有限公司、广西慧云信息技术有限公司等40家企业获2020年度第一批高企、瞪羚奖补。

（滕琦诺）

【11家入驻企业获国家高新技术企业认定】 12月23日，科技部火炬中心印发《关于对广西壮族自治区2021年认定的第三批高新技术企业进行备案公示的通知》。南宁·中关村创新示范基地入驻企业广西信恒科技有限公司、广西麟云科技有限公司、广西品格智造数字化工业有限公司等11家企业首次获国家高新技术企业认定。截至2021年底，基地共有国家高新技术企业18家，累计引进及培育高新技术企业60家（含科技园2家）。

（滕琦诺）

【南宁·中关村信息小屋新增10家服务机构】 2021年，南宁·中关村信息小屋新增广西博士海意信息科技有限公司等10家服务机构，累计入驻40家服务机构，围绕科技、人才、金融等服务领域提供精准服务，引导企业申报各类项目10余个，累计100余个项目获国家、广西壮族自治区、南宁市的科技部门支持。南宁·中关村信息谷小屋位于南宁·中关村创新示范基地（明月湖区），定位为科技创新信息综合服务平台，面向南宁科技企业免费开放。小屋服务覆盖科技信息、人才服务、政策服务、财税服务、金融服务、物业服务六大内容。同时，小屋还整合了相关协会和专业科技服务公司，为企业提供人才、政策、金融、法律等一站式服务，帮助企业解决在发展过程中遇到的各类难题。

（滕琦诺）

天津滨海—中关村科技园

【概况】 天津滨海—中关村科技园成立于2016年11月，位于天津市滨海新区，由天津中关村科技园运营服务有限公司（简称天津中关村科技园）负责运营。园区规划面积1030万平方米，围绕新一代信息技术、生命与生物科技、科技服务的产业定位，打造具有滨海特色的“类中关村”创新创业生态系统。2021年，天津滨海—中关村科技园累计新增注册企业1000余家，累计突破3000家，科技型中小企业入库152家，高新技术企业入库98家，雏鹰企业入库101家，瞪羚企业入库3家。

[数据包含天津滨海—中关村协同创新示范基地、滨海中关村（天津自创区）创新中心雨林空间数据。]

（滕琦诺）

【2021 中英科技创新项目线上路演系列交流会举办】 4 月 7—9 日，由天津中关村科技园、天津滨海海外离岸创新创业基地、天津市科技创新发展中心、英中贸协、英国工商业联合会联合主办，天津英中石墨烯科技有限公司承办的 2021 中英科技创新项目线上路演系列交流会在滨海—中关村科技园举办。15 支来自英国的创业团队参加路演。项目涉及人工智能、新能源新材料、生命科学、电子信息等领域。来自英中贸协、天津大学、天津科技大学、天津市滨海新区产业基金的专家评委对创新项目如何落地园区进行指导。天津中关村科技园与英中联合投资咨询（北京）有限公司签署合作备忘录，进一步加深中关村创新平台与大曼彻斯特地区在科研和创新领域的链接，将英国领先科技行业创新生态与滨海—中关村科技园相融合，推进滨海—中关村科技园的国际化进程和国际影响力。

（滕琦诺）

【公共法律服务中心在天津滨海—中关村科技园揭牌】 4 月 16 日，天津经济技术开发区首家企业园区公共法律服务中心揭牌，为园区企业的稳定发展提供强有力的法律保障。天津经济技术开发区法律援助中心（公共法律服务中心）在天津滨海—中关村科技园设立公共法律服务中心，旨在根据天津滨海—中关村科技园入驻企业需求量身定制公共法律服务，达到“应企业所需、尽中心所能、解企业所难”的成效。

（滕琦诺）

【5 家互联网医院签约落户天津滨海—中关村科技园】 4 月 28 日，高济互联网医院、泛生子互联网医院、零氪科技互联网医院、太平洋互联网医院和智云健康互联网医院等首批 5 家互联网医院集体签约落户天津滨海—中关村科技园。首批签约的 5 家企业，都具备国际国内一线投资机构背景，拥有自主核心技术，未来成长潜力较大，风险自主可控，总投资规模约 30 亿元，成为滨海—中关村科技园数字医疗产业新地标。

（滕琦诺）

【天津滨海中关村研发服务平台开放】 8 月 20 日，天津滨海中关村研发服务平台开放。该平台由园区入驻企业中科蓝海（天津）科技有限公司负责管理和运营，聚焦生物医药、生物技术服务、新材料检测等领域，为科研机构和科技企业提供药物分析、仪器共享、生物技术、新材料检验检测、实验外包等一站式的服务，包括原料药与制剂、医（药）用材料相容性、遗传毒性杂质研究、生物样品分析、蛋白组学 \ 基因组学 \ 代谢组学等。

（滕琦诺）

【天津滨海—中关村科技园 VR 全景展示上线】 9 月 24 日，天津滨海—中关村科技园 VR 全景实拍展示系统正式上线，支持云上随时观看真实科技园区场景，内容涵盖鸟瞰全景、企业展厅、雨林空间、内部路演厅、书吧，以及北塘古镇、北塘文体中心、公寓、医院等，全方位展示项目园区风采。

（滕琦诺）

【天津中关村科技园获评国家中小企业公共服务示范平台】 12月2日，工业和信息化部发布《关于公布2021年度国家中小企业公共服务示范平台名单的通告》，天津中关村科技园被评定为2021年度国家中小企业公共服务示范平台。

（滕琦诺）

济南·中关村信息谷创新中心

【概况】 济南·中关村信息谷创新中心原名中关村领创空间（济南），成立于2017年7月，位于山东省济南市高新技术创业服务中心，由济南领创空间科技有限责任公司负责运营管理。中心运营面积2万平方米。运用“互联网+”概念，与济南高新区管委会共同聚集整合“双创”资源，以医药健康、先进制造、大数据为核心，搭建线上虚拟服务平台和线下实体服务框架，在全国打造可示范、可复制的宜业、宜创型创新中心。2021年，济南·中关村信息谷创新中心新增33家企业入驻，包括瞪羚企业1家、国家高新技术企业2家；6家入驻企业通过国家高新技术企业认定。截至2021年底，济南·中关村信息谷创新中心累计入驻企业102家。

（滕琦诺）

【济南·中关村信息谷创新中心跨境电商孵化器落地】 4月15—19日，山东省电子商务促进会、济南·中关村信息谷创新中心联合举办跨境电商培训，标志着济南·中关村信息谷创新中心跨境电商孵化器正式落地。跨境电商孵化器将为跨境电商企业提供培训、货源、物流解决方案、运营指导等全链路跨境电商孵化服务，助力中小商家提高跨境电商运营水平，推动山东跨境电商行业发展。40余名新老学员参加培训。

（滕琦诺）

【创新中心与宝拉宝龙文化协会签署协议】 7月15日，济南·中关村信息谷创新中心与意大利维琴察宝拉宝龙文化协会线上签署战略合作协议，双方将共建海外孵化机构。通过与德国、意大利、法国等地资源方合作，为济南公司申报海外孵化器奠定基础。意大利3家企业进行项目路演。

（滕琦诺）

【2021年中国（山东）生物医药产业发展高峰论坛举办】 7月29—30日，由济南·中关村信息谷创新中心与北京简优管理咨询有限公司主办的创新中国行之2021年中国（山东）生物医药产业发展高峰论坛暨生物医药产学研用投协同创新合作交流大会在济南市举办。生物医药专家、高校学者、研究人员、企业的代表等参加。与会代表就生物医药关键技术及相关政策展开交流。论坛期间，业界专家接受专访，专家们对生物医药产业相关技术及热点话题进行了更深入的探讨，对各类疑难问题有针对性地予以解答。论坛还举行济南·中关村信息谷创新中心多层次科技成果转化合作签约仪式，济南·中关村信息谷创新中心与华诺通（北京）医药科技有限公司、北京诚远嘉信医药科技有限公司、北京简优管理咨询有限公司、天津天诚新药评价有限公司签署战略合作协议，在生物医药产业加强合作、相互扶持、协同进步。

（滕琦诺）

【“汇天下英才造创业港湾”主题沙龙活动举行】 9月3日，济南·中关村信息谷创新中心与山东广播电视台综合广播主办的“汇天下英才造创业港湾”企业家主题沙龙活动在济南市举行。园区企业的代表等参加。山东广播电视台综合广播授予济南·中关村信息谷创新中心《为你而来》创新创业产业基地称号，济南·中关村信息谷创新中心授予山东广播电视台综合广播《为你而来》工作室战略合作媒体牌匾。与会代表围绕园区服务、企业吸纳、企业发展以及不同企业之间互联互通等问题展开探讨。

（滕琦诺）

【“云通北京”济南高新区政企对接会举办】12月5日，由济南高新技术创业服务中心、济南·中关村信息谷创新中心主办的“云通北京”济南高新区政企对接会在济南·中关村信息谷创新中心举办。会议以“凝心聚力共促发展”为主题，面向北京征集和挖掘优秀创新创业项目，通过路演展示和互动交流的形式，推动人才、技术、资本等创新创业创造要素集聚，通过链接与赋能，对优秀创新创业项目进行孵化和加速，实现政企合作共赢。5家参会企业进行项目介绍。

（滕琦诺）

【战略联盟授牌暨企业赋能中心揭牌仪式举行】12月9日，济南·中关村信息谷创新中心举办战略联盟授牌暨企业赋能中心揭牌仪式。园区第三方服务机构参加。工作人员向参会的第三方服务机构介绍园区项目情况、在孵企业情况，并结合园区和在孵企业，就企业战略定位、各类项目认证、财税、法律、知识产权、政策申报等服务进行讨论。济南·中关村信息谷创新中心为合作的第三方服务机构授牌，并举行企业赋能中心揭牌仪式。

（滕琦诺）

【2021第六届山东软件生态大会举办】12月15日，由山东省软件行业协会、山东省大数据协会、济南·中关村信息谷创新中心主办的2021第六届山东软件生态大会在济南市举行。大会以“生态引领、数智未来”为主题。国内外相关软件厂商及服务机构的代表参加。与会代表围绕软件企业无代码开发平台、ISV生态应用、智慧办公、云计算、企业SaaS服务平台等10余个主题展开讨论，共同探讨后疫情时代及全面产业数字化到来对软件行业发展的机遇与影响。

（滕琦诺）

银川·中关村创新中心

【概况】银川·中关村创新中心成立于2017年12月，位于宁夏回族自治区银川市西夏区，由银川中关村信息谷科技服务有限责任公司（简称银川中关村信息谷）负责运营管理，运营总面积9.98万平方米，布局新一代信息技术、“互联网+N”战略，包括“互联网+医疗”“互联网+教育”“互联网+人力资源”等产业。2021年，银川·中关村创新中心新增入驻企业60家。截至2021年底，累计聚集创新主体378家（签约企业134家、雨林空间孵化器入孵企业27家、注册企业217家）。其中，“互联网+医疗健康”企业81家、“互联网+人力资源”企业17家、“互联网+教育”企业16家、“互联网+文旅电竞”企业16家、“互联网+交通”企业3家、电子商务（含跨境电商）企业53家。入驻创新中心省级科技型中小企业24家，总部为省级科技型中小企业16家，总部为市级科技型中小企业7家，总部为高新技术企业32家，总部为独角兽企业14家，上市企业8家。

（滕琦诺）

【“智创未来”第三届宁夏工业App创新应用大赛举办】8月17日，由宁夏回族自治区工业和信息化厅、宁夏回族自治区党委网信办主办，宁夏工业互联网产业联盟承办的“智创未来”第三届宁夏工业App创新应用大赛路演初赛在银川·中关村创新中心举办。大赛吸引269支来自全国各地的互联网创新企业、创业团队及学生团队报名参赛，其中124个项目报名参加创意赛、145个项目报名参加应用赛。大赛应用赛通过初赛评选，33个项目进入大赛路演初赛现场比赛。大赛环节分为“6分钟路演”+“3分钟答辩”两个部分，最终评审出大赛各奖项的获奖队伍共16支。

（滕琦诺）

【银川中关村信息谷联合捐赠“宁惠保”】12月1日，“宁惠保”项目中期发布会暨“宁惠保”捐赠仪式在银川·中关村创新中心举行。银川市西夏区政府等单位有关负责人及相关机构的代表参加。宁夏·

宁惠保是由零氪科技（北京）有限公司主办、君石保险经纪有限公司承办、中国人保财产保险股份有限公司宁夏回族自治区分公司和中国人寿财产保险股份有限公司宁夏回族自治区分公司共同设计承保的城市定制型商业健康保险产品，并由零氪（银川）互联网医院有限公司执行和操作。中国人保财险宁夏分公司、中国人寿财险宁夏分公司、银川中关村信息谷3家企业联合向西夏区捐赠1000份“宁惠保”。

（滕琦诺）

【银川·中关村创新中心举办19场路演活动】 2021年，银川·中关村创新中心举办19场“创新创意在银川”凤凰汇·周二路演吧系列活动。截至2021年底，累计举办“创新创意在银川”等各类创新活动230期，提供专业科技服务次数280余次，服务企业、机构、政府数量3900余个，服务创业团队1100余家1.6万余人。

（滕琦诺）

【组织企业参加创新中国行活动】 2021年，银川·中关村创新中心借助中关村创新中国行品牌优势，依托中关村信息谷在全国30多个城市开展区域协同发展，银川·中关村创新中心组织政府领导及入驻企业赴北京、深圳、天津、江苏、安徽、四川、陕西、内蒙古等30余个省区市考察对接，参加活动20场，通过活动达成合作意向企业300余家，项目落地37家。帮助企业对接创新项目，引进高端人才，聚焦跨区域产业转移与承接相关服务与政策，为产业疏解和企业外迁搭建全方位优质服务平台，帮助中心优质企业拓展市场。

（滕琦诺）

【搭建“一中心、十平台”科技服务体系】 2021年，银川·中关村创新中心搭建“一中心、十平台”科技服务体系，为科技企业提供金融、财务、法务、税务、知识产权、人力资源、科技成果转化、项目申报、企业咨询服务、创新设计等一系列全方位服务。其中，法务集中培训20次，一对一服务咨询60余次，项目申报服务30次，符合条件申报成功近10家企业。

（滕琦诺）

【离岸孵化器落地武汉等地】 2021年，银川中关村信息谷在强化上海、杭州、西安、深圳等离岸孵化器的同时，在武汉、长沙、成都、重庆等城市洽谈拓展离岸孵化器，累计落地、对接20个离岸孵化器，以“东部—中部—西部”为主线的银川飞地离岸创新网络体系建成。截至2021年底，建成并投入运营银川区域离岸孵化器20家，对接42家优质企业（累计418家优质企业），累计引进91家科技企业。

（滕琦诺）

【银川飞地育成数字化管理系统建设加速】 2021年，银川中关村信息谷继续推进银川飞地育成数字化管理系统，截至年底，累计收录企业、人才、创新活动等数据550余条，实时了解各离岸孵化器企业运营状态、意向需求等信息并进行系统管理，对各地离岸孵化器企业、项目、人才引进、创新资源库、双创活动、海外项目、合作机构等内容进行管理并提供资源展示、交流交互以及个性化服务，实现线下交流、线上展示。

（滕琦诺）

南宁·中关村科技园

【概况】 南宁·中关村科技园成立于2018年4月，由南宁中关村信息谷科技产业园有限责任公司负责运营管理，位于南宁高新区东北角的安宁片区原北湖工业园，距离南宁·中关村创新示范基地约8千米，总规划面积25平方千米，核心区范围约7平方千米，分3期开发建设。2021年，南宁·中关村科技园完成项目开工仪式以及5、6、7、8号楼封顶等工程。截至2021年底，南宁·中关村科技园一期1.77平方千米已基本建设完成，聚集浪潮、世纪创新、联东U谷、香港三润等19个产业化项目；二期1.55平方千米，建设工作已全面开始，落地东创精密、柯瑞机械二期、世纪创新二期等产业项目；三期3.68平方千米，正开展国土空间规划编制和产业规划研究。南宁·中关村科技园累计落地136个项目。

（滕琦诺）

【南宁高新区重大项目签约仪式举行】 4月20日，由南宁市政府、中关村管委会和中关村发展集团主办的2021创新中国行走进南宁——南宁高新区重大项目签约仪式暨南宁中关村信息谷科技园开工仪式在南宁市举行。活动以“开局谋新篇，科技赢未来”为主题。南宁市委市政府等单位有关负责人及相关企业的代表100余人参加。活动举行南宁高新区重大项目签约仪式、南宁中关村信息谷科技园意向落地项目签约仪式。南宁高新区管委会与大连美吉姆教育科技股份有限公司等6家企业签订协议，与南宁供电局签订《优化营商环境打造绿色低碳现代化电网合作协议》。中关村信息谷与北京华胜天成科技股份有限公司等10家企业签订意向入驻协议。

（滕琦诺）

【南宁中关村信息谷科技园开工】 4月20日，南宁中关村信息谷科技园项目桩基开工。项目位于南宁·中关村科技园入口处，规划用地面积约5.2万平方米，总建筑面积8.5万平方米，规划8栋单体，工程建设期为2年，由中交第四航务工程局有限公司负责项目总体建设，南宁中关村信息谷负责项目产业链导入及运营。项目重点聚焦5G、大数据、人工智能、数字经济和科技服务业，致力于打造成为南宁中关村科技园标杆示范项目。

（滕琦诺）

湖州·中关村信息谷创新中心

【概况】 湖州·中关村信息谷创新中心原名中关村领创空间（湖州），成立于2018年7月，位于浙江省湖州经济技术开发区，由湖州领创科技服务有限责任公司负责运营管理，运营面积7000平方米，定位于培育发展信息技术、高端装备、生物医药、智能制造、智能机器人、新能源汽车、光电技术、软件开发、大数据应用等新兴产业，改造提升金属新材、绿色家居、现代纺织和时尚精品四大传统优势产业。2021年，湖州·中关村信息谷创新中心新增入驻企业（团队）41家。截至2021年底，累计入驻企业（团队）70家。

（滕琦诺）

【“智汇湖州·双创云课堂”系列讲座举办12期】 2021年，湖州·中关村信息谷创新中心共举办12期“智汇湖州·双创云课堂”系列讲座。相关专家围绕“领导科学与领导艺术”等主题，通过实操讲解、案例分析、场景还原、思维导图、模块总结等方式，就企业管理、商务实操、个人提升、行业分析等方面进行讲解。

（滕琦诺）

新泰·中关村信息谷创新示范基地

【概况】 新泰·中关村信息谷创新示范基地成立于2018年9月，位于山东省泰安市新泰市，由新泰中关村信息谷科技服务有限责任公司（简称新泰中关村信息谷）运营管理。基地规划面积270万平方米，其中50万平方米的核心区以信息创新产业为核心，聚焦新产业、新平台、新模式、新业态，融入生活、生态、生产、生命四大板块，集聚“小镇客厅”“商业文体中心”“智汇源”“金融保障中心”等一系列功能模块。截至2021年底，新泰·中关村信息谷创新示范基地累计入驻企业14家。

（滕琦诺）

【金融政策解读会举办】 10月13日，由新泰市商务局、新泰农商银行、新泰中关村信息谷主办的“帮小微、助科技、促成长”——金融政策解读会在新泰·中关村信息谷创新示范基地举办。20余家园区企业的代表参加。相关专家通过主题演讲、对接交流等形式，介绍金融基础知识和相关贷款政策。

（滕琦诺）

【新泰·中关村信息谷科技服务企业交流会举行】 12月9日，新泰·中关村信息谷科技服务企业交流会举行。相关专家以“专题讲座+政策解读+现场咨询”的方式为园区入驻企业介绍解析，讲解中小型企业资质认定、税收筹划、知识产权、科技金融、政策申报等方面的申报具体流程及注意事项。

（滕琦诺）

【科技创新产业对接会举行】 12月16日，由新泰·中关村信息谷主办的科技创新产业对接会在新泰市举行。新泰市商务局等单位有关负责人及廊坊神康生物技术有限公司、国康新卫医疗科技有限公司、北京医之本医疗科技有限公司等企业的代表参加。会议介绍新泰市资源优势、地缘优势、服务优势以及投资环境。与会企业家介绍各公司的产品技术、产品研发过程及成果经验。

（滕琦诺）

【新泰·中关村信息谷创新示范基地获商办金梧桐奖】 12月16日，在由选址中国主办的逐鹿高质量发展·2021（第五届）中国产业园区新驱动力峰会暨商办TOP 100论坛上，2021年度中国产业园区·商办金梧桐奖揭晓。新泰·中关村信息谷创新示范基地获企业服务10强奖。

（滕琦诺）

长春·中关村创新中心

【概况】 长春·中关村创新中心成立于2018年11月，位于吉林省长春市高新区，由长春中关村信息谷科技服务有限责任公司（简称长春中关村信息谷）负责运营管理。中心重点发展新一代信息技术、智能制造、生物与生命科技、服务外包等战略性新兴产业，培育以创新为主要特征的内生动力，形成产业微集群。2021年，长春·中关村创新中心通过基础服务、行政管家、政策申报、资本融通、资源协同五大板块解决企业实际需求，全年举办20余场创新活动，直接参与企业达500家，不断提升品牌影响力。截至2021年底，长春·中关村创新中心累计签约入驻企业51家，累计注册办公企业170家，其中高新技术企业13家，科技企业占比85%，域外企业比例超过50%。

（滕琦诺）

【企业专项产品推介活动举办】 3月26日，由长春高新区汽车零部件产业发展服务中心主办，用友网络吉林分公司、中信银行长春分行及长春·中关村创新中心协办的企业专项产品推介活动在长春·中关村创新中心举办。长春高新区装备制造企业的代表40余人参加。用友财税专家以“成长型企业数智化转型与变革”为题，从专票电子改革与电子发票电子化报销入账归档试点、“两会”财税政策解读等方面进行讲解；数智化专家从创新企业选YonSuite、企业数智化转型、商业创新与变革、陪伴与支持4个方面，解读“企业专票电子化到税务管理数智化转型”；中信银行长春分行金融产品专家针对中信银行金融业务，以“金融助力合作共赢”为主题，多维度地开展一场技能培训。

（滕琦诺）

【长春·中关村创新中心产业协同计划2.0首期活动举办】 5月15日，由长春·中关村创新中心主办的产业协同计划2.0暨长春中关村企业赋能服务周首期活动举办。活动以私董会、项目路演、投融资对接会及校企合作4种形式为主，特邀省内外各领域专家组成导师团，为企业服务并解决相关问题，内容包括但不限于品牌管理与营销策略、投融资与股权管理、商业模式与招商渠道搭建、企业管理与企业内控、知识产权与税筹管理、法律法规风险管理、人力资源与战略设计、政策申报与数字化转型等。首期活动以“把脉企业破解难题”为主题，近20名来自不同行业的企业家代表参加。活动通过私董会列席讨论形式，探讨并解决案主企业的经营问题。与会企业家共同探讨如何顺应当下形势，预测未来行业发展趋势，及时调整企业发展思路与战略规划，提升产品市场占有率。

（滕琦诺）

【长春·中关村创新中心被认定为2020年长春新区孵化载体】 5月31日，长春新区科技局印发《关于公布2020年长春新区孵化载体认定结果的通知》，12家孵化载体入选。其中，长春·中关村创新中心被认定为2020年长春新区孵化载体企业。

（滕琦诺）

【2021全国服务贸易创新合作发展论坛举办】7月5—6日，由吉林省服务贸易协会、长春市服务贸易和服务外包协会、全国服务贸易协会合作大会执委会主办，长春·中关村创新中心等单位协办的2021全国服务贸易创新合作发展论坛暨第四届全国服务贸易协会合作大会在长春市举行。论坛以“新经济、新发展、新合作”为主题，举办全国服务贸易创新发展合作论坛、产业合作洽谈会、重点意向合作企业参观考察、文旅项目考察等系列活动。在合作论坛中，服务贸易领域专家提出行业的最新理念、产业发展的未来趋势。参会代表企业围绕论坛主题进行分享交流，其中长春·中关村创新中心从园区角度出发，聚焦创新服务、协同发展，分析探讨产业园区在服务贸易领域中的定位、核心价值、服务模式、转型升级等内容。参会企业走进长春·中关村创新中心，实地考察项目并了解入驻企业，听取项目背景、运营情况、核心业务模式及未来发展规划的介绍。

（滕琦诺）

【税企交流活动举办】11月12日，长春高新区税务局和长春·中关村创新中心联合举办2021年度“收入确认的税会差异”专题税企交流活动。园区企业财税人员参加。相关专家介绍收入在企业会计准则、增值税、企业所得税不同口径确认方面的差异，并重点提示企业在收入确认以及纳税申报中常见的问题和风险，讲述了会计收入确认五步法。活动还安排了企业交流环节，为参会企业答疑解惑。

（滕琦诺）

【7期企业成长计划X星拓说活动举办】2021年，长春·中关村创新中心共举办7期企业成长计划X星拓说活动，邀请腾讯广告、泡泡玛特、小罐茶、认养一头牛等进行主题分享。本活动是以知识分享为主题的线下沙龙活动，集合国际前沿知识理论思维，搭建企业综合资源平台，致力于本土企业互联网知识分享。通过更人性化的方式，多方面助力企业产品上行，实现行业与行业的对接。

（滕琦诺）

【3家入驻企业被认定为省高新技术企业】2021年，长春·中关村创新中心3家入驻企业被认定为吉林省2021年第一批高新技术企业，分别是吉林省先飞科技发展有限责任公司、长春银迅科技有限公司、吉林省锐迅信息技术股份有限公司。

（滕琦诺）

【13家入驻企业获长春市服务外包产业发展专项资金】2021年，长春·中关村创新中心组织园区企业申报长春市服务外包产业发展专项资金，7家企业获2018—2019年度服务外包房屋租赁补贴，吉林省中创优禾企业管理有限公司、吉林省中天数码科技有限公司等13家入驻企业获专项资金补贴。

（滕琦诺）

天津滨海—中关村协同创新示范基地

【概况】天津滨海—中关村协同创新示范基地成立于2018年12月，位于天津市滨海新区，由天津中关村信息谷科技服务有限公司（简称天津中关村信息谷）负责运营管理。基地运营面积8.9万平方米，规划建设创新创业服务平台、科技服务平台、知识产权服务平台、金融服务平台、人才服务平台、市场服务平台等六大功能区，拥有孵化器、路演厅、多功能报告厅、咖啡吧、书吧、展厅等区域，集办公、服务、展示于一体。2021年，天津滨海—中关村协同创新示范基地新增签约企业244家，累计签约企业 329 家，重点落地 22 家数字医疗项目。

（滕琦诺）

【入选国家小型微型企业创业创新示范基地】 12 月 2 日，工业和信息化部印发《关于公布 2021 年度国家小型微型企业创业创新示范基地名单的通告》，共有 168 家基地入选。天津滨海—中关村协同创新示范基地入选。

（滕琦诺）

滁州·中关村发展协同创新中心

【概况】 滁州·中关村发展协同创新中心成立于 2019 年 6 月，位于安徽省滁州市，由安徽中关村信息谷科技服务有限责任公司（简称安徽中关村信息谷）负责运营管理。中心运营面积 8.5 万平方米，以智能制造、新一代信息技术、大健康、科技服务为产业支撑，以创新为动力，推动科技产业发展，建设以科技成果转化为核心，以政策、技术、人才、资本四大要素为支撑的长三角“三省一市一体化”的桥头堡和示范区。2021 年，滁州·中关村发展协同创新中心新增入驻企业 35 家。截至 2021 年底，累计入驻企业 67 家，累计招引高层次人才 19 人，其中博士 17 人、高级工程师 1 人。

（滕琦诺）

【第 17 期“走进长三角梦圆汇智湾”路演吧活动举办】 7 月 12 日，由安徽中关村信息谷、长光（滁州）高端智能装备研究院承办的“走进长三角梦圆汇智湾”路演吧第 17 期汽车及装备制造产业领域高层次人才专场路演在滁州·中关村发展协同创新中心举办。滁州市科技局等单位相关负责人及 50 余家企业的代表参加。活动介绍滁州市汽车及装备制造行业发展情况和人才政策。上海电力学院等单位进行路演展示，参会企业围绕项目的技术和产品、商业模式等进行点评。

（滕琦诺）

【“e 课堂”直播课程举办】 11 月 17 日，“e 课堂”直播课程技术合同认定登记政策解读和实践操作在滁州·中关村发展协同创新中心举办。相关专家介绍技术合同认定登记的相关政策及实操操作。12 月 3 日，“e 课堂”直播课程 2022 创新创业领军人才项目高质量申报专题活动举办。相关专家围绕双创人才基本要求和申报书撰写要点及常见难点，解读创新创业领军人才项目申报的相关问题。

（滕琦诺）

潍坊·中关村信息谷创新中心

【概况】 潍坊·中关村信息谷创新中心成立于 2019 年 12 月，位于山东省潍坊市坊子区，由潍坊中关村信息谷科技服务有限责任公司（简称潍坊中关村信息谷）负责运营管理。中心运营面积 1.1 万平方米，定位为先进制造、新一代信息技术、现代农业、生命健康、新材料五大产业。2021 年，创新中心新增入驻企业 47 家，举办“创新大讲堂”活动 11 场，涵盖法律、金融、知识产权等方面的专项服务。截至 2021 年底，潍坊·中关村信息谷创新中心累计入驻企业 79 家，其中创新型企业 49 家、科技服务企业 30 家。

（滕琦诺）

【11 场“创新大讲堂”活动举办】 2021 年，潍坊·中关村信息谷创新中心以“一般工业园区安全管理与处置措施汇报交流公开课”“商业秘密保护”“企业科技创新项目申报规划”“专利知识概论”等为题举办“创新大讲堂”系列活动 11 场。

（滕琦诺）

青岛·中关村信息谷创新中心

【概况】 青岛·中关村信息谷创新中心成立于 2020 年 1 月，位于山东省青岛市高新技术产业开发区火炬路，由青岛中关村信息谷科技服务有限责任公司（简称青岛中关村信息谷）运营。中心运营面积 1 万平方米，围绕人工智能、5G 等新一代信息技术和生物与生命科技的主线，构筑服务平台高地，旨在打造一个立足青岛、联动京津冀、辐射东北亚、面向全球的国际开放平台及创新交流窗口。2021年，青岛·中关村信息谷创新中心新增入驻企业34家。截至2021年底，累计入驻企业61家。其中11家企业获国家级高新技术企业认定，2家企业获青岛市“专精特新”企业认定，18家企业入选全国科技型中小企业信息库。

（滕琦诺）

【2021创新中国行·走进青岛暨数字青岛共创未来高峰论坛举办】6月20日，由青岛高新区管委会、中关村信息谷主办，青岛高新区管委会招商部、青岛中关村信息谷承办的2021创新中国行·走进青岛暨数字青岛共创未来高峰论坛在青岛·中关村信息谷创新中心举行。论坛以“数字青岛·共创未来”为主题，通过“现场+直播”相结合的方式举行，来自青岛市相关部门及北京、上海、杭州等地的企业、科研机构的代表等280余人现场参会。与会代表围绕青岛创新发展、数字科技如何赋能实体经济以及工业互联网数据安全与产业发展等话题，就数字经济产业发展态势、数字经济与实体经济的融合等方面进行交流。活动还举行中关村区域协同产业发展联盟签约仪式，灵动科技（北京）有限公司、蓓安科仪（北京）技术有限公司、北京钛星数安科技有限公司等16家企业成为联盟新成员。

（滕琦诺）

【中关村信息谷与青岛大荣生态科技园签署协议】8月20日，中关村信息谷与青岛大荣生态科技园有限公司签署《股权转让协议》，并于11月1日完成注资，标志着中关村信息谷入股大荣生态科技园。在青岛中关村信息谷的推动下，与大荣集团启动园区二期建设规划方案。截至2021年底，组织意向落地企业开展厂房定制化调研方案会议3次，收集企业需求，储备3.4万平方米定制化厂房需求。

（滕琦诺）

【青岛·中关村信息谷创新中心服务企业发展】2021年，青岛·中关村信息谷创新中心为青岛海途工业科技有限公司等5家企业成功申请高新技术企业及补贴政策，为青岛高格软件有限公司等16家企业成功申报科技型中小企业；协助企业对接金融资本机构，为青岛海途工业科技有限公司预提供200万元现金流贷款和200万元担保贷款。在专业技术领域，为园区入驻企业青岛依蓝云科技有限公司、青岛纳印新材料科技有限公司、青岛西格流体技术有限公司、山东晨航生物医学科技有限责任公司等企业解决互联网平台建设、设备采购等方面的问题。

（滕琦诺）

沈阳·中关村智能制造创新中心

【概况】沈阳·中关村智能制造创新中心成立于2020年1月，位于辽宁省沈阳市铁西区，由沈阳中关村信息谷科技服务有限责任公司（简称沈阳中关村信息谷）运营，运营面积1.4万平方米。创新中心聚焦工业互联网、先进制造、生物医药和科技服务等关键领域，着力构建以科技成果转化为核心，以企业、人才、资本、院校、政策、文化六大要素为支撑的“类中关村”创新生态系统，打造创新要素齐备、产业高度聚集的京沈协同创新示范项目。2021年，沈阳·中关村智能制造创新中心新增入驻企业39家，项目列入省、市两级“十四五”规划、沈阳市龙头项目，获国家发展改革委等4部委通报表扬，获“全国真抓实干成效明显的产业转型升级示范项目”等荣誉。截至2021年底，沈阳·中关村智能制造创新中心累计签约企业93家。

（滕琦诺）

【2021中国·沈阳数字产业创新发展论坛举办】1月17日，由沈阳市铁西区政府、沈阳经济技术开发区管委会、中德（沈阳）高端装备制造产业园管委会、中关村信息谷主办，沈阳中关村信息谷承办的沈阳·中关村智能制造创新中心成立周年大会暨2021中国·沈阳数字产业创新发展论坛在沈阳·中关村智能制造创新中心举行。活动以“数字创新，智造未来”为主题。沈阳市政府等单位相关负责人及重点企业的代表40余人现场参会，北京市对口合作办、中关村发展集团等单位有关负责人及近万名企业代

表线上参会。与会代表分享沈阳中关村项目一年来所取得的成果，并围绕沈阳数字产业创新发展进行探讨。活动举行京沈产业技术创新联合会成立仪式和创新生态体系合作伙伴签约仪式。沈阳·中关村智能制造创新中心与中科沈阳产业技术创新研究院、东北大学创新创业学院等8家高校院所合作签约，提升科技成果转化系统；与深圳湾科创服务有限公司、中国风险投资有限公司等10家创新资本签约，进一步丰富创新生态体系；与中国通用技术（集团）控股有限责任公司、上海北林电子科技集团等10家重点项目签约。

（滕琦诺）

【沈阳英瑞科技挂牌辽股交标准版创新层】5月26日，沈阳·中关村智能制造创新中心入驻企业沈阳英瑞科技股份有限公司在辽宁股权交易中心标准板创新层挂牌，成为该板块2021年挂牌的第一家企业。

（滕琦诺）

【沈阳·中关村智能制造创新中心项目获国家发展改革委等部门通报表扬】6月9日，国家发展改革委、科技部、工业和信息化部、自然资源部联合印发《关于产业转型升级示范区建设2020年度评估结果及下一步重点工作的通知》，公布2020年度产业转型升级示范区建设评估结果。其中，沈阳·中关村智能制造创新中心获全国真抓实干成效明显的产业转型升级示范项目通报表扬。

（滕琦诺）

【开展中小企业知识产权集中托管工作】9月1日，中关村信息谷邀请北京易捷胜知识产权代理事务所、辽宁酷瑞特科技服务有限公司相关负责人到访沈阳·中关村智能制造创新中心，就中小企业知识产权集中托管相关工作进行交流探讨。双方结合项目发展实际情况，重点探讨了如何提升沈阳中关村项目的知识产权公共服务能力和信息利用能力，以及建立中小企业知识产权集中托管体系等方面的内容。

（滕琦诺）

【"法律咨询日"活动开展】9月14日，沈阳中关村信息谷联合辽宁青联律师事务所在沈阳·中关村智能制造创新中心雨林空间创新服务驿站开展"法律咨询日"活动，为沈阳·智能制造创新中心入驻企业提供法律咨询服务。法律咨询服务涵盖公司合同纠纷、劳动纠纷、股权架构设计、对外投资等方面，辽宁信达华泓生物科技有限公司、沈阳英瑞科技股份有限公司等入驻企业围绕市场经营风险防范、资本市场融资等相关法律问题进行咨询。

（滕琦诺）

【沈阳中关村信息谷与沈阳经济技术开发区管委会等签约】9月25日，在2021辽宁国际投资贸易洽谈会——"带土移植"科技招商引才推介会上，沈阳中关村信息谷与沈阳经济技术开发区管委会、中德园管委会签约，双方将基于京沈对口合作继续高标准建设"一中心、一基地、一园区"，共同打造适宜沈阳的"类中关村创新生态系统"。

（滕琦诺）

【沈阳·中关村智能制造创新中心获第十届中国创新创业大赛沈阳地方赛突出贡献奖】10月21日，由沈阳市政府主办，沈阳·中关村智能制造创新中心等单位协办的第十届中国创新创业大赛（辽宁赛区）沈阳地方赛暨2021沈阳创新创业大赛决赛及颁奖仪式在沈阳·中关村智能制造创新中心举行。大赛以"科技创新，成就大业"为主题。辽宁省科技厅、沈阳市科技局、沈阳市金融局等单位有关负责人及风投机构、众创空间和孵化器、高新技术企业、新型研发机构、首批纳入企业联合创新中心企业的代表等参加。沈阳市211组创新创业项目经过初赛和复赛，8组项目进入总决赛。最终，"星光级8KVR机内实时拼接全景图像采集、生成与处理装置"项目获一等奖，"新一代超高速冷冻技术"等7个项目分别获二、三等奖。沈阳·中关村智能制造创新中心、经济技术开发区科技创新部、梧桐纳斯科技众创空间被授予突出贡献奖。沈阳产业技术研究院首批企业联合创新中心暨加盟新型研发机构授牌签约仪式同时举行。

（滕琦诺）

【2021 中国沈阳海智创新创业大赛海外赛区总决赛举行】 12 月 7 日，由辽宁省科协、沈阳市政府主办的 2021 中国沈阳海智创新创业大赛海外赛区总决赛在沈阳·中关村智能制造创新中心举行。大赛于 5 月启动，征集科技项目 340 余项，涉及先进制造、生物医药、新材料等领域，来自德国、意大利、马来西亚等国家的 25 个项目进入总决赛。最终，“全球首创用于糖尿病 / 美容用途的无痛针技术项目”获金奖。

（滕琦诺）

【创立“京沈汇”创新活动品牌】 2021 年，沈阳·中关村项目创立“京沈汇”创新活动品牌，旨在链接创新资源、服务创新企业、推动创新发展。年内，举办“京沈汇”——中关村科技企业走进沈阳、京沈协同创新合作交流会、项目路演吧、企业成长训练营、企业家沙龙、创新中国行等活动 60 余场，服务企业 1330 家，为企业提供全方位创新链接服务。

（滕琦诺）

【沈阳·中关村智能制造创新中心项目获多方认可】 2021 年，沈阳·中关村智能制造创新中心项目列入省、市两级“十四五”规划，被沈阳市政府作为龙头项目重点推进；4 月，获沈阳市财政局专项封闭返还政策；6 月，获国家发展改革委等 4 部委通报表扬；7 月，列入沈阳市“一城三区”科技创新空间规划的重要组团；8 月，成为铁西区“园区集合贷”先行试点；9 月，完成辽宁省制度性创新成果评价；10 月，作为辽宁省“带土移植”入库项目签约。

（滕琦诺）

南阳·中关村信息谷创新中心

【概况】 南阳·中关村信息谷创新中心成立于 2020 年 10 月，位于河南省南阳市南阳·中关村科技产业园，由南阳中关村信息谷科技服务有限责任公司（简称南阳中关村信息谷）运营管理。中心运营面积 2.16 万平方米，以大信息先进制造、电子商务为主导，科技服务业为支撑，按照“立足区域优势、着眼国际视野、强化资源对接、形成示范引领”的发展思路，构建一个“政产学研、创孵金展”，要素齐全、有机互动的“类中关村”创新生态系统，推进区域转型升级、创新发展。2021 年，南阳·中关村信息谷创新中心新增入驻企业 64 家，举办各类科技活动 36 场，联合南阳高新区、南阳农院组建南阳中关村产业学院。

（滕琦诺）

【南阳中关村信息谷第二届入驻企业家座谈会召开】 4 月 28 日，南阳中关村信息谷第二届入驻企业家座谈会在南阳·中关村信息谷创新中心召开。南阳高新区中关村园区发展服务中心、南阳高新区税务局、南阳中关村实业公司等相关负责人及 30 余位企业代表参加座谈。南阳中关村信息谷做公司工作报告。高新区税务局向参会的企业家做“税收政策税务管理的学习与交流”报告，讲解“实名认证”“首违不罚”等政策细节与注意事项。与会人员沟通情况、交流感情、加深友谊、共话发展，以此助力企业间业务对接，实现横向联谊，推动市场、技术、人才、资金等要素与企业纵向互动，加固南阳中关村信息谷入驻企业的内部产业链条。

（滕琦诺）

【首届京宛协同创新发展座谈会暨京宛合作项目签约仪式举办】 5 月 27 日，由南阳市京（津）宛合作中心、南阳高新区管委会、中关村协同创新基金、中关村信息谷联合主办，南阳高新发展投资集团、南阳高新区招商促进局、南阳中关村信息谷承办的首届京宛协同创新发展座谈会暨京宛合作项目签约仪式在南阳·中关村信息谷创新中心举办。南阳市政府、北京市支援合作办、中关村发展集团等单位相关负责人及有关企业代表 200 余人参加。与会代表分享光电产业和中医药产业的前沿技术、发展方向，共同探讨在新的时代背景下南阳光电产业如何转型升级、追赶超越，南阳中医药产业如何凭借自身优势发挥更大的影响力和带动性，以及如何借助大数据、云计算、物联网等新技术手段赋能南阳传统工业。南阳高新区管委会分别与北京耐德佳显示技术有限公司、中国中医科学院中药研究所、清华中俄国际联合研究中心、中关村意谷（北京）科技服务有限公司签约。活动还举行耐德佳博士南阳工作站、德理阳光供应链管理（南阳）有限公司揭牌仪式。

（滕琦诺）

【南阳农业职业学院中关村产业学院揭牌】 7月27日，南阳农业职业学院、南阳高新技术产业开发区战略合作签约暨中关村产业学院揭牌仪式在南阳·中关村信息谷创新中心举行。南阳农业职业学院师生及园区企业的代表100余人参加。南阳农业职业学院与南阳高新区管委会签订合作协议，双方将在人才培养、就业创业、科学研究等方面开展全方位战略合作。中关村产业学院是由南阳农业职业学院、南阳高新区管委会共建，将以南阳农业职业学院教育资源为基础，围绕中关村园区内众多企业的实际需求，拓展现代学徒制及订单式培养模式，打造电子信息、电商物流等领域的专业群，为企业培养所需人才。

（滕琦诺）

【新《安全生产法》宣讲会举办】 9月24日，由南阳中关村园区发展服务中心主办的南阳中关村园区新《安全生产法》宣讲会在南阳·中关村信息谷创新中心举办。南阳宛美彩印包装有限公司等30余家企业的代表参加。相关专家宣讲新《安全生产法》。

（滕琦诺）

【园区服务座谈会召开】 11月19日，由南阳中关村园区发展服务中心联合南阳中关村信息谷主办的南阳中关村信息谷园区服务座谈会举行，旨在为入驻企业及时纾难解困，发挥“企业座谈面对面、破解难题点对点、共谋发展心连心”的主体担当。南阳中关村园区发展服务中心、南阳中关村信息谷等相关负责人与20余位创新中心入驻企业代表就企业发展现状、需要协调解决的问题等作交流发言。

（滕琦诺）

广州·中关村信息谷创新中心

【概况】 广州·中关村信息谷创新中心成立于2020年12月，位于广东省广州白云湖数字科技城，由广州中关村信息谷科技服务有限责任公司（简称广州中关村信息谷）负责运营管理。中心运营面积1万平方米，着力打造广州中关村协同创新展示交易中心、雨林空间国际孵化器、科技办公区等创新交流示范窗口。2021年，广州·中关村信息谷创新中心累计入驻企业76家。项目联合政府部门、行业协会、科技服务机构、科技企业等，共同打造“白云数字科技周”创新活动品牌，累计举办16场，共200余家企业参加。

（滕琦诺）

【“产会融合—价值赋能”行业协会专场对接会举办】 3月13日，由广东省制造业协会、广东省产业发展促进会、中国商协会服务工作委员会主办，广州中关村信息谷承办的“产会融合—价值赋能”行业协会专场对接会在广州·中关村信息谷创新中心举办。中国商协会服务工作委员会、广东省华商经济发展研究院、广东智能装备制造协会等单位相关人员参会。活动旨在探讨产会融合新模式，集聚行业协会优质资源，实现重点项目落地需求精准匹配，服务行业协会、商会企业在白云区快速布局发展。

（滕琦诺）

【中交兴路公司获两大行业标杆奖】 7月8日，在第十四届中国制造业与物流业联动发展年会上，广州·中关村信息谷创新中心入驻企业北京中交兴路信息科技有限公司凭借自身在物流生态领域领先的科技创新能力以及多元化数字产品与服务的输出应用优势，获“物流数字化先行典范企业”和“物流供应链优秀企业”两项大奖。

（滕琦诺）

【百分点科技连续6年获评中国大数据企业50强】 7月29日，在2021（第六届）大数据产业生态大会上，赛迪传媒发布《2021中国大数据产业发展白皮书》，广东百分点信息科技有限公司作为代表企业入选中国大数据产业生态地图五大领域。会议揭晓“2021 中国大数据企业 50 强”，百分点科技连续 6 年入选，同时入选“2021 数字赋能先锋企业 30 强”。

（滕琦诺）

【广联达与深圳交易集团签署合作协议】9 月 10 日，在深圳交易集团数字化规划实施（一期）项目启动会上，广州·中关村信息谷创新中心入驻企业广联达数字科技（广州）有限公司与深圳交易集团有限公司签署项目合作书。根据协议，双方将共同打造全国领行智远的交易生态平台，推动深圳市公共资源交易全领域的数字化转型。

（滕琦诺）

【白云数字科技周第 14 期活动举办】11 月 19 日，由广州市白云区政府石门街道办事处、广州专理知识产权代理事务所主办，广州中关村信息谷承办的白云数字科技周第 14 期“企业专利挖掘与申报专题培训”活动在广州·中关村信息谷创新中心举办。13 家企业的代表 15 人参加活动。活动围绕专利挖掘与申报进行讲解，包括基础知识、专利挖掘、技术交底书撰写 3 个方面，并针对参会企业提出的疑点进行现场解答。

（滕琦诺）

【广东省上市公司高质量发展暨推进乡村振兴研讨会举办】12 月 3 日，由广东省金融创新研究会、广东省金创乡村振兴智库基地主办，广东省金融创新研究会上市公司联谊会、广州中关村信息谷承办的广东省上市公司高质量发展暨推进乡村振兴研讨会在广州·中关村信息谷创新中心举办。10 余家协会、30 家企业的代表 60 余人参加。与会代表围绕广东省上市公司与乡村振兴发展现状、“十四五”时期如何提升广东省上市公司高质量发展、上市公司与乡村振兴两方面如何有机融合 3 个议题进行交流。

（滕琦诺）

【广东科创企业 IPO 培育计划启动仪式举行】12 月 10 日，在广州琶洲举行的第七届中国创新创业成果交易会上，广东科创企业 IPO 培育计划举行启动仪式，发布“广东科创企业 500 强创新能力榜单”。400 余家企业 1000 余人参会。广东科创企业 IPO 培育计划是由广州国际技术交易服务中心、广东省战略知识产权研究院、广东高科技产业商会、中关村信息谷、上海胡润百富投资、广东技术师范大学共同主办，广州智库承办，相关知名科研院所、券商、创投机构、会计师事务所、律师事务所协办的省级科创企业上市培育重点工程，以先进的培育方法打造赋能企业上市的科创“芯片”与 IPO“引擎”，帮助企业快速实现价值提升，推动广东科创企业提质增量快速上市，打造“广东科技王牌军”，形成资本市场的“广东力量”。举行培育计划授信银行签约仪式，共获得招商银行、长沙银行、广发银行 180 亿元授信额度。

（滕琦诺）

苏州·中关村信息谷创新中心

【概况】苏州·中关村信息谷创新中心成立于 2020 年 12 月，位于江苏省苏州市高铁新城片区，由苏州中关村信息谷科技服务有限责任公司（简称苏州中关村信息谷）负责运营管理。中心运营面积 3.01 万平方米，定位为大数据、工业互联网、科技金融、智能驾驶、先进材料、生物医药六大产业。2021 年 3 月，苏州·中关村信息谷创新中心入驻运营，重点导入 5G 与人工智能、车联网、智能驾驶、机器人、无人机、航空航天、高端制造、新材料、大健康等创新资源。2021 年，苏州·中关村信息谷创新中心有 27 家企业入驻，其中高新技术企业 1 家。

（滕琦诺）

【苏州大学物理学院—中关村信息谷产学研合作交流会举办】6 月 2 日，苏州大学物理学院—中关村信息谷产学研合作交流会在苏州大学举办。苏州大学物理科学与技术学院、中关村信息谷负责人参加。苏州大学物理科学与技术学院介绍苏州大学物理学院的发展历程，以及物理学院在师资力量、人才培养、科研能力、社会服务等方面的优势与成果。中关村信息谷长三角创新中心介绍了中关村信息谷在创新引领、协同发展、资源配置等方面的优势，以及中关村信息谷与高校进行产学研合作的成果经验。

（滕琦诺）

【“京苏相汇·高铁智行”中关村科技企业创新中国行活动举办】 6月29—30日，由苏州高铁新城管委会、中关村信息谷主办，苏州高铁新城科技商务局、苏州·中关村信息谷创新中心承办的“京苏相汇·高铁智行”中关村科技企业创新中国行活动举办。10家来自中关村的科技企业走进苏州，与苏州高铁新城政府相关部门进行交流互动。苏州高铁新城科技商务局围绕苏州高铁新城区域概况、战略优势，重点介绍了高铁新城主导产业、配套政策、人才资源和发展规划等方面的内容。苏州·中关村信息谷创新中心充分利用苏州高铁新城的政策和优势，秉承“聚集资源，协调创新，搭建平台，共享共赢”的合作精神，不断注入新的创新要素，对接国内外产业创新资源，为苏州创新发展、产业发展助力。10家企业相关负责人分别介绍了各自企业的发展情况与合作诉求，并与苏州高铁新城科技商务局相关负责人围绕对接合作和应用场景的打造进行探讨和交流。10家中关村科技企业参观苏州·中关村信息谷创新中心和长三角智能网联汽车产业智控中心。

（滕琦诺）

【苏州·中关村信息谷创新中心启动仪式举行】 10月18日，京苏相汇智创未来——2021苏州·中关村信息谷创新中心启动仪式在苏州市举行。苏州高铁新城管委会等单位有关负责人及院士专家、企业的代表等100余人参加。苏州·中关村信息谷创新中心由苏州高铁新城管委会和中关村信息谷共建，位于苏州高铁新城，设有长三角区域创新展示中心、雨林空间孵化器、科创加速器等各类功能空间，将重点导入5G与人工智能、航空航天、高端制造等方面的创新资源。启动会上，苏州·中关村信息谷创新中心与20家入驻企业签约。

（滕琦诺）

【12期智谷“云学院”双创云课堂活动举办】 2021年，苏州·中关村信息谷创新中心推出智谷“云学院”双创云课堂活动，以“京沪相汇·高铁智行”为主题，旨在从宏观经济到微观布局、从战略思维到实操技能，全方位助力广大投资人对于前沿科技的创新探索。年内，苏州·中关村信息谷创新中心共举办12期智谷“云学院”双创云课堂活动，主题为“现代企业的股权管理与股权激励”“5G与行业运用”“物联网：现状和未来”“人工智能的‘顶天立地’之路”“无人驾驶的感知与定位”等。

（滕琦诺）

【27家企业入驻苏州·中关村信息谷创新中心】 2021年，创昱工业设计（苏州）有限公司、苏州思卡智能科技有限公司、苏州思卡信息系统有限公司、相邦生物材料科技有限公司、苏州联佳绿色智能科技有限公司等27家企业入驻苏州·中关村信息谷创新中心。

（滕琦诺）

三明·中关村科技园

【概况】 三明·中关村科技园成立于2020年12月，位于福建省三明市生态新城核心区，由三明中关村科技园运营服务有限责任公司负责运营管理。园区运营面积5.24万平方米，定位为电子商务、智能互联、生命健康三大产业。2021年，三明·中关村科技园入驻企业56家，参与举办活动35场，其中创新中国行类招商活动18场，对接客商400余家；“京闽创新汇”开展各类企业服务活动17场，参与活动累计900余人次。

（滕琦诺）

【助推全省首个水上低空旅游项目落户尤溪】 2月

4日，三明·中关村科技园入驻企业鑫盛澜途文化旅游（三明）有限公司与三明市尤溪县政府举行通航旅游开发与运行项目签约仪式。根据协议，双方将联合打造水上飞行游览项目。项目以低空旅游为依托，集飞行体验、短途运输等服务功能于一体。

（滕琦诺）

【三明·中关村科技园法官工作室成立】 6月9日，三明·中关村科技园法官工作室在三明市生态新城中关村科技园揭牌成立。法官工作室成立后，沙县区法院将不定期指派法官驻点工作，为园区内的民营企业提供法律咨询、法律服务等。鼓励和引导企业通过法官工作室解决纠纷，避免恶意诉讼、虚假诉讼、非诚信诉讼，倡导互谅互让、互帮互助的友爱精神。法官工作室还将组织干警送法进企业，为其讲解《民法典》相关法律知识。

（滕琦诺）

【银河证券三明基地筹备组揭牌】 7月8日，银河证券三明基地筹备组在三明·中关村科技园揭牌，标志着首支三明·中关村产业基金进入实质阶段。银河证券三明产业基金规模10亿元，首期规模计划4亿元。该基金将成立投资决策委员会，按照目前基金运营方案设置，三明中关村科技园运营服务有限责任公司享有优先决策权，优先投资三明·中关村科技园推荐的企业。

（滕琦诺）

【创新中国行——科技企业走进三明中关村对接活动举办】 8月11日，由三明市科技局、海西三明生态工贸区，三明经济开发区，金沙园、永安市石墨和石墨烯产业园管委会共同主办，三明·中关村科技园承办的“创新中国行——科技企业走进三明中关村”线上视频专场对接活动在三明经济开发区举行。活动分为新材料产业基地专场对接会、创新中心以及生物医药产业基地专场对接会。东旭集团有限公司、深圳市尚昆投资发展有限公司、深圳市小员生态信息科技有限公司、北京云艺风尚科技有限公司等近20家企业的代表参加。通过线上视频交流对接，东旭集团、魔能（上海）实业有限公司、鲤想新能源有限公司与三明·中关村科技园新材料产业基地达成初步合作共识，中国航天官方文创品牌、北京京东方能源科技有限公司、江苏成奕信息科技有限公司、南京菲力康医药科技有限公司等表明合作意向。

（滕琦诺）

【三明离岸孵化器合作协议签署】 10月，三明中关村科技园运营服务有限责任公司同三明市科技局签署《三明离岸孵化器合作协议》。根据协议，三明·中关村科技园需在全国设立5个三明离岸孵化器。

（滕琦诺）

【精准招商对接会举办】 11月15日，三明·中关村科技园联合海西三明生态工贸区管委会、永安石墨和石墨烯产业园管委会进行联动招商，与上海重塑能源集团开展线上对接会议。四方相关负责人参加会议。上海重塑能源集团介绍其氢能源燃料的优势、发展历程及产业板块概况。海西三明生态工贸区管委会介绍三明生态新城的投资环境与功能布局，以三明·中关村科技园为平台引进科技型企业。四方就企业发展、区域政策、项目合作等相关话题进行交流。

（滕琦诺）

绵阳·中关村信息谷创新中心

【概况】 绵阳·中关村信息谷创新中心成立于2020年12月，位于四川省绵阳市涪城区，由绵阳中关村信息谷科技服务有限责任公司（简称绵阳中关村信息谷）负责运营管理。项目一期运营面积4.6万平方米，二期规划运营面积14平方米，按照“一

（绵阳·中关村信息谷创新中心鸟瞰图）

园区，一基地”的空间发展理念，产业定位为5G、人工智能、科技金融、互联网+等相关产业。2021年8月，绵阳·中关村科技园开始全面自主运营。2021年，绵阳·中关村新增入驻企业124家，其中签约企业15家（高新技术企业3家），雨林空间孵化器入驻企业25家，注册企业85家。年内，培育国家级科技型中小企业8家。截至2021年底，绵阳·中关村信息谷创新中心累计入驻办公企业125家，注册企业870家，共拥有企业995家。园区有高新技术企业14家、军民融合企业7家、上市企业子公司2家、省瞪羚企业1家、四板待上市企业6家、科技型中小企业37家。企业涵盖新一代信息技术、智能制造、软件开发及应用、节能环保、电子商务、互联网+等多个领域。

（滕琦诺）

【绵阳·中关村信息谷科技园二期项目开工仪式举行】 6月28日，绵阳·中关村信息谷科技园二期项目开工仪式在绵阳科技城新区2021年重大项目集中开工活动涪城分会场举行。绵阳市委、市政府、市人大、科技城新区、高新区等有关负责人，相关企业与施工单位代表参加活动。绵阳·中关村信息谷科技园二期项目位于绵阳科技城金家林总部经济试验区，载体规划面积14万平方米，项目重点聚焦5G及关联产业、人工智能、科技金融和互联网+产业，着力打造涪城区创新创业主体，汇聚高端创新资源，推进区域协同的科技创新平台。

（滕琦诺）

【绵阳·中关村信息谷创新中心招引项目集中签约仪式举行】 9月17日，绵阳·中关村信息谷创新中心招引项目集中签约仪式在绵阳科技城新区涪城片区中关村科技园举行。绵阳市政府、中关村信息谷等单位有关负责人及企业代表等参加。绵阳中关村信息谷分别与航天宏图信息技术股份有限公司、葫芦科技有限公司等8家重点企业进行集中签约，并分别与中国银河证券股份有限公司四川分公司、四川中金税税务师事务所有限公司绵阳分公司等4家单位签约，打造科技金融、财税、企业咨询、法律服务平台。

（滕琦诺）

【绵阳·中关村信息谷创新中心数字经济交流合作洽谈会举办】 12月24日，由金家林总部经济试验区管委会、绵阳市涪城区商务局、绵阳市涪城区经济合作局、绵阳市涪城区科技局、中关村信息谷主办，绵阳中关村信息谷联合通州区产业转移企业联盟承办的创新引领·跨越发展“绵阳·中关村信息谷创新中心数字经济交流合作洽谈会暨企业招商推介会”在绵阳·中关村信息谷创新中心雨林空间路演厅举办。平台合作企业以及园区入驻企业代表共计60余人参加此次活动。与会人员参观了绵阳中关村信息谷协同创新展示中心、雨林空间国际孵化器以及园区信息港，绵阳中关村信息谷负责人介绍了绵阳·中关村信息谷创新中心发展历程、产业布局、“一中心、一基地”空间发展规划，项目运营以来在“一中心，八平台”创新服务平台搭建、双创活动开展、科技创新服务等方面取得的成果。

（滕琦诺）

【“创意创新在绵州”·路演吧活动举办25场】 2021年，绵阳·中关村信息谷创新中心举办25场“创意创新在绵州”·路演吧，分别以“航空新材料及科技农业重点项目”“数字文创及互联网健康重点项目”“退役军人创业创新项目商业推广能力提升培训”等为主题，活动服务企业共计300余家，辐射1000余人，合作投融资机构近15家，协助园区科技企业对接资金需求超2850万元，协助融资到位150万元。

（滕琦诺）

【创新中国行活动举办29期】 2021年，绵阳·中关村信息谷创新中心举办29期“创新中国行”活动，组织50余家入驻科技企业前往北京、西安、杭州、厦门、南昌等区域，对接各地政府及相关企业。

（滕琦诺）

【企业服务平台搭建启动】 2021年，绵阳·中关村信息谷创新中心与西南科技大学国家科技园、环泰企业服务集团有限公司、中国（绵阳）科技城人力资源服务产业园、四川中金税税务师事务所有限公司、四川磐松企业管理服务有限公司、四川法奥（绵阳）律师事务所、乐山银行绵阳分行等7家平台机构签订战略合作框架协议。与西南科技大学国家科技园等 4 家企事业单位建立工作联系，在园区构建科技成果推广、企业孵化服务、人才发展服务、知识产权保护、信息交流服务、政务一站式代办服务、科技金融服务、法财税综合服务等 8 个科技服务体系，解决科技企业发展管理问题。

（滕琦诺）

赤峰·中关村信息谷科技创新基地

【概况】赤峰·中关村信息谷科技创新基地成立于 2021 年 5 月，位于内蒙古自治区赤峰市，由赤峰中关村信息谷科技服务有限公司（简称赤峰中关村信息谷）负责运营。基地运营面积 10.5 万平方米，定位新一代信息技术、智能制造、现代服务等，是赤峰市政府与中关村信息谷为推进京蒙创新协作、推动赤峰市供给侧结构性改革和产业转型升级合作而建设的项目。2021 年，赤峰·中关村信息谷科技创新基地签约入驻企业 49 家，招商接待企业 200 余家，接待 800 余人次，累计举办活动 20 场，累计参会人数 1500 人次。

（赤峰·中关村信息谷科技创新基地外景）

（滕琦诺）

【赤峰·中关村信息谷科技创新基地开园仪式举行】3 月 28 日，由赤峰市松山区政府、天津中关村主办的创新中国行·2021 智能科技发展高峰论坛暨赤峰·中关村信息谷科技创新基地开园仪式在赤峰·中关村信息谷科技创新基地举办。赤峰市政府等单位有关负责人及来自新一代信息技术、智能智造、现代服务业等领域的院士、专家学者、机构及企业的代表 200 余人参加。与会代表围绕 5G 时代下信息科技产业未来的发展趋势和方向、智能制造如何实现企业转型、AI 如何赋能智能制造等方面进行交流。松山区政府与中关村信息谷就共建赤峰·中关村信息谷科技创新基地签约。基地位于赤峰松山信息数创科技产业园，将围绕新一代信息技术、智能制造、现代服务业等产业方向，构建研发创新—总部办公—孵化中试—高端生产—场景应用等全产业链条。活动还举行赤峰·中关村信息谷科技创新基地首批入驻企业签约仪式，三可药业（深圳）有限公司、赤峰云联科技有限公司等 18 家企业签订入驻协议。5 月 6 日，基地签订运营期协议；5 月 21 日成立赤峰中关村信息谷科技服务有限公司。

（滕琦诺）

【京蒙创新汇——校地企深化合作启动会举办】6 月 24 日，由赤峰市松山区政府和中关村信息谷主办，赤峰松山信息数创科技产业园区管委会和赤峰中关村信息谷承办的"京蒙创新汇——校地企深化合作启动会"在赤峰·中关村信息谷科技创新基地举办。会议对企业人才需求和学校学生就业问题等相关事宜进行对接。赤峰松山信息数创科技产业园区管委会对园区进行了推介，赤峰学院、内蒙古交通职业技术学院、赤峰工业职业技术学院、赤峰应用技术职业学院和赤峰市松山区职业技术教育培训中心 5 所院校对学校发展史、专业类别、在校生情况、学生就业等做了介绍，基地 9 家企业负责人对企业情况和人才需求做了介绍。5 所院校与赤峰中关村信息谷共建实践育人基地。

（滕琦诺）

【京蒙创新汇——知识产权培训会举办】8 月 31 日，由赤峰市松山区政府和中关村信息谷主办，赤峰松山信息数创科技产业园区管委会和赤峰中关村信息谷承办的京蒙创新汇——知识产权培训会在赤峰·中关村信息谷科技创新基础举办。赤峰工业职业技术学院、赤峰应用技术职业学院、内蒙古崇正科技有限公司、内蒙古志远创新科技有限公司等 40 余家院校及企业的代表参会。赤峰松山信息数创科技产业园区管委会对园区进行推介，赤峰中关村信息谷做了基地介绍，中科蓝海（天津）科技有限公司相关人员做专利实务介绍。

（滕琦诺）

【赤峰中关村信息谷参加服贸会 2021 中国智能产业论坛】 9 月 3 日，由商务部和北京市政府主办，赤峰松山信息数创科技产业园区管委会、赤峰·中关村信息谷科技创新基地协办的中国国际服务贸易交易会 2021 中国智能产业论坛在北京首钢园举办。来自国内外科技相关机构组织、科研院所、企业的代表参加。与会代表探讨科技创新、新基建、人工智能、大数据、云计算、物联网、智能制造等领域的发展热点与未来趋势，人工智能在疫情中起到的作用及科技力量下的智慧城市建设、“智能 +”时代下行业发展热点和行业数字化转型的机遇与挑战等。在“疫情常态化下智能行业发展趋势与机遇”主题论坛上，赤峰中关村信息谷、赤峰松山信息数创科技产业园区管委会对园区进行了推介。

（滕琦诺）

【赤峰中关村信息谷参加全国科普日赤峰市分会场活动】 9 月 12 日，由赤峰市科协、赤峰市松山区委区政府主办，松山区科协承办的 2021 年全国科普日内蒙古主场活动赤峰市分会场开幕。活动主题为“百年再出发，迈向高水平科技自立自强”。赤峰松山信息数创科技产业园区管委会和赤峰中关村信息谷携入驻企业河北主导光电技术有限公司、内蒙古崇正科技有限公司、赤峰新再灵科技有限公司、内蒙古龙腾睿昊智能有限公司、内蒙古炬云科技有限公司等企业参加。

（滕琦诺）

沛县·中关村信息谷创新示范基地

【概况】 沛县·中关村信息谷创新示范基地成立于 2021 年 5 月，位于江苏省徐州市沛县，由徐州中关村信息谷科技服务有限责任公司（简称徐州中关村信息谷）负责运营管理。基地运营面积约 4.4 万平方米，以高端纺织、新型铝材、新能源三大产业为支撑，聚焦新型铝材、高端装备制造、新材料、光伏光电、新一代信息技术、科技服务六大领域。2021 年，沛县·中关村信息谷创新示范基地累计注册企业 83 家，引入科技企业 42 家。

（沛县·中关村信息谷创新示范基地外景）

（滕琦诺）

【沛县·中关村信息谷创新示范基地项目落地】 5 月 18 日，沛县·中关村信息谷创新示范基地签约仪式在北京举行。中关村信息谷与江苏沛县经济技术开发区管委会签署协议，共建沛县·中关村信息谷创新示范基地。基地将联动中关村已遍布全球的创新网络资源，有效服务沛县打造面向全国的协同创新交流平台与展示窗口、长三角一体化高质量发展创新示范标杆，立足长三角、面向国内国际的协同创新和成果转化高地，从而推动京津冀、长三角、粤港澳南北联动、一体化发展。

（滕琦诺）

【“周二路演吧”活动举办 16 期】 2021 年，沛县·

中关村信息谷创新示范基地举办16期“周二路演吧”活动，包括沛县—天津大学产学研对接会、高层次人才走进沛县、两化融合贯标及知识产权贯标线上专题讲座、高层次人才线上对接交流会、清华大学铝产业项目对接会、建筑行业数字经济峰会等线上线下活动，1000余人次参与活动。

（滕琦诺）

【42家科技企业入驻沛县·中关村信息谷创新示范基地】2021年，沛县·中关村信息谷创新示范基地累计引入科技企业42家，其中新一代信息技术企业28家、生物医药大健康企业3家、新材料企业4家、新能源企业3家、智能装备企业2家、新型职业教育企业2家；入驻办公人数近500人，包括大唐安途（江苏）信息技术有限公司、江苏瓦楷新材料科技有限公司、江苏铸德智能装备科技有限公司等高科技项目。其中，北京康爱生物科技有限公司、江苏瓦楷新材料公司被推荐为县重大项目，3个高层次人才项目报省双创计划。推进苏州手机摄像头压电马达项目、铝压铸模具PVD多元氮化物涂层技术开发及应用项目等10余个重点项目落地。

（滕琦诺）

中关村信息谷·温州创新中心

【概况】中关村信息谷·温州创新中心成立于2021年5月，项目共有3处载体，分别位于浙江省温州市鹿城区南郊街道意迈达园区、南汇街道汇富大厦、藤桥镇轻工产业园一期科技创新大厦，由温州中关村信息谷科技服务有限责任公司（简称温州中关村信息谷）负责运营管理。中心运营面积4.7万平方米，产业定位为数字经济、智能制造、科技服务。

（中关村信息谷·温州创新中心外景）

（滕琦诺）

【温州市鹿城区政府与中关村信息谷签约】7月2日，温州市鹿城区政府与中关村信息谷战略合作签约仪式在北京举行。双方将共同打造中关村信息谷·温州创新中心，构筑数字产业创新发展示范区，推动鹿城区产业数字化提能增效，打造数字经济技术创新资源集聚高地。签约仪式后，举行了科技企业座谈交流会，北京复淞科技有限公司、北京国信同创科技有限公司、爱克精医（北京）生物医药科技有限公司分别向与会各方介绍了公司主要产品领域及核心技术发展情况。

（滕琦诺）

【“科技企业走进温州”活动举办】7月7日，“科技企业走进温州”活动在中关村信息谷·温州创新中心举行。北京华胜天成科技股份有限公司、天津脉络生物科技有限公司、上海市海华永泰律师事务所、上海溯盛数字科技有限公司、安升电子（深圳）有限公司、北京中软国际信息技术有限公司、上海及雨信息科技有限公司、华为技术有限公司等科技和生物医药领域优质企业参加座谈。与会企业代表就主营业务、项目亮点做简要介绍，围绕落地意向、合作需求等方面进行交流探讨。

（滕琦诺）

【复淞科技入围2021“市长杯”中国（温州）工业设计大赛决赛】9月，2021“市长杯”中国（温州）工业设计大赛入围决赛的作品名单公布，中关村信息谷·温州创新中心入驻企业复淞科技有限公司进入决赛。复淞科技有限公司是一家以人工智能及公共物联网技术为核心的初创科技企业，研发范围涵盖AI健康、智慧城市以及公共场所数字化升级。

（滕琦诺）

【温州市高能级创新平台成果项目投融资对接会（第四期）举办】11月24日，由温州市委科技强市建设领导小组主办、温州市委科技强市建设领导小组办公室（温州市科技局）承办的温州市高能级创新平台成果项目投融资对接会（第四期）在中关村信息谷·温州创新中心举办。会议旨在加快构建“科企通”科技服务平台，以投融资需求为切入点，面向科技型中小企业开展投融资对接活动，为科研人员搭建一个展示项目的平台，为企业项目提供投融资对接的交流机会。会议采用线上线下同步直播形式，9 家企业项目通过线上路演平台展示创新技术、产品优势、团队成员等。线上观看人数达到 10 万余人次。

（滕琦诺）

【组织 13 场产业对接活动】2021 年，中关村信息谷·温州创新中心先后组织 13 场产业对接活动，每场活动都有落地或者在谈企业，累计对接 110 余家优质企业，30 余家深入对接中。已完成注册企业 21 家，8 家重大项目推进中：分别是浪潮集团（工业互联网板块在浙江首个落地项目，正在落地注册）、新华网融媒体研究院（生物感知、人工智能）、陈十一院士项目（数字孪生、工业仿真、未来工厂）、荣泽科技（区块链、全球首批联盟链技术企业）、科大讯飞（人工智能研究院和赋能数字教育）、大族激光（3D 打印领军企业）、京东科技（产业赋能）、SAP 思爱普（软件行业国际巨头）等。

（滕琦诺）

【温州中关村科技金融服务中心打造】2021 年，中关村信息谷·温州创新中心创新金融服务模式，以金融服务为抓手，打造温州中关村科技金融服务中心，集聚知名投融资机构、银行等，联合区工商联撬动民间资本，以“金融 + 产业”双核驱动，搭建多维度、深层次的金融服务平台，构建产融对接常态化机制，畅通供需衔接渠道，全国范围筛选优质项目，股权或债权方式投后引入温州落地，打通金融赋能产业集聚发展的新通道。

（滕琦诺）

重庆·中关村信息谷协同创新中心

【概况】重庆·中关村信息谷协同创新中心成立于 2021 年 6 月，位于重庆市渝北区。中心运营面积约 5000 平方米，聚焦数字经济、科技金融和科技服务业等领域，将打造数字经济协同创新交流平台与展示窗口，建设软件产业示范项目集群，成为重庆新兴产业聚集样板和西部创新发展示范区。2021 年，重庆项目围绕筹备期转运营的核心任务务实推进。

（重庆·中关村信息谷协同创新中心外景）

（滕琦诺）

【对接创新企业 208 家】2021 年，重庆项目筹备组对接创新企业 208 家，重点跟进企业 20 家。完成注册落地企业 3 家，新增重庆东风聚通汽车科技有限责任公司作为协同招商项目完成注册落地。新增意向企业战略签约企业 16 家，包括北京纪元联合生物技术有限公司等。接待到访企业 58 家，累计接待人次 102 人。开展产学研及服务平台合作机构储备单位 44 家，新增 6 家。

（滕琦诺）

【运营载体建设持续推进】2021 年，重庆·中关村信息谷协同创新中心继续推进位于渝北区数据谷 1 号楼 1—6 层的运营载体，首期交付载体 5974.5 平方米。1—2 层共 2108.4 平方米，为重庆项目公司自用部分，配备展厅、公共服务配套、雨林空间等；3—6 层共 3866.1 平方米，为企业办公使用。完成 1 层展厅空间设计方案草案、2—6 层设计方案及施工方案。

（滕琦诺）

大连·中关村信息谷创新中心

【概况】大连·中关村信息谷创新中心成立于 2021 年 10 月，位于辽宁省大连市金普新区，由大连中关村信息谷科技服务有限责任公司（简称大连中关村信息谷）负责运营管理。中心运营面积 3.39 万平方米，定位于数字经济、生命健康、智能制造、科技服务等领域，将建设创新展示中心、雨林空间国际孵化器、科技办公区等创新交流示范窗口。2021年，大连·中关村信息谷创新中心累计引进大连波塞冬汽车电子科技有限公司、大连北上广科技有限公司、福慧奎泽科技（大连）有限公司、大连素朴科技有限公司等32家科技型企业入驻，其中23家企业完成注册，10家正在办理注册手续。

（大连·中关村信息谷创新中心外景）

（滕琦诺）

【大连·中关村信息谷创新中心启动】 10月21日，由大连金普新区管委会、中关村信息谷主办的首届中国（金普）数字经济高峰论坛暨大连·中关村信息谷创新中心启动仪式在大连·中关村信息谷创新中心举办。论坛以“培育数字经济新生态，构筑金普发展新高地”为主题。科技部、大连市委等单位有关负责人及院士专家、企业的代表200余人参加。与会代表分析分享数字经济发展的新趋势和新机遇，并围绕金普新区抢占数字经济高地、高科技企业拥抱东北亚市场等议题进行交流。活动举行金普新区与中关村信息谷项目合作签约仪式和大连·中关村信息谷创新中心重点引进项目签约仪式，大连·中关村信息谷创新中心与深圳市元征科技股份有限公司等10家企业签订合作协议。

（滕琦诺）

【大连中关村信息谷成立】 10月29日，大连中关村信息谷科技服务有限责任公司注册成立，是大连·中关村信息谷创新中心经营主体，实现项目的本地化运营。

（滕琦诺）

【“金普创新汇”活动举办7场】 2021年，大连金普新区联合中关村信息谷等共举办7场“金普创新汇”活动，涵盖线上、线下项目对接和投融资路演等内容，累计服务企业65家，累计参会人数150余人，促成中关村企业与金普新区合作落地打下基础。

（滕琦诺）

安溪·中关村领创中心

【概况】 安溪·中关村领创中心成立于2021年12月，位于福建省泉州市安溪县数字福建（安溪）产业园，由安溪中关村领创空间科技服务有限责任公司负责运营管理。中心运营面积9782.04平方米，人才公寓配套设施1.15万平方米，产业定位为新一代信息技术、人工智能、新材料。2021年，安溪·中关村领创中心对接企业241家，储备意向落地项目32个，注册企业24家。

（安溪·中关村领创中心外景）

（滕琦诺）

【创新中国行活动举办2期】 4月15日，创新中国行——中关村企业走进安溪暨首批落地企业签约仪式举办，21家企业、5家投资机构、13名创业导师签约安溪·中关村领创中心。9月7日，创新中国行——中关村企业走进安溪暨数字经济产业方向政企交流对接会活动举办，20家企业参加，5家企业参加路演活动。

（滕琦诺）

南通 · 中关村信息谷创新园（筹备）

【概况】2021 年 5 月，南通 · 中关村信息谷创新园项目位于江苏省南通市崇川区，运营面积 26 万平方米，产业定位为新一代信息技术、智能制造、新能源、新材料等。

（南通 · 中关村信息谷创新园外景）

（滕琦诺）

【创新中国行走进南通等系列活动举办】2021 年，中关村信息谷创新园项目筹备组与崇川区政府、经济技术开发区政府联合举办“2021 创新中国行走进南通协同创新交流会”、路演吧、南通招商推荐会等系列活动，开展日常点对点目标意向客户拜访、渠道对接等，累计接触 300 余组客户资源，筛选组织 56 家企业及专业机构到南通进行实地考察，其中意向落地企业 15 家。

（滕琦诺）

威海 · 中关村信息谷创新中心（筹备）

【概况】2021 年，中关村信息谷筹备设立威海 · 中关村信息谷创新中心。创新中心位于威海市远遥浅海科技湾区，运营面积 1.7 万平方米，定位于海洋电子信息、海洋智能装备等产业，打造海洋产业创新高地。

（滕琦诺）

【威海市环翠区政府与中关村信息谷签署协议】6 月，山东省威海市环翠区政府与中关村信息谷正式签署《威海 · 中关村信息谷创新中心（筹备期）项目合作协议》。

（滕琦诺）

【创新中国行活动举办】9 月 10 日，由威海市环翠区商务局、中关村发展集团主办，中关村信息谷承办的创新中国行——海洋科技企业走进威海“智慧海洋创新聚集”主题活动举办。环翠区政府、威海市海洋发展局等单位有关负责人及中关村信息谷等 20 余家企业负责人参加。活动介绍环翠区的产业环境，推介远遥浅海科技湾区。青岛励图高科信息技术有限公司与中关村信息谷签约。11 月 14 日，由威海市环翠区商务局、威海 · 中关村信息谷创新中心联合主办，中关村信息谷创新产业筹备组承办的创新中国行活动举办。与会代表围绕各类海洋水上项目进行交流探讨。

（滕琦诺）

【智慧海洋技术与产业发展交流会举办】11 月 14 日，

由威海市政府、中关村发展集团主办，中关村信息谷、威海市环翠区政府承办的智慧海洋技术与产业发展交流会举办。大会以“经略海洋·智慧驱动”为主题。海洋产业专家学者、海洋经济企业的代表参加。与会代表围绕海洋经济、信息技术与智能制造两大产业发展前沿进行交流。

（滕琦诺）

【威海·中关村信息谷创新中心揭牌】 11月16日，威海·中关村信息谷创新中心揭牌暨威海激光通信先进技术研究院启动仪式举行。威海市政府、环翠区委等单位相关负责人及专家学者、企业的代表等参加。威海·中关村信息谷创新中心将构建以海洋经济为主导的特色产业体系，重点发展信息技术、高端装备制造、新材料、科技服务业，培植增量、推动新旧动能转换，支撑威海产业发展进一步实现高端发展、集聚发展、特色发展。揭牌现场，8家企业签约入驻。

（滕琦诺）

协同创新基金

【概况】自2015年起，集团与区域地方政府协同合作，开展股权投资、资产管理、投资顾问等业务，通过母基金管理、子基金管理、项目投资、产业组织等工作，完善和优化合作区域科技金融环境和产业结构。2021年，北京中关村协同创新基金管理有限公司募集资金20.46亿元，新增青田、泰兴、常熟、南阳4支产业组织基金。中关村协同创新基金新设1支溧阳子基金［常州中关村协同创业投资中心（有限合伙）］；廊坊蓝天基金新设廊坊市予牧股权投资基金合伙企业（有限合伙）。截至2021年底，北京中关村协同创新基金管理有限公司在管基金13支，基金规模约60亿元，其中母基金3支，直投基金10支。中关村协同创新基金累计下设子基金14支（区域子基金覆盖北京、保定、南宁、衢州、乌兰察布、新泰、南阳、宝坻、徐州、静海、金坛、德州、秦皇岛、溧阳），总计投资项目166个；廊坊蓝天基金规模6.91亿元，下设7支子基金。北京深赛知识产权投资基金规模1亿元。

表22　2021年协同创新母基金一览表

序号	母基金名称	基金管理公司	基金设立时间
1	北京中关村协同创新投资基金（有限合伙）	北京中关村协同创新投资基金管理有限公司	2016.03.09
2	廊坊市蓝天事业发展股权投资基金合伙企业（有限合伙）	北京中关村协同创新投资基金管理有限公司	2020.04.27
3	北京深赛知识产权投资基金（有限合伙）	北京中关村协同创新投资基金管理有限公司	2020.12.02

表23　2021年协同创新母基金投资子基金一览表

序号	子基金名称	基金管理公司	基金设立时间
北京中关村协同创新投资基金（有限合伙）			
1	衢州中关村复朴协同创业投资基金（有限合伙）	广州复朴道和投资管理有限公司	2017.06.21
2	泰安市茂榕清泽股权投资基金合伙企业（有限合伙）	珠海茂榕清和投资基金管理有限公司	2017.11.23
3	保定基石连盈创业投资基金中心（有限合伙）	北京基石创业投资管理中心（有限合伙）	2017.11.27
4	北京协同科创创业投资管理中心（有限合伙）	北京中关村协同创新投资基金管理有限公司	2018.02.24
5	南宁水木愿景创业投资中心（有限合伙）	北京水木国鼎投资管理有限公司	2018.03.16
6	南阳中关村协同创新创业资产管理中心（有限合伙）	南阳中关村协同创业投资基金管理有限公司	2018.05.03
7	乌兰察布市高榕三期投资合伙企业（有限合伙）	西藏高榕资本管理有限公司	2018.07.06
8	天津中关村磐谷图灵股权投资基金合伙企业（有限合伙）	北京磐谷创业投资有限责任公司	2019.02.28
9	天津合勤科技智能制造产业创新投资合伙企业(有限合伙)	北京合勤资本管理有限公司	2019.03.07
10	徐州云荷投资合伙企业（有限合伙）	北京云和方圆投资管理有限公司	2019.03.13
11	江苏中关村中诺协同投资基金合伙企业（有限合伙）	北京中诺同创投资基金管理有限公司	2019.11.11
12	德州两仪幂方康健创业投资合伙企业（有限合伙）	幂方资本管理（北京）有限公司	2019.12.27
13	北京中关村生命科学园产业发展基金（有限合伙）	北京中关村协同创新投资基金管理有限公司	2020.12.22
14	常州中关村协同创业投资中心（有限合伙）	北京中关村协同创新投资基金管理有限公司	2021.06.28

（续表）

序号	子基金名称	基金管理公司	基金设立时间
廊坊市蓝天事业发展股权投资基金合伙企业（有限合伙）			
1	廊坊安鹏股权投资基金合伙企业（有限合伙）	深圳市安鹏股权投资基金管理有限公司	2020.08.11
2	廊坊市岩睿翔股权投资基金合伙企业（有限合伙）	北京黑岩资本管理有限公司	2020.09.18
3	廊坊市复朴奥飞协同股权投资基金合伙企业（有限合伙）	北京复朴道和投资管理有限公司	2020.12.02
4	廊坊市同清延发股权投资基金合伙企业（有限合伙）	延安振兴发展产业投资基金管理有限公司	2020.12.18
5	廊坊市中宏蓝图股权投资基金合伙企业（有限合伙）	北京中关村协同创新投资基金管理有限公司	2020.12.28
6	廊坊市邦新信股权投资基金合伙企业（有限合伙）	中成国邦投资基金管理（北京）有限公司	2020.12.28
7	廊坊市孑牧股权投资基金合伙企业（有限合伙）	中成国邦投资基金管理（北京）有限公司	2021.06.28

（叶梅、韩娜）

【南阳光电基金设立】1月5日，南阳光电产业发展基金合伙企业（有限合伙）（简称南阳光电基金）设立，4月20日在中国证券投资基金业协会完成备案，由北京中关村协同创新投资基金管理有限公司管理。基金服务北京高科技企业的融资需求和发展空间，促进京宛两地光电产业链发展的优势互补，为南阳和中关村创新产品和服务拓展应用场景。基金规模1.5亿元。2021年新增投资耐佳德3家企业，投资金额3000万元。

（叶梅、韩娜）

【寄云科技完成近亿元C轮融资】1月9日，中关村协同创新基金保定基石子基金投资企业北京寄云科技有限公司完成近亿元C轮融资。投资方为中电科核心技术研发股权投资基金。融资用于进一步推进工业数据的集成、处理、管理、分析和优化能力的提升，以及在能源、石化、电子、半导体、轨交、汽车等高端制造领域开发包括设备预测性维护、工艺质量管控、生产智能调度、智能经营决策等基于数据的智能化应用，帮助高端制造行业客户实现数字化转型。

（叶梅、韩娜）

【心擎医疗完成超亿元B轮融资】1月11日，中关村协同创新基金德州幂方子基金投资企业苏州心擎医疗技术有限公司完成超亿元B轮融资。本轮融资由北极光创投领投，苏高新创投跟投，老股东国仟创投、安吉云朔、泰煜投资继续支持。融资主要用于现有多个产品线的研发、临床试验及生产扩张投入。

（心擎医疗产品）

（叶梅、韩娜）

【本源量子完成数亿元A轮融资】1月14日，中关村协同创新基金天津中关村磐谷图灵子基金投资企业合肥本源量子计算科技有限责任公司宣布完成数亿元A轮融资。本轮投资方主要为政府基金、中国互联网投资基金领投，国新基金、中金祺智、成都

（本源量子外景）

产投、建银国际、中科育成、中天汇富以及天使轮股东磐谷图灵跟投。融资直接用于研发国产自主可控的实用化量子计算机，攻关量子芯片、量子测控等核心技术，以及培养建设人才队伍。

（叶梅、韩娜）

【首款国产量子计算机操作系统发布】 2月8日，中关村协同创新基金天津磐谷子基金投资企业合肥本源量子计算科技有限责任公司自主研发的中国首款量子计算机操作系统“本源司南”发布。该系统实现量子资源系统化管理、量子计算任务并行化执行、量子芯片自动化校准等全新功能。

（叶梅、韩娜）

【2家投资企业入选中关村前沿技术企业】 2月9日，中关村管委会公示20家第二批次中关村前沿技术企业资金支持名单，中关村协同创新基金乌兰察布高榕子基金投资企业华控清交信息科技（北京）有限公司和南宁水木子基金投资企业北京图湃影像科技有限公司入选。

（叶梅、韩娜）

【亿华通参与完成北京冬奥会彩排交通测试】 2月16—26日，“相约北京”冬季体育系列测试赛举办。作为2022年北京冬奥会的一次重要彩排，分别在北京、延庆、张家口三大赛区开展，测试范围包括竞赛场地、器材、设施、能源和交通等，旨在发现问题、积累经验。其中，交通测试部分共投入氢燃料电池客车80辆，均搭载中关村协同创新基金南宁水木子基金投资企业北京亿华通科技股份有限公司研制的氢燃料电池发动机系统。亿华通承担了科技部“科技冬奥”重点专项中“氢能出行”关键技术研发和应用示范项目以及面向寒区环境的燃料电池汽车示范运行整车技术适应性评价研究的课题。针对冬奥会赛时高寒的车辆运行环境特征及赛会服务16%的山地行车等运输场景，亿华通联合整车企业推动燃料电池汽车在严寒、陡坡行驶等特殊环境下的车辆适应性及车辆综合热管理技术，集成开发氢燃料整车产品，以满足冬奥场景需求。12月22日，协助完成张家口冬奥村及冬奥场馆的全要素测试，范围涉及交通场站、餐饮保障、开闭幕式演练等诸多环节。其中，交通测试环节由搭载中关村协同创新基金南宁水木子基金投资企业北京亿华通科技股份有限公司燃料电池发动机的氢能大巴承担。

（亿华通氢能源车）

（叶梅、韩娜）

【中关村协同创新基金投资人上榜2021中国最具潜力女性母基金投资人TOP 20】 3月7日，在2021中国母基金开年大会上，中关村协同创新基金副总经理叶梅凭借在母基金管理及投资助力科技产业发展方面的贡献和取得的成绩上榜2021中国最具潜力女性母基金投资人TOP 20。

（叶梅、韩娜）

【中科空天飞行科技产业化基地动工】 3月8日，中关村协同创新基金天津合勤子基金投资企业北京中科宇航探索技术有限公司作为项目方的中科空天飞行科技产业化基地在广州南沙动工，建设集研制、生产、实验、总装及测试于一体的固体火箭生产基地，可实现年产30发火箭产品。该项目建成投产后将推动南沙区集聚空天飞行器研制、总装总测、宇航动力、卫星研制等高端装备制造资源，能够牵引测控运维、发射服务、关键部件等上下游企业构建全产业链集群。

（中科空天南沙航天产业化基地）

（叶梅、韩娜）

【圣贝拉完成近 2 亿元 C1 轮融资】 3 月 29 日，中关村协同创新基金乌兰察布高榕子基金投资企业圣贝拉及其母公司北京贝康国际母婴护理有限公司宣布完成近 2 亿元 C1 轮融资。本轮融资由腾讯领投，高榕资本持续跟投，是母婴护理服务行业最大规模的单笔融资。融资主要用于深耕数智化后台服务系统研发、客户服务体验升级、高端人才引进及持续性扩大市场份额，同时携手权威机构推动月子服务行业标准的建立。

（叶梅、韩娜）

【连心医疗获“白求恩杯”医疗器械创新创业大赛二等奖】 3 月 31 日，在中国（浙江）卫生健康科技成果转化交流会暨“白求恩杯”医疗器械创新创业大赛决赛上，中关村协同创新基金天津磐谷子基金投资企业北京连心医疗科技有限公司凭借多年的技术积累及在浙江地区的转化能力获本次大赛创新产品组二等奖。

（叶梅、韩娜）

【行易道获近亿元 C 轮融资】 4 月 1 日，中关村协同创新基金天津磐谷子基金投资企业北京行易道科技有限公司获近亿元 C 轮融资。本轮融资由健鼎（无锡）电子有限公司和江苏悦达金泰基金管理有限公司旗下大数据产业基金领投。融资用于车载毫米波雷达前装项目大规模量产产线建设和产品创新研发投入，专注于提升智能汽车环境感知能力，支持和促进汽车自动驾驶技术进阶和商业化落地。

（叶梅、韩娜）

【本源量子化学软件 ChemiQ 国际版发布】 4 月 6 日，中关村协同创新基金天津磐谷子基金投资企业合肥本源量子计算科技有限责任公司发布量子计算化学软件 ChemiQ 国际版，面向全球生物医药、化学工业以及新材料等行业用户提供量子计算化学的中国解决方案。ChemiQ 国际版支持中英双语模式，全面优化了用户界面，新增多项功能，为用户带来更加便利高效的使用体验。

（叶梅、韩娜）

【亿华通新一代自主氢燃料电池发动机首发】 4 月 8 日，在中关村氢能与燃料电池技术创新产业联盟成立大会上，中关村协同创新基金南宁水木子基金投资企业北京亿华通科技股份有限公司在会上首次发布 120kW、80kW 两款大功率自主氢燃料电池发动机全新系列产品 G120 和 G80Pro。系列产品采用具有完全自主知识产权的国产电堆，零部件全部国产化。其中，G120 质量功率密度突破 700W/kg，实现 −35℃低温启动、−40℃低温储存，可广泛适用于城际客车、重卡、环卫车、渣土车等车型，具有高可靠、长耐久、大功率、低噪声、快响应、高集成、高效率、高耐受等优点。

（叶梅、韩娜）

【图湃影像推出“子午”扫频光学生物测量仪】 4 月 14 日，中关村协同创新基金南宁水木子基金投资企业北京图湃影像科技有限公司推出自主研发的“子午”扫频光学生物测量仪。该测量仪单张 B–Scan

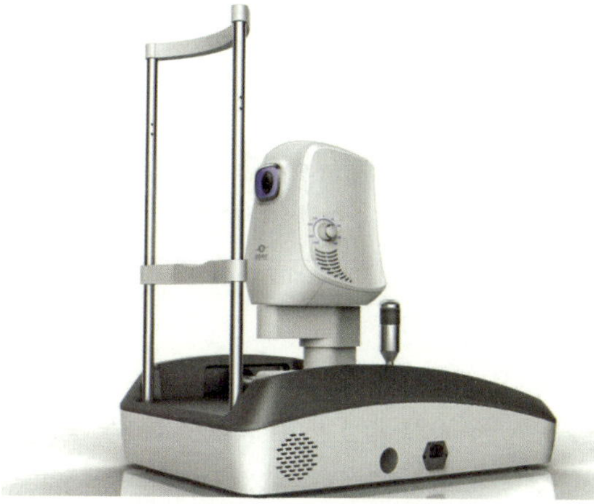

（图湃影像“子午”扫频光学生物测量仪）

成像深度达到 45 毫米以上，在 0.1 秒内即可获得从前节到后节的全景眼轴影像，并可以实现眼底中心凹可视化成像，适合于高度近视长眼轴的人群。

（叶梅、韩娜）

【2 家企业入选未来医疗 100 强】 4 月 16—18 日，在由动脉网主办的第五届未来医疗 100 强大会上，未来医疗 100 强榜单发布，协同科创基金投资企业成都齐碳科技有限公司、北京旌准医疗科技有限公司入选 2020—2021 未来医疗 100 强之中国创新医疗器械榜 TOP 100。

（叶梅、韩娜）

【朗视四合一智能口腔 CBCT 获德国 iF 设计奖】 4 月 23 日，德国汉诺威工业设计论坛（iF Industrie Forum Design）公布 2021 年度获奖作品名单，中关村协同创新基金南宁水木子基金投资企业北京朗视仪器有限公司研发的 Smart3D-X 四合一智能口腔 CBCT 入选。

（叶梅、韩娜）

【中关村协同创新基金 2 位投资人上榜 2021 中国优秀青年投资人】 5 月 4 日，母基金研究中心评选出 2021 40U40（40 位 40 岁以下）中国优秀青年投资人榜单。中关村协同创新基金基金管理部总监刘勇上榜 40U40 最佳直投基金青年投资人，中关村协同创新基金投资总监闫晋飞上榜 40U40 最具潜力直投基金青年投资人。

（叶梅、韩娜）

【长扬科技入选 2021 年工业互联网先锋榜 TOP 100】 5 月 17 日，《工业互联网世界》评审组推出 2021 年工业互联网先锋榜 TOP 100 榜单，中关村协同创新基金保定基石子基金投资企业长扬科技（北京）有限公司凭借技术创新实力（30%）、助力数字化转型的应用能力（40%）和可持续发展能力（30%）3 个一级指标，10 个二级指标的突出表现上榜。

（叶梅、韩娜）

【华控清交首批通过多方安全计算金融应用权威检测】 5 月 19 日，中关村协同创新基金乌兰察布高榕子基金投资企业华控清交信息科技（北京）有限公司多方计算平台首批完成国家金融科技测评中心（银行卡检测中心）多方安全计算金融应用检测。

（叶梅、韩娜）

【必示科技获北京市“专精特新”中小企业称号】 6 月 2 日，市经济和信息化局发布关于北京市 2021 年度第一批“专精特新”中小企业的公告，中关村协同创新基金乌兰察布高榕子基金投资企业北京必示科技有限公司入选。

（叶梅、韩娜）

【中关村协同创新基金投资齐碳科技】 6 月 8 日，成都齐碳科技有限公司宣布完成超 4 亿元 B 轮融资，由高瓴创投、鼎晖 VGC（创新与成长基金）联合领投，博远资本、华盖资本及阳光融汇资本跟投，老股东高榕资本、中关村协同创新基金、银杏谷资本及雅惠投资持续加码。融资主要用于进一步加大研发投入，加速产业化进程。

（叶梅、韩娜）

【常熟汉天下专项基金设立】 6 月 8 日，常熟中关村协同汉天下投资基金合伙企业（有限合伙）（简称常熟汉天下专项基金）设立，7 月 20 日在中国证券投资基金业协会完成备案，由北京中关村协同创新投资基金管理有限公司管理。基金聚集于射频滤波器及射频芯片和器件的生产研发领域，专项投资于苏州汉天下电子有限公司及其在常熟设立的苏州臻芯微电子有限公司。基金规模 3.085 亿元。2021 年，常熟汉天下专项基金已完成投资。

（叶梅、韩娜）

【中关村协同创新基金与中关村工业互联网产业园签约】 6 月 15 日，中关村协同创新基金与中关村石景山园管委会、中关村软件园签署战略合作协议，利用中关村协同创新基金在人才、技术、项目、资本方面的优势，协同推进中关村工业互联网产业园在战略性新兴产业、科技创新、人才交流等方面高端资源的融合发展，发挥科技创新对重点领域率先突破的支撑作用。同时，各方将共同探索科技金融合作模式，推动集团科技金融服务体系服务中关村工业互联网产业园等石景山园企业发展和设立产业基金，进行相关项目合作，促进新技术、新产业、新业态发展，推进创新资源和发展要素跨区域流动和优化配置，形成多方参与、共建共赢的创新格局，推动区域经济健康可持续发展。

（叶梅、韩娜）

【常州中关村协同创业投资中心（有限合伙）设立】 6月28日，常州中关村协同创业投资中心（有限合伙）（简称常州基金）设立。12月29日，基金在中国证券投资基金业协会完成备案。基金由北京中关村协同创新投资基金管理有限公司担任基金管理人，北京东方雍和文化创意投资有限公司、北京科创同行科技中心（有限合伙）为普通合伙人，北京IP、北京中关村协同创新投资基金管理有限公司、天津和悦谷雨股权投资基金合伙企业（有限合伙）、威海市中城公有资产经营有限公司、威海市环翠区国有资本运营有限公司、安吉几何级数管理咨询合伙企业（有限合伙）、连云港金海创业投资有限公司为有限合伙人。基金规模0.8450亿元，专注早中期企业，重点投资高端制造、生命科学等战略性新兴产业。2021年，实现项目投资1个、立项和尽调4个，推动北京清辉联诺生物科技有限责任公司、北京中科海芯科技有限公司等企业的专利尽快转化为产业成果。

（叶梅、范芮芮）

【齐碳科技入选潜在独角兽企业榜单】 6月29日，在2021中国潜在独角兽企业报告发布会暨苏州合作交流会上，长城战略咨询（GEI）发布《2021中国潜在独角兽企业研究报告》，协同科创基金投资企业成都齐碳科技有限公司入选2020年中国潜在独角兽企业，是榜单内医疗赛道唯一一家基因行业上游企业。

（叶梅、韩娜）

【德州幂方子基金投资赞荣医药】 7月28日，中关村协同创新基金德州幂方子基金投资企业上海赞荣医药科技有限公司宣布完成4000万美元的B轮融资。本轮融资由Orbi Med（奥博资本）领投，原有股东德州幂方子基金等持续跟投。融资用于持续自主开发项目的临床研究、临床前研究和人才引进。

（叶梅、韩娜）

【欧谱曼迪获产品科技创新奖】 7月29日，在第十届中国财经峰会暨2021可持续商业大会上，中关村协同创新基金泰安茂榕子基金投资企业广东欧谱曼迪科技有限公司凭借全球领先的4K超高清和实时荧光融合技术、欧谱曼迪4K极清荧光导航内镜系统获2021产品科技创新奖。

（叶梅、韩娜）

【长扬科技完成1亿元E2轮融资】 7月，中关村协同创新基金保定基石子基金投资企业长扬科技（北京）有限公司完成1亿元E2轮融资。本轮融资由青岛国投、中航基金、国新南方、联创永宣、国君资本联合投资。融资用于加大企业在核心技术研发、专业人才储备及培养的投入力度，加速重点产业布局，致力打造可信、可控、可靠的工业互联网安全保障能力。

（叶梅、韩娜）

【志道生物完成超亿元 B+ 轮融资】 8 月 4 日，中关村协同创新基金德州幂方子基金投资企业北京志道生物科技有限公司完成超亿元 B+ 轮融资。本轮融资由中信建投资本独家投资。融资用于多个已取得阶段性成果的多肽、抗肿瘤细胞因子管线的研发。

（叶梅、韩娜）

【超目科技完成 5220 万元 A 轮融资】 8 月 6 日，中关村协同创新基金南宁水木子基金投资企业超目科技（北京）有限公司完成 5220 万元 A 轮融资。本轮融资由水木创投、北大科技成果转化基金、仓廪投资、东升科技园瑞昇投资和中汇健康产业有限公司等共同投资。融资用于公司夯实研发基础、拓展产品管线、进一步做精做细生产体系，为产品进入临床试验做准备。

（叶梅、韩娜）

【天津磐谷子基金投资安立玺荣】 8 月 16 日，安立玺荣（上海）生物医药科技有限公司宣布完成近 2 亿元 A+ 轮融资。本轮融资由中关村协同创新基金天津磐谷子基金和台杉投资领投，中华开发资本、大和证券集团的 DCI Partners、兆丰国际商业银行、富邦金控及宏泰电工等多家投资机构跟投。融资用于加快公司开发多个包括治疗癌症、神经退化性疾病、慢性乙肝及自体免疫疾病在内的创新型免疫治疗药物。

（叶梅、韩娜）

【德州幂方子基金投资珃诺生物】 8 月 18 日，中关村协同创新基金德州幂方子基金投资企业珃诺生物医药科技（杭州）有限公司宣布完成逾 4000 万美元 B 轮融资。本轮融资由龙磐投资和上海生物医药基金共同领投，双湖资本和中关村开元资本加入，幂方资本作为现有投资者继续加持。本轮融资完成后，珃诺生物已累计获得逾 5000 万美元的投资。

（叶梅、韩娜）

【爱思迈完成亿元 Pre-B 轮融资】 8 月 20 日，中关村协同创新基金德州幂方子基金投资企业广州爱思迈生物医药有限公司完成亿元 Pre-B 轮融资。本轮融资由达泰资本领投，广州黄埔生物医药产投、广州开发区基金和斐君永平资本跟投。融资主要用于 EX101/EX103 两个双抗分子的临床研究，同时加速推动后续管线的 IND 申报等。

（叶梅、韩娜）

【德州幂方子基金投资凌科药业】 8 月 27 日，中关村协同创新基金德州幂方子基金投资企业凌科药业（杭州）有限公司完成 5000 万美元 B 轮融资。本轮融资由礼来亚洲基金领投，联新资本、杭州和达生物医药产业基金跟投。幂方资本作为凌科药业天使轮投资机构持续加码，并连续 3 轮追投。融资主要用于推进凌科药业研发管线中多个项目临床 I、II 期试验，拓展国际业务合作和支持新项目的临床前开发。

（叶梅、韩娜）

【芯百特完成近 2 亿元 B 轮融资】 8 月 30 日，中关村协同创新基金衢州复朴子基金投资企业广西芯百特微电子有限公司完成近 2 亿元 B 轮融资。本轮融资由珠海横琴零壹资管、福建鼎保、南京鹰盟中芯启航领投，宁波大榭鹏创、海南玖睿捌号、平阳箴言智芯、老股东井冈山复朴新世纪等机构跟投。融资用于公司产品线实现量产。

（叶梅、韩娜）

【心擎医疗完成近 5 亿元 C 轮融资】 9 月 8 日，中关村协同创新基金德州幂方子基金投资企业苏州心擎医疗技术有限公司完成近 5 亿元 C 轮融资。本轮融资由红杉中国领投，鼎晖 VGC（鼎晖创新与成长基金）及千骥资本跟投。融资主要用于多个现有及新增产品线的研发、临床试验及生产扩张投入。

（叶梅、韩娜）

【礼邦医药完成 5450 万美元 B+ 轮融资】 9 月 14 日，中关村协同创新基金德州幂方子基金投资企业上海礼邦医药科技有限公司宣布完成 5450 万美元 B+ 轮融资。本轮融资由三正健康投资、正心谷资本、晨兴创投领投，元生创投、Octagon 资本、Verition 基金管理、HT 资本跟投。融资用于推进礼邦医药产品临床研究、生产基地建设、研发管线以及团队扩充。

（叶梅、韩娜）

【捷通华声入选 2021 中国新科技 100 强】 9 月 16 日，

《互联网周刊》、eNet 研究院、德本咨询联合发布 2021 中国新科技 100 强，中关村协同创新基金南宁水木子基金投资企业北京捷通华声科技股份有限公司上榜。2021 中国新科技 100 强榜单在硬科技、高端制造、数字产业等近 20 个行业中综合评选出 100 家实现可持续增长的科技型、创新型企业。

（叶梅、韩娜）

【必示科技入选中国 FinTech50 榜单】 9 月 17 日，2021 IDC 中国 FinTech50 榜单揭晓，中关村协同创新基金乌兰察布高榕子基金投资企业北京必示科技有限公司作为国内智能运维领域领军企业入选榜单。

（叶梅、韩娜）

【移芯通信入选十大新锐创业企业】 9 月 24 日，2021 5G 生态最值得关注的十大新锐创业企业榜单公布，中关村协同创新基金衢州复朴子基金投资企业上海移芯通信科技有限公司入选榜单。榜单由 10 位来自高通创投、腾讯投资、红杉中国、北极光创投、小米产投、联想创投等顶级投资人组成的投资人评审团，通过技术优势、发展前景、商业商誉以及 5G 相关性等多个维度进行评估选出获奖项目。

（叶梅、韩娜）

【亿华通参与项目获北京市科学技术进步奖一等奖】 9 月 25 日，2021 中关村论坛全体会议宣读《北京市人民政府关于 2020 年度北京市科学技术奖励的决定》，中关村协同创新基金南宁水木子基金投资企业北京亿华通科技股份有限公司与清华大学、北汽福田汽车股份有限公司联合完成的“高性能商用车燃料电池系统关键技术及产业化”项目获北京市科学技术进步奖一等奖。

（叶梅、韩娜）

【清影华康入围国际创业大赛决赛十强】 9 月 25 日，香港科大商学院—国科京东方 2021 “人工智能”百万奖金国际创业大赛决赛在北京举行，中关村协同创新基金南宁水木子基金投资企业北京清影华康科技有限公司进入大赛决赛十强。香港科大商学院—国科京东方 2021 “人工智能”百万奖金国际创业大赛延续人工智能主题，由香港科大商学院内地办事处承办、香港科大 EMBA 校友所在企业国科京东方百万冠名。大赛特设的投委团 2021 年扩大规模，共吸引 20 位来自香港科大商学院的校友组成“百万奖金投委团”，2021 年奖金池也升级为 200 万元。

（叶梅、韩娜）

【华海清科首台超精密晶圆减薄机出货】 9 月 27 日，中关村协同创新基金南宁水木子基金投资企业华海清科股份有限公司推出具有自主知识产权的 12 英寸超精密晶圆减薄机 Versatile-GP300 发往某客户大生产线。这款设备能满足 3D IC 制造、先进封装等制程的超精密晶圆减薄工艺需求，可提供超精密

磨削、抛光、后清洗等多种功能配置，具有高刚性、高精度、工艺开发灵活等优势，主要技术指标达到国际先进水平。

（叶梅、韩娜）

【移芯通信获物联网行业最具成长力企业奖】 9 月 29 日，在 2021（第六届）物联网产业大会暨维科杯·物联网行业年度评选颁奖典礼上，中关村协同创新基金衢州复朴子基金投资企业上海移芯通信科技有限公司获维科杯·OFweek 2021 物联网行业最具成长力企业奖。该奖项旨在表彰物联网行业具有突出贡献的优秀产品、技术、应用案例及企业，从成长力、行业新锐人物、创新技术产品、开发平台、成功应用案例、投资价值及杰出标杆等 7 个维度开展评选。

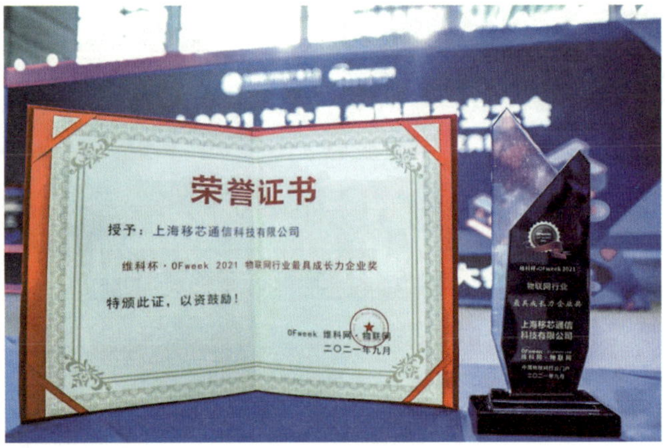

（叶梅、韩娜）

【德州幂方子基金投资熠品科技】 10 月 8 日，熠品（贵阳）质量科技有限公司宣布完成 C 轮数千万元融资。本轮融资由中关村协同创新基金德州幂方子基金领投，老股东东方富海、贵阳市创投追加投资。融资用于熠品医疗器械临床前研究实验室的扩建，以及 CRO 团队的扩大。经过本轮融资与建设后，熠品将基本建成包括电子医疗器械、骨科、植介入、生物医用材料、无菌耗材、IVD、软件等全品类的临床前研究实验室。

（叶梅、韩娜）

【赛诺膜获中国膜行业专利金奖】 10 月 17 日，在 2021 中国膜产业发展峰会暨第四届膜产业“马踏湖”高峰论坛上举行 2021 年度中国膜行业专利奖颁奖典礼，中关村协同创新基金徐州云荷子基金投资企业北京赛诺膜技术有限公司的专利——一种柱式中空纤维膜组件获中国膜行业专利金奖。

（叶梅、韩娜）

【2 个投资企业产品入选北京市首台（套）重大技术装备目录】 10 月 22 日，在 2021 年首台（套）重大技术装备授牌暨项目路演活动上，60 项装备被纳入《北京市首台（套）重大技术装备目录（2021 年）》的技术及装备获颁证书。其中，由清华大学和中关村协同创新基金南宁水木子基金投资的北京品驰医疗设备有限公司共同研制生产的“植入式骶神经刺激器”作为首批“瞄准高精尖、紧扣大战略、强化新应用”的产品入选，中关村协同创新基金南宁水木子基金投资企业北京亿华通科技股份有限公司研发的“自主燃料电池发动机”入选。

（叶梅、韩娜）

【德州幂方子基金投资微米生物】 10 月，中关村协同创新基金德州幂方子基金投资企业广州市微米生物科技有限公司完成超亿元 B 轮融资。本轮融资由中金启德基金领投，幂方资本、创钰投资及佳鸿医疗跟投。融资用于微米生物新产品的开发及体外诊断技术的发展。

（叶梅、韩娜）

【华控清交完成 5 亿元 B 轮融资】 10 月，中关村协同创新基金乌兰察布高榕子基金投资企业华控清交信息科技（北京）有限公司宣布完成 5 亿元 B 轮融资。老股东联想创投继续投资增持，北京中关村科学城新动能投资合伙企业（有限合伙）、OPPO 集团、深圳迅策科技有限公司、中国国际金融有限公司、浦发银行旗下浦信资本、华兴资本、朗玛峰资本、同创伟业共同投资。融资用于布局数据要素流通基础设施建设。

（叶梅、韩娜）

【捷通华声上榜中国信创产业独角兽 100 强】 10 月，德本咨询、eNet 研究院、《互联网周刊》、投研电讯联合发布 2021 中国信创产业独角兽 100 强，中关村协同创新基金南宁水木子基金投资企业北京捷通华声语音技术有限公司凭借对信息技术应用创新的坚持，将拥有自主知识产权的先进人工智能技术与产品融入信创产业而上榜。

（叶梅、韩娜）

【华控清交获北京市“专精特新”中小企业称号】 11 月 1 日，市经济和信息化局发布《北京市 2021 年度第六批拟认定“专精特新”中小企业名单》，中关村协同创新基金乌兰察布高榕子基金投资的华控清交信息科技（北京）有限公司入选。

（叶梅、韩娜）

【青田基金设立】 11 月 5 日，青田中关村协同创富股权投资合伙企业（有限合伙）（简称青田基金）注册设立，12 月 24 日，在中国证券投资基金业协会完成备案，由北京中关村协同创新投资基金管理有限公司管理。基金由北京中关村协同创新投资基金管理有限公司及青田经济开发区投资发展有限公司共同发起设立，服务“长三角一体化”国家战略，在全国遴选优质项目，围绕青田产业规划与产业禀赋，投资大信息、大健康、大环保、大智造四大领域的高精尖产业项目，基金规模 10.01 亿元。

（叶梅、韩娜）

【本源量子获 2021 年度合肥高新区独角兽企业称号】 11 月 11 日，在合肥高新区 2021 年度高成长企业发布会上，中关村协同创新基金天津磐谷子基金投资企业合肥本源量子计算科技有限责任公司获 2021 年度合肥高新区独角兽企业称号。

（叶梅、韩娜）

【寄云科技入围工业互联网创新 TOP 50】 11 月 12 日，《互联网周刊》、eNet 研究院、德本咨询共同发布 2021 工业互联网创新 TOP 50 榜单，中关村协同创新基金保定基石子基金投资企业北京寄云科技有限公司上榜。

（叶梅、韩娜）

【水木通达完成 5040 万元 B 轮融资】 11 月 12 日，中关村协同创新基金南宁水木子基金投资企业北京水木通达运输有限公司宣布完成 5040 万元 B 轮融资。本轮融资由北汽产业投资基金深圳安鹏创投基金企业（有限合伙）、现代汽车株式会社共同参与。资金主要用于购置新能源车辆、扩充业务、拓展运营团队规模、补充流动资金等。

（水木通达氢燃料电池客车）

（叶梅、韩娜）

【3 支直投基金共同投资清辉联诺】 11 月 22 日，北京清辉联诺生物科技有限责任公司宣布完成 1 亿元 Pre-A 轮融资。本轮融资由生命科学园产业发展基金、常州中关村子基金、南阳中关村子基金以及龙磐投资、弘晖资本共同出资。融资用于公司异体细胞药物产品的临床试验推进、新靶点创新药物的临床前研究，以及公司研发中心建设等。

（叶梅、韩娜）

【微岩医学完成亿元 A+ 轮融资】 11 月 29 日，中关村协同创新基金德州幂方子基金投资企业微岩医学科技（北京）有限公司完成亿元 A+ 轮融资。本轮融资由上海联和投资独家领投，海南微彬、上海润达医疗、杭州拱墅产业投资基金有限公司和海南微莉跟投。本轮融资后，微岩医学将加快中国“病原微生物天网实验室”的建设，以及医疗器械产品的注册报证进程，进一步推进感染精准诊断新产品开发等战略的落地。

（叶梅、韩娜）

【天仪双星发射成功】 12 月 7 日，中关村协同创新基金天津合勤子基金投资企业长沙天仪空间科技研究院有限公司研制的宝酝号卫星和丽泽一号卫星搭载谷神星一号遥二运载火箭在酒泉卫星发射中心成功发射升空。宝酝号卫星为一颗 20kg 级空间科学实验卫星，主要搭载了卫星智能服务与计算平台载荷和 GNSS 掩星探测载荷。

（长沙天仪空间科技天仪双星）

（叶梅、韩娜）

【礼邦医药扬州研发生产基地奠基】 12 月 7 日，中关村协同创新基金德州幂方子基金投资企业上海礼邦医药科技有限公司扬州肾脏疾病领域新药研发生产基地项目奠基。基地位于扬州高新区生物健康产业园内，一期项目投资约 10 亿元，一次性征地约 7.1 万平方米，建筑面积 7.4 万平方米，用于生产高磷血症药品 AP—301 和 AP—306。

（叶梅、韩娜）

【长扬科技等入选 2021 创业邦 100 未来独角兽榜单】 12 月 16—17 日，在创业邦 100 未来独角兽峰会暨 2021 创业邦年会上颁发“创业邦年度创业者”“创业邦年度投资人”“2021 创业邦 100 未来独角兽”榜单。中关村协同创新基金保定基石子基金投资的长扬科技（北京）有限公司凭借在创新实践、融资能力、成长速度、管理团队和发展前景等五大维度中的优秀表现入选榜单。协同基金系投资企业微岩医学科技（北京）有限公司、苏州心擎医疗技术有限公司也同期入榜。

（叶梅、韩娜）

【求臻医学完成数亿元 C1 轮融资】 12 月 20 日，中关村协同创新基金德州幂方子基金投资企业求臻医学科技（北京）有限公司完成数亿元 C1 轮融资。本轮融资由沂景资本领投，高新康养、京铭资本跟投。融资主要用于求臻医学进一步推动肺癌、消化道肿瘤伴随诊断产品临床注册，肿瘤早筛产品及 MRD（微小残留病灶）产业化落地；同时，持续推进基于中国人群的肿瘤样本库、临床数据库的建设，为肿瘤新药开发提供临床支持。

（叶梅、韩娜）

【欧谱曼迪入选 2021 最具投资价值公司百强榜】 12 月 23 日，由中国董事局、亚布力智库共同主办的 2021 年第七届中国最具投资价值公司百强榜发布，中关村协同创新基金泰安茂榕子基金投资企业广东欧谱曼迪科技有限公司入选。

（叶梅、韩娜）

【汉天下获 2021 年度最佳射频芯片奖】 12 月 28 日，在第三届硬核中国芯领袖峰会暨 2021 汽车芯片技术创新与应用论坛上，2021 年度硬核中国芯获奖榜单揭晓。协同科创基金投资企业苏州汉天下电子有限公司及其产品获 2021 年度最佳射频芯片奖。

（叶梅、韩娜）

【中关村协同创新基金推出“协同创新·汇”活动】 2021年，北京中关村协同创新投资基金管理有限公司累计为协同母基金合作区域提供服务及项目推荐140余次。其中，面向协同母基金15家地方政府LP推出“协同创新·汇”项目推介活动，每季度1期，共推荐项目24个。

（叶梅、韩娜）

【中关村协同创新基金管理规模增至60亿元】 2021年，北京中关村协同创新基金管理有限公司募资金额达20.46亿元，其中，青田基金10.01亿元、泰兴中关村协同创新基金5.02亿元、常熟汉天下专项基金3.085亿元、南阳光电基金1.5亿元、常州中关村协同创业投资中心（有限合伙）0.8450亿元。基金管理规模从初设立的20亿元增至60亿元。

（叶梅、韩娜）

【泰兴基金新增投资2家企业】 2021年，泰兴中关村协同创新投资基金（有限合伙）投资天津宝兴威科技股份有限公司、中科同帜半导体（江苏）有限公司，投资金额1.02亿元。

（叶梅、韩娜）

国际创新网络

中关村发展集团年鉴

YEARBOOK OF ZHONGGUANCUN DEVELOPMENT GROUP

2022

综　述

2021 年，集团积极稳妥推进海外布局，强化海外平台投融资功能，与全球科技创新前沿地区开展合作，建设国际创新网络枢纽，共同致力于为培育经济增长新动能、构建人类命运共同体提供科技支撑和智力支持。

高标准、高质量承办 2021 中关村论坛。论坛升级成为面向全球科技创新交流合作的“国家级平台”，“金字招牌”被进一步擦亮。按照论坛规格提升后的更高要求，积极参与总体方案策划，丰富科技办会应用场景，通过全媒体传播提升论坛品牌影响力，举办常态化论坛活动 20 余场，全面保障国事活动成功举办。

推进海外创新中心转型优化。中关村硅谷创新中心成立北美医疗大健康加速器，中关村德国创新中心和中关村以色列创新中心均获评“中关村海外孵化器”。

持续完善海外基金系。推进设立白石桥美元母基金；已投基金中关村盛景母基金、丹华Ⅱ期基金、Fuel Ventures 3 基金、Fuel Ventures 4 基金表现优异；投资参与设立之路全球美元投资基金、龙磐美元一期基金，全部完成出资协议签署。

（李玺靓、赵静）

海外创新平台

【概况】2021年，集团推进海外创新中心业务转型与优化布局并行推进，推动中关村伦敦、赫尔辛基、东京创新中心建设。截至2021年底，共设立中关村硅谷创新中心、中关村德国创新中心、中关村波士顿创新中心、中关村以色列创新中心暨Innonation Powerhouse等4个海外创新中心。

（刘伟）

表24　2021年中关村发展集团海外创新中心一览表

单位：平方米

名称	运营时间	地址	运营面积
中关村硅谷创新中心	2016.05	位于美国硅谷核心区圣克拉拉市，周边知名高校、企业、投资机构密布，区位优势明显	7000
中关村德国创新中心	2018.05	位于德国海德堡市	420
中关村波士顿创新中心	2018.09	位于美国波士顿地区剑桥市，紧邻哈佛大学、麻省理工学院等多家世界顶级高校、科研机构，以及大批高新科技企业、孵化器与投资机构	6100
中关村以色列创新中心暨Innonation Powerhouse	2019.07	位于以色列特拉维夫市，紧邻中国驻以色列大使馆新址	2500

（刘伟）

表25　2021年中关村发展集团运营管理海外联络处一览表

序号	联络处名称	运营主体
1	美国硅谷联络处	中关村（北美）控股公司
2	日本东京联络处	北京中关村国际孵化器有限公司日本分公司
3	美国华盛顿联络处	中美科技园管理公司（US–China Science Park Management, LLC）
4	加拿大多伦多联络处	北京中关村国际孵化器有限公司海外子公司（Zhongguancun Science Centre Inc.）
5	澳大利亚悉尼联络处	Beijing Zhongguancun overseas science park（Australia）Pty Ltd.
6	芬兰赫尔辛基联络处	Beijing Zhongguancun Software Park Development Ltd. sivuliike Suomessa
7	德国海德堡联络处	Beijing Zhongguancun Science Park International（Germany）GmbH
8	韩国联络处	Zhongguancun Overseas Science Park Korea Co., Ltd.

（孙兴）

【中关村国际推进中关村赫尔辛基创新中心建设】 8月，中关村国际会同中关村驻芬兰赫尔辛基联络处拟定北京—赫尔辛基联合创新中心初步方案。方案介绍了设立创新中心的目的和意义，规划了创新中心的人员结构、运营管理、预算及经费来源等具体事项，提出了创新中心未来的定位、业务布局及主要功能，并进一步明确了北京和赫尔辛基双方在中心建设中能提供的支持、服务、资金和活动，以及具体的合作方。年内，组织及主办北京—赫尔辛基联合创新中心工作交流会、中芬科技创新与发展高峰论坛、中芬（北欧）科技人才与产业技术合作对接会多场中芬创新交流活动。

（李玺靓、朱梓齐）

【中关村北美医疗大健康加速器成立】 2021年，中关村北美投资团队基于中关村硅谷创新中心前期项目孵化、加速的探索与实践，于硅谷设立首个专注于医疗大健康行业的创业加速器——中关村北美医疗大健康加速器（MedLabs Accelerator），配置近60位来自全美医疗健康领域的专业顾问、导师，为来自医疗技术、生物技术、医疗设备和医疗服务等医疗健康核心领域的优秀创业项目提供项目加速、专业咨询与资源对接等服务。年内，中关村北美开展首期加速器共6个受训项目的运行，通过“服务换股权”的形式，获得3家海外优质初创项目的部分股权，为拓展企业营收渠道、深化优质项目储备、助力中关村海外基金系建设提供了新的发展思路。

（尹向、唐葆兴）

【中关村北美加大对跨境人才团队和项目孵化力度】 2021年，中关村北美先后引进谭丰、雷明、尤洋3名海外人才；中关村硅谷创新中心、中关村波士顿创新中心通过空间入驻、合作孵化等形式新增孵化、加速海外初创项目76个，并向其他业务板块推荐高潜力创业项目70个；中关村北美参与运营、管理的基金体系完成对12个海外前沿项目的投资。

（尹向、冯诚智）

【6场中德科创资源对接相关线上活动举办】 2021年，中关村德国创新中心以引智、引才等科创资源导入为重点，挖掘、接洽潜在客户超过10家；举办中德科创资源对接相关线上活动6场，受众超过6000人次。推动TurboLINQ Co., Ltd.项目落地中关村软件园，并配合项目引进人才1名。

（李玺靓、荀菲）

【中关村论坛海外分会场活动举办】 2021年，中关村德国创新中心举办首个中关村论坛海外分会场活动，邀请来自汉堡市、SAP、卡尔斯鲁尔大学等5位专家从不同角度分享了未来城市发展相关话题，并与北京会场实现同步连线。

（李玺靓、荀菲）

【中关村国际推进中关村伦敦创新中心设立】 2021年，中关村伦敦创新中心项目获市发展改革委、市商务局支持。为营造对英合作的良好局面，中关村国际邀请英国48家集团俱乐部主席斯蒂芬·佩里、英国驻华贸易使节吴侨文、格拉斯哥大学亚当·斯密商学院院长约翰·芬奇、SFC CAPITAL基金创始人斯蒂芬·佩奇等出席2021中关村论坛并发表演讲；与英国驻华使馆、英国中华总商会等进行多次工作对接会，对接和储备英国创新项目资源，并与20余家科技企业及投资机构达成入驻中关村伦敦创新中心意向；协助全球知名英国芯片“独角兽”公司Graphcore落地中关村科学城。

（胡晗）

【中关村海外科技园参与中日创新合作示范区建设】 2021年，中关村海外科技园作为出资主体配合大兴区有关部门完成北京大兴国际商业服务有限公司的工商注册流程；配合完成中日创新合作示范区三年行动计划；策划依托集团在日本东京拟设立创新中心的契机，推进“双城双区”建设，打造“北京—东京”双中心创新服务体系，加速创新资源对接落地；引荐日本Devirus空间电器中国有限公司落地中日创新合作示范区，完成对中日创新示范区平台公司5000万元的认缴出资。

（孙兴）

海外基金

【概况】2021 年，集团海外基金体系建设初见成效，各基金平稳运行，投资收益良好。年内，新设龙磐美元一期基金。截至 2021 年底，集团共参设丹华基金Ⅰ期、丹华基金Ⅱ期、中关村盛景美元母基金、龙磐美元一期基金、KiloAngel 基金、Fuel Ventures 3 基金、Fuel Ventures 4 基金、之路全球美元投资基金等 8 支基金。

（胡晗）

【丹华Ⅰ期基金延期】11 月，丹华Ⅰ期基金结束“5+3”的“投资 + 退出期”，并申请基金延期 1 年至 2022 年底。该基金设立于 2013 年，期限为 5 年投资期，3 年退出期，2 年延长期（每次 1 年）。截至 2021 年底，丹华Ⅰ期基金累计投资 71 家公司，基金 IRR 约为 15%，年内分配 22 万美元。

（唐葆兴）

【龙磐美元一期基金设立】2021 年，中关村国际与中关村创投合作，投资参与设立龙磐美元一期基金。龙磐基金是一家生物医药专业投资机构，成立于 2010 年，在管的 4 支人民币基金均获得中关村创投的投资支持；本次首次设立美元基金，是国际与国内投资板块的有机联动。

（胡晗、贾丹妮）

【集团推进白石桥美元母基金设立】2021 年，中关村国际推进美元母基金设立工作，启动首期基金（白石桥一期基金）募集工作，目标规模为 3 亿美元，集团将作为基石 LP 认缴出资不超过 1 亿美元。

（胡晗、贾丹妮）

【中关村盛景母基金表现优异】2021 年，中关村国际向中关村盛景母基金新增出资。截至 2021 年底，中关村国际对中关村盛景美国母基金完成认缴出资的 95%，并获得该基金数笔分配，投入资本分红率（DPI）达到 78%，内部收益率（IRR）达到 51.5%。

（胡晗、刘伟）

【丹华Ⅱ期基金全部出资完毕】2021 年，丹华Ⅱ期基金已全部出资完毕。截至 2021 年底，累计投资 175 家公司，投资组合中包括 2 家上市公司、9 家估值超过 10 亿美元的“独角兽”公司、4 家估值在 5 亿至 10 亿美元的“准独角兽”公司。基金整体 IRR 约为 48%。

（胡晗、刘伟）

【Fuel Ventures 3 基金完成全部投资】2021 年，Fuel Ventures 3 基金表现良好，完成全部投资配置，投资 14 家英国科技公司，投资组合价值增长势头强劲，已实现 1 家被投公司退出，IRR 为 44.69%。

（胡晗、刘伟）

【Fuel Ventures 4 基金全部出资完毕】2021 年，Fuel Ventures 4 基金表现良好，已完成全部认缴出资。基金于年内启动投资，截至 2021 年底已布局 10 家英国科技公司。

（胡晗、刘伟）

【之路基金完成协议签署】2021 年，之路全球美元投资基金完成协议签署，基金目标规模 1 亿美元。之路基金专注于投资硬科技领域，主要投资方向包括新能源汽车、光电芯片、新材料、智能制造等产业，为全球科创企业联结全球与中国本土市场，为企业创造深度价值。基金的投资阶段以成长期为主。

（胡晗、刘伟）

【KiloAngel 基金进入退出期】2021 年，KiloAngel 基金进入退出期，IRR 达到 25%。KiloAngel 基金规模约为 930 万美元，自 2016 年开始投资，2019 年底正式完成投资。其间该基金共对 149 家企业进行投资，并完成 23 项后续投资和 12 支基金投资。中关村北美作为其 LP 已完成全部认缴出资。

（唐葆兴）

【集团完成达阔科技 B+ 轮投资】2021 年，集团对达阔科技 B+ 轮的可转债投资完成。中关村北美配合完成达阔专项投资基金的基金分配及清算、关闭工作。

（刘伟、唐葆兴）

创新资源链接服务

【概况】 2021 年，集团国际国内协同创新网络进一步优化。年内，组织 30 余家企业参加 2021 首届消费者科技及创新展览会（CTIS）、2021 金砖国家新工业革命展、2021 中国信息科技（澳门）品牌展等展会活动；承办中芬（北欧）科技人才与产业技术合作对接会、德国项目落地中国决策研讨会、中韩新能源汽车产业合作论坛暨企业对接会、中欧光电和微波创新合作对接会、第五届中关村全球创新未来峰会等活动，打造中关村国际前沿创新社区；第十一届中意创新合作周举办；推荐中关村 2 家企业入选 2021“中国制造隐形冠军”榜单。

（孙兴）

【中德导师联合跨境创业辅导活动举办】 3 月 26 日，由中关村德国创新中心等机构主办的中德导师联合跨境创业辅导活动在中关村软件园智播厅线上举办。30 支来自德国、英国的创业团队在线互动，1700 余名创业伙伴参与。相关专家就如何打造适宜初创团队成长的生态、品牌在企业发展中的重要性等方面进行培训授课。在模拟路演环节中，来自德国的人工智能教育项目 LEAP AI 和来自英国的虚拟现实技术项目 xSpaces 进行了路演。

（李玺靓、荀菲）

【德国项目落地中国决策研讨会举办】 5 月 10 日，中关村海外园与中关村德国创新中心共同举办德国项目落地中国决策研讨会。会议采取线上模式，近 3000 人参与，为中关村相关园区招商引资工作提供了思路、运行特点，为促进德国高质量科技资源落地北京搭建了有效平台。深圳宝安中德（欧）产业发展合作联盟、Plug and Play China、中关村前沿技术、北京市联创立源科技有限公司、北京煜邦数码科技有限公司、中工国际工程股份有限公司、TQ Systems Shanghai Co., Ltd.、北京大兴国际机场临空经济区（大兴）管委会、中关村丰台园留学人员创业园、CAS ICCB 等 20 家中德企业、园区参会。德国商会中国项目负责人 Sonja Mueller、德国项目管理专家 Gehard Witte、德企在华代表柳立等作为特邀嘉宾发表演讲。中关村前沿技术、北京大兴国际机场临空经济区（大兴）管委会等 10 个项目进行了路演。

（孙兴）

【中芬（北欧）科技人才与产业技术合作对接会举行】 6 月 3 日，由中关村发展集团主办、中关村海外科技园与中关村芬兰联络处承办的中芬（北欧）科技人才与产业技术合作对接会在北京怀柔召开。活动以“线下参与 + 线上直播”的形式开展路演，来自芬兰的企业代表针对各自项目领域进行展示，并与参会企业进行互动，针对中方企业关注的焦点进行解答。此次对接会涵盖模块智能化建筑、石墨烯新材料、状态监测传感器、现实环境数字化、共享办公、无人装备等科技创新领域。

（孙兴）

【中韩新能源汽车产业合作论坛暨企业对接会举办】 6 月 7—8 日，中关村海外科技园与大韩贸易投资振兴公社、中国国际贸易促进委员会机械行业分会、中国机电产品进出口商会、中国电动汽车百人会等机构联合举办中韩新能源汽车产业合作论坛暨企业对接会，线下200余人、线上2000余人参与。对接会以“碳排放、碳中和与新能源汽车”为主题，与会代表交流了两国新能源汽车产业现状、发展方向、相关政策及投资环境等信息。其间举行中韩企业一对一线上对接会，69个中国项目参与对接会。

（孙兴）

【推荐2家企业入选2021“中国制造隐形冠军”榜单】 6月9日，首届“中国制造隐形冠军”榜单在上海举办的首届消费者科技及创新展览会（CTIS）现场揭晓。本次评选活动由领先商业管理媒体世界经理人携手CTIS共同发起，以“寻找中国制造隐形冠军”为宗旨，致力于甄选中国优秀制造型企业，整合资源对企业进行定向扶持，帮助优秀制造企业迅速建立品牌知名度，扩大市场影响力，走出发展瓶颈。通过发掘和表彰中国制造，助力本土隐形冠军从幕后走向台前，助推隐形冠军们跻身全球一线，成为全球化先锋。中关村海外科技园推荐的2家企业北京凯普林光电科技股份有限公司和极智嘉科技有限公司凭借其产品的创新前沿性，经过前期多轮角逐，入选“寻找中国隐形制造冠军”。

（孙兴）

【中关村海外科技园组织企业参加首届CTIS展】 6月9—11日，由环球资源主办，中国电子商会、中关村海外科技园协办的2021首届消费者科技及创新展览会（CTIS）在上海新国际博览中心开幕。本届CTIS将“科技、贸易、创新”有机融合，首创“环球科技创新展”“环球电子展”“环球创客展”三展合一的循环型商业生态系统，汇聚前瞻趋势，融合贸易优势，布局创投未来，致力于打造中国科技创新行业最强风向标。展会面积6万平方米，设置五大展馆2500多个展位，吸引800余家国内外成熟科技品牌和初创企业参展，聚焦人工智能、物联网（IoT）、增强现实/虚拟现实技术、音频、消费电子、可穿戴产品、智能家居与安防产品、智能家电、机器人、无人机、健康及护理等领域。中关村海外科技园组织上海返景科技有限公司、北京灵犀微光科技有限公司、北京春秋科技有限公司、嘉兴中润光学科技股份有限公司、北京凯普林光电科技股份有限公司、北京极智嘉科技股份有限公司等多家企业参展。

（孙兴）

【中欧光电和微波创新合作对接会召开】 6月16—17日，由中国科技部国际合作司与法国光电和微波竞争力集群共同主办、中关村海外科技园承办的中欧光电和微波创新合作对接会召开。来自法国、意大利、瑞典等6国竞争力集群的有关研究机构、科学家、企业家、投资人，以及全国各省市科技主管部门、高新区、科研院所、企业等共50名代表参加活动。对接会采用线上和线下相结合的形式，在北京设线下主会场。会议期间，中关村海外科技园与法国光电和微波竞争力集群签署战略合作协议，旨在促进双方在人才、技术、资本等方面的深度融合，共同开展人员交流与培训、知识产权保护和认证等方面的工作；上海交通大学李政道研究所与法国AMPLITUDE公司签署合作协议，共同开发2.5PW超强、超短激光装置。项目路演环节，中欧双方的高校、研究院所、知名企业展示光电和微波领域前沿科技成果及先进技术。国家新能源汽车技术创新中心、瑞典Radarbolaget公司等代表针对各自项目领域进行了展示，并与中欧企业进行了互动交流。

（孙兴）

【中关村海外科技园组织企业参加中国国际应急救灾装备技术展】 7月28—30日，由山西省应急管理厅、中国北方工业有限公司联合主办，中关村海外科技园作为支持单位的中国国际应急救灾装备技术展览会在山西太原举行。中关村海外科技园组织中关村前沿技术研究院、北京煜邦数码科技有限公司、北京九州尚阳科技有限公司、金华市景迪医疗用品有限公司、北京航景创新科技有限公司等企业参展。

展会展出了涵盖应急救灾装备体系化研究成果以及应急救灾领域场景化应用等装备产品，并举办了六大类20余场专业活动，包括应急高峰论坛及5场专业分论坛，聚焦智能化煤矿建设与安全生产、人工影响天气技术与应急科学发展、地震地质灾害应急救援、火灾防治发展、工业互联网+安全生产等行业热点主题开展研讨。展会还专题策划组织了应急救灾科普安全宣传、应急装备建设及实战效能演练等活动。

（孙兴）

【中关村海外科技园组织企业参加2021金砖国家新工业革命展】 9月8—11日，由工业和信息化部国际经济技术合作中心、福建省工业和信息化厅、厦门市政府主办，中国国际贸易促进委员会电子信息行业分会、厦门市金砖创新基地建设领导小组办公室、厦门市工业和信息化局承办，中关村海外科技园作为官方合作单位支持的2021金砖国家新工业革命展在厦门举行。展会设立创新金砖、数字金砖、绿色金砖、健康金砖等展区，紧盯新产业、新技术、新业态，集中展示金砖国家工业领域合作的最新成果，助力行业企业精准寻求商机，推动金砖国家新工业革命伙伴关系建设取得更多务实成果。中关村海外科技园携厦门服云信息科技有限公司、奇安信科技集团股份有限公司、广州高新兴机器人有限公司、上海上讯信息技术股份有限公司、远江盛邦（北京）网络安全科技股份有限公司、天融信科技集团等多家企业参展。

（孙兴）

【中关村海外科技园与中汽国际签署战略合作协议】 10月14日，中关村海外科技园与中汽国际经济技术合作有限公司签署战略合作协议。通过合作，双方聚焦智能制造展会领域开展合作，搭建营销服务平台，共同助力行业企业加快海外布局，交流分享业务资源及服务模式，对具备合作前景的项目实现信息共享。双方将建立协调机制，沟通关键项目进展，发挥各自的资源优势、经验优势，在会展综合服务、营销服务支撑、专业会议策划等领域形成新型的、多维度战略合作伙伴关系。通过建立长期、稳定、快速的合作交流机制，打造新型业态，实现共赢。

（孙兴）

【中关村海外科技园获全球C位青年成长计划战略共创伙伴】 11月30日，在2021第五届全球科技创新大会上，由联合国工业发展组织全球创新网络项目上海全球科创中心和“精英说”团队发起的“全球C位青年成长计划”发布，中关村海外科技园、通用净水科技（上海）有限公司、OPPO、开疆企业管理咨询（上海）有限公司以及悦禾精英生活将共同作为该计划的战略共创伙伴，共同助力人才成长，带动更多青年就业，为京沪两地青年创业创新赋能提供有效支持平台。

（孙兴）

【中意创新合作周举办】 12月1日，由中国科技部和意大利大学与科研部共同主办，市科委、中关村管委会，中关村海外科技园，意大利科学城共同承办的第十一届中意创新合作周开幕式在中关村示范区展示中心开幕。中意创新合作周的年度主题为“共同研究创新，更好影响未来”，聚焦中国和意大利创新合作的关键技术领域、创新创业核心资源。活动包括部长级双边会见、开幕式暨项目签约仪式、重点合作领域平行论坛、中意科技创新项目“一对一”对接等内容。吸引来自中意两国 200 家机构的 500 余位代表注册参与。合作周期间，36 位来自中意参会嘉宾围绕高能和天体粒子物理、先进材料、智能制造、绿色能源与智能电网（含碳中和）等重点领域开展交流探讨，近 50 家中方科技机构的 100 余位代表与意方近 40 家科技机构的 80 余位代表在线上开展了近 40 场“一对一”科技项目对接会。本届合作周全程线上直播，两国科技界、产业界、金融界等人士广泛参与。中方参与观看开幕式线上直播的观众近 28 万人次，点击收看 4 场平行论坛的观众逾 72 万人次。新华社、科技日报、中国新闻网、意大利 ITALIAN TECH、Leopoldo Benacchio 等多家中外主流媒体对合作周进行现场报道，多家门户网站及重点资讯信息平台在第一时间广泛关注并报道会议成果，相关新闻报道阅读量突破 150 万人次。

（孙兴）

【中关村海外科技园组织企业参加 2021 中国信息科技（澳门）品牌展】12 月 2 日，由商务部主办、商务部外贸发展事务局承办的国际科技创新博览会（BEYOND EXPO）2021 中国信息科技（澳门）品牌展在澳门举办。中关村海外科技园组织中关村科学城管理委员会、杭州中科极光科技有限公司、北京史河科技有限公司、北京天际友盟信息技术有限公司、深圳市遨游通讯设备有限公司和深圳市证通电子股份有限公司等企业参会。其间代表北京、中关村与来自阿里巴巴、德勤、华大基因、华为、商汤科技、腾讯集团、微软加速器等跨国公司及展团围绕生命科学、新基建、智慧城市与生活、未来科学等领域展示创新产品理念。同时，参与天使投资峰会、智慧医疗、医药医疗技术设备创新、元宇宙、人工智能创新、智慧生活等行业垂直论坛，与参会的科学家、企业家共同前瞻未来，共论创新。

（孙兴）

【第五届中关村全球创新未来峰会举办】12 月 15 日，由中关村北美打造的中关村全球未来创新峰会（GIFTs）系列品牌活动在美国硅谷圣克拉拉举办第五届峰会。活动以“预见未来·科技与健康”为主题，聚焦当前生物医药、人工智能、信息安全、创业创投等热点话题进行探讨，聚焦后疫情时代背景下新兴科技领域的发展前景、投资风口和技术新趋势。包括图灵奖获得者怀特菲尔德·迪菲、马丁·赫尔在内的多位来自斯坦福大学、哈佛大学、加州大学伯克利分校的知名科学家以及来自美国投资界、产业界的领军人物在会上发表主题演讲。本次峰会是中关村北美与中关村海外科技园在海外常态化防疫背景下举办的首场大型线下峰会。

（孙兴）

中关村论坛

【概况】2021 年 9 月 24—28 日，由科学技术部、中国科学院、中国工程院、中国科协及北京市政府主办的 2021 中关村论坛在中关村示范区展示中心举办。国家主席习近平向 2021 中关村论坛视频致贺。论坛以“智慧 · 健康 · 碳中和”为主题，重点围绕论坛会议、展览展示、成果发布、前沿大赛、技术交易、配套活动等六大板块，设置各类活动 60 场，同时举办贯穿全年的常态化系列活动 20 余场。论坛主会期会议板块共举办了 1 场开幕式、1 场全体会议、1 场签约发布活动、25 场平行论坛。诺贝尔奖、图灵奖得主等全球顶级科学家、知名科研组织代表，全球知名企业家、投资人和企业代表在论坛上发表演讲，2000 余名外国政要和国际组织负责人以及“两院”院士、专家学者、行业领军人物与企业代表，通过线上和线下结合的形式参与论坛。中关村发展集团作为中关村论坛执委会办公室成员单位及顶级合作伙伴，举全集团之力，高标准、高质量承办 2021 中关村论坛，并主办全球知识产权保护及创新论坛、多层次资本市场助力经济高质量发展论坛、全球企业家创新论坛、全球未来城市发展论坛等 4 场重要平行论坛。

（任诗雨、邹易城）

【国家主席习近平向 2021 中关村论坛视频致贺】9 月 24 日，国家主席习近平向 2021 中关村论坛视频致贺。习近平强调，中关村是中国第一个国家自主创新示范区，中关村论坛是面向全球科技创新交流合作的国家级平台。中国支持中关村开展新一轮先行先试改革，加快建设世界领先的科技园区，为促进全球科技创新交流合作作出新的贡献。

（任诗雨、邹易城）

【中关村软件园参与举办开源创新发展论坛】9 月 24 日，由中国科协、北京市政府主办，“科创中国”开源创新联合体，中国科协科学技术传播中心，中国电子学会，中国通信学会，北京市科委、中关村管委会，北京市科协承办，中关村软件园支持的开源创新发展论坛在中关村示范区展示中心举办。论坛以“开源共享 · 融金服产”为主题，旨在聚焦开源基金会建设和开源生态打造，搭建海内外高校院所、科技企业、社会组织沟通交流的平台，推动开源技术创新、开源基金筹建、开源文化形成，加强国内外开源领域合作交流，实现人才聚合、技术集成、服务聚力，构建“共商、共建、共享、共生、共赢”科技共同体。来自“科创中国”开源创新联合体成员单位和全国开源领域科研院所、高校、企业的代表参加活动。与会代表围绕中国开源在技术、商业、生态发展上的现状与实践，分享多年实践经验和观点洞见，并就中国开源商业化所面临的机会与挑战进行探讨。论坛还启动 2021 年度“科创中国”开源创新榜单评选活动，发布“科创中国”青年创业榜单——中关村 U30 榜单。

（李军伟）

【中关村发展集团参与主办全球知识产权保护与创新论坛】9 月 24 日，由 WIPO 中国办事处、市知识产权局、中关村发展集团主办，北京 IP 承办的全球知识产权保护与创新论坛在中关村示范区展示中心举行。来自政府部门、科研机构、科技企业、知名大学、金融机构、服务机构、新闻媒体等相关人员近 200 人参加线下论坛，云上中关村线上直播点击量超过 1 万次。论坛解读了由 WIPO 与康奈尔大学、欧洲工商管理学院在瑞士日内瓦首发的 2021 年全球创新指数（GII 2021）报告。北京 IP 与天津滨海高新区共建的“京津知识产权质押贷款风险处置资金池”启动，以政府与市场风险共担的形式，进一步解决小微企业知识产权融资难题，打造京津两地知识产权协同发展样板。北京 IP 与杭州银行签订“智融宝”产品合作协议，标志着“智融宝”首个银行直接合作模式落地，为企业提供最高 4000 万元、补贴后综合融资成本约 3% 的知识产权质押贷款支持，开启“银营服务科创新范式”。北京 IP 与北京怀柔仪器和传感器有限公司签订《智能传感领域高价值专利培育运营战略合作框架协议》，探索以知识产权全链条服务为牵引，进一步激发怀柔区在传感器技术研发、成果转化等领域的创新活力。北京 IP 还与中关村科技租赁、中关村科技担保、北京银行达成战略合作。论坛还举办了中国国际贸易促进委员会商事法律中心与市知识产权维权救助中心《关于加强海外知识产权公共服务工作合作备忘录》的签约仪式。市知识产权局向北京市海外知识产权维权援助专家代表颁发聘书。

（范芮芮）

【中关村发展集团参与主办多层次资本市场助力经济高质量发展论坛】 9 月 25 日，由中关村发展集团主办、中关村金服承办的多层次资本市场助力经济高质量发展在中关村示范区展示中心举行。来自政府部门、科技企业、金融机构、高等院校、新闻媒体等近 100 人参加活动。论坛邀请上海证券交易所、深圳证券交易所、北京证券交易所、中关村发展集团、中信建投证券、中粮信托、中证鹏元资信评估、华夏理财、北京银行等各类金融服务机构代表，以及格拉斯哥大学亚当·斯密商学院、大西洋实验室、君联资本、SFC 资本等机构的多位金融领域专家交流思想观点，共商创新发展大计。论坛现场，专家们围绕多元参与主体构建资本市场新生态展开高端对话，探讨资本市场如何引导市场资源服务实体经济、支持科技创新。中关村发展集团与华夏银行签署战略合作协议，共同支持“三城一区”创新高地建设，开展产业投资，深化科技服务与科技金融合作。

（韩晓雪）

【中关村发展集团参与主办全球企业家创新论坛】 9 月 26 日，由中关村发展集团、环球时报社主办，中关村国际会展承办的全球企业家创新论坛在中关村示范区展示中心举行。论坛以“共话产业发展趋势，共享创新发展理念”为主题，邀请世界 500 强

企业、中国知名企业代表共议前沿科技和未来产业发展趋势，共商全球开放合作创新规则，共享全球企业创新发展理念，传播企业家创新精神。

（任诗雨、邹易城）

【中关村发展集团参与主办全球未来城市发展论坛】 9月26日，由中关村发展集团、中国贸促会建设行业分会主办，中关村国际会展承办，中关村资本、中关村德国创新中心联合承办的全球未来城市发展论坛在中关村示范区展示中心举行。论坛主题为“无废城市·绿色未来”，与2021中关村论坛主题“智慧·健康·碳中和”紧密契合。国内外城市环境专家学者及绿色节能企业从业者以线上线下方式参与，从城市绿色可持续发展新机遇、欧亚城市碳中和合作、绿色建设赋能城市创新发展等角度，助力中国城市“无废”建设规划，推动构建创新、协调、绿色、开放、共享的未来城市发展新理念。论坛开展“无废城市中的资源循环产业链”主题对话，举办全球未来城市绿色可持续发展主题系列宣讲。本届论坛还在德国海德堡市设置分会场，邀请海德堡市市长、弗劳恩霍夫协会科学家和德国知名企业负责人等现场连线主会场，与主会场嘉宾实时探讨全球城市可持续发展的话题。论坛期间，中关村发展集团与建设银行、中信证券签署未来城市基础设施REITs战略合作协议。

（任诗雨、邹易城）

企业管理

中关村发展集团年鉴

YEARBOOK OF ZHONGGUANCUN DEVELOPMENT GROUP

2022

综　述

2021年，集团一体推进市国企改革三年行动和集团综合改革落地，着力破解改革中的难点、痛点问题，在重要领域和关键环节取得一批突破性、标志性成果，为“十四五”期间集团改革转型实现跨越式发展开好局。

*持续优化现代企业治理。*充分发挥战略发展、风险管理与审计专门委员会作用，推动设立薪酬与考核委员会，切实提升董事会科学决策能力水平。修订信息披露事务管理制度，规范披露内容和程序，维护投资者权益。加强“三会”规范化建设，制定集团“三会一层”权责利清单，规范决策标准、程序，推动子公司董事会应建尽建工作。完成集团总部组织架构调整，推动符合条件的事业部门全部下沉。强化风险管理与内控体系建设，拓展融资渠道保障资金需求。启动集团服务质量管理和标准化建设工作，优化集团高质量评价指标体系，持续开展创新能力建设。有序推进集团品牌运营。制定集团“十四五”品牌运营战略，启动核心品牌注册保护工作，中关村社区品牌运营探索取得新进展，首个科技服务驿站落地房山。提升集团信息化应用水平。调整设立集团信息化领导小组，研究制定集团数字化转型五大重点工程实施方案，统筹推动数字化引领高质量发展。

*形成“十四五”规划体系。*对标对表市国企改革三年行动和集团综合改革方案，大力推进年度任务实施落地。高质量编制发布《中关村发展集团“十四五”发展规划和二〇三五年远景目标纲要》，在编制集团总体规划纲要基础上，配套编制相关子规划，开展全方位宣贯，强化重点任务分工，凝聚规划实施的最大合力。

*加强国际化、市场化、专业化人才团队建设。*围绕落实集团综合改革方案和建设高素质专业化干部队伍需要，有序推进职业经理人、合伙人机制试点，稳步推进任期制和契约化管理。持续抓好“青苗计划”，加强年轻干部队伍建设。深入实施集团干部人才教育培训三年规划，持续加强干部人才“四位一体”教育培训体系建设。

（李明明）

表26　2021年中关村发展集团第三届董事会一览表

序号	姓名	就职单位	职务	代表股东
1	赵长山	中关村发展集团股份有限公司	董事长	北京中关村发展投资中心
2	宣　鸿	中关村发展集团股份有限公司	总经理	北京中关村发展投资中心
3	周武光	中关村发展集团股份有限公司	党委副书记	北京中关村发展投资中心
4	郭毅可	香港浸会大学	副校长	独立董事
5	张　然（女）	中国人民大学	商学院教授	独立董事
6	刘卫亚	北京市海淀区国有资本运营有限公司	执行董事	北京市海淀区国有资本运营有限公司
7	吕　慧（女）	北京丰台科技园孵化器有限公司	财务部经理	北京丰科创园国际企业孵化器有限公司
8	宋　杰	北京亦庄投资有限公司	总经理	北京亦庄投资控股有限公司
9	赵志雄	北京科技园建设（集团）股份有限公司	董事长	北京科技园建设（集团）股份有限公司

（芦婧）

表 27　2021 年中关村发展集团董事会秘书一览表

职务	姓名	民族	政治面貌	任职年限
董事会秘书	杨彦文	汉	中共党员	2018.07—

（芦婧）

表 28　2021 年中关村发展集团第三届监事会一览表

序号	姓名	就职单位	职务	代表股东
1	郑　宏（女）	中关村发展集团股份有限公司	监事会主席	北京中关村发展投资中心
2	王　颖（女）	北京昌平科技园发展有限公司	总经理	北京昌平科技园发展有限公司
3	李学江	京泰实业（集团）有限公司	副总经理	北京北控置业集团有限公司
4	王东坡	北京首钢股权投资管理有限公司	专职董事	北京首钢股权投资管理有限公司
5	季　亮（女）	北京望京新兴产业区综合开发有限公司	党委副书记、工会主席	北京望京新兴产业区综合开发有限公司
6	魏金朝	北京工业发展投资管理有限公司	高级投资经理	北京工业发展投资管理有限公司
7	张　健	中关村发展集团股份有限公司	党委办公室 / 集团办公室主任	职工监事
8	黄　洁（女）	中关村发展集团股份有限公司	党委组织部副部长	职工监事
9	汤　滢（女）	中关村发展集团股份有限公司	资金财务部副部长	职工监事

（芦婧）

表 29　2021 年中关村发展集团经营班子一览表

职务	姓名	民族	政治面貌	任职年限
总经理	宣　鸿	汉	中共党员	2017.05—
副总经理	姚胜利	汉	中共党员	2013.05—
	周武光	满	中共党员	2014.01—2021.02
	韩　柏	汉	中共党员	2014.01—2021.01
	曾林峰	汉	中共党员	2019.06—
	贾一伟	汉	中共党员	2021.02—
总会计师	孙辉东	汉	中共党员	2020.04—
总经理助理	贾一伟	汉	中共党员	2016.10—2021.02
	段海波（女）	汉	中共党员	2017.04—2021.02

注：按任职起始时间排序。

（吴峰）

表 30　2021 年中关村发展集团内设机构一览表

内设机构	职能
党委办公室 / 集团办公室	集团党委和经营层综合管理的职能机构。承担集团党委重要方针政策及文件精神的传达和学习；负责集团党委工作会议、文件管理、重大活动及党委日常工作的组织协调等；承担集团总部办公体系运行、会议管理、重大活动组织协调、综合文秘、重大事项督办、外事管理、行政后勤管理服务、维稳及公共安全、集团办公楼招商运营等职责。
党委组织部	集团党委组织工作的职能机构，集团党的建设、工会、群团、统战的职能机构。承担集团党建工作统筹落实、党员教育培训、总部及基层党组织建设等职责；承担组织机构管理及编制管理职责；承担司管干部选拔任用、干部人事档案管理、干部个人事项申报、干部兼职管理等职责；承担集团工会、共青团、妇联、统战、企业文化建设、总部党建等职责。
党委宣传部 / 企业品牌管理部	集团党委思想宣传工作的职能机构。承担意识形态管理、政治理论宣传、思想舆论引导、集团内外新闻宣传、媒体关系维护、品牌规划与运营管理等职责。
党委巡察办公室	集团党委巡察工作的职能机构。承担统筹、协调、指导巡察组开展工作并提出巡察整改意见和督促整改的职责；承担对巡察工作人员进行培训、考核、监督和管理等职责。
纪委、监察专员办公室	集团纪检、监察和纪委工作的职能机构。承担党风廉政建设和反腐败工作、监督检查、党风党纪党规教育培训、信访举报与案件查办、执纪问责等职责。
董监事会办公室	集团董事会、监事会工作的职能机构。承担集团股东关系管理及治理架构研究、董事会和专门委员会建设、服务并协助董事监事履职、投资者关系维护等职责；承担集团“三会”事务管理、信息披露、国资监管事项归口管理及代管投资中心业务等职责。
战略管理部	集团战略研究和战略管理的职能机构。承担集团改革综合协调、战略制定及监督实施、编制中长期规划、编制年度经营计划、编制投资计划、综合统计、机构绩效管理、组织开展创新能力建设、新业务研究、产业协同推进、社会责任管理体系建设、质量管理体系建设等职责。
资本运营部	集团经营管理和资本管理的职能机构。作为集团投资项目的出资人代表承担履行管资本职责；承担集团投资管理制度制定、统筹协调子公司的并购、重组等职责；承担子公司股权管理、子公司“三会”事项管理、子公司董事监事培训与管理职责；承担子公司经营计划过程跟踪与监测、重大资产管理、安全生产等职责。
人力资源部	集团人力资源管理的职能机构。承担集团人力资源规划、人员招聘及员工关系管理、薪酬福利管理、市场化用人体制及激励机制、员工培训、员工职级管理及绩效管理、博士后工作站管理等职责。
资金财务部	集团资金统筹和日常财务管理的职能机构。承担集团财务会计及分析、预算管理、资金管理、融资、税务筹划与管理、国资管理（资产评估、产权登记与备案）、资金结算中心管理等职责；承担代管党委、工会、投资中心及母基金财务管理工作，指导、监管子公司财务规范管理等职责。
风控法务部	集团风险管理体系搭建和日常风险管理的职能机构。承担集团风险管理（含经营风险）、内控、合规、法务、内审等职责；承担指导和监督子公司开展风险管理与内控体系建设等职责。
区域合作部 / 雄安新区中关村科技园筹建工作办公室	区域合作部是集团统筹区域合作业务的职能机构，承担区域合作发展规划与经营计划、业务协调等职责。雄安新区中关村科技园筹建工作办公室是集团对接和联络雄安新区中关村科技园建设发展工作领导小组及其办公室成员单位的职能机构，承担雄安新区中关村科技园筹建工作的沟通协调、体制机制研究与分析等职责。

注：2021 年 6 月 10 日，集团印发《中关村发展集团总部组织架构优化调整方案》的通知，优化总部部门，由原来的 15 个优化调整为 12 个，另有科技投行部（原产业投资部）、科技金融事业部、科技园区事业部、海外业务部在下沉过渡期内保留部门名称，承担板块业务管控职责。

（陈严）

综合改革

【概况】2021 年，集团围绕国企改革新要求，一体化推进国企改革三年行动实施方案和集团综合改革方案实施落地，推动实现高质量发展。编制印发《中关村发展集团“十四五”发展规划和二〇三五年远景目标纲要》及相关子规划，建立“一张蓝图绘到底”的落地保障机制；制定集团年度改革任务清单，明确牵头领导、主责部门和协同单位，推动改革任务具体化、项目化、清单化管理；编制 2021 年度高质量发展评价报告，量化评估集团改革成效；开展新业务新产品研究，升级集团产品手册（集成服务包），首次绘制集团服务科技创新全周期产品生态图；深化社会责任常态化编制工作机制，发布集团 2020 年社会责任报告，彰显国企社会责任担当。

（安然、龚洋冉）

【集团第三届董事会战略发展委员会第一次会议召开】6 月 2 日，集团第三届董事会战略发展委员会第一次会议召开。战略发展委员会委员及相关部门负责人参加。会议听取《中关村发展集团“十四五”发展规划和二〇三五年远景目标纲要（草案）》编制背景、主要依据、主要思路及重点内容的汇报，并对进一步完善《纲要（草案）》提出意见和建议。会议全票通过《纲要（草案）》，并按程序提交集团董事会审定。

（宋柳位）

【集团“十四五”规划宣传贯彻会召开】10 月 29 日，集团“十四五”规划宣传贯彻会召开。相关专家就《北京市“十四五”时期高精尖产业发展规划》进行解读，从北京市高精尖产业发展的“十三五”回顾、“十四五”发展思路和目标、打造“2441”高精尖产业体系、区域协同发展、重点任务和发展举措等方面进行分析和阐述。集团就《中关村发展集团“十四五”发展规划和二〇三五年远景目标纲要》进行专项宣传贯彻，总结“十三五”期间集团“五个翻番、六大提升”的工作成绩，阐述集团“十四五”时期的发展形势、指导思想、战略定位、战略目标、产业布局、业务布局、五大战略，以及规划落地的保障措施等。

（宋柳位）

【集团出台综合改革任务清单】2021 年，集团对标对表《北京市国企改革三年行动实施方案（2020—2022 年）》等国企改革新要求，结合集团综合改革方案目标任务，研究出台《集团 2021 年度综合改革重点任务及落实市国企改革三年行动实施方案（2020—2022 年）任务清单》，提出三大类 42 项重点改革任务。

（安然、龚洋冉）

【集团召开 7 次改革领导小组会】2021 年，集团组织召开 7 次改革领导小组会，研究形成《关于调整集团综合改革工作机构安排的通知》《关于进一步明确重点改革任务分工的方案》等文件，组织听取各业务板块下沉工作进展，组织开展中关村京西发展轻重资产分离专题研究，为集团改革领导小组推动改革落地提供有力支撑。

（安然、龚洋冉）

【集团推动“十四五”规划实施落地】2021 年，集团为推动“十四五”规划实施落地，建立“一张蓝图绘到底”的落地保障机制。3 月 1 日，集团制定印发《关于编制集团“十四五”相关子规划的通知》，组织编制集成电路、人工智能等7个细分产业子规划、6个业务板块子规划和3个重点职能子规划。9月7日，制定印发《集团“十四五”规划宣贯工作方案》，组织召开集团“十四五”规划宣传贯彻工作会，通过线上线下多种方式，开展多渠道多形式的“十四五”规划宣传贯彻，激发广大干部员工干事创业的热情。11月12日，制定印发《集团“十四五”规划纲要主要目标和任务分工方案》，明确牵头领导、主责部门和协同单位，指导集团各单位进一步细化完善自身“十四五”规划。

（宋柳位）

【集团“十四五”规划印发实施】2021年，集团编制的《中关村发展集团“十四五”发展规划和二〇三五年远景目标纲要》，获市领导圈阅和批示，经集团党委会、总办会、战略发展委员会、股东大会审议通过后印发实施。《纲要》提出，集团在“十四五”期间要坚持以创新创业主体为中心，与中关村示范区共发展，与创新创业主体共成长，以推动高质量发展为主题，以资本驱动、服务驱动、数智驱动为主线，以改革创新为根本动力，以企业治理体系和治理能力建设为支撑，轻资产、强服务、活机制，打造国际一流的创新生态集成服务商，助推北京建设国际科技创新中心。面向2035年，集团发展再上大台阶，实现“四个率先”“六个引领”，全面构建数字化贯通、精准化服务、平台化组织、国际化发展的格局，助推北京率先形成创新力、竞争力、辐射力全球领先的国际科技创新中心，为中国建设科技强国、实现科技自立自强提供有力支撑，推动科技创新更好地造福社会。

（宋柳位）

【集团产品手册优化升级】2021年，集团联合工业院咨询公司团队系统梳理集团“4+2”业务，通过进一步优化产品分类、丰富产品信息，编制形成《中关村发展集团服务产品手册（集成服务包）2021版》，形成五大领域20大类188项服务产品，按照科技创新0—1、1—10和10—N的不同阶段，首次绘制集团服务科技创新全周期产品生态图，充分展示集团综合改革成效和以创新生态集成服务助力原始创新突破、推动科技成果转化和产业化的特色。

（李明明）

【集团2021年度高质量发展评价报告编制】2021年，集团全面对标中关村示范区一区多园考核评价指标体系，进一步优化高水平经营管理、高标准专业服务、高品质创新环境、高能级研发创新、高质量创新经济、高层次协同开放6个维度，形成净资产收益率、服务双创主体次数、双创主体与人员的满意度评价、园区企业万人发明专利授权量、园区高精尖企业地均产出等28个指标的集团高质量发展评价指标体系，并在此基础上编制完成集团2021年度高质量发展评价报告。

（宋柳位）

【集团2020年度社会责任报告编制】2021年，集团进一步深化社会责任报告常态化编制工作机制，总结集团深入贯彻新发展理念、以创新创业主体为中心、服务科技创新的典型案例和亮点，彰显集团社会责任担当，编制完成《中关村发展2020企业社会责任报告》。报告主要阐释了集团在构建一流服务生态、服务建设低碳社会、打造和谐伙伴关系、构建协同创新格局、助力全球创新共赢等方面的实践和亮点成效。

（宋柳位）

【集团新业务新产品研发工作机制专题研究】2021年，针对集团在推进新业务新产品研发中存在的差距与不足，通过研究总结华为、腾讯、张江高科、碧桂园服务、Shopify等国内外头部公司的成功模式与经验，集团编制《关于推进集团新业务新产品研发工作机制的研究》专题报告，从组织推进机制、业务协同机制、引导激励机制等方面研提了有针对性的工作建议，为进一步丰富集团业务条线和服务产品、提升集成服务能力提供了有力支撑。

（李明明）

股东大会及董（监）事会管理

【概况】2021 年，集团“三会”运行规范有序，保障重大决策合法合规。集团贯彻引入独立董事、设立专门委员会对“三会”事务管理提出的新要求，落实巡视整改工作任务，规范“三会”会议召开方式和会议相关资料，结合经营需要，以现场会议方式组织召开 15 次“三会”会议，其中董事会会议 8 次、监事会会议 3 次、股东大会 4 次，共审议 50 余项议案，内容涵盖集团“十四五”发展规划、市管干部调整、重要资本运作、大额对外投资、综合改革工作成果、法人治理优化等方面。

（芦婧）

【集团召开 4 次股东大会】2021 年，集团在中关村国防科技园召开 4 次股东大会，审议议案 11 项。

表 31　中关村发展集团 2021 年股东大会一览表

<table>
<tr><th>会议名称</th><th>时间</th><th>出席会议股东人数及占比</th><th>会议内容</th></tr>
<tr><td>2021 年第一次股东大会</td><td>3 月 30 日</td><td rowspan="2">股东代表 16 名，出席会议的股东所持表决权股份总数占集团股份总数的 98.5360%</td><td>审议通过集团董事变更、因调整北京怀柔科学城建设发展有限公司出资主体集团减资的议案</td></tr>
<tr><td>集团 2020 年度股东大会</td><td>4 月 27 日</td><td>审议通过集团 2020 年度董事会工作报告、监事会工作报告、2021 年度财务预算报告等报告和集团可续期公司债券付息的议案</td></tr>
<tr><td>2021 年第二次股东大会</td><td>6 月 25 日</td><td rowspan="2">股东代表 15 名，出席会议的股东所持表决权股份总数占集团股份总数的 98.3878%</td><td>审议通过制定集团“十四五”发展规划和二〇三五年远景目标纲要的议案</td></tr>
<tr><td>2021 年第三次股东大会</td><td>12 月 10 日</td><td>审议通过集团申报超短期融资券、设立董事会薪酬与考核委员会的议案</td></tr>
</table>

（芦婧）

【集团召开 8 次董事会会议】2021 年，集团召开董事会会议 8 次，审议议案 39 项。审议事项包括集团高级管理人员任免、制定集团“三会”决策事项清单、修订集团主要会计政策与会计估计、集团总部组织架构调整、制定集团“十四五”发展规划和二〇三五年远景目标纲要、修订集团信息披露制度、转让中关村电子城公司股权等重大事项，各项议案均获通过。决议事项大部分通过经营班子得到有效落实，个别决策事项有序推进。9 月，董事参加了集团承办的 2021 中关村论坛，了解数字经济、人工智能、生命健康、碳中和等科技前沿和热点议题；集团服务独立董事充分发挥作用，组织安排独立董事开展智能财务、基金量化投资策略等专题调研活动。

（芦婧）

【集团召开 3 次监事会会议】2021 年，集团召开监事会会议 3 次，审议议案 6 项。审议事项包括 2020 年度监事会工作报告、利润分配预案、财务决算报告、2021 年度财务预算报告以及制定集团“三会”

决策事项清单、披露集团 2021 年半年度报告等议案。年内，监事会依法列席董事会会议 8 次、股东大会 4 次，监督检查了集团重要人事任免、重大战略规划制定、大额对外投资、重要资本运作、法人治理优化等重要事项的议事决策过程。9 月，监事参加了集团承办的 2021 中关村论坛。

（芦婧）

【集团信息披露工作】2021 年，集团按时合规披露了超短期融资券、企业债、公司债等债券 2020 年年度报告、2021 年半年度报告等 4 项定期报告。做好重大事项的日常核查，按月向主承销商报送公司债券重大事项月度核查确认表，共报送 12 期；对集团利润分配、变更信息披露事务负责人、修订信息披露制度等重大事项，均按时合规进行信息披露。年内披露重大事项公告 12 项，维护了集团在资本市场的良好声誉。

（芦婧）

【集团按照国资监管要求开展工作】2021 年，集团完成中关村管委会派驻集团的 3 位董事 2020 年度述职报告，及时备案“三会”会议决议，严格按照监管办法和权责清单报备相关资料；加强与监管部门关于审批备案事项的沟通协商，有序推进北京中关村电子城建设有限公司等区企共管企业股权转让、中关村软件园 REITs 发行、中关村创投和中关村科技租赁内部重组、中关村伦敦创新中心审批等工作。

（芦婧）

行政管理

【概况】2021年，集团行政管理工作围绕“深化改革、转型发展”的主线，以做好参谋助手和服务保障工作为引领，持续优化集团党委会和总办会的组织工作；发挥参谋助手作用坚持党管保密原则，完成集团保密工作年度计划制订和检查任务；落实四方责任，持续做好集团常态化疫情防控工作；统筹做好日常文电和会务工作；优化物业和公务用车管理，做好集团后勤保障工作；稳步推进集团信息化建设工作。

（张健）

【集团制定保密自查工作方案】3月17—30日，集团研究制定《关于开展中国共产党成立100周年北京市庆祝活动保密自查工作方案》，对集团总部2台涉密电脑和93台非涉密电脑进行全面自查，并对2台存在泄密隐患的计算机及时采取漏洞排查，有效降低泄密风险，统筹集团20家直属党组织子公司开展自查工作并提交自查报告。

（杨静）

【《集团保密委办公室2021年工作计划》制定】4月15日，集团制定《集团保密委办公室2021年工作计划》，内容涉及深入学习贯彻习近平新时代中国特色社会主义思想；围绕建党100周年庆祝活动开展保密宣传教育和专项自查工作；加强统筹管理，持续推进保密工作体制机制建设；贯彻落实科技强密工作部署，着力提升网络安全和信息化管理水平；加强组织保障，抓好责任落实。12项具体内容包括：坚定不移用习近平新时代中国特色社会主义思想武装头脑、指导工作；组织开展专项自查和宣教工作；不断完善体制机制建设；加强定密工作管理；加强涉密人员管理和培训；加强涉密会议和涉外活动保密管理；扎实开展保密宣传教育培训；积极配合落实国产化替代工作；加强网络保密管理；加强常态化保密工作自查自评；优化保密工作奖惩机制；加强组织协调，做好归口管理。

（杨静）

【集团信息化领导小组办公室和信息化标准委员会成立】11月15日，集团信息化领导小组办公室和信息化标准委员会成立。集团信息化领导小组负责全面统筹、领导集团信息化建设、数字化转型相关工作，审议集团信息化总体规划、年度工作计划、年度预算和重大项目建设等，统筹集团信息化的标准化、国产化工作，统筹审议集团信息化建设相关管理体系、建设体系、运营体系的建设工作，统筹推进集团服务及党建工作的应用场景清单制，统筹集团数字要素资源资产化相关工作，形成集团信息化建设的统筹力量，提升集团整体的信息化应用和管控水平，最大效力发挥集团信息化的作用。集团信息化标准委员会负责对接国家及北京市相关信息化标准要求，按照国家标准化工作总体战略部署，立足树立中关村标准品牌，落实相关标准，组织制定与集团方针、目标相适应的信息化标准化管理办法、工作规划及年度计划，并组织实施，为集团各业务板块赋能。

（张澍宁）

【集团党委会履行党委前置研究程序58次】2021年，集团严格执行党委会前置研究重大事项程序，按照《集团党委前置研究讨论重大事项清单及程序》要求，将党委前置研究有关要求融入集团决策程序，推动党委权责边界更加清晰明确，决策机制更加规范高效。截至2021年底，集团党委会履行党委前置研究程序58次，前置研究讨论集团2021年度经营计划、集团“十四五”发展规划和二〇三五年远景目标纲要、发起合作设立美元母基金等重大经营管理事项。

（鲍若石）

【集团党委和经营层重大会议有序开展】2021年，

组织召开集团党委会 26 次，审议研究议题 119 项；召开集团总经理办公会 29 次，形成会议纪要 29 期，研究议题 145 项，涵盖总部“三定”优化调整方案、2021 年度经营投资计划、集团“十四五”发展规划和二〇三五年远景目标纲要等内容。

（鲍若石、刘国庆）

【集团优化督办工作机制】2021 年，集团不断优化督办工作机制，构建集团总部与各子公司督办联系网，推动健全督办闭环管理流程。年内共发起重点督办 47 项 83 项次，其中年度重点项目 17 项 34 项次、重要会议部署 11 项 15 项次、动态指示批示 19 项 34 项次，共发督办简报 4 期。

（鲍若石）

【集团年度公文流转 1586 件】2021 年，集团共处理收文 1285 件，处理对外发文 301 件，履行各类印章使用 1056 人次。

（韩旸）

【集团年度档案归档 920 卷】2021 年，集团收集整理归档 2020 年文书、项目档案共 920 卷，包括文件 4131 份；收集筛选归档 2020 年集团各种活动数码照片档案 71 组，实物档案 2 件。

（李贺英）

【信息化建设】2021 年，集团稳步推进信息化建设工作。重点完成企业征信等八大服务包的建设及优化，完成中关村 e 课堂、易创服务超市、易创开放平台、易创综合运营管理系统、基础应用改版、线上支付功能、补充和更新完善易创平台数据等工作，逐步整合集团信息化服务资源，将集团各部室以及子公司存量、增量的对外服务平台以及线下服务能力全面对接到中关村易创平台，线上线下相结合，形成组合拳，互利共赢，逐步打造集团对外服务资源的线上统一接入门户和流量入口。

（张澍宁）

【集团日常统计报告编制】2021 年，集团开展日常统计报告编制工作，共形成 7 篇月报、3 篇季报、11 篇统计局月度报表和年报套表，并完成 2020 年度报表数据收集与分析工作。完成日常临时性统计，汇总子公司包括研发投入、全员劳动生产率等相关数据，丰富集团数据指标，完善集团指标数据库。同时，在集团向北京市委市政府汇报工作、进行企业推介等各个方面发挥基础性数据支撑的作用。

（王亦彤）

【集团年度经营计划编制】2021 年，集团对 2021 年度经营计划汇总整理并开展 2022 年度经营计划编制工作。本年度经营计划更加突出集团改革转型要求和计划对全年经营工作的指引作用。3 月，完成 2021 年度经营计划编制；9 月初正式启动 2022 年度经营计划填报工作。10—11 月，结合集团改革和规划落地要求，对集团年度经营计划进行汇总整理，初步提出年度重点经营指标及重点任务。12 月初，对标北京市“十四五”时期国际科技创新中心建设规划、北京国际科技创新中心建设重点任务 2022 年工作方案，结合集团年度预算编制情况，编制形成 2022 年度经营计划初稿。

（金靖雨）

【集团年度投资计划编制】2021 年，根据集团投资计划整体工作安排，3 月编制形成《中关村发展集团 2021 年度投资计划》，并向国资监管机构完成备案程序；7 月，向国资监管机构报告 2021 年上半年投资计划执行情况；8 月下旬，启动 2022 年度投资计划和“十四五”投资项目储备工作；9—11 月，开展投资立项、计划编制和项目评审等方面的研究，初步统筹 2022 年度投资计划项目和“十四五”投资项目储备库，开展投资立项、计划编制和项目评审等方面的研究工作；11—12 月，编研形成《中关村发展集团投资立项与计划编制管理办法》和《中关村发展集团投资评审管理办法》，并于 12 月中旬印发实施。12 月中旬，结合集团年度预算和经营计划编制工作，形成 2022 年度投资计划初稿。

（金靖雨）

人力资源管理

【概况】2021 年，集团人力资源管理工作牢固树立人力资本理念，继续推进企业人才队伍能力建设，深入落实集团综合改革要求，坚持市场化用人导向，着力破解制约发展的难题，不断提升人力资源管理服务水平。初步形成集团“十四五”人力资源规划，继续开展人力资源工作和人才队伍建设的顶层设计。组织开展 2021 年校园招聘、社会招聘及博士后招聘工作，拓宽引才渠道。落实国企改革三年行动计划，有序推进用人体制和激励机制改革试点；协同开展考核与薪酬绩效管理工作。

（徐景泉）

【集团年度校园招聘工作】2021 年，集团组织开展校园招聘及博士后招聘工作。经选拔，共录用 7 名国内外优秀应届大学毕业生（含 1 名进入集团博士后工作站的博士）。在市委组织部的领导部署下，配合开展“优培计划”招聘工作，为中关村金服招录 1 名优秀应届留学生，2022 年“优培计划”稳步推进。

（谢晓天）

【集团用人体制和激励机制改革试点工作】2021 年，集团注重分类实施，指导符合条件的子公司完成职业经理人、合伙人机制试点。截至年底，集团实施职业经理人试点的子公司占比、专业科技服务和基金管理类子公司实施合伙人机制占比均超过 50%，完成集团综合改革方案确定的阶段目标。注重经验总结和成果运用，开展改革试点工作总结分析，形成职业经理人试点、员工持股计划等方案模板。加强过程指导和监管，确保子公司用人体制和激励机制改革试点工作方向正确、程序规范、操作透明、责任清晰、监管到位。

（龚健）

【集团经理层成员任期制和契约化管理】2021 年，集团深入学习《关于在市国资委系统大力推行经理层成员任期制和契约化管理的实施办法》，对接市委组织部、市国资委相关部门，准确把握政策要点和工作要求，将此项工作纳入综合改革重点任务，设立契约化管理改革落地专项组，按市国资委工作部署统筹开展相关工作。编制《集团推行经理层成员任期制和契约化管理工作方案》，明确集团推行经理层成员任期制和契约化管理的实施范围、总部工作部门和子公司工作职责、工作目标、重点任务、组织保障等内容。

（龚健）

【集团服务总部干部职工】2021 年，集团有序开展总部和子公司人力资源服务工作。全年累计服务总部干部职工工资发放、个税申报 1327 人次，优化商业保险报销流程，组织完成干部职工体检工作，及时办理员工劳动合同续签、新员工入职手续办理、员工转正、离职、“五险一金”转入和转出、人事档案转递等工作，完成 2021 年度政工师职称申报；协同北京海开房地产集团有限责任公司接管工作组完成离退休及离岗待退人员人事关系变更工作。

（宋东梅）

【集团人力资源统计报送】2021 年，集团按市级机关要求完成集团人力资源统计报送工作。主要包括：集团总部及子公司 2020 年度薪酬调查工作，人力资源从业人员及工资总额季报，子公司半年度工资总额执行情况分析及统计各子公司上年度薪酬发放情况，子公司主要负责人递延绩效发放情况统计，集团劳动合同季报、总部从业人员基本情况等。

（宋东梅）

财务管理

【概况】2021 年，集团财务管理围绕财务制度建设、财务核算管理、预决算管理、税务管理、结算中心建设、融资管理、财务管控及服务、国资管理等方面开展工作。提升结算中心管理水平，优化资金配置，结算中心成员单位增至 32 家。年内发行超短期融资券、储架式公司债券共 10 笔，筹集资金 120 亿元，加权利率为 3.48%。加强负债管理，控制资产负债率；推进财务信息化建设，提高财务管控效率；加强预决算管理工作，提升财务管控能力；研究、实施税收优惠政策，加强税务筹划。

（许嘉倩）

【集团 2021 年度首期 10 亿元超短期融资券发行】1 月 15 日，集团发行 2021 年度第一期超短期融资券（简称 21 中关村集 SCP001），发行金额 10 亿元，发行利率 2.99%，期限 270 天，主体信用评级为 AAA。该笔超短期融资券票面利率为同期北京地区同期限、同评级票面利率最低。

（许嘉倩）

【集团科技创新公司债券发行】3 月，集团发行 2021 年科技创新公司债券（第一期）（面向专业投资者）10 亿元，期限 3 年，票面利率 3.76%，全场倍数 2.3 倍，主体信用评级为 AAA。该债券为全国首批科技创新公司债券、北京市首单科技创新公司债券，是在交易所债券市场双创债框架下，进一步聚焦科技创新引领作用而推出的，募集的资金将专项用于符合国家重点支持行业的科技创新企业，助推实体企业创新升级。债券部分募集资金将投向中关村高精尖母基金、前沿基金、启航二期，投资方向包括电子信息、医药健康、人工智能、大数据、集成电路、智能制造等前沿领域。

（许嘉倩）

【集团 2021 年首期可续期公司债券发行】4 月 15 日，集团发行 2021 年首期可续期公司债券（第一期）（面向专业投资者）20 亿元，期限 2+N 年，票面利率 3.74%。该可续期公司债券有利于集团优化财务结构，降低融资成本，为集团战略转型做好资金保障工作；体现了资本市场对集团经营模式和持续发展能力的高度认同。

（许嘉倩）

【惠誉确认集团评级为 A】12 月 23 日，国际评级机构惠誉确认中关村发展集团的长期外币和本币发行人违约评级为 A，展望稳定。惠誉还确认集团 3 亿美元高级无抵押债券的评级为 A。

（许嘉倩）

【集团获上海证券交易所颁发的 3 个奖项】2021 年，上海证券交易所向集团颁发 2021 年度“优秀基础设施公募 REITs 参与人”“公司债券创新产品优秀发行人”“公司债券优秀发行人”3 个奖项，对集团成功发行基础设施公募 REITs 及科技创新公司债等产品给予表彰。

（许嘉倩）

【集团财务信息化一期系统建设完成】2021 年，集团完成财务信息化一期建设，完成总账、资产管理、合并报表、智能分析报告及多系统接口等 5 个功能模块开发建设和验收，通过信息系统建设实现全集团基础财务数据统一管理，建立集团统一科目体系和客商数据库，实现财务数据全面实时共享，构建集团财务信息一张网建设平台，全面提升集团财务系统工作效率和工作质量，为后期精细化管理提供基础数据支撑。本次系统建设范围覆盖合并范围内 124 家子公司、16 家参股公司，系统中操作人员达 247 人，是集团体系目前使用范围最广、使用人次最多的管理系统。

（丁雪梅）

【集团优化财务内控框架体系】2021 年，为更好地规范财务工作，提高工作效率，提升服务质量，防范财务风险，集团启动优化完善财务内部控制建设工作，在对财务制度、职责边界、财务流程等内控现状进行全面梳理的基础上，进一步完善财务内部分工，明确岗位职责，优化财务流程，细化内部控制措施，形成系统化的财务内部控制框架体系和财务内控手册。

（汤滢）

【集团资金结算中心成员单位增至32家】2021年，随着中关村科服、中关村工业互联网公司、中关村产业研究院和中关村建投等陆续加入结算中心，集团资金结算中心成员单位范围进一步扩大。截至2021年底，资金结算中心成员单位32家，归集资金余额约96.45亿元；结算中心发放委贷余额54.98亿元，其中本年新增发放委贷61.30亿元。

（刘京亚）

风控法务管理

【概况】 2021 年，集团梳理确定年度重要风险，提前谋划防范化解系统性风险应对措施。梳理集团制度流程权限，形成“三会一层”权责清单，进一步优化决策流程和决策标准。全面启动合规管理体系研究和建设工作，加快合规管理与集团业务发展有机融合。组织对 2016 年至 2020 年 5 年内相关审计项目发现问题的整改情况开展“回头看”工作，切实将审计整改成果转化为治理效能。深化法务管理与公司治理、运营管理的深度融合，为集团重大决策部署、重大项目推进、职能管理和业务活动提供专业支撑。

（于雪）

【集团“三会一层”权责清单及制度管理办法制定】 2021 年，集团全面梳理现有规章制度、权限文件和管理实际，制定“三会一层”权责清单，明确集团领导和治理机构对于管控事项的职责权限，形成“一表管全局”，持续规范集团治理和运行；同时制定集团制度管理办法，建立和完善集团管理制度体系，探索建立制度全生命周期闭环管理机制。

（于雪）

【集团近 5 年审计整改“回头看”】 2021 年，根据市委办公厅、市政府办公厅《关于进一步加强审计整改工作的意见》《关于进一步深化审计整改工作的方案》要求，集团将 2021 年作为“审计整改年”，对 2016 年至 2020 年 5 年内相关审计项目发现问题的整改情况开展“回头看”工作，进一步巩固提升前期市委巡视和市审计局审计工作成果，同时督促各单位全面推进以往审计发现问题整改落实，切实将审计整改成果转化为治理效能。

（于雪）

【集团合规管理体系建设】 2021 年，集团对标对表国资监管要求和市属一流国企，全面启动合规管理体系研究和建设工作，进一步增强企业风险管控能力，保障集团高质量发展、高效率运行。编制《合规管理体系实施规划》，明确各阶段目标、工作要求和保障措施，保证在“十四五”期间全面完成体系建设。制定《合规管理办法》，明确治理层、经营层、各部门、所属企业的合规管理职责和边界，形成齐抓共管工作格局，共同推进合规管理体系有效运行。建立《子企业合规管理工作实施指导意见》，加强工作指导，突出上下联动、协调统一，推动合规体系建设全面覆盖，落地落实。

（于雪）

品牌宣传

【概况】 2021年，集团品牌宣传工作围绕中心、服务大局，聚焦集团“十四五”开局、改革转型，着力讲好中关村故事、传播中关村声音，不断创新宣传思想工作的方式、手段、途径，为集团改革发展稳定提供强大的思想保证、精神动力和舆论支持。对外新闻宣传效果显著，全年新闻媒体报道集团超700篇；集团系统自有媒体宣传“质”和“量”同步提升，推送信息总量近4000条；有序推进集团品牌注册工作；编纂出版集团首部年鉴，及时记录集团服务创新发展历程。

（项鹏）

【集团制定加强自媒体平台建设管理的指导意见】 1月4日，《中关村发展集团关于加强自媒体平台建设管理的指导意见》印发。指导意见从拓展集团自媒体传播矩阵、加强内容建设、规范运营管理3个方面提出了加强自媒体平台建设管理的意见，引导各单位自媒体平台应建尽建，加强内容建设，严格落实内容发布审核机制，确保集团自媒体平台运行安全。

（伍孟然）

【集团组织新闻宣传工作培训】 5月，集团组织本体系通讯员参加国务院国资委干部教育培训中心与新闻中心共同举办的2021年国有企业新闻宣传工作网络培训班——新媒体实战训练营。培训班邀请政务新媒体运营专家、新媒体行业领军人物围绕传播新生态中的企业传播、新媒体运维与矩阵管理、央企品牌升级与社交媒体传播实践等内容开展专题讲座。

（张一夫）

【集团自媒体矩阵上线】 7月26日，集团自媒体矩阵上线，设有微信矩阵、网站矩阵、服务平台、其他平台4个栏目。截至2021年底，收录集团体系41个微信公众号、23个网站、3个服务平台、10余个其他平台。

（伍孟然）

【集团完成“e创”“领创”品牌注册】 8月，集团完成“e创”“领创”品牌注册工作。截至2021年底，集团获中关村发展、中关村社区、中关村科服、中关村资本、中关村论坛五大品牌的商标著作权。

（张一夫）

【《中关村发展集团年鉴（2021）》创刊】 11月，中关村发展集团主编的《中关村发展集团年鉴（2021）》由知识产权出版社出版。该卷年鉴是创刊号，记述了中关村发展集团2020年1月1日至12月31日服务创新发展历程，设概览、特载、专文、大事记、科技股权投资、科技金融服务、科技专业服务、科技园区发展、区域协同创新、国际创新网络、企业管理、企业党建、统计资料、附录等14个类目，下设53个分目、930余个条目，收录370余幅图片、27张表格，69万字。卷首专题图片设园区建设、年度要闻、服务科技企业成果板块，卷末附索引。该年鉴客观、权威地记述了中关村发展集团2020年度积极助推北京建设国际科技创新中心、助力国家建设科技强国的工作成果。

（伍孟然）

【集团自有媒体稳步运营】2021 年，集团微信公众号共推送 353 期 1110 条文章，阅读量共计 21 万次；策划专题报道 16 期，原创文章 585 篇；官方微博发送信息 600 余条，粉丝数 19 万个，单条阅读量最高达 4.1 万次；其他平台发布原创文章 2000 余篇。

（赵倩颖、伍孟然）

【集团获新闻媒体报道 700 余篇】2021 年，各类新闻媒体刊发集团报道共 700 余篇。其中《北京日报》刊发《中关村发展集团的“智慧、健康、碳中和”版图》，长安街知事公众号专版刊发《政府与企业的双赢赛道》，新华社刊发《2021 中关村论坛热议知识产权赋能全球科技创新》《“蓄势待发，我们准备好了！”——中关村一条街里的新春“创新力”》《一批前沿智能应急装备项目签约落地北京房山》，《人民日报》刊发《中关村发展集团推出基础设施公募 REITs》《中关村发展集团锚定“双碳”向“绿”笃行》《中关村发展集团全方位赋能大健康产业 助力科技企业跑出“加速度”》《多层次资本市场助力经济高质量发展论坛在京举办》《中关村发展集团：以“智慧”服务链接“智慧”产业》《2021 年中关村软件园“科技向北”即将启幕 将设“数字人民币”购物节》等，引起广泛关注。

（张一夫）

资本运营与管理

【概况】 2021 年，集团持续推动区企共管公司改革、国有资本改革、股权重组、公司运营、资本运作等重点工作。按照“一区一企一策”原则，与相关区对接，启动中关村电子城公司、兴昌高科、丰科建、光谷科技园、金桥科技、实创高科 6 家区企共管公司改革重组工作，制订工作方案，形成工作路径，加快推进实施落地。

（党书杰）

【中关村建投接管海开地产】 1 月 6 日，集团召开专题会议，研究并明确了北京海开房地产集团有限责任公司接管的相关事项。3 月 23 日，海开地产接管工作组提交的《海开集团交接工作方案》经集团第七次总经理办公会审议通过。5 月 13 日，为妥善解决海开地产历史遗留问题，经集团第十一次总经理办公会研究审议，批准海开地产与北京海淀房地产股份有限公司签订在施工程、离退休人员、历史遗留问题解决 3 项协议。5 月 27 日，双方签订 3 项协议。6 月 28 日，海开地产将公司公章、营业执照、资质证书、银行账户等重要印鉴及资料正式移交给集团，自此实现管人、管事、管资产相统一的实质接管。7 月 23 日，海开地产正式更名为北京中关村科技园区建设投资有限公司。7 月 28 日，中关村建投揭牌。

（赵晓光）

【集团完成中关村电子城公司改革重组】 2021 年，集团将所持北京中关村电子城建设有限公司 51% 股权全部以非公开协议方式转让至北京望京新兴产业区综合开发有限公司，从中关村电子城公司退出，解决了朝阳区共管子公司历史遗留问题，同时为进一步与朝阳区政府构建新型政企合作机制奠定基础。

（王智）

【集团推动光谷科技园重组】 2021 年，在通州区政府和集团的共同推动下，通州区决策通过北京光谷科技园开发建设有限公司重组方案，并履行国资监管程序。

（党书杰）

【集团拟定金桥科技重组方案】 2021 年，集团拟定北京金桥科技产业基地开发有限公司重组方案，并征求马驹桥镇政府意见，重组方案基本明确。

（乔永璞）

【集团研究实创高科重组路径】 2021 年，集团研究北京实创高科技发展有限责任公司重组路径，根据决策适时推进实创高科重组工作。

（王晓菲）

【集团统筹推进内部股权重组】 2021 年，集团按照“统筹考虑、有序推进”“成熟一家、实施一家”的原则持续推进各业务板块内部股权重组改革任务落地。年内，集团完成将所持易创新科 45.00% 股权转让至中关村科服、将所持中关村芯园 52.38% 股权增资至中关村科服相关工作，完成将所持中关村水木医疗 9.5833% 股权转让至中关村科服的审批决策，壮大了科技服务板块规模，理顺了管理关系。集团完成将所持中关村科技租赁股权划转至中关村金服、将中关村金服所持北京中关村创业投资发展有限公司 100% 股权划转至中关村资本的审批决策，为厘清中关村资本与中关村金服业务边界、加强产业协同奠定了基础。同时，集团根据与昌平区政府关于中关村生命科学园公司托管共识，启动将中关村生命科学园所持北京沿海绿色家园世纪房地产开发有限公司 100% 股权转让至中关村建投相关决策程序，完成中关村京西发展轻重资产分离方案制订工作。

（赵学卿）

【集团推动投资中心公司制改革】 2021 年，根据市国资委全民所有制企业改革工作部署及市科委、中关村管委会工作安排，集团启动北京中关村发展投资中心改制方案编制及相关政策研究工作，在充分考虑市政府赋予投资中心注资通道功能定位的基础上，借鉴北京国有资本经营管理中心改革实践，形成投资中心公司制改革初步方案，并向市科委、中关村管委会进行报送，对核心内容进行论证沟通。

（赵学卿）

【集团加强子公司利润分配管理】2021 年，以集团子公司 2020 年度经审计的财务数据为基础，对子公司 2020 年度应分配利润情况进行分析，并与子公司进行沟通，提出子公司年度利润分配建议方案。子公司回报股东的意识显著增强，向集团分配利润的子公司数量和利润分配总额有所增加。

（乔永璞）

【中关村科技担保完成 32.6 亿元增资】2021 年，中关村科技担保完成 32.6 亿元增资。6 月，北京市政府投资引导基金（有限合伙）、中关村金服及其他股东单位签署《北京中关村科技融资担保有限公司增资协议》。6 月 11 日，增资资金拨付到账，两轮共计 32.6 亿元（2012 年 11 月，注册资本增至 17.03 亿元；2019 年，注册资本增至 29.13 亿元；2021 年注册资本增至 49.63 亿元），增资资金全部到位。8 月 6 日，中关村科技担保收到北京产权交易所增资凭证，此次增资完成后，资本金规模跃居市属融担机构第一。

（薛威）

集团子公司简介

北京中关村软件园发展有限责任公司

北京中关村软件园发展有限责任公司成立于2000年8月7日，2010年加入中关村发展集团，位于北京市海淀区东北旺西路8号中关村软件园信息中心C座。公司注册资本5亿元。成立之初，股东为北京科技园建设（集团）股份有限公司（简称北科建）（持股50%）、首钢总公司（持股46%）、北京海淀科技园建设股份有限公司（简称海科建）（持股4%）；2010年6月，股东变更为中关村发展集团（持股97%）、海科建（持股3%）。2021年底，公司有员工363人。

董事长：杨楠

总经理：张金辉

（李军伟）

北京中关村生命科学园发展有限责任公司

北京中关村生命科学园发展有限责任公司成立于2000年8月18日，2010年加入中关村发展集团，位于北京市昌平区生命园路20号院6号楼。公司注册资本4.5亿元。成立之初，股东为北科建集团（持股66%）、兴昌高科（持股30%）、海科建（持股4%）；2010年6月2日，股东变更为中关村发展集团（持股66%）、兴昌高科（持股30%）、海科建（持股4%）。2021年底，公司有员工91人。

董事长：王文礼（2021年8月任）

韩柏（2021年1月免）

总经理：王文礼

（谢泊晚）

北京光谷科技园开发建设有限公司

北京光谷科技园开发建设有限公司成立于2001年10月10日，2010年加入中关村发展集团，位于北京市通州区中关村科技园区通州园光机电一体化产业基地政府路2号。公司注册资本2.55亿元。成立之初，股东为北京联成房地产开发有限公司（持股9.8%）、北京通州区次渠建筑集团有限公司（持股19.61%）、北京金通资产经营管理有限公司（持股70.59%）；2002年8月，股东变更为北京市京东开光机电一体化产业基地开发公司（简称京东开光机电开发公司）（持股50.98%）、北京市国有资产经营有限责任公司（简称市国资公司）（持股

49.02%）；2005 年 9 月，股东变更为京东开光机电开发公司（持股 58.74%）、北京工业发展投资管理有限公司（持股 41.26%）；2010 年 5 月，股东变更为中关村发展集团（持股 100%）。2021 年底，公司有员工 158 人。

总经理：孔仲福

（张环宇）

北京金桥科技产业基地开发有限公司

北京金桥科技产业基地开发有限公司原名北京金桥绿园环保投资发展有限公司，成立于 2002 年 11 月 2 日，2010 年加入中关村发展集团，位于北京市通州区景盛南四街 22 号。公司注册资本 2998 万元。成立之初，股东为北京金桥伟业投资发展公司（持股 67%）、北京通政国有资产经营公司（持股 33%）；2006 年，北京国家环保产业园区纳入中关村科技园区，并更名为中关村科技园区金桥科技产业基地，北京金桥绿园环保投资发展有限公司名称随之变更为北京金桥科技产业基地开发有限公司。2010 年，股东变更为中关村发展集团（持股 100%）。2021 年底，公司有员工 43 人。

董事长：王学营

（宋爱建）

北京中关村科技园区建设投资有限公司

北京中关村科技园区建设投资有限公司原名北京海开房地产集团有限责任公司、北京市海淀区城市建设开发公司、北京市海淀区房地产经营开发总公司、北京海开房地产集团公司，注册成立于 1981 年 7 月 1 日，2011 年加入中关村发展集团，位于北京市海淀区海淀南路 21 号。公司注册资本 59998.848513 万元。1978 年 3 月 30 日，成立区统建办公室；1982 年 5 月 3 日，北京市海淀区城市建设开发公司成立，该公司在原区统建办公室基础上组建，区统建办撤销；1984 年 11 月 28 日，海淀区政府同意将原区城市建设开发公司改建为北京市海淀区房地产经营开发公司；1993 年 3 月 20 日，公司更名为北京市海淀区房地产经营开发总公司；2000 年 6 月 28 日，公司更名为北京海开房地产集团公司；2011 年，公司更名为北京海开房地产集团有限责任公司，股东变更为中关村发展集团（持股 100%）。2021 年 7 月 23 日，公司更名为北京中关村科技园区建设投资有限公司，股东为中关村发展集团（持股 100%）。2021 年底，公司有员工 32 人。

董事长：苗军（2021 年 6 月任）

总经理：杨俊（2021 年 9 月任）

（赵晓光）

北京实创高科技发展有限责任公司

北京实创高科技发展有限责任公司原名北京实创高科技发展总公司，成立于 1992 年 3 月 12 日，2011 年加入中关村发展集团，位于海淀区上地信息路 22 号。公司注册资本 7.12 亿元。2010 年 11 月 8 日，注册资本由7亿元增加至7.12亿元。2010年12月28日，北京实创高科技发展总公司更名为北京实创高科技发展有限责任公司；2011年6月20日，股东由北京市海淀区国有资产监督管理委员会变更为中关村发展集团（持股100%）。2021年底，公司有员工1295人。

董事长：陈晓智

总经理：孙腾

（韩颖）

北京兴昌高科技发展有限公司

北京兴昌高科技发展有限公司原名北京兴昌高科技发展总公司，成立于1992年6月19日，2011年加入中关村发展集团，位于北京市昌平区科技园区超前路9号。公司注册资本13.62亿元。2010年10月，北京兴昌高科技发展总公司由全民所有制改制为有限责任公司，更名为北京兴昌高科技发展有限公司，注册资本由初始3000万元变更为13.62亿元，股东为中关村科技园区昌平园创业服务中心（简称昌平创服中心）（持股100%）；2011年6月，股东变更为中关村发展集团（持股50.54%）、昌平创服中心（持股49.46%）；2018年11月，昌平创服中心将所持全部股权转让至北京昌平科技园发展有限公司（简称昌发展公司），股东变更为中关村发展集团（持股50.54%）、昌发展公司（持股49.46%）。2021年底，公司有员工229人。

董事长：刘智勇

总经理：刘智勇

（周婷婷）

北京丰台科技园建设发展有限公司

北京丰台科技园建设发展有限公司成立于2000年11月16日，2011年加入中关村发展集团，位于北京市丰台区南四环西路188号5区25号楼。公司注册资本5亿元。成立之初，公司注册资本6000万元，股东为中关村科技园区丰台园产业基地办公室（持股29.25%）、中关村科技园区丰台园科技创业服务中心（持股70.75%）；2008年3月12日，以资本公积转增注册资本44000万元，转增后注册资本为5亿元；2011年6月15日，股东变更为中关村发展集团（持股75%）、北京丰台区国有资本经营管理中心（持股25%）。

董事长：王赤宇

总经理：余佳龙（2021 年 7 月任）

王赤宇（2021 年 7 月免）

（刘伟）

北京中关村科技创业金融服务集团有限公司

北京中关村科技创业金融服务集团有限公司成立于 2009 年 2 月 24 日，2012 年加入中关村发展集团，位于北京市海淀区西三环北路甲 2 号院 7 号楼 9 层。公司注册资本 12.4 亿元。成立之初，股东为中关村高科技产业促进中心（简称高促中心）（持股 75.81%）、北京海淀国有资产投资经营公司（持股 24.19%）；2011 年 5 月，北京海淀国有资产投资经营公司将所持股份无偿划转至北京市海淀区国有资本经营管理中心（简称海淀国资中心，后更名为北京市海淀区国有资本运营有限公司）；同年 6 月、12 月，海淀国资中心和高促中心分别将所持股份转让给中关村发展集团，股东变更为中关村发展集团（持股 100%）。2021 年底，公司有员工 323 人。

执行董事：段宏伟

总经理：段宏伟

（韩晓雪）

中关村医疗器械园有限公司

中关村医疗器械园有限公司原名北京中科兴仪高端医疗器械产业投资有限公司，成立于 2012 年 10 月 30 日，位于北京市大兴区生物医药基地永旺西路 26 号院。公司注册资本 3.8 亿元。股东为中关村发展集团（持股 68.97%）、中国交通建设股份有限公司（持股 31.03%）。2014 年 4 月 4 日，经市工商局大兴分局批准，公司名称变更为中关村医疗器械园有限公司。2020 年 8 月，公司注册资本增至 3.8 亿元。股东变更为中关村发展集团（持股 52.6316%）、北京生物医药产业基地发展有限公司（持股 23.6842%）、中国交通建设股份有限公司（持股 23.6842%）。2021 年底，公司有员工 29 人。

董事长：付端禄

总经理：徐景泉（2021 年 6 月免）

（崔浩）

中关村科技租赁股份有限公司

中关村科技租赁股份有限公司原名中关村科技租赁（北京）有限公司、中关村科技租赁有限公司，成立于 2012 年 11 月 27 日，注册于北京市朝阳区容达路 21 号楼。公司注册资本 13.33 亿元。公司成立之初，注册资本为 5 亿元，股东为中关村发展集团（持股 60%）、南山集团资本投资有限公司（持股 10%）、北京望京新兴产业区综合开发有限公司（简称望京综开）（持股 10%）、北京朝阳国有资本运营管理有限公司（原北京市朝阳区国有资本经营管理中心）（持股 10%）、北京碧水源科技股份有限公司（持股 6%）、北京中关村科技创业金融服务集团有限公司（简称中关村金服）（持股 4%）；2017 年，南山集团资本投资有限公司将其所持 0.01% 的股权转让给北京碧水源科技股份有限公司。2017 年 9 月，各股东按照股权比例向中关村科技租赁增资 5 亿元，增资后注册资本达到 10 亿元。2019 年 8 月，中关村科技租赁进行股份制改革，名称变更为中关村科技租赁股份有限公司。2020 年 1 月 21 日，中关村科技租赁于香港联合交易所主板上市，公开发行 3.33334 亿 H 股，注册资本增至

13.33334亿元。上市时股东为中关村发展集团（持股45%）、望京综开（持股7.50%）、北京朝阳国有资本运营管理有限公司（持股7.50%）、南山集团资本投资有限公司（持股7.49%）、北京碧水源科技股份有限公司（持股4.51%）、源晶有限公司（持股3.82%）、中关村金服（持股3%）、北京中关村科学城创新发展有限公司（持股2.76%）、中国车联网有限公司（持股2.47%）、北京宇信科技集团股份有限公司（持股1.65%）。中关村科技租赁为中关村发展集团旗下首家上市企业，股份代号：1601.HK。2021年底，公司有员工129人。

董事长：段宏伟

总经理：何融峰

（王鸣曦）

北京知识产权运营管理有限公司

北京知识产权运营管理有限公司成立于2014年7月11日，位于北京市海淀区海淀南路21号中关村知识产权大厦7层。公司注册资本1.5067亿元。成立之初，注册资本为1亿元，股东为中关村发展集团（持股60%）、北京市海淀区国有资本经营管理中心（简称海淀国资中心，后更名为北京市海淀区国有资本运营有限公司）（持股20%）、亦庄国际投资公司（简称亦庄国投）（持股10%）、中国技术交易所（持股10%）。2019年，北京IP获得中央财政专项资金股权投资7000万元，注册资本增加至1.42亿元，股东变更为中关村发展集团（持股42.203%）、华智众创（北京）投资管理有限责任公司（持股29.661%）、海淀国资中心（持股14.068%）、亦庄国投（持股7.034%）、中国技术交易所（持股7.034%）。2021年，北京IP获得集团创新能力建设支持1450万元，其中850万元进入注册资本，600万元进入资本公积。增资后，注册资本金至1.5067亿元，股东变更为中关村发展集团（持股45.464%）、华智众创（北京）投资管理有限责任公司(持股27.988%)、海淀国资中心(持股13.274%）、亦庄国际（持股6.637%）、中国技术交易所（持股6.637%）。2021年底，公司有员工32人。

董事长：张建

总经理：郑衍松（2021年11月任）

（范芮芮）

北京集成电路产业发展股权投资基金有限公司

北京集成电路产业发展股权投资基金有限公司成立于2014年7月29日，位于北京市丰台区丽泽路18号院1号楼801−32室。公司注册资本60.06亿元。成立之初，注册资本为90.09亿元；2018年，注册资本变更为60.06亿元。股东为中关村发展集团（持股99.9%）、北京盛世宏明投资基金管理有限公司（持股0.1%）。2021年底，公司有员工3人。

董事长：贾一伟

总经理：贾一伟

（宋紫阳）

北京中关村延庆园建设发展有限公司

北京中关村延庆园建设发展有限公司成立于2014年8月19日，位于北京市延庆区东外大街97

号。公司注册资本2亿元。股东为中关村发展集团（持股85%）、北京金川永佳国有资产管理发展中心（持股15%）。2017年5月，延庆方股东由北京金川永佳国有资产管理发展中心改制变更为北京中关村延庆园投资发展有限公司。2021年底，公司有员工16人。

董事长：魏晓东

总经理：苏文松（2021年11月24日任）

总经理：杨俊（2021年9月6日免）

（夏芳）

北京中关村微纳能源投资有限公司

北京中关村微纳能源投资有限公司成立于2014年11月22日，位于北京市怀柔区杨宋镇中影数字影视基地1号楼401室。公司注册资本8.24亿元。成立之初，注册资本为1亿元，股东为中关村发展集团（持股90%）、北京市怀柔区国有资本经营管理有限公司（简称怀柔国资公司）（持股10%）。2016年，中关村发展集团增资5.82亿元，怀柔国资公司增资1.42亿元，注册资金增至8.24亿元。股东为中关村发展集团（持股81.54%）、怀柔国资公司（持股18.46%）。2021年底，公司有员工17人。

董事长：佘京学

总经理：佘京学

（程麒宇、张皓楠）

北京中关村信息谷资产管理有限责任公司

北京中关村信息谷资产管理有限责任公司成立于2014年11月21日，位于北京市海淀区西北旺镇邓庄南路万家盛景大厦。公司注册资本2792.52万元。成立之初，公司注册资本为2000万元，股东为中关村软件园（持股100%）。2018年12月25日，中关村信息谷完成混合所有制改革，完成与中关村领创空间科技服务有限责任公司的重组，股东变更为中关村发展集团（持股93.02%）、软通动力信息技术（集团）有限公司（持股4.66%）、旭天（北京）投资咨询有限公司（持股2.32%）。2020年底，公司完成第一批员工持股相关工作，注册资本增至2792.52万元，股东变更为中关村发展集团（持股74.4132%）、北京力合同创技术服务中心（有限合伙）（持股20.0000%）、软通动力信息技术（集团）股份有限公司（持股3.7245%）、旭天（北京）投资咨询有限公司（持股1.8623%）。2021年，公司完成股权结构优化，股东变更为中关村发展集团（持股77.48417%）、北京力合同创技术服务中心（有限合伙）（持股22.51583%）。2021年底，公司有员工433人。

董事长：王清山

总经理：扈德辉

（滕琦诺）

北京中关村集成电路设计园发展有限责任公司

北京中关村集成电路设计园发展有限责任公司成立于2015年2月5日，位于北京市海淀区丰豪东路9号院2号楼D座6层。公司注册资本2.2亿元。股东为中关村发展集团（持股40%）、北京首置房地产企业管理有限公司（持股50%）、中关村软件园（持股10%）。2021年底，公司有员工39人。

董事长：储鑫（2021年1月22日任）

董事长：苗军（2021年1月22日免）

（李松龄、曲显亮）

中关村协同发展投资有限公司

中关村协同发展投资有限公司成立于2015年9月23日，位于北京市东城区东直门外大街39号院航空服务楼3层。公司注册资本5亿元。股东为中关村发展集团（持股40%）、招商局蛇口工业区控股股份有限公司（持股30%）、中国交通建设股份有限公司（持股30%）。2021年底，公司有员工200人。

董事长：高中成

总经理：隋明军

（何玉斌）

北京中关村协同创新投资基金管理有限公司

北京中关村协同创新投资基金管理有限公司成立于2015年12月25日，位于北京市海淀区学院南路62号中关村资本大厦A2座8F。公司注册资本3569.35万元。成立之初，公司注册资本2000万元，股东为中关村发展集团（持股30%）、中关村科技担保（持股25%）、中关村科技租赁（持股15%）、中关村创投（持股15%）、中关村协同发展（持股15%）。2020年，注册资本增至3569.35万元，股东为中关村发展集团（持股60.78%）、中关村科技担保（持股14.01%）、中关村科技租赁（持股8.4%）、中关村创投（持股8.4%）、中关村协同发展（持股8.4%）。2021年底，公司有员工33人。

董事长：姚胜利

总经理：孙次锁

（叶梅、韩娜）

北京中关村前沿技术产业发展有限公司

北京中关村前沿技术产业发展有限公司成立于2015年12月18日，位于北京市房山区窦店镇弘安路85号。公司注册资本4.5亿元。股东为中关村发展集团（持股30%）、北京房山国有资产经营有限责任公司（持股30%）、中关村生命科学园（持股30%）、中关村软件园（持股10%）。2021年底，公司有员工15人。

董事长：陈忠敏

（李芝芝）

北京中关村资本基金管理有限公司

北京中关村资本基金管理有限公司原名北京中关村发展创业投资基金管理有限公司，成立于2016年10月17日，位于北京市海淀区西三环北路甲2号院。公司注册资本2亿元，股东为中关村发展集团（持股100%）。2020年3月，公司更名为北京中关村资本基金管理有限公司。2021年底，公司有员工21人。

执行董事：贾一伟

总经理：庄海

（章睿）

石家庄中关村协同发展有限公司

石家庄中关村协同发展有限公司成立于2016年11月11日，位于河北省石家庄正定新区商务中心B区12楼。公司注册资本1亿元。股东为中关村发展集团（持股30%）、海开地产（后更名为中关村建设）（持股20%）、石家庄发展投资有限责任公司（持股20%）、正定高新技术产业开发区建设投资有限公司（持股20%）、中关村协同发展（持股10%）。

（何玉斌）

北京中关村京西建设发展有限公司

北京中关村京西建设发展有限公司成立于2016年12月29日，位于北京市门头沟区石龙工业区桥园路1号2幢2层203室。公司注册资本3亿元。股东为中关村发展集团（持股60%）、门头沟区政府代表北京京西文旅科技投资基金管理有限公司（持股40%）。2021年底，公司有员工16人。

董事长：李彪

总经理：周瑞

（邓文茵）

中关村国际控股有限公司

中关村国际控股有限公司（ZGC International Holding Ltd.）成立于2018年3月26日，位于中国香港湾仔港湾道25号海港中心21楼2103室。公司注册资本1亿美元。股东为中关村发展集团（持股100%）。2021年底，公司有员工10人。

董事长：赵小鹏

总经理：卢江（2021年10月任）

（李玺靓、赵静）

北京中关村海外科技园有限责任公司

北京中关村海外科技园有限责任公司成立于2003年1月15日，2018年加入中关村发展集团，位于北京市海淀区中关村南大街9号理工科技大厦。公司注册资本3802.78万元。成立之初，股东为中关村高科技产业促进中心（简称高促中心）（持股40%）、科技部火炬中心（持股40%）、济南高新控股集团有限公司（简称济南高新）（持股20%）；2014年10月，高促中心将所持股份划转至北京中关村发展投资中心（简称投资中心）；2018年4月，投资中心将所持股份划转至中关村发展集团。2019年10月，中关村发展集团收购济南高新所持20%股份，股东变更为中关村发展集团（持股60%）、科技部火炬中心（持股40%）；2021年1月，中关村发展集团对中关村海外科技园进行增资，增资后中关村发展集团持股86.85%、科技部火炬中心持股13.15%。2021年底，公司有员工18人。

董事长：赵小鹏

总经理：赵小鹏

（孙兴）

北京市工业设计研究院有限公司

北京市工业设计研究院有限公司原名北京冶金设计公司、首钢设计院城区院、北京市工业设计院、北京市工业设计研究院，成立于1961年11月，2019年加入中关村发展集团，位于北京市西城区广安门外大街甲275号。公司注册资本3.72亿元。1973年2月，并入首都钢铁公司，更名为首钢设计院城区院；1983年10月，更名为北京市工业设计院，隶属于市经委；1984年7月，更名为北京市工业设计研究院，隶属于市经委；2013年10月，划归市国资委管理；2015年12月，由事业单位转为国有独资公司，更名为北京市工业设计研究院有限公司；2016年2月，转企改制成为国有控股的多元有限公司，北京汽车集团有限公司（简称北汽集团）为控股股东。2019年，股东变更为中关村发展集团（持股38.75%）、北汽集团（持股24.5%）、北京中关村发展投资中心（持股12.25%）、北京同仁堂集团有限责任公司（持股12.25%）、北京电子控股有限责任公司（持股12.25%）。2021年底，公司有员工980人。

董事长：付军（2021年3月任）

　　　　韩柏（2021年3月免）

总经理：付军

（唐旭磊）

中关村至臻环保股份有限公司

中关村至臻环保股份有限公司原名北京神州瑞霖环保科技有限公司、西藏神州瑞霖环保科技股份有限公司，成立于2007年1月26日，2019年加入中关村发展集团，位于北京市丰台区南四环西路186号汉威国际广场2区4号楼8、9层。2020年10月，公司更名为中关村至臻环保股份有限公司。2020年11月，中关村发展集团认购中关村至臻环保定向增发股份2088.74万股；增资后注册资本为 8132.31 万元。股东为中关村发展集团（持股 35%）、吴盟盟（持股 27.67%）、张春晖（持股 9.22%）、田宁宁（持股 9.22%）、共青城中骏投资管理合伙企业（有限合伙）—珠海市中骏安鹏智造投资基金（有限合伙）（持股 1.84%），其余为自然人股东（持股 17.05%）。2021 年，股东变更为中关村发展集团（持股 35%）、吴盟盟（持股 27.67%）、张春晖（持股 9.22%）、田宁宁（持股 9.22%）、北京博瑞基业咨询管理中心（有限合伙）（持股 3.12%）、共青城中骏投资管理合伙企业（有限合伙）—珠海市中骏安鹏智造投资基金（有限合伙）（持股 1.84%），其余为自然人股东（持股 13.93%）。2021 年底，公司有员工 204 人。

董事长：张健

总经理：吴盟盟

（陈燕安）

北京中发助力壹号投资基金（有限合伙）

北京中发助力壹号投资基金（有限合伙）于 2020 年 2 月 26 日注册成立；7 月 20 日，基金在中国证券投资基金业协会完成备案。基金由北京中发助力壹号企业管理有限公司担任普通合伙人，中关村发展集团担任有限合伙人，中关村资本负责管理。

（聂汝嫣）

北京中发展金种子创业投资中心（有限合伙）

北京中发展金种子创业投资中心（有限合伙）于 2020 年 8 月 19 日注册成立，10 月 22 日在中国证券投资基金业协会完成备案，由中关村资本负责管理。

（聂汝嫣）

北京中关村科技服务有限公司

北京中关村科技服务有限公司成立于 2020 年 9 月 11 日，位于北京市海淀区西三环北路甲 2 号院 7 号楼。公司注册资本 4 亿元，股东为中关村发展集团（持股 100%）。2021 年底，公司有员工 20 人。

董事长：郑宏

总经理：赵宏锦

（马利霞）

北京中关村工业互联网产业发展有限公司

2021 年 1 月 26 日，北京中关村工业互联网产业发展有限公司成立，位于北京市石景山区实兴大街 30 号院 17 号楼 6 层 601 室。公司注册资本 10 亿元。股东为中关村发展集团（持股 90%）、北京石景山产业发展有限公司（持股 10%）。2021 年底，公司有员工 17 人。

董事长：苗军（2021 年 2 月任）

总经理：贺永学（2021 年 2 月任）

（张艳飞）

北京中关村中发投资建设基金（有限合伙）

北京中关村中发投资建设基金（有限合伙）于 2020 年 12 月 7 日注册成立，2021 年 2 月 10 日在中国证券投资基金业协会完成备案。基金由中关村资本负责管理，中关村发展集团、北京建工集团有限责任公司及北京城建集团有限责任公司担任有限合伙人，中关村资本担任普通合伙人。

（陈轩）

企业党建

中关村发展集团年鉴

YEARBOOK OF ZHONGGUANCUN DEVELOPMENT GROUP

2022

综　述

2021 年，集团党委坚持以习近平新时代中国特色社会主义思想为指导，深入贯彻党的十九大和十九届历次全会精神，着眼打造服务创新发展红色引擎，不断深化全面从严治党。坚持以党的政治建设为统领，统筹推进党的各项建设；精心组织庆祝建党 100 周年系列活动，扎实推动党史学习教育走深走实；树立重实干重实绩的用人导向，建设忠诚干净担当的干部人才队伍；持续推进标准化规范化建设，提升基层党建工作质量；持之以恒正风肃纪，坚定不移推进反腐败斗争，不断增强各级党组织创造力、凝聚力、战斗力，为集团服务创新事业发展提供坚强保障。截至 2021 年底，党组织关系归属集团的基层党组织共 58 个，其中二级党组织 20 个（含二级党委 2 个、党总支 5 个、党支部 13 个）、三级及以下党组织 38 个（含党总支 2 个、党支部 36 个）；区企共管子公司党组织 5 个。组织关系在集团的党员 834 人。

（项鹏、张章）

表 32　2021 年中关村发展集团党委、纪委领导一览表

职务	姓名	民族	政治面貌	任职年限
党委书记	赵长山	汉族	中共党员	2017.03—
党委副书记	宣　鸿	汉族	中共党员	2017.05—
	周武光	满族	中共党员	2021.02—
纪委书记	杨彦茹（女）	汉族	中共党员	2017.04—
纪委副书记	闫　涛	汉族	中共党员	2020.09—

（陈严）

党史学习教育

【概况】 2021年，集团党委把开展党史学习教育作为一项重大政治任务，狠抓责任落实，突出学党史、悟思想、办实事、开新局，注重融入日常、抓在经常，引导党员、干部沉下心来学、联系实际学，高质量高标准推进党史学习教育各项任务，推动党史学习教育全面铺开、走向深入。坚持以上率下，第一时间安排专题读书班，以“七一”为节点，制定集团领导“周学习”和带头讲党课的工作计划，围绕重点学习内容深入研讨、交流体会、撰写心得。把党史学习纳入干部年度培训计划，将学习教育融入日常、抓在经常，开展不同层次、不同类型活动，邀请专家学者开展党史专题宣讲11场，组织赴红色遗址、遗迹参观100余次。开展“百名党员话初心”“我给先烈写封信”等群众性主题教育活动，提升广大职工特别是青年职工的参与度。将“我为群众办实事”作为党史学习教育的根本落脚点，深入对接双创主体、职工群众所需所想，尽心尽力办实事、解难题，努力提高双创主体和职工群众的获得感。

（梁晓雪）

【集团党委党史学习教育动员部署会召开】 3月18日，集团党委召开党史学习教育动员部署会，深入学习领会习近平总书记在党史学习教育动员大会上的重要讲话精神，认真贯彻落实党中央部署和北京市委要求，对集团开展党史学习教育进行全面动员部署。会议要求，提高政治站位，增强开展党史学习教育的政治责任感和使命感；突出学习重点，做到学党史、悟思想、办实事、开新局；狠抓责任落实，高质量高标准完成好党史学习教育各项任务。3月19日，集团党委印发党史学习教育工作方案，明确总体要求、6项学习内容、10项工作安排、4项实施要求，充分动员全系统党员干部积极参加学习教育。制定党史学习教育任务清单，从集团领导班子、子公司领导班子、各单位内设机构党组织书记、普通党员4个层面，分别列出需要开展的党史学习教育工作任务，以清单化方式推进各项工作，并根据全市党史学习教育最新部署要求动态调整。

（梁晓雪）

【集团组织党史学习教育专题读书班】 3月22—23日，集团党委领导班子集中安排两天时间，组织党史学习教育专题读书班。集团领导班子通过个人自学和交流研讨，深入学习领会习近平总书记在党史学习教育动员大会上的重要讲话精神，认真学习《论中国共产党历史》《中国共产党简史》。在交流研讨环节，集团领导班子成员联系各自工作实际和思想实际，谈心得体会，相互交流、相互启发、共同提高，取得了预期目的，为集团开展党史学习教育发挥了示范带动作用。集团各子公司党组织同步开展

封闭集中学习研讨，各基层党组织通过“三会一课”、主题党日等形式，开展党史专题学习。

（梁晓雪）

【集团党委学习传达习近平总书记在福建考察期间重要讲话精神】4月9日，集团党委召开会议，学习传达习近平总书记在福建考察期间重要讲话精神。大家一致认为，习近平总书记在福建考察期间，就贯彻党的十九届五中全会精神、推动“十四五”开好局起好步、统筹推进常态化疫情防控和经济社会发展等进行调研，提出一系列重要要求。考察期间，习近平总书记还进一步深刻揭示在全党开展党史学习教育的重大意义和重中之重，强调明理是增信、崇德、力行的前提，提出“三个深刻领悟”的基本要求，为深化党史学习教育指明了方向、提供了遵循。

（梁晓雪）

【集团各党组织用好红色资源开展党史学习教育】4月12日，集团制定《关于党史学习教育现场参观的安排》，将参观北大红楼、“不忘初心、牢记使命”主题展览作为规定地点，引导各基层党组织把红色资源用好用足用活，增强学习教育的感染力。6月18日，集团组织到北京大学校史馆开展党史学习教育，集团领导班子成员、集团总部中层干部、党组织关系在集团的子公司主要负责人、区企共管公司党组织书记参加，党员干部参观了“信仰百年，初心如一——北京大学与中国共产党的建立”专题展览和北京大学百年校史陈列展。9月3日，集团总部组织党员干部到中国共产党历史展览馆，参观“不忘初心、牢记使命”中国共产党历史展览，并重温入党誓词。党史学习教育期间，集团各级党组织党员干部参观香山革命纪念地、中国人民抗日战争纪念馆、首都博物馆、军事博物馆、平西抗日战争纪念馆等40余处，共组织参观教育活动100余次，重温入党誓词，开展生动鲜活的党史学习教育。

（梁晓雪）

【集团党委举办党史专题宣讲报告会】4月16日，集团以党委理论学习中心组（扩大）会的形式举办党史宣讲报告会。市委讲师团专家以“从中共党史中坚定自信、凝聚力量”为题，围绕“为什么要学习党史、从党史中学习什么、应该如何学习好党史”等问题阐述党史学习教育的重大意义、主要内容和突出重点，用重大文件、重要会议、重要人物等党史案例深刻阐明了为什么学党史、学什么、怎么学的问题，深刻阐明了新时代学习党的历史、弘扬党的传统对开启新的征程、创造新的伟业的重大意义。6月11日，集团以党委理论学习中心组（扩大）会的形式举办党史宣讲报告会，专题学习改革开放时期历史。北京师范大学马克思主义学院教授以“中国共产党领导新中国建设发展的不平凡历程及经验”为题，从新中国为何选择了社会主义制度、如何客观理性看待改革前的历史、改革开放是怎样的一个历史进程3个方面，阐述党领导人民进行社会主义革命和建设的历史、改革开放的历史，分析开辟中国特色社会主义道路的科学性和必然性。集团领导班子成员、直属党组织的集团司管干部、区企共管公司党组织书记、集团总部中层干部、总部各支部书记等参加。

（梁晓雪）

【集团组织开展“永远跟党走”群众性主题宣传教育】5月，集团制订开展“永远跟党走”群众性主题宣传教育活动工作方案，组织开展主题突出、特色鲜明的群众性主题活动，隆重庆祝中国共产党成立100周年，大力营造爱党爱国爱社会主义的浓厚氛围。4—9月，集团面向系统全体党员和干部职工开展“我给先烈写封信”主题征文活动，通过讲述先烈故事、抒发内心感想体会来缅怀革命先烈的光辉事迹，累计收到干部职工及职工家属115封书信。5—6月，集团开展“百名党员话初心”活动，征集制作系列主题海报，展现党员昂扬向上的精神风貌，累计收到30余家子公司135名党员投稿，通过官方微信公众号连续推出22期图文报道。“七一”前，集团各单位充分运用庆祝中国共产党成立100周年宣传标语口号和活动标识，营造出庆祝活动浓厚氛围。组织观看《革命者》等红色电影。学习“时代楷模”李桓英先进事迹。

（梁晓雪）

【集团组织干部员工收看庆祝中国共产党成立100周年大会】7月1日，庆祝中国共产党成立100周年大会在北京天安门广场隆重举行，中共中央总书记、国家主席、中央军委主席习近平发表重要讲话。集团干部职工通过多种方式收看、收听大会盛况，第一时间学习习近平总书记重要讲话。

（梁晓雪）

【集团组织学习习近平总书记“七一”重要讲话精神】7月9日，集团党委理论学习中心组会议召开，学习贯彻习近平总书记在庆祝中国共产党成立100周年大会上的重要讲话精神，交流心得体会，集团党委委员、领导班子成员参加学习。7月12日，集团印发《关于认真学习贯彻〈习近平总书记在庆祝中国共产党成立100周年大会上的讲话〉的通知》，对学习贯彻习近平总书记“七一”重要讲话进行安排部署。《通知》要求，深入领会“七一”重要讲话的重大意义，深入领会全面建成小康社会的历史性成就，深入领会党团结带领人民不懈奋斗的光辉历程和伟大成就，深入领会伟大建党精神的深刻内涵和时代价值，深入领会以史为鉴、开创未来的根本要求，深入领会习近平总书记代表党中央发出的伟大号召。《通知》强调，要精心组织学习研讨，开展好宣传宣讲，持续深入推动党史学习教育。集团各级党组织通过理论中心组学习、“三会一课”等形式，组织党员干部专题学习习近平总书记“七一”重要讲话精神，开展学习研讨。

（梁晓雪）

【集团领导围绕学习习近平总书记“七一”重要讲话精神讲专题党课】7月14—16日，集团党委、纪委领导围绕党史学习教育“学史明理、学史增信、学史崇德、学史力行”要求，重点结合学习习近平总书记“七一”重要讲话精神，结合集团改革转型、“十四五”开局起步，分别以“谱写服务国际科技创新中心建设新篇章”“以新发展理念引领高质量发展”“贯彻落实党的组织路线建设高素质干部人才队伍”“推动高质量纪检监察工作保障集团高质量发展”为主题讲专题党课，对集团落实落地改革转型目标任务、以党建引领创新发展具有重要指导意义。

（张章）

【集团开展共产党员献爱心活动】7月，集团根据市委组织部印发的《关于做好2021年“共产党员献爱心”捐献活动有关工作的通知》，以“传承百年

红色基因 助力慈善为民办实事”为主题，组织开展献爱心捐献活动。

（闫梦超）

【集团党委对“两优一先”进行表彰】7月，为纪念中国共产党成立100周年，深入学习贯彻习近平新时代中国特色社会主义思想，深入开展党史学习教育，通过培育树立典型和表彰先进，充分发挥集团各级党组织和全体党员干部示范带头作用，更加有力地推进集团改革转型任务落实落地，集团党委结合实际开展了“两优一先”评选表彰工作。经集团各直属党组织民主推荐，集团党委审议同意，授予李永鑫等32名同志“优秀共产党员”荣誉称号；授予孙乐乐等9名同志“优秀党务工作者”荣誉称号；授予中关村发展集团总部第二党支部、北京中关村软件园发展有限责任公司党总支2个党组织“先进党组织”荣誉称号。

表33　2021年中关村发展集团优秀共产党员一览表

序号	姓名	所属单位
1	李永鑫	中关村发展集团
2	董晓宇	中关村发展集团
3	吕　红	中关村发展集团
4	金靖雨	中关村发展集团
5	常　峰	中关村发展集团
6	闫梦超	中关村发展集团
7	梁晓雪	中关村发展集团
8	石慧岗	工业院
9	李文博	工业院
10	姜　野	工业院
11	张雪姣	工业院
12	郭秀丽	工业院
13	汪　蔚	中关村软件园
14	赵　强	中关村软件园
15	魏宁宁	中关村生命科学园
16	高中成	中关村协同发展
17	刘波涛	中关村工业互联网公司
18	顾晶晶	中关村科技担保
19	魏　磊	中关村科技担保
20	蒋志凌	中关村科技租赁
21	张　迪	中关村科技租赁
22	王笑航	中关村医疗器械园
23	赵震刚	中关村延庆园公司
24	董腾飞	中关村集成电路设计园
25	马甜甜	中关村信息谷
26	席　艳	中关村协同创新基金
27	程镜亮	中关村芯园
28	陈　宁	中关村资本
29	闫庆之	中关村京西发展
30	任东东	北京IP
31	张　翔	中关村前沿技术
32	甘灰炉	中关村微纳能源

表34　2021年中关村发展集团优秀党务工作者一览表

序号	姓名	所属单位
1	孙乐乐	中关村发展集团
2	高永生	中关村发展集团
3	张　章	中关村发展集团
4	韩　璐	中关村发展集团
5	付　军	工业院
6	唐友平	中关村软件园
7	周　宇	中关村生命科学园
8	吴克强	中关村协同创新基金
9	曲显亮	中关村集成电路设计园

（张章）

【集团党委对基层党组织党史学习教育开展督导】8月17日，《中关村发展集团党委党史学习教育指导组工作方案》印发。集团党委党史学习教育领导小组派出8个指导组，对直属基层党组织开展党史学习教育进行督促指导。指导组分别到各基层党组织，通过听取汇报、座谈交流、查阅资料、实地走访等形式，督导党史学习教育工作进展情况，调研“我为群众办实事”实践活动开展情况。

（梁晓雪）

【集团各基层党组织召开党史学习教育专题组织生活会】8月底前，按照《关于召开党史学习教育专题组织生活会的通知》，集团各基层党组织紧密围绕党史学习教育工作实际，认真组织召开专题组织生活会，集团党委党史学习教育各指导组列席会议。各基层党组织通过集体学习和个人自学相结合的方式，认真研读习近平总书记“七一”重要讲话和党史学习教育指定学习材料，广泛开展谈心谈话，征求意见建议，认真撰写个人检视剖析材料。在专题组织生活会上，广大党员联系思想、紧密结合工作，开展问题检视，从检视出来的具体问题中，剖析主观上、思想上的根源，严肃开展批评和自我批评，领导干部以普通党员身份参加所在党支部组织生活会。

（张章）

【集团党委开展“我为群众办实事”实践活动】2021年，集团党委把“我为群众办实事”作为党史学习教育的根本落脚点，结合服务创新发展实际，聚焦“五个围绕”，坚持问题导向，紧扣创新创业主体痛点难点问题、职工操心事烦心事揪心事等方面办实事求实效，推动实践活动走深走实。5月24日，集团党委党史学习领导小组办公室印发《中关村发展集团关于组织开展“我为群众办实事”实践活动实施方案》的通知，从主要目标、重点任务、重点环节、工作要求等方面对实践活动作出安排。集团、各直属党组织分别研究制定了实事项目清单，明确责任主体、目标任务、时间安排，确保各项工作落实到位。全年，集团层面办实事项目共17项，具体措施26条；19家直属党组织办实事项目共159项，具体措施217条。各项实事完成率均达100%。

（杨静）

【集团组织颁发“光荣在党50年”纪念章】2021年，集团党委根据市委组织部《关于做好“光荣在党50年”纪念章颁发工作的通知》要求，开展老党员统计工作，并将统计的4名党龄50年以上老党员统计表上报市委组织部。组织中关村金服党委和工业院党委对颁发纪念章人员情况进行了再次审核，同时将党员情况进行公示，并经所在基层党委集体研究。6月，按照市委组织部要求，两个基层党委召开有关会议，向符合条件的4名党员颁发了纪念章。

[“光荣在党50年”高全福、曹钧、庄长泰、张利胜（由左至右）]

（张章）

思想政治建设

【概况】2021 年，集团党委坚持把党的政治建设摆在首位，严格执行新形势下党内政治生活若干准则，教育引导广大党员干部增强“四个意识”、坚定“四个自信”、做到“两个维护”，始终在思想上政治上行动上同以习近平同志为核心的党中央保持高度一致。突出思想建设基础性地位，不断深化党的创新理论武装，坚持把学习贯彻习近平新时代中国特色社会主义思想作为重中之重，建立学习贯彻习近平总书记重要指示批示精神“第一议题”制度，充分发挥党委理论学习中心组示范带动作用。全年开展党委理论学习中心组学习 34 次，集中研讨 6 次。切实压紧压实意识形态工作责任，加强意识形态阵地管理，开展意识形态工作专项督查，定期分析研判意识形态领域情况，及时发现和处置苗头性、倾向性问题，牢牢掌握意识形态工作领导权。

（项鹏）

【集团党委修订意识形态工作责任制实施细则】1 月 15 日，《中关村发展集团党委贯彻落实意识形态工作责任制实施细则》印发，贯彻落实中央、北京市委关于意识形态工作责任制新部署新要求，扎实推进意识形态专项巡视反馈问题整改。研究建立意识形态工作责任清单，从集团党委、班子成员、职能部门、基层党组织 4 个层面，按职责分别列出责任清单，以清单化方式压实意识形态工作责任。

（梁晓雪）

【首都新时代思政大课堂走进集团】1 月 29 日，首都新时代思政大课堂活动走进中关村发展集团。集团中层干部、子公司主要负责人、各基层党组织委员通过视频会议形式参加学习。市委讲师团成员、首都师范大学马克思主义学院教授以“擘画新蓝图 开启新征程——深入学习贯彻党的十九届五中全会精神”为主题，解读党的十九届五中全会召开的历史背景和概况、“十四五”规划的起草过程、逻辑框架，讲解“十四五”规划建议稿的内容和高频关键词。

（梁晓雪）

【集团党委专题研究年度意识形态工作】3 月 17 日，集团党委专题研究年度意识形态工作，系统总结 2020 年意识形态工作情况，并对 2021 年意识形态形势进行分析研判。会议强调，做好 2021 年意识形态工作要围绕党的十九届五中全会精神学习宣传，强化思想理论武装；围绕巡视反馈问题整改，持续抓好意识形态工作责任制落实；围绕集团改革转型与“十四五”发展，讲好服务科技创新故事；围绕弘扬主旋律、传播正能量，加强意识形态阵地建设。

（梁晓雪）

【集团制定巡察工作制度】3 月 18 日，集团党委会审议通过《中共中关村发展集团股份有限公司委员会巡察工作办法（试行）》，成立集团党委巡察工作领导小组。领导小组组长由集团党委书记担任，副组长由党委副书记和纪委书记担任。巡察工作办法明确了集团巡察范围与内容、工作方式与权限、工作程序、纪律与责任等内容。

（李达亮）

【集团党委制订理论学习中心组学习计划】4 月 19 日，《2021 年中关村发展集团党委理论学习中心组学习计划》印发。计划明确 2021 年理论学习中心组学习重点包括：深入学习领会习近平新时代中国特色社会主义思想的基本精神、基本内容、基本要求；深入学习领会习近平总书记关于学习党史的重要论述；深入学习领会习近平总书记关于立足新发展阶段、贯彻新发展理念、构建新发展格局的重要论述；深入学习领会习近平总书记在庆祝中国共产党成立 100 周年大会上的重要讲话精神；深入学习领会习近平总书记关于意识形态工作的重要论述；

深入学习领会习近平总书记关于发扬斗争精神、防范风险挑战的重要论述；深入学习领会习近平新时代中国特色社会主义思想的科学思想方法和工作方法；深入学习领会党的十九届六中全会精神；深入学习领会习近平总书记对北京重要讲话精神；深入学习领会习近平总书记关于科技创新的重要论述；深入学习领会习近平总书记关于国有企业改革发展的重要论述；努力掌握构建新发展格局所需的科技领域前沿知识。

（梁晓雪）

【集团党委巡察办公室成立】6月10日，集团印发《中关村发展集团总部组织架构优化调整方案》，成立党委巡察办公室。党委巡察办公室是集团党委巡察工作的职能机构，承担统筹、协调、指导巡察组开展工作并提出巡察整改意见和督促整改的职责；承担对巡察工作人员进行培训、考核、监督和管理等职责。

（李达亮）

【集团开展专项整治工作】6—7月，集团党委开展违反中央八项规定精神和“靠企吃企”问题专项整治工作。集团党委成立专项整治工作领导小组，领导小组组长由集团党委书记担任，副组长分别由集团党委副书记、纪委书记担任。集团22家子公司和总部深入开展自查工作，累计检查业务招待记录5000余笔、差旅记录8000余笔、公车使用记录1.4万余笔。检查组结合作风建设突出问题专项整治工作现场检查情况，采取“四不两直”方式前往5家子公司和集团总部开展现场检查工作，进一步推动基层党组织有效落实“两个责任”，发挥全面从严治党的引领保障作用。

（李达亮）

【集团各级党组织学习习近平在2021中关村论坛上的视频致贺精神】9月30日，集团党委理论学习中心组召开会议，学习贯彻习近平总书记在2021中关村论坛上的视频致贺精神。会议指出，习近平总书记在2021中关村论坛上的视频致贺，深刻阐述了新形势下加强国际科技开放合作的重大意义，宣布中国积极参与全球创新网络、推动全球科技创新协作的重要举措，并对办好论坛提出殷切期望，充分体现了习近平总书记对科技创新的高度重视，对中关村、对中关村论坛的关心关怀。会议认为，习近平总书记视频致贺对科技创新、中关村的发展提出新的更高要求，这是中关村发展的机遇，也是集团发展的机遇，为集团服务科技创新指明方向。会议要求，要提高政治站位，深刻认识习近平总书记视频致贺精神的丰富内涵，增强服务创新发展的责任感使命感紧迫感，将学习习近平总书记视频致贺精神转化为扎实推动集团“十四五”发展和综合改革方案落地的实际行动，加快打造国际一流的创新生态集成服务商，为助力中关村建设世界领先的科技园区、北京建设国际科技创新中心作出新的更大贡献。集团党史学习教育领导小组办公室印发《关于认真学习贯彻习近平总书记在2021中关村论坛上的视频致贺精神的通知》。集团各级党组织通过理论中心组学习、“三会一课”等形式，组织党员干部专题学习习近平总书记在2021中关村论坛上的视频致贺精神。

（梁晓雪）

【集团开展理论学习巡听旁听工作】9月以来，集团党委党史学习教育指导组分别到各子公司党组织开展理论学习巡听旁听工作。各单位及时跟进学习习近平总书记重要讲话精神，围绕党史学习重点内容，结合自身工作实际，自选主题开展学习研讨，领导干部积极发言、互相交流，分享学习党史的成效，达到了交流思想、共同提高的目的。指导组参加所指导单位的理论学习，指导各单位不断推动理论学习走深走实，提升党员干部的理论水平和综合能力，持续营造学思践悟良好氛围，掀起党史学习新热潮。

（梁晓雪）

【集团党委传达学习党的十九届六中全会精神】11月18日，集团党委理论学习中心组召开会议，传达学习党的十九届六中全会精神。集团党委委员、领导班子成员参加。会议指出，学习宣传贯彻党的十九届六中全会精神是集团当前和今后一个时期的重大政治任务。集团各级党组织要精心组织、周密安排，切实做好全会精神的学习宣传贯彻，将全会精神传达到每一位干部职工。会议要求，要提高政治站位，深刻认识党的十九届六中全会的重大意义；要加强组织领导，迅速在集团全系统掀起学习贯彻热潮；要紧密结合实际，将学习成果转化为服务创新发展的奋进力量。

（梁晓雪）

【集团党委召开学习贯彻党的十九届六中全会精神研讨交流会】 12 月 2 日，集团党委理论学习中心组召开学习贯彻党的十九届六中全会精神研讨交流会。集团党委委员、领导班子成员参加，市国资委党委党史学习教育第五指导组相关人员到会指导。与会代表交流学习体会，一致认为，学习领会全会精神，要持续在学懂弄通做实上下功夫，全面系统学、深入思考学、联系实际学，从党的百年奋斗中认清创新发展的历史脉络，把握创新发展的历史机遇，勇担服务创新发展的历史重任。

（梁晓雪）

【集团党委举办党的十九届六中全会精神宣讲报告会】 12 月 17 日，集团党委举办学习贯彻党的十九届六中全会精神宣讲报告会，集团党委书记、董事长赵长山作宣讲报告。集团领导班子成员、集团总部中层干部、子公司主要负责人在主会场参加，子公司其他班子成员在视频分会场参加。会议对党的十九届六中全会精神进行系统解读。会议强调，集团各级党组织及广大党员干部要把学习宣传贯彻党的十九届六中全会精神作为当前和今后一个时期的重大政治任务抓好，深刻领会和把握全会重大意义、深刻内涵和基本精神，把学习贯彻全会精神作为党史学习教育重要内容，将全会精神转化为扎实推动集团“十四五”发展和综合改革方案落地的实际行动，加快打造国际一流的创新生态集成服务商，为助力北京建设国际科技创新中心作出新的更大贡献，以优异的成绩迎接党的二十大胜利召开。同时，配合全市宣讲工作安排，组织集团党员干部参加北京市委、国务院国资委、市国资委组织的全会精神宣讲报告会。

（梁晓雪）

组织建设

【概况】2021 年，集团党委认真贯彻新时代党的组织路线，推进标准化规范化建设，提升基层党建工作质量。加强对集团所属国有控股、参股、混合所有制企业党建工作的分类指导，增强基层党组织政治功能和组织力。坚持将抓好巡视整改与持续推进基层党组织建设标准化规范化建设有机结合、一体推进，规范开展组织换届、“三会一课”、教育管理、党员发展等方面工作。组织全市“三优一先”及集团“两优一先”评选表彰工作，培育选树一批在集团改革转型过程中勇挑重担、攻坚克难的先进集体和优秀个人。全年指导 5 个基层党组织开展换届及成立等工作。深入落实加强市管企业领导班子和领导人员队伍建设三年行动计划，统筹做好干部选拔培养和人才队伍建设工作。选优配强各级领导班子。持续抓好“青苗计划”，加强年轻干部队伍建设。深入实施集团干部人才教育培训三年规划，持续加强干部人才“四位一体”教育培训体系建设。严格干部管理监督，从严从实做好领导干部个人有关事项报告工作，规范做好领导干部兼职审批工作，严格执行干部任职谈话制度，严格落实市管干部离京报备管理。不断健全干部担当作为的激励和保护机制，树立干事创业鲜明导向。

（张章）

【集团 2020 年度抓基层党建述职评议考核工作会召开】1 月 12 日，集团党委所属党组织书记 2020 年度抓基层党建述职评议考核工作会召开。集团领导班子成员，集团党委所属基层党组织负责人，集团党委、纪委各部门负责人，“两代表一委员”及基层党员干部群众代表参加。会议按照“述、评、测”联动方式，16 家党组织关系在集团的子公司党组织书记进行现场述职，其他直属党组织和区企共管子公司党组织书记以书面形式进行述职。与会代表聚焦学习宣传贯彻党的十九届五中全会精神、落实年度基层党建工作重点任务、以党建引领疫情防控和改革发展、落实意识形态工作责任制、落实全面从严治党主体责任等重点工作，交流抓基层党建的主要方法和取得的成效；坚持问题导向和目标导向相统一，对标巡视反馈问题整改、全面从严治党工作新要求，剖析存在问题和产生原因，提出加强和改进工作的思路措施。会议要求，各党组织书记要以党建述职评议会议为新起点，突出重点抓关键、明确责任抓主体、攻坚克难抓突破、强化督导抓落实，推动集团基层党建工作全面加强、全面过硬。

（张章）

【集团领导班子 2020 年度民主生活会召开】2 月 2 日，集团领导班子 2020 年度民主生活会召开。市委第五督导组第三小组、市纪委市监委第五监督检查室相关人员到会指导。集团领导班子成员围绕思想政治、坚持党的领导加强党的建设、加强领导班子建设、履职尽责、学习贯彻党的十九届五中全会精神、全面从严治党责任落实 6 个方面，坚持问题导向，联系实际，对照巡视、审计反馈问题、查摆问题，剖析问题产生的症结和根源，开展批评和自我批评，明确了整改措施和努力方向。会议还通报了集团“不忘初心、牢记使命”专题民主生活会、市委巡视、审计整改落实情况和民主生活会征求意见情况。

（张章）

【中关村生命科学园党总支召开党员大会】3月11日，中关村生命科学园党总支召开党员大会，按照规定的民主程序，采用差额选举办法，以无记名投票方式，选举产生新一届中关村生命科学园党总支委员会。

（谢泊晚）

【集团党委（扩大）会暨集团党建工作领导小组会召开】3月18日，集团党委（扩大）会暨党建工作领导小组、党风廉政建设责任制领导小组会召开。集团领导班子成员，集团党建工作领导小组和党风廉政建设责任制领导小组及办公室成员，总部全体中层干部、党组织关系在集团的子公司班子成员、区企共管子公司党组织书记参加。会议传达中央、市委重要会议精神，总结部署集团党风廉政建设和反腐败工作，并通报集团2020年度民主生活会召开情况和2020年基层党组织全面从严治党（党建）工作考评结果和等次。会议要求，集团各级党组织要准确把握“十四五”发展的科学内涵和实施路径，发挥集团党建“引领、保障、助推、聚力”作用，做好党建与改革转型中心工作融合发展这篇大

文章，让集团大党建工作格局在实践中落地，为集团“十四五”开好局、起好步提供坚强的政治保障和组织保障。会议审议通过《集团2021年党建工作要点》，书面通报《中关村发展集团2020年全面从严治党检查考核报告》《中关村发展集团2020年度党费收缴、使用和管理情况及2021年度党费预算情况》。

（张章）

【中关村软件园召开党员大会开展换届选举工作】3月30日，中关村软件园党总支召开党员大会，按照规定的民主程序，采用直接差额选举办法，以无记名投票方式，选举产生新一届中关村软件园党总支部委员会委员。会后，新一届党总支部委员会召开全体会议，选举产生书记、副书记，并确定委员分工。

（李军伟）

【中关村建投党总支成立】4月19日，经集团党委批复同意，中关村建投党总支成立。12月2日，中关村建投召开党员大会，按照规定的民主程序，采用直接差额选举办法，以无记名投票方式，选举产生中关村建投党总支委员会。

（周小燕）

【集团举办党的十九届五中全会司管干部轮训班】5月19—28日，集团分两期举办党的十九届五中全会精神司管干部专题培训班，约100名司管干部和职业经理人参加轮训。培训班邀请科技部、中科院、北京市委研究室专家，结合党的十九届五中全会精神，对建设全国数字标杆城市、首都“十四五”经济社会发展和北京建设国际科技创新中心等进行解读，引导党员干部提高政治能力、战略眼光和专业水平，把学习成效转化为推动集团改革转型、创新

发展的生动实践。

（张章）

【2家园区企业联合党委获先进基层党组织称号】 6月8日，在中关村科学城庆祝建党100周年主题活动上，举行百个先进党组织、百名优秀共产党员、百名优秀党务工作者、百个党建挚友以及创新工匠颁奖仪式。其中，中关村集成电路设计园企业联合党委、中关村软件园企业联合党委获中关村科学城党工委管委会授予的先进基层党组织称号。

（曲显亮、李军伟）

【集团基层党组织书记培训班举办】 7月14—16日，集团2021年基层党组织书记培训班举办。集团所属各级党组织负责人参加培训。本次培训围绕党史学习教育，学习贯彻习近平总书记“七一”重要讲话精神，结合国有企业改革三年行动方案宣传贯彻，突出政治引领，把党性教育和理想信念教育贯穿始终，以提升思想政治素质、抓基层党建和改革转型能力为重点，对基层党组织书记开展党的创新理论、党建工作实务、党对国有企业的领导、深化国有企业改革等方面的教育培训。培训班采取集团领导讲授专题党课、外部专家辅导等方式，以视频形式组织开展。培训还邀请国务院国资委、市委组织部、市委党校、其他市管企业相关专家进行专题辅导。

（张章）

【集团总部第一党支部召开党员大会】 7月30日，集团总部第一党支部召开党员大会，按照规定的民主程序，采用差额选举、无记名投票的方式，选举产生新一届支部委员会。

（郑琨）

【集团总部第五党支部召开党员大会】 8月11日，集团总部第五党支部召开党员大会。大会采用差额选举、无记名投票的方式补选产生支部委员。

（王晓菲）

【集团海外业务板块联合党支部成立】 8月25日，经集团党委批复同意，海外业务板块联合党支部成立。9 月 2 日，中关村国际、中关村海外科技园和中关村国际会展联合召开集团海外业务板块联合党支部第一次党员大会暨联合党支部成立大会，按照规定的民主程序，采用直接差额选举办法，以无记名投票方式，选举产生海外业务板块联合党支部委员会。

（赵静）

【中关村（京西）人工智能科技园 · 智能文创园联合党支部成立】 9 月 15 日，经中关村门头沟园党工委批复同意，中关村（京西）人工智能科技园 · 智能文创园联合党支部成立。10 月 28 日，联合党支部召开成立大会，按照规定的民主程序，以无记名投票方式，选举产生联合党支部委员会。会上，中关村门头沟园党工委为中关村（京西）人工智能科技园 · 智能文创园联合党支部授牌。

（邓文茵）

【集团党务工作者培训班举办】 11 月 29 日至 12 月 1 日，集团以视频形式举办 2021 年党务工作者培训班，集团总部各支部、直属各级党组织党务工作者共 49 人参加培训。培训班落实全市国有企业基层党组织规范化建设部署，结合市国资委党委对于市管企业落实全面从严治党责任工作要求，采取市国资委、相关外部专家授课，集团党委各部门交流党委相关制度和工作要求的形式组织开展。邀请市国资委党群处讲解市管企业党的组织建设和党员教育工作等相关政策精神和工作要求；邀请市国资委党建工作办公室讲解市管企业落实全面从严治党责任和党风廉政建设主体责任相关政策精神和工作要求；邀请北汽集团党委组织部交流市管企业基层党组织落实党组织标准化规范化建设相关案例和经验。

（张章）

【集团总部第二党支部召开党员大会】 12 月 3 日，集团总部第二党支部召开党员大会，大会采用差额选举、无记名投票的方式补选产生支部委员。

（李明明）

【中关村科技担保党总支召开党员大会开展换届选举工作】 12 月 30 日，中关村科技担保党总支召开党员大会，按照规定的民主程序，采用直接差额选举办法，以无记名投票方式，选举产生新一届中关村科技担保党总支委员会。

（夏晓川）

【集团举办教育培训活动 40 余项】 2021 年，集团落实《2020—2022年中关村发展集团干部人才教育培训规划》，紧紧围绕“领导干部、基层党组织书记、党务干部、党员”队伍建设，以党史学习教育为主线，把坚持习近平新时代中国特色社会主义思想教育培训作为首要任务，开展党建及政治理论教育培训、综合素质能力培训、专业化能力培训、企业文化建设培训等活动42项。

（张章）

【集团举办创新大讲堂20期】 2021年，集团以“中发展服务创新大讲堂”为载体，将教育培训项目中涉及加强国有企业党的建设、与集团改革转型相关、影响力比较大的20期培训项目纳入，充分发挥大讲堂在改革转型和创新发展中的服务和支撑作用。集团各子公司围绕服务双创主体特性，打造了中关村软件园大讲堂、中关村生命科学园红色党校、中关村“芯”学院、中关村协同创新学院等一批特色教育培训品牌。

（张章）

【集团制定实施干部人才队伍建设三年行动计划】 2021年，集团贯彻落实市管企业领导班子和领导人员队伍建设三年行动计划，实施集团《加强子公司领导班子和干部队伍建设三年行动计划（2021—2023）》及任务分解，建立统一领导、分级负责、协同配合的培养使用体系；结合干部队伍建设三年行动计划和干部队伍建设现状，突出培养使用年轻干部导向，编制2021年度干部选配工作建议，逐步组织落实。

（王永佩）

【集团规范开展干部选拔任用工作】 2021年，集团按照司管干部管理规定及选任流程，选拔任用司管干部30人次，其中履行提拔任用程序13人、交流任职10人、专职董事1人，根据工作需要调整或免去职务6人；持续推动用人体制和激励机制改革试点落地，加大高层次专业人才引进力度，通过市场化选人用人机制，为集团科技服务、国际化业务、产业咨询等方面选聘职业经理人8人，为集团改革转型提供坚强的专业人才支撑。加强干部人才挂职交流，配合市委组织部接收中央单位到集团挂职干部1名，接收河南、沈阳和北京怀柔、房山及通州区15名干部交流学习，加强与党政机关、中央金融单位的交流合作。

（王永佩）

【集团从严从实做好干部监督管理工作】 2021年，集团从严从实做好干部监督管理工作，规范做好司管干部和专业人才兼职审批、因私出国（境）、干部人事档案、董监事管理等监督管理工作。严格履行集团司管干部兼职审批程序，规范办理企业和社会组织兼职20人次；规范做好因公出国（境）备案及因私出国（境）管理，办理出入境备案、撤销及变更16人次；统筹做好集团干部人事档案专项审核全覆盖工作，持续推动干部档案审核常态化；严格落实干部选拔任用纪实办法，规范做好集团18名司管干部选拔任用纪实；严格执行和规范领导干部任职谈话制度，做到“应谈尽谈”；有序做好董监事和股东代表管理，向中关村生命科学园、中关村延庆园公司等16家子公司和22家在投企业董监事及高管人选变更，45家控股和参股公司出具股东代表授权委托书；规范开展司管干部配偶移居国（境）外情况专项核查及“一人多证”专项检查。

（王永佩）

纪律和作风建设

【概况】 2021年，集团纪委始终坚守主责主业，充分发挥监督保障执行、促进完善发展作用。严明政治纪律和政治规矩，推动政治监督具体化常态化；压实全面从严治党主体责任，抓紧抓实全面从严治党检查考核，监督市委巡视整改任务有序推进；坚决纠治“四风”，持续整治形式主义、官僚主义，锲而不舍落实中央八项规定精神，组织开展作风建设突出问题专项整治；严肃执纪问责，深化运用监督执纪“四种形态”，标本兼治强化警示教育；健全完善监督体系，推动各类监督贯通融合；持续加强自身建设，提升纪检监察干部业务能力。有力促进了集团党风廉政建设和反腐败工作不断深入，为集团综合改革方案各项任务落地和生产经营工作有序开展提供坚强保障。

（韩璐）

【集团召开“以案为鉴、以案促改”警示教育大会】 1月7日，集团召开“以案为鉴、以案促改”警示教育大会，组织集团总部中层以上干部、二级子公司班子成员、各基层党组织书记和纪检委员集体观看警示教育专题片，传达学习北京市委书记蔡奇在全市警示教育大会上的讲话精神，要求各级党组织根据通报的典型案例，结合市委巡视、审计和监督检查发现的问题，主动举一反三、自查自纠，深入剖析问题根源，认真落实整改任务，约200名干部参加会议。

（韩璐）

【集团党风廉政建设工作会议召开】 3月8日，集团召开2021年党风廉政建设工作会议，总结回顾2020年党风廉政建设和反腐败工作，研究部署2021年工作任务，明确7个方面15项重点内容，督促各单位部门严格贯彻落实，确保党风廉政建设和集团改革发展工作同研究、同部署、同落实。集团领导班子成员、总部中层领导干部、各子公司领导班子成员和纪检工作人员等近200人参加会议。

（韩璐）

【集团纪委组织开展纪检监察干部业务培训】 4月22日，集团纪委组织开展2021年第一期纪检监察干部业务培训。集团纪检监察系统共28人参加培训。此次培训由中央纪委国家监委有关人员以视频方式讲授监督检查工作的理念、任务和方法，主要目的是切实提高集团各级纪检监察干部依规依纪依法履职能力，增强纪法意识、纪法思维、纪法素养。

（韩璐）

【集团组织党员干部集中观看警示教育片】 9月15日，中秋、国庆前夕，集团召开警示教育大会，组织广大干部集中观看警示教育片《酒醒时分》，对党员干部酒驾醉驾问题开展专题警示教育。集团领导班子成员、总部中层领导干部和各子公司中层以上干部参加会议。会议通报了一些党员干部、公职人员酒驾醉驾的典型案例，进一步明确集团党委、纪委对党员干部、公职人员酒驾醉驾问题坚持“零容忍”的鲜明态度和坚定决心，深入剖析问题根源，并对各级党组织、广大党员、公职人员提出要求。

（韩璐）

【集团贯彻落实全市警示教育大会精神】10月26日，集团召开学习贯彻全市警示教育大会精神专题会，深入学习蔡奇书记在全市警示教育大会上的重要讲话精神，部署贯彻落实措施，强调要以更高的政治站位抓好“三个坚持”工作，确保全市警示教育大会精神在集团落地落实。坚持把政治建设摆在首位，做到旗帜鲜明讲政治；坚持深化落实全面从严治党主体责任，营造良好政治生态；坚持深入开展党风廉政建设和反腐败斗争，把“严”的主基调长期坚持下去。集团总部中层以上干部、二级子公司中层以上干部参加会议。

（韩璐）

【集团纪委驰而不息纠“四风”】2021年，集团纪委持续落实中央八项规定精神及北京市委贯彻落实办法，在持续纠治“四风”问题上重拳出击，将违反中央八项规定精神、不担当不作为等方面的突出问题作为监督检查重点，进一步清除“四风”问题“病原体”，巩固拓展作风建设成果。在重要节点、重点领域开展“全覆盖”提醒、“穿透式”监督、“严格化”处理，持续释放出驰而不息纠“四风”、坚定不移树新风的强烈信号。

（韩璐）

【集团纪委持续开展政治监督】2021年，集团纪委加强对贯彻落实新形势下党内政治生活若干准则的监督检查，紧盯各级党组织党内政治生活开展情况，全覆盖督导基层党组织民主生活会，采取事前审核材料、派员列席会议、会后督促整改的方式，构建监督闭环，提升监督实效，引领党员领导干部不断提高政治判断力、政治领悟力、政治执行力，切实增强“四个意识”、坚定“四个自信”、自觉做到“两个维护”。

（韩璐）

【作风建设突出问题专项整治】2021年，集团纪委紧盯公车管理使用、招待费用报销、津贴补贴发放等重点问题，整合监督力量，通过实地走访、谈话询问、查阅财务明细及凭证等方式，检查19家单位，发现53项问题，追回不规范报销费用5.6万余元，对6名干部进行诫勉谈话并予以内部通报。聚焦违反中央八项规定精神和“靠企吃企”58个具体问题表现，采取全覆盖自查和“四不两直”现场检查相结合的方式，严肃查处靠企吃企、设租寻租、违规兼职等问题，坚持以问题为导向完善长效机制，推动完善制度18项，切实堵塞管理漏洞，坚决防止“四风”问题反弹回潮。

（韩璐）

【集团纪委监督执纪“四种形态”】2021年，集团纪委全年处理问题线索16件，其中谈话函询1件，初步核实13件，立案查处4件。正确把握政策策略，综合考虑事实证据、思想态度、纪法标准等因素，运用第一种形态帮助教育9人，第三种形态处理2人，第四种形态处理1人，精准有效运用“四种形态”，真正做到“惩前毖后，治病救人”。

（韩璐）

工会工作

【概况】 2021 年，集团工会充分发挥党联系职工群众桥梁纽带作用，不断增强企业凝聚力和战斗力。落实落细组织关爱，扎实做好困难职工帮扶和送温暖工作。加强集团工会组织建设，加强对下级工会的统筹管理。进一步捋顺集团子公司工会关系，指导中关村资本、中关村建投、中关村信息谷 3 家子公司新建工会组织，指导中关村协同发展、中关村海外科技园、工业院、中关村延庆园公司、中关村生命科学园、中关村科技担保、中关村京西发展、北京 IP 8 家子公司开展工会换届及补选。定期组织工会业务知识专题培训，全面提高工会干部能力水平。全年组织开展工会财务知识培训、履职培训、年统操作等各类培训 8 场次，参训人员 380 余人次。截至 2021 年底，集团工会下设二级工会组织 20 家，工会会员 1938 人。

（闫梦超）

【工业院工会第四届会员大会召开】 1 月 15 日，工业院工会第四届会员大会召开。大会审议通过第三届工会委员会工作报告、财务工作报告和经费审查委员会工作报告，选举产生第四届工会委员会和经费审查委员会。

（唐旭磊）

【中关村协同发展第二届会员大会召开】 1 月 22 日，中关村协同发展工会第二届会员大会召开。大会审

议通过第一届工会委员会工作报告、财务工作报告和经费审查委员会工作报告，选举产生第二届工会委员会、经费审查委员会。

（何玉斌）

【中关村科技担保工会举办插花艺术沙龙活动】 3 月 3—5 日，中关村科技担保工会举办“三八”节主题插花艺术沙龙活动，100 余名员工参加。公司邀请专业插花师为大家讲解花艺知识和插花技巧，并现场制作演示。员工根据个人对美的理解，动手插花，感受艺术之美。

（薛威）

【中关村协同发展工会举办 Z-LINK⁺ 心理工作坊“三八”节主题活动】 3 月 5 日，中关村协同发展工会举办 Z-LINK⁺ 心理工作坊“三八”节主题活

动，邀请心理教育专家魏敏老师带领职工开展“萨提亚”互动体验式心理培训。公司在京职工 30 余人参加活动。活动以“万物复苏，奏响成长之歌”为主题，从帮助员工唤醒生命力和生命觉知切入，引导职工提升自我认知，体验由内而外的生命力量，在内心撒下健康愉悦的种子，提高与人相处和平衡工作生活的能力。本次活动标志着中关村协同发展“Z-LINK⁺ 心理工作坊”正式建立。心理工作坊致力于从“心”出发，关注员工心理能量和生命成长，以体验式的心理沙龙、心理能量

加油站等形式，通过讲座、对话、咨询等方法，助力员工个人内在潜能的激发和公司整体的团队和谐、积极正向发展。

（何玉斌）

【中关村科技租赁工会举办桌面微景观 DIY 活动】 3 月 8 日，中关村科技租赁工会以线上视频教学形式组织开展桌面微景观 DIY 活动，指导全体女职工铺填营养土、摆放绿植，进行桌面微景观制作。

（王鸣曦）

【中关村微纳能源工会举办插花培训体验活动】 3 月 8 日，中关村微纳能源工会为全体女职工送上节日祝福及礼物，并组织开展插花培训体验活动。

（程麒宇、张皓楠）

【中关村协同发展工会举办健步走活动】 3 月 12 日，中关村协同发展工会组织职工在北京地坛公园开展 2021 年首次 Z−LINK BEIJING WALKER 健步走活动，近 30 名职工参加。本次活动全程约 5 千米，历时近两小时。

（何玉斌）

【中关村生命科学园重大项目工作小组获“北京市工人先锋号”称号】 4 月 28 日，中关村生命科学园重大项目工作小组获市总工会和市人力社保局联合授予的“北京市工人先锋号”称号。中关村生命科学园重大项目工作小组贯彻落实中央全会精神，全面落实新发展理念，服务首都科技创新中心建设。围绕建设全球领先水平“生命谷”的目标定位，全面提升园区品质，建立健全服务体系，着力服务重大项目落实落地相关事项。

（谢泊晚）

【中关村资本工会成立】 4 月 29 日，中关村资本完成工会法人资格证书办理，并于 5 月 31 日完成开设工会基本账户的工作。（2020 年 11 月 17 日，经中关村发展集团总部工会批准，中关村资本工会第一届会员大会召开。大会选举产生第一届工会委员会、第一届经费审查委员会。）

（尹峰）

【集团工会组织女职工参加“国家大剧院艺术沙龙”活动】5月1日，集团工会组织基层工会选派40余名女职工参加市总工会女职工部举办的“国家大剧院艺术沙龙”活动。活动包括：国家大剧院专业歌剧演员主讲的艺术沙龙；在专业讲解员的带领下环游大剧院，了解大剧院建筑设计特点；集体观看国家大剧院2021歌剧节的代表歌剧《江姐》。

（闫梦超）

【中关村科技租赁工会举办中草药驱蚊香囊DIY活动】6月1日，中关村科技租赁工会组织开展中草药驱蚊香囊DIY活动。活动邀请北京中医药大学博士生讲解并指导中草药香囊制作，分享夏季养生保健的原理、调理方式、饮食、起居、锻炼方式等健康中医知识。活动吸引家有儿女的职工及小朋友们的参与。

（王鸣曦）

【总部工会举办博物馆“六一”亲子活动】6月6日、14日，为庆祝“六一”国际儿童节，提升总部员工的幸福感与归属感，搭建员工及家属之间沟通交流的平台，集团总部工会结合新冠肺炎疫情期间要求，分两场组织“庆祝建党百年 传承运河精神”“六一”亲子活动，总部员工69人次参加活动。活动在积水潭北岸的汇通祠——郭守敬纪念馆内举办，分为破冰游戏、馆长陪你看展览、端午主题兔儿爷绘制和制作毛猴等环节，共2小时。通过活动，孩子们观看了基本陈列，了解了京杭大运河的历史和郭守敬一生的功绩及其对北京城市历史发展的贡献，并亲手制作非遗产品。

（闫梦超）

【北京IP工会组织开展“中医健康义诊”活动】7月5—8日，北京IP工会联合中关村建投邀请东直门中医院专家医师上门开展“中医健康义诊”活动。专家针对职业病、办公室日常保健、夏季养生等内容，为公司干部职工提供健康保健咨询与健康理疗。

（范芮芮）

【中关村延庆园公司工会第二届会员大会召开】7月27日，中关村延庆园公司工会第二届会员大会召开。大会审议通过第一届工会委员会工作报告、财务工作报告和经费审查委员会工作报告，选举产生第二届工会委员会、经费审查委员会。

（夏芳）

【中关村信息谷工会成立】10月9日，中关村信息谷工会第一届会员大会召开。大会选举产生第一届工会委员会、第一届经费审查委员会。11月16日，工会法人资格证书办理完成；12月8日，工会基本账户开设完成。

（滕琦诺）

【中关村京西发展工会第一届第二次会员大会召开】10月19日，中关村京西发展工会第一届第二次会员大会召开。会议补选 1 名工会委员会委员。

（邓文茵）

【中关村科技担保工会第五届会员大会召开】 11 月 3 日，中关村科技担保工会第五届会员大会召开。大会审议通过第四届工会委员会工作报告、财务工作报告和经费审查委员会工作报告，选举产生第五届工会委员会和经费审查委员会。

（薛威）

【中关村科技租赁工会开展急救技能培训活动】 11 月 19 日，中关村科技租赁工会邀请北京急救中心专家讲师到公司开展现场急救技能培训。公司 40 余名员工参加培训。在实操阶段，讲师利用道具和教材，传授心肺复苏操作过程和注意事项。员工模拟演示自动体外除颤器的使用，分组开展心肺复苏流程练习。专家讲师指导和纠正每位员工的动作，确保培训效果。通过培训，员工进一步加深了对简单救护技能必要性的认识，学会了急救的基本手法和技能。

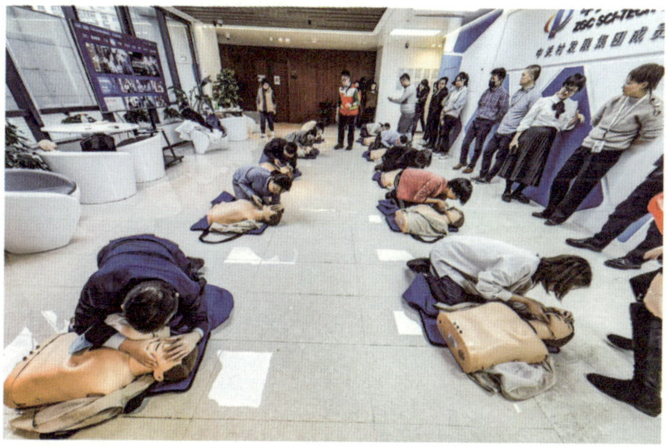

（王鸣曦）

【中关村建投工会成立】 12 月 2 日，中关村建投工会第一届会员大会召开。大会选举产生第一届工会委员会、第一届经费审查委员会和第一届女职工委员会。（2022 年 2 月 22 日，完成工会法人资格证书的办理，并于同年 3 月 8 日完成开设工会基本账户的工作。）

（赵晓光）

【中关村集成电路设计园工会组织健康徒步走活动】 12 月 2 日，中关村集成电路设计园工会组织全体员工赴中关村森林公园开展健康徒步走活动。活动以“助力冬奥，一起向未来”为主题，通过环保徒步、冬奥知识问答等形式，响应全民冬奥、全民健身运动的开展，引导员工多元化、多维度、多方式地参与到体育运动中来。

（李松龄、曲显亮）

【中关村微纳能源工会组织开展活动】 12 月 22 日，中关村微纳能源工会组织职工开展拔河、运球比赛活动。通过活动增强职工强身健体的意识，增进团队凝聚力，增强职工间的沟通，激发职工争先创优的干事热情。本次活动也是公司 7 周年庆祝系列活动之一。

（程麒宇、张皓楠）

【中关村软件园工会获“北京市示范职工之家”称号】 12 月 23 日，中关村软件园工会获“北京市示范职工之家”称号并举行揭牌仪式。会上介绍了中关村软件园工会以制度建设为切入点，强化日常运行和管理机制，一手抓服务体系建设完善员工关心关爱项目，一手抓特色文化活动增强工会组织的服务力和凝聚力的情况。

（李军伟）

【北京 IP 工会第三届会员大会召开】 12 月 30 日，北京 IP 工会第三届会员大会召开。大会审议通过第二届工会委员会工作报告、财务工作报告和经费审查委员会工作报告，选举产生第三届工会委员会和经费审查委员会。

（武晶）

【集团工会推进在职职工互助保险工作】 2021 年，集团工会完成所属基层工会 1639 人次的投保工作，实现基层工会投保率 100%。集团系统 1 名患重大疾病的职工获得工会互助保险理赔 4 万元，25 名职工获得在职职工住院医疗、津贴赔付金 10 万余元，194 人次职工领取 2.7 万元的工会互助金。

（闫梦超）

【集团工会开展为职工办实事工作】 2021 年，集团工会开展精准帮扶，慰问困难职工。全年慰问各级工会困难员工 52 人次，经费支出 12 万余元。在关心关爱职工过程中，重点围绕缓解重大疾病患者的经济压力办实事。在为重症女职工“重大疾病保险”理赔 4 万元的基础上，积极为职工争取到“女工特病保险”，追加理赔申请 3 万元。同时，在基层工会困难补助的基础上，为集团 6 名重大疾病患者给予集团工会困难补助，有效为职工解决燃眉之急。各级工会提前进行员工需求调研，针对夏季暑热、冬季雾霾购买慰问品，在瑜伽、网球、羽毛球等场馆开展健身活动。贯彻落实新冠肺炎疫情防控各项部署，加强正面宣传，跟踪员工健康状况；为员工分发口罩、消毒酒精、洗手液等防疫物资，切实做好科学防护，确保做到零感染；按照“应接尽接”原则组织员工做好加强针疫苗接种工作，引导员工保持积极向上的心态和饱满的精神状态。

（闫梦超）

统计资料

2021 年中关村发展集团主要经营指标

表 35　2021 年中关村发展集团主要经营指标统计表

指标分类	指标名称	单位	合计	2021 年
基本情况	集团员工总数	人	—	5521
经营成果	资产总额	亿元	—	1302.81
	净资产	亿元	—	422.04
	营业总收入	亿元	983.58	144.08
	资产负债率	%	—	67.6
	净资产收益率	%	—	6.98
服务成效	服务收入（含投资收益）占比	%	—	41.17
	服务创新创业企业数量	家	—	12023
	落地北京高精尖产业和创新孵化项目	个	4768	550
	提供各类科创服务产品数	项	188	27
	提供投融资总额	亿元	6011.01	683.25
空间运营服务	创新社区运营面积	万平方米	—	453.26
	特色园区数量	个	—	16
	园区地均企业产出为示范区倍数	倍	—	2.84
	园区地均企业税收为示范区倍数	倍	—	2.95
	每万人专利授权数为示范区倍数	倍	—	1.44
	人均研发经费投入强度为示范区倍数	倍	—	1.94
产业投资业务	集团基金系总规模	亿元	2094.32	538.32
	基金支数	支	202	50
	股权与认股权池数量	个	1650	331
孵化器情况	孵化器个数	个	37	4
	运营孵化器累计毕业企业数	家	2771	460
知识产权情况	可供交易专利	万项	—	3.23
专业机构数量	设立国内专业服务机构数量	个	40	13
	吸引国际领先专业服务机构数量	个	38	7
区域合作业务	区域协同创新服务落地项目数	个	3675	1205
	区域轻资产运营面积	万平方米	229.09	48.93
海外业务	国际化创新活动举办次数	次	294	20
	海外创新中心数量	个	4	—

附录

中关村发展集团年鉴

YEARBOOK OF ZHONGGUANCUN DEVELOPMENT GROUP

2022

附表 1　国家部分政府部门全称、简称一览表

序号	全称	简称
1	中华人民共和国国务院	国务院
2	中华人民共和国国务院办公厅	国务院办公厅
3	中华人民共和国外交部	外交部
4	中华人民共和国国家发展和改革委员会	国家发展改革委
5	中华人民共和国教育部	教育部
6	中华人民共和国科学技术部	科技部
7	中华人民共和国工业和信息化部	工业和信息化部
8	中华人民共和国人力资源和社会保障部	人力资源社会保障部
9	中华人民共和国自然资源部	自然资源部
10	中华人民共和国生态环境部	生态环境部
11	中华人民共和国住房和城乡建设部	住房城乡建设部
12	中华人民共和国交通运输部	交通运输部
13	中华人民共和国水利部	水利部
14	中华人民共和国农业农村部	农业农村部
15	中华人民共和国商务部	商务部
16	中华人民共和国文化和旅游部	文化和旅游部
17	中华人民共和国国家卫生健康委员会	国家卫生健康委
18	中华人民共和国应急管理部	应急管理部
19	中国人民银行	人民银行
20	国家外国专家局	国家外专局
21	国家航天局	国家航天局
22	国家海洋局	国家海洋局
23	中华人民共和国海关总署	海关总署
24	国家市场监督管理总局	国家市场监管总局
25	国家体育总局	国家体育总局
26	国家国际发展合作署	国家国际发展合作署
27	国家广播电视总局	国家广电总局
28	国家医疗保障局	国家医保局
29	国家认证认可监督管理委员会	国家认监委
30	国家标准化管理委员会	国家标准委
31	国务院港澳事务办公室	国务院港澳办
32	国家互联网信息办公室	国家网信办
33	新华通讯社	新华社
34	中国科学院	中科院
35	中国社会科学院	中国社科院
36	中国工程院	中国工程院

（续表）

序号	全称	简称
37	中央广播电视总台	中央广电总台
38	中国气象局	中国气象局
39	中国银行保险监督管理委员会	银保监会
40	中国证券监督管理委员会	证监会
41	国家能源局	国家能源局
42	国家林业和草原局	国家林草局
43	中国民用航空局	中国民航局
44	国家药品监督管理局	国家药监局
45	国家移民管理局	国家移民局
46	国家铁路局	国家铁路局
47	国家中医药管理局	国家中医药局
48	国家知识产权局	国家知识产权局
49	中国科学技术协会	中国科协

附表 2　北京市部分党政机关全称、简称一览表

序号	全称	简称
1	中共北京市委员会	市委
2	北京市人民代表大会常务委员会	市人大常委会
3	北京市人民政府	市政府
4	中国人民政治协商会议北京市委员会	市政协
5	中共北京市委组织部	市委组织部
6	中共北京市委宣传部	市委宣传部
7	北京市机构编制委员会办公室	市编办
8	北京市发展和改革委员会	市发展改革委
9	北京市教育委员会	市教委
10	北京市科学技术委员会、中关村科技园区管理委员会	市科委、中关村管委会
11	北京市经济和信息化局	市经济和信息化局
12	北京市民族宗教事务委员会	市民族宗教委
13	北京市公安局	市公安局
14	北京市民政局	市民政局
15	北京市司法局	市司法局
16	北京市财政局	市财政局
17	北京市人力资源和社会保障局	市人力社保局
18	北京市规划和自然资源委员会	市规划自然资源委

（续表）

序号	全称	简称
19	北京市生态环境局	市生态环境局
20	北京市住房和城乡建设委员会	市住房城乡建设委
21	北京市城市管理委员会	市城市管理委
22	北京市交通委员会	市交通委
23	北京市水务局	市水务局
24	北京市农业农村局	市农业农村局
25	北京市商务局	市商务局
26	北京市文化和旅游局	市文化和旅游局
27	北京市卫生健康委员会	市卫生健康委
28	北京市应急管理局	市应急局
29	北京市市场监督管理局	市市场监管局
30	北京市审计局	市审计局
31	北京市人民政府国有资产监督管理委员会	市国资委
32	北京市广播电视局	市广电局
33	北京市文物局	市文物局
34	北京市体育局	市体育局
35	北京市统计局	市统计局
36	北京市园林绿化局	市园林绿化局
37	北京市人民防空办公室	市人防办
38	北京市信访办公室	市信访办
39	北京市知识产权局	市知识产权局
40	北京市人民政府侨务办公室	市政府侨办
41	北京市人民政府天安门地区管理委员会	天安门地区管委会
42	北京西站地区管理委员会	西站地区管委会
43	北京经济技术开发区管理委员会	经济技术开发区管委会
44	北京市城市管理综合行政执法局	市城管执法局
45	北京市投资促进服务中心	市投资促进服务中心
46	北京市公园管理中心	市公园管理中心
47	北京市地震局	市地震局
48	北京市气象局	市气象局
49	北京市社会建设工作办公室	市社会办

附表 3　中关村发展集团部分子公司、基金全称、简称一览表

序号	全称	简称
1	安徽中关村信息谷科技服务有限责任公司	安徽中关村信息谷
2	保定基石连盈创业投资基金中心（有限合伙）	保定基石子基金
3	保定中关村信息谷科技服务有限责任公司	保定中关村信息谷
4	北京丰台科技园建设发展有限公司	丰科建
5	北京光谷科技园开发建设有限公司	光谷科技园
6	北京国际工程咨询有限公司	工业院咨询公司
7	北京海开房地产集团有限责任公司	海开地产
8	北京集成电路产业发展股权投资基金有限公司	北京集成电路基金
9	北京集成电路设计与封测股权投资中心（有限合伙）	设计子基金
10	北京集成电路先进制造和高端装备股权投资基金中心（有限合伙）	制造二期子基金
11	北京集成电路制造和装备股权投资中心（有限合伙）	制造一期子基金
12	北京金桥科技产业基地开发有限公司	金桥科技
13	北京京龙工程项目管理有限公司	工业院京龙公司
14	北京启航投资管理有限公司	启航投资
15	北京启元资本市场发展服务有限公司	启元资本
16	北京实创高科技发展有限责任公司	实创高科
17	北京市工业设计研究院有限公司	工业院
18	北京协同科创创业投资管理中心（有限合伙）	协同科创基金
19	北京兴昌高科技发展有限公司	兴昌高科
20	北京易创新科信息技术有限公司	易创新科
21	北京硬创空间科技有限公司	硬创空间
22	北京远见接力创业投资基金（有限合伙）	中关村 S 基金
23	北京知识产权运营管理有限公司	北京 IP
24	北京中发创信投资中心（有限合伙）	中发创信基金
25	北京中发展金种子创业投资中心（有限合伙）	金种子基金
26	北京中发助力壹号投资基金（有限合伙）	中发助力基金
27	北京中关村创业投资发展有限公司	中关村创投
28	北京中关村发展前沿企业投资基金（有限合伙）	前沿基金
29	北京中关村高精尖创业投资基金（有限合伙）	中关村高精尖母基金
30	北京中关村工业互联网产业发展有限公司	中关村工业互联网公司
31	北京中关村轨道交通产业发展有限公司	中关村轨道交通
32	北京中关村国际环保产业促进中心有限公司	中关村环促中心
33	北京中关村国际会展运营管理有限公司	中关村国际会展
34	北京中关村海外科技园有限责任公司	中关村海外科技园
35	北京中关村集成电路设计园发展有限责任公司	中关村集成电路设计园
36	北京中关村京西建设发展有限公司	中关村京西发展

（续表）

序号	全称	简称
37	北京中关村科技创业金融服务集团有限公司	中关村金服
38	北京中关村科技服务有限公司	中关村科服
39	北京中关村科技融资担保有限公司	中关村科技担保
40	北京中关村科技园区建设投资有限公司	中关村建投
41	北京中关村领创金融信息服务有限公司	中关村领创金融
42	北京中关村前沿技术产业发展有限公司	中关村前沿技术
43	北京中关村融信数字科技有限公司	中关村融信
44	北京中关村软件园发展有限责任公司	中关村软件园
45	北京中关村软件园孵化服务有限公司	中关村软件园孵化器
46	北京中关村生命科学园产业发展基金（有限合伙）	生命科学园产业发展基金
47	北京中关村生命科学园发展有限责任公司	中关村生命科学园
48	北京中关村生命科学园生物医药科技孵化有限公司	中关村生命科学园孵化器
49	北京中关村微纳能源投资有限公司	中关村微纳能源
50	北京中关村协同创新投资基金（有限合伙）/ 北京中关村协同创新投资基金管理有限公司	中关村协同创新基金
51	北京中关村信息谷资产管理有限责任公司	中关村信息谷
52	北京中关村延庆园建设发展有限公司	中关村延庆园公司
53	北京中关村远见认股权创业投资中心	认股权投资基金
54	北京中关村智酷双创人才服务股份有限公司	中关村智酷
55	北京中关村中发投资建设基金（有限合伙）	建设基金
56	北京中关村资本基金管理有限公司	中关村资本
57	长春中关村信息谷科技服务有限责任公司	长春中关村信息谷
58	常州中关村协同创业投资中心（有限合伙）	常州基金
59	德州两仪幂方康健创业投资合伙企业（有限合伙）	德州幂方子基金
60	广州中关村信息谷科技服务有限责任公司	广州中关村信息谷
61	合肥中关村协同产业发展有限公司	合肥中关村协同发展
62	江苏中关村中诺协同投资基金合伙企业（有限合伙）	江苏中诺子基金
63	廊坊市蓝天事业发展股权投资基金合伙企业（有限合伙）	廊坊蓝天基金
64	南宁水木愿景创业投资中心（有限合伙）	南宁水木子基金
65	南宁中关村信息谷科技服务有限责任公司	南宁中关村信息谷
66	南阳中关村协同创新创业资产管理中心（有限合伙）	南阳中关村子基金
67	南阳中关村信息谷科技服务有限责任公司	南阳中关村信息谷
68	南中轴（北京）国际文化科技发展有限公司	南中轴公司
69	青岛中关村信息谷科技服务有限责任公司	青岛中关村信息谷
70	衢州中关村复朴协同创业投资基金（有限合伙）	衢州复朴子基金
71	沈阳中关村信息谷科技服务有限责任公司	沈阳中关村信息谷
72	石家庄中关村协同发展有限公司	石家庄公司
73	泰安市茂榕清泽股权投资基金合伙企业（有限合伙）	泰安茂榕子基金
74	天津合勤科技智能制造产业创新投资合伙企业（有限合伙）	天津合勤子基金
75	天津京津中关村科技城发展有限公司	中关村科技城公司
76	天津中关村科技融资担保有限公司	天津中关村科技担保

（续表）

序号	全称	简称
77	天津中关村科技园运营服务有限公司	天津中关村科技园
78	天津中关村磐谷图灵股权投资基金合伙企业（有限合伙）	天津磐谷子基金
79	天津中关村信息谷科技服务有限公司	天津中关村信息谷
80	乌兰察布市高榕三期投资合伙企业（有限合伙）	乌兰察布高榕子基金
81	新泰中关村信息谷科技服务有限责任公司	新泰中关村信息谷
82	徐州信息谷资产管理有限责任公司	徐州信息谷
83	徐州云荷投资合伙企业（有限合伙）	徐州云荷子基金
84	银川中关村信息谷科技服务有限责任公司	银川中关村信息谷
85	中关村（北美）控股公司	中关村北美
86	中关村国际控股有限公司	中关村国际
87	中关村科技产业研究院有限公司	中关村产业研究院
88	中关村科技租赁股份有限公司	中关村科技租赁
89	中关村协同发展投资有限公司	中关村协同发展
90	中关村芯海择优科技有限公司	芯海择优
91	中关村芯园（北京）有限公司	中关村芯园
92	中关村兴业（北京）高科技孵化器股份有限公司	中关村兴业公司
93	中关村医疗器械园有限公司	中关村医疗器械园
94	中关村至臻环保股份有限公司	中关村至臻环保

索 引

中关村发展集团年鉴

YEARBOOK OF ZHONGGUANCUN DEVELOPMENT GROUP

2022

主题词索引

1．本索引采取主题索引（也称内容分析索引法）编制。索引词以《中关村发展集团年鉴 2022》正文出现的专业名词、名词词组、机构名等为主。

2．本索引按汉语拼音音序排列。汉字的标目（索引词）按首字的音序、音调依次排列，首字相同时，则以第二字排序，以此类推。以阿拉伯数字打头的索引词，排在最前面。

3．本索引的文字部分为标目（索引词），即所要查找的内容，标目之后的数字，表示该标目所在正文中的页码（地址页）。

A

B

C

D

E

F

G

H

I

J

K

R

S

T

W

X

Y

Z